Alfred von Wolzogen

Wilhelmine Schröder-Devrient

Ein Beitrag zur Geschichte des musikalischen Dramas

Alfred von Wolzogen

Wilhelmine Schröder-Devrient
Ein Beitrag zur Geschichte des musikalischen Dramas

ISBN/EAN: 9783337383954

Hergestellt in Europa, USA, Kanada, Australien, Japan

Cover: Foto ©Thomas Meinert / pixelio.de

Weitere Bücher finden Sie auf **www.hansebooks.com**

Wilhelmine Schröder-Devrient.

Vorwort.

Die von mir für „Unsere Zeit, Jahrbuch zum Conversations-Lexikon" (Bd. 6, S. 81—101) gelieferte biographische Skizze den Freunden der verewigten Künstlerin in breiterer Ausführung vorzulegen, ist die Absicht dieser Blätter. Der Verfasser war so glücklich, mancherlei Material darin verarbeiten zu können, das ihm bei jenem Artikel noch nicht zugänglich gewesen, und er unterläßt es nicht, insbesondere dem Schwager der Verstorbenen, Herrn Emil Devrient zu Dresden, ferner den Herren Richard Kießling und Professor August Kahlert zu Breslau, sowie dem Pianisten und Componisten Herrn Jakob Rosenhain zu Paris und dem musikalischen Kritiker Mr. Henry Chorley in London für ihre freundliche Unterstützung hierdurch öffentlich seinen verbindlichsten Dank auszusprechen. Nach den werthvollen Mittheilungen der gedachten Herren und eigenen genauen Nachforschungen ist das Detail dieses Künstlerlebens in vielen Punkten berichtigt und aufgeklärt worden. Dem Interesse für die neuere Geschichte der Oper glaubte ich hierdurch einen nicht unerheblichen Stoff darzubieten.

Breslau, im December 1862.

Der Verfasser.

Inhalt.

Vorwort . . . . Seite V

Einleitung.

Behandlung des Gegenstandes. Literarische Hülfsmittel. Claire von Glümer. Fanny Lewald. Friedrich Tietz. Ludwig Rellstab. Hector Berlioz. Henry F. Chorley 1

Erstes Kapitel.
Das Schauspielerkind.

Wilhelminens Jugendgeschichte, von ihr selbst erzählt. Die Aeltern. Die kleine Tänzerin in Hamburg, auf der Wanderschaft, in Prag und Wien. Das Horschell'sche Kinderballet. Häusliche Erziehung. Berichtigungen nach Richard Kießling's „Collectaneen" und nach genauesten Familiennachrichten. (1804—1818) 7

Zweites Kapitel.
Erste Versuche in Schauspiel und Oper.

Tod des Vaters. Der Stiefbruder Wilhelm Smets und Rückblicke auf die erste Ehe der Mutter mit Stollmers. Das Debüt auf dem Hofburgtheater und Castelli's Urtheil hierüber. Vorbereitungen zur Opernlaufbahn. Gesangsunterricht bei Mozatti und Rabichi. Der Mutter Einfluß. Die ersten Opernrollen Pamina, Emmeline, Marie (im „Blaubart") und Agathe. Recensionen in der „Wiener musikalischen Zeitung". Berührungen mit Karl Maria von Weber. Eine problematische Katzengeschichte. Zemire in Spohr's „Zemire und Azor". (1818—1822) 27

Seite

Drittes Kapitel.
Die ersten Kunstreisen und Triumphe.

Das dresdener Gastspiel. Sensation ihrer Emmeline. Friedrich Kind's Urtheil. Ihr Anzug als Emmeline und Agathe. Gastspiel in Leipzig und Eduard Genast's Erzählungen von der jugendlichen Wilhelmine. Das abscheuliche K. Kasseler Gastspiel. Leonore im „Fidelio". Sie begründet den Ruhm der Oper. Erzählung ihres ersten Auftretens darin. Vergleiche mit Nanette Schechner und Maria Malibran. Kreutzer's „Cordelia". Engagement in Dresden. Das erste berliner Gastspiel. Heirath mit Karl Devrient. Erstes Gastspiel in Hamburg. Neue Rollen in Dresden: Libussa, Euryanthe, Preciosa. Königsberger Gastspiel nach den Schilderungen von Fanny Lewald und Friedrich Tietz. Luise von Schlingen. Blaubart-Anekdote. Weitere Ausdehnung ihres dresdener Repertoires. Die Scheidung. Ihre Kinder. Selbstbekenntnisse. Ordnungs- und Schönheitssinn. Fleiß und künstlerisches Streben. Studien bei Johannes Mikschs. Der sogenannte deutsche Gesangstil. (1822—1828) 47

Viertes Kapitel.
Charakteristik der Künstlerin.

Ihre Stimme und deren mangelhafte Ausbildung. Verirrungen im Gesangsvortrage. Hector Berlioz' und Chorley's scharfe Urtheile. Das Geheimniß ihrer dramatischen Gewalt. Ihr Beruf für Gluck'sche Musik. Panegyrikus eines Verehrers. Impuls und Rapport. Die hölzernen Tenoristen. Rache an einer schläfrigen Giulietta. Wien entschließt sich am spätesten zu ihrer Anerkennung. Ihre äußere Erscheinung 100

Fünftes Kapitel.
Das zweite berliner Gastspiel und die Erweiterung des Repertoires.

Schwierigkeit des Erfolgs nach Nanette Schechner und Henriette Sontag. Großer Triumph als Euryanthe. Kritiken Rellstab's und Genast's über diese Rolle. Vergleich mit der Sontag. Rezia im „Oberon". „Sargines" und „Die weiße Dame" auf dem Königstädtischen Theater.

Neue Rollen in Dresden. Ihr Spontini-Repertoire: Julia in der „Vestalin", Amazily in „Ferdinand Cortez", Statira in „Olympia". Vergleich mit der Milder. Zweites Gastspiel in Hamburg. (1828—1829) 122

Sechstes Kapitel.
Begründung des Weltrufs.

Erste Kunstreise nach Paris. Besuch bei Goethe auf der Durchreise und Gastspiel in Weimar. Röckel's deutsche Oper in Paris. Ihre dortigen Rollen. „Fidelio" und „Freischütz" gefallen am meisten. Auszüge aus der "Chronique musicale" im "Journal des Débats". Das Urtheil der Künstlerin über die Pasta und Malibran. Pause. Gastspiel in Darmstadt und Stuttgart. Zweites Gastspiel in Weimar. Urlaubsüberschreitung und Strafe. (1830) 144

Siebentes Kapitel.
Neue Gastspiele in Berlin und Paris.

Drei Monate in Berlin. Donna Anna im „Don Juan", ein Misgriff. Lobpreisungen von Fanny Lewald und Rellstab. Hoffmann's schiefe Idee und Otto Jahn's Berichtigung. „Iphigenia in Tauris". Laura in der „Räuberbraut" von Ferdinand Ries. Pauline von Schätzel und Amalie Hähnel. Zum dritten mal in Hamburg. Zweites pariser Gastspiel bei Röckel. Vergleich mit Paganini. Anstellungsaussichten bei der Großen Oper. Engagement bei den Italienern. Schwierige Stellung neben der Pasta, Malibran, Rubini und Lablache. Die Anekdote von der Rache der Malibran. Desdemona in Rossini's „Othello". Eine Kritik von August Kahlert. Imogene in Bellini's „Il Pirata". Abelaide in Fioravanti's „Gli amori di Cominigo e d'Adelaide". Betheiligung an Concerten in Paris. (1831—1832) 162

Achtes Kapitel.
Das erste und zweite Gastspiel in London.

Die deutsche Operngesellschaft des Mr. Mond-Mason auf dem King's Theatre in London. Außerordentliche Sensation des „Fidelio".

Chorley's Lobrede auf die deutschen Choristen. Der Kapellmeister
Chelard. „Lady Macbeth." Die englische Gesellschaft und ihre Stellung zu den Künstlern. Lord Chesterfield's Anstandsregel. Humoristische
Aeußerungen über das Musiciren in englischen Privatcirkeln. Neue
Rollen der Künstlerin in Dresden. Johanna in „Des Falkners Braut"
von Marschner. Zum vierten mal in Hamburg. Zweites Gastspiel in
London bei Mr. Bunn in Drury Lane und Covent Garden. Concurrenz der deutschen mit der englischen und italienischen Oper und mit
dem Ballet. Schlechte Finanzspeculation. (1832—1833) 176

Neuntes Kapitel.
Die Zeit der höchsten Blüte.

Die dramatische Sängerin und ihr Einfluß auf Oper und Gesangskunst.
Schiefes Urtheil aus A. Lewald's „Europa". Neue Rollen der Künstlerin in Dresden. Romeo in Bellini's „I Montecchi ed i Capuleti".
Dichtung und Wahrheit bezüglich des ersten Auftretens in dieser Rolle.
Studium derselben und Aussprüche der Künstlerin darüber. Vortrefflichkeit ihrer Darstellung. Rebekka in Marschner's „Templer und
Jüdin". Alice in „Robert der Teufel". Amina in der „Sonnambula". Viertes Gastspiel in Berlin. Vorliebe für das italienische Re-
pertoire, trotz mangelnder Befähigung. Norma. Parallele mit Giuditta Pasta. Die Auffassung der Rolle. Das antike Costüm und die
Bedenklichkeiten moderner Pruderie. Der lange Urlaub und der italienische Reiseplan. Triumphe in Leipzig, Braunschweig, Hannover und
Breslau. Mosewius über die Emmeline. Glorreiche Aufnahme in
Nürnberg, Pesth und Brünn. Die wiener Lorbern. Das Athletenstückchen. München und Augsburg. Zweites breslauer Gastspiel. Ein
Studentenskandal. Die prager Krönung. Rückkehr nach Dresden.
(1833—1837) 217

Zehntes Kapitel.
Die ersten Rückschritte.

Tod der Malibran. Engagement bei Mr. Bunn in Drury Lane.
Gastspiele in Leipzig, Braunschweig und Hamburg. Wettkampf zwischen

Laporte und Bunn in London. Der englische „Fidelio". Schmeichel=
hafte Parallele im „Spectator". Tod des Königs Wilhelm IV. Norma
und Amina mißfallen. Bunn's Roheit. Theilnahme an Concerten in
England. Sechstes Gastspiel in Hamburg. Elvira in „I Puritani".
Abnahme der Stimme. Valentine in Meyerbeer's „Hugenotten".
Chorley's Bedenken. Hector Berlioz' zermalmende Kritik. Entgegnung
darauf. Sopranpartie im „Paulus". Ein Brief Felix Mendelssohn=
Bartholdy's. Gastspiel in Leipzig. Melanie in Auber's „Masken=
ball". Drittes Gastspiel in Breslau. Mr. Chorley in Dresden.
„Guido und Ginevra" von Halévy. Erzählung von der todt gespielten
Oper. Eröffnung des neuen Theaters in Dresden. Unwohlsein und
siebentes Gastspiel in Hamburg. Als Othello in Braunschweig. (1837
—1841) 255

Elftes Kapitel.

Der Schmerzensroman und der Abschied von der Bühne.

Die Künstlerin im Umgang mit Menschen. Die alternde Frau. Selbst=
geständnisse aus Tageblättern von 1828—38. Das Herz wird ihr zum
Fluche. Verhältniß zu Herrn von Döring. Briefliche Ergüsse darüber.
Gastspiele in Altenburg, Leipzig, Dessau, Weimar, Berlin und Bres=
lau. Ein Brief der Künstlerin. Rührende Ovation. „Rienzi",
„Fliegender Holländer" und „Tanhäuser". Verhältniß der Künst=
lerin zu Richard Wagner. Gluck's „Armide", „Alceste" und „Iphi=
genia in Aulis". Dresdener Engagementsverhältnisse. Letzte berliner
Gastspiele im Opern= und Schauspielhause. Fenella in der „Stummen
von Portici". Huldigungen in Danzig und Königsberg. In Hannover,
Zürich, Leipzig und Weimar. Bianca in „Bianca und Gualtiero"
von Lwoff. „Lucrezia Borgia." Plastisch=mimische Darstellung in
Danzig. Gastvorstellungen in Stettin, Neustrelitz und Detmold, Ko=
burg, Gotha, Nürnberg, Augsburg, Posen und Königsberg. Abschied
von der dresdener Bühne. Heirath mit Herrn von Döring. Letzte
Gastspiele in Kopenhagen und Riga. Bruch mit Herrn von Döring
in Dorpat. Scheidungsproceß. Tiefstes Leiden und wohlthuende
Theilnahme. (1842—1848) 286

Zwölftes Kapitel.
Die letzten Lebensjahre.

Demokratische Sympathien. Der dresdener Maiaufstand. Flucht nach Berlin. Drangvolles Suchen nach neuer Thätigkeit. Reisen nach der Schweiz und Paris. Heirath mit Herrn von Bock. Gute Folgen. Schönes Verhältniß zu Kunstgenossen. Der Kapellmeister Morlacchi. Wohlthätigkeitssinn. Tiedge's Zuspruch. Ein Brief an Dr. Pintti zu Elgersburg. Verhaftung in Dresden und Ausweisung aus Rußland. Die Verbannte. Das Landleben in Livland. Briefe an Carus und von Donop. Unruhe und Reisen. Rückkehr in die Oeffentlichkeit. Theilnahme an Mozart's hundertjähriger Geburtstagsfeier zu Berlin. Die Künstlerin als Liedersängerin. Letztes Auftreten in Concerten. Project zu einer amerikanischen Kunstreise. Tödliches Erkranken in Dresden. Ihre Memoiren. Brief an Ernst Keil. Besuch von Karoline Ungher-Sabatier. Brief an Elise Polko. Tod und Beerdigung in Koburg. Das dresdener Grabmal. Trauerfeier in der berliner Singakademie. Büsten der Verewigten von Rietschel und Heidel. Schlußbetrachtung. (1849—1860) 323

Einleitung.

Behandlung des Gegenstandes. Literarische Hülfsmittel. Claire von Glümer. Fanny Lewald. Friedrich Tietz. Ludwig Rellstab. Hector Berlioz. Henry Chorley.

Das an Glanz und Elend, an grellen Contrasten, schönstem Wohllaut und schneidensten Disharmonien so reiche Leben der unlängst erst von der Erde geschiedenen großen dramatischen Sängerin zu schildern, ist keine ganz leichte Aufgabe, so viel auch von Freunden und Verehrern der Künstlerin für diesen Zweck bereits vorgearbeitet sein mag, und so lebendig auch der imponirende Eindruck ihrer Persönlichkeit und ihrer Kunst uns selbst noch vor Augen steht. Ein Künstlerleben und namentlich die naturgemäß unablässig im Wogenbrande der gewaltigsten Aufregungen dahinrollende Laufbahn eines genialen theatralischen Darstellers ist ein Mysterium, dessen Enthüllung zu häufig nur zur Befriedigung lüsterner Neugierde dient, die traurigen Annalen der Geschichte menschlicher Misère zwar um manches merkwürdige Blatt bereichert, in den meisten Fällen aber blos dazu beiträgt, das ideale Bild, welches sich unsere Phantasie nach den Schöpfungen des Künstlers von der Persönlichkeit desselben gemacht, zu zerstören oder doch seines schönsten Zaubers zu entkleiden. Wie man mit Recht behauptet, kein Mensch sei groß vor seinem Kammerdiener, so schrumpft auch vielerlei, was die ferner stehende Welt sich als hocherhaben und göttlich gedacht, vor der Lupe des kritischen Biographen zu einem recht ärmlich menschlichen Nichts zusammen; denn wer ein solches Leben beschreibt, der hat es ja neben dem Künstler auch mit dem Menschen zu thun, und dieser hält nicht immer was jener verspricht. Sind doch künstlerische Leistungen stets mitbedingt durch die in einem eigenthümlichen Lebensgange entwickelte Individualität des Menschen; man kann daher nicht wohl versuchen, die erstern zu charakterisiren, ohne zugleich auf die letztere näher einzugehen und nach dem Zusammenhang beider zu fragen. Um aber bei dieser Operation dem Künstler gerecht zu bleiben und dennoch der Wahrheit überall die Ehre zu geben, wird sich eine gewisse Discretion in allen denjenigen Momenten der Biographie von selbst empfehlen, welche zum Verständniß der mit möglichster Klarheit und Eindringlichkeit zu schildernden künstlerischen Persönlichkeit nicht unbedingt erforderlich sind. Uns wenigstens gestatte man, in der folgenden Darstellung nach diesem Grundsatze zu verfahren.

Das Leben unserer Künstlerin ist bisjetzt, soviel uns bekannt, mit einiger Ausführlichkeit nur erst einmal, und zwar bald nach ihrem Tode, von Claire von Glümer unter dem Titel „Erinnerungen an Wilhelmine Schröder-Devrient" in der „Gartenlaube" geschildert worden.*) Das in diesen „Erinnerungen" verarbeitete Material ist reich-

---

*) Soeben, da unsere Arbeit der Presse überliefert wird, erscheinen die von Glümer'schen „Erinnerungen" erweitert unter dem obigen Titel in Buchform bei J. A. Barth in Leipzig.

haltig und infofern schätzenswerth, als es zum Theil auf eigenen, allerdings nicht immer zuverlässigen und Dichtung und Wahrheit in ziemlich handgreiflicher Weise untereinander mengenden Aufzeichnungen der Verstorbenen, zum Theil auf den Beobachtungen eines längern vertrauten Umgangs mit derselben beruht; wenn wir daher auch nicht anstehen werden, mancherlei aus dieser Quelle zu schöpfen, ohne große Vorsicht dürfen wir sie nicht gebrauchen, denn das Meiste dieser an sich recht interessanten und lesbaren Mittheilungen hält vor der kritischen Forschung nicht Stich und trägt überdies hier und da eine Färbung an sich, welche der bewundernden Freundschaft gern verziehen wird, dem strengen Sinne des Historikers aber keine Genüge leistet. Ferner hat Fanny Lewald in Nr. 81 und 83 der berliner „National-Zeitung" (Jahrgang 1860) als vorläufiges Bruchstück aus ihrer 1861 erschienenen „Lebensgeschichte" eine gleichfalls auf Selbsterlebnissen basirte Charakteristik der Künstlerin geliefert, in welcher zwar, was die Analyse ihrer Hauptrollen anlangt, die zu solcher Aufgabe nöthige musikalische Einsicht ungern vermißt, doch aber zu dem Porträt der hervorragenden Persönlichkeit mancher der Natur mit feiner Beobachtungsgabe abgelauschte Zug beigesteuert wird, den wir uns nicht entgehen lassen dürfen. Aehnliche „Erinnerungsskizzen", bei denen der historische Sinn hinter dem Tone freundschaftlicher Zuneigung zurücktritt, veröffentlichte Friedrich Tietz unter dem Titel „Wilhelmine Schröder-Devrient" in Nr. 31 der „Voß'schen Zeitung" vom 5. Februar 1860 (Erste Beilage). Daß der Verfasser bei dieser Arbeit, die namentlich mancherlei chronologische Irrthümer enthält, nicht etwas sorgfältiger zu Werke gegangen, ist um so mehr zu bedauern, als er zu der Künstlerin in genauern Beziehungen gestanden, ja selbst 1829 ein ganzes Jahr zu Dresden in ihrer Nähe gelebt hat. Einzelnes aus den Tietz'schen Mittheilungen ist von Frau von Glümer in ihre „Erinnerungen" aufgenommen worden. — Früher schon hatten die im „Conversations=Lexikon der neuesten Zeit und Literatur" (Leipzig 1834), IV, 207—210, im Schilling'schen „Universal=Lexikon der Tonkunst" (Stuttgart 1838), VI, 260—262, und im „Allgemeinen Theater=Lexikon" von Herloßsohn, Marggraff u. a. (Altenburg und Leipzig 1846), III, 7—11, unter „Schröder" oder „Devrient" enthaltenen Artikel die hauptsächlichsten Momente ihres Lebens zu skizziren und eine Analyse ihrer Kunst zu geben versucht. Die in den erstgedachten beiden Werken befindlichen sehr oft wörtlich übereinstimmenden Aufsätze sind von Ludwig Rellstab, welcher der Sängerin damals mit warmer Verehrung huldigte und ihr auch in einer seiner letzten journalistischen Arbeiten (s. Nr. 14—16 des „Deutschen Theater=Archiv", Berlin 1860) einen, wenn auch objectiver gehaltenen, so doch immer noch von lebhaftester Begeisterung für die Heimgegangene zeugenden Nachruf gewidmet hat. Das Beste, Ausführlichste und Gediegenste aber, was der langjährige musikalische Referent der „Voß'schen Zeitung" über die Künstlerin geschrieben, findet sich in einem langen Aufsatze, der ihren Namen trägt und für den ersten Jahrgang der Robert Schumann'schen „Neuen Leipziger Zeitschrift für Musik" (1834, Nr. 47—54, 57 und 58) geliefert wurde. Diesen mit anziehender Frische geschriebenen Artikel hat der Verfasser mit einem kurzen vervollständigenden Anhange in seinen zu Leipzig bei F. A. Brockhaus erschienenen „Gesammelten Schriften" (Neue wohlfeile Ausgabe, Bd. 9, vom Jahre 1860, S. 365—415) aufs neue abdrucken lassen und so mit Recht dafür gesorgt, daß derselbe nicht in Ver=

geſſenheit gerathe. Die Laufbahn der Künſtlerin iſt darin zwar nicht bis ans Ende verfolgt, und namentlich ſind einige ſehr hervorragende Schöpfungen aus der letzten Periode ihres theatraliſchen Wirkens von 1835—47 entweder ganz unbeſprochen geblieben, oder wie „Norma" und „Valentine" in dem gedachten Anhange nur flüchtig noch berührt worden; für dieſen Mangel wird man indeſſen durch die faſt durchgehends bewährte Einſicht und Unparteilichkeit des Urtheils reichlich entſchädigt, womit der Siegeslauf der Sängerin von den erſten Anfängen bis auf die Sonnenhöhe ihres künſtleriſchen Wirkens geſchildert iſt, und wir konnten uns daher aus dieſer Arbeit weit mehr wirkliche kritiſche Goldkörner für die nachfolgende Darſtellung zu Nutze machen, als aus den zahlloſen Tagesreferaten, die Rellſtab von 1828 ab der Künſtlerin in den Spalten der „Voß'ſchen Zeitung" gewidmet und wovon er die gewichtigſten im zwanzigſten Bande ſeiner „Geſammelten Schriften", S. 96—102, 167—182, 253—264, hat wieder abdrucken laſſen.

Auch den wichtigſten Richterſprüchen, welche das Ausland über die Sängerin gefällt hat, haben wir eine Stelle in unſerer Arbeit einräumen zu müſſen geglaubt. In dieſer Beziehung ſchienen uns namentlich Hector Berlioz und Henry Chorley, ſeit 1834 muſikaliſcher Referent für das ſo gediegene londoner „Athenaeum", alle Beachtung zu verdienen, und es ſind des erſtern Briefe über deutſche Muſikzuſtände („Journal des Débats", October 1843, Brief 5, 7 und 8) ſowie des letztern intereſſante Schriften: „Modern german music, recollections and criticisms" (London 1854), I, 298, 299, 341—348, 352) und „Thirty years' musical recollections" (London 1862), I, 44, 55—58, von uns um ſo gewiſſenhafter benutzt worden, als die Urtheile von Mitgliedern des kritischen Areopags zu Paris und London schon aus dem Grunde besonders schwer wiegen, weil solche Männer, stets gewohnt, in jenen Weltplätzen die allerausgezeichnetsten künstlerischen Erscheinungen zu hören und zu richten, natürlich mit ganz anderm kritischen Maße messen können als unsere gewöhnlichen deutschen Lokalrecensenten. Wo das Urtheil der erstern etwa von dem unserigen abweicht, genügt es gewiß nicht, dasselbe mit der leider bei uns nur zu oft gehörten Phrase: „Was versteht solch ein Ausländer von deutscher Kunst!?" zurückzuweisen, da vielmehr die feinen Köpfe von der Seine und Themse völlig in ihrem Rechte wären, wenn sie auf eine so vornehm thuende Abfertigung mit der Gegenfrage antworteten: „Wie will überhaupt jemand über ausübende Kunst urtheilen, der nichts gesehen und gehört hat, also auch nicht zu vergleichen vermag!?" — Endlich hat auch das reiche Material, welches die über Wilhelmine Schröder-Devrient während einer fast vierzigjährigen Theaterlaufbahn von großen und kleinen Geistern geschriebenen Recensionen und Tageskritiken zu ihrer Würdigung enthalten, nicht unbenutzt bleiben dürfen, und wir haben gar manchen Ausspruch achtbarer Feuilletonisten in unsere biographische Skizze um so dankbarer aufgenommen, als gerade von den glänzendsten Rollen der Sängerin einige, wie z. B. Lady Macbeth in Chelard's „Macbeth", Vestalin und Desdemona, unserer persönlichen Kenntnißnahme leider entgangen, wir in dieser Beziehung also schlechterdings genöthigt gewesen sind, uns an fremde Urtheile anzulehnen.

Erstes Kapitel.

Das Schauspielerkind.

Wilhelminens Jugendgeschichte, von ihr selbst erzählt. Die Aeltern. Die kleine Tänzerin in Hamburg, auf der Wanderschaft, in Prag und Wien. Das Horschelt'sche Kinderballet. Häusliche Erziehung. Berichtigungen nach Richard Kießling's „Collectaneen" und nach genauesten Familiennachrichten.
(1804—1818.)

Die von Frau von Glümer leider wol nur auszugsweise mitgetheilten autobiographischen Aufzeichnungen der großen Künstlerin schildern das erste Stadium ihrer Entwickelung, das Schauspielerkind Wilhelmine Schröder mit so pikanter Frische, daß wir uns nicht versagen können, auch den gegenwärtigen biographischen Versuch mit der vollständigen Mittheilung jenes merkwürdigen Fragments zu beginnen, zumal dasselbe zugleich ein sehr beredtes Zeugniß für die seltene schriftliche Darstellungsgabe unserer Heldin liefert. Freilich aber darf hierbei nicht verschwiegen werden, daß Frau von Glümer unrecht daran gethan, die interessanten Memoiren, als lauter baare Münze enthaltend, dem Publikum vorzulegen, während in der That nur ein sehr geringer Grad kritischer Schärfe dazu gehört, um sofort inne zu werden, daß die lebhafte Phantasie der Künstlerin aus

8 Erstes Kapitel. Das Schauspielerkind.

ihrer Jugendgeschichte einen kleinen Roman zu machen beliebte, in welchem sich kaum eine einzige Thatsache ganz so, wie sie dieselbe ausmalt, zugetragen hat. Wir müssen uns deshalb vorbehalten, auf die nicht wenigen Punkte später noch einmal zurückzukommen, welche entschieden einer Berichtigung bedürfen, werden aber die letztere, um dem Leser den ästhetischen Genuß an dem reizenden Geplauder der Memoirenschreiberin nicht zu trüben, bis nach den letzten Gänsefüßchen aufsparen.

Wilhelmine also theilt uns ihre Jugendgeschichte wie folgt mit.

„Ich bin zu Hamburg den 6. December 1804*) geboren. Hätten wir damals noch in einem Zeitalter gelebt, wo die Zeichen des Himmels als Glück oder Unglück bringend gedeutet wurden, so hätte die Stunde meiner Geburt den größten Anlaß dazu gegeben, denn es ereignete sich das seltene Phänomen, daß es bei undurchdringlichem Schneegestöber heftig donnerte und blitzte.

„Während dieses Aufruhrs der Elemente erblickte ich das Licht der Welt und erfüllte das bescheidene kleine Haus

---

*) Also nicht am 6. October 1805, wie man meistens liest. Sie war die älteste unter vier Geschwistern: Elisabeth (Betty), die, früher ebenfalls eine hauptsächlich im Soubrettenfache beliebte und gar nicht unbedeutende Sängerin, den hamburger Arzt Dr. Schmidt, einen Sohn des bekannten dortigen Theaterentrepreneurs Friedrich Ludwig Schmidt (gestorben 1841), heirathete und noch in Hamburg lebt; Auguste, verehelichte Frau Dr. Schlönbach, noch heute am coburger Hoftheater im Fache der Anstandsdamen angestellt, und Alexander, Hauptmann erster Klasse im königlich bairischen Infanterieregiment Prinz Karl, der, seit einigen Jahren wegen Kränklichkeit pensionirt, mit der jetzt einundachtzigjährigen Mutter in München lebt. Die Ehe der Aeltern wurde 1804 geschlossen.

meiner Aeltern mit einem dreistündigen Wehegeschrei, das meinen armen Vater endlich zu dem verzweiflungsvollen Ausruf getrieben haben soll: «Werft den Balg zum Fenster hinaus!» worauf er von dem Hausarzt die prophetische Antwort erhielt: «Seien Sie ruhig, lieber Schröder, das gibt eine gute Sängerin.»

„Wer meine Mutter war, ist der civilisirten Welt bekannt. Sie hieß Sophie Schröder. Mein Vater, Friedrich Schröder, war zu seiner Zeit eine hervorragende und allgemein beliebte Persönlichkeit in der Theaterwelt. Seine Begabung als Künstler muß aber doch nicht eminent gewesen sein, denn sein Name ist nicht auf die Nachwelt übergegangen. Er war ein sehr schöner Mann, hoch und schlank gewachsen, mit einer herrlichen Baritonstimme begabt und für seine Epoche ein ausgezeichneter Sänger. Er war besonders als Don Juan beliebt und der erste, der diese Rolle in deutscher Sprache sang.

„Mit meinen ersten Erinnerungen breiten sich auch schon dunkle Schatten über mein Leben, die noch jetzt, indem ich dieses niederschreibe, ihre düstern Reflexe in meine Seele werfen.

„Mit meinem vierten Jahre begann für mich die Zeit der Arbeit, und ich mußte früh im Leben anfangen, mir mein Brot zu verdienen. Damals zog die berühmte Kobler'sche Tänzergesellschaft durch Deutschland; sie kam auch nach Hamburg und machte dort ganz besonderes Glück. Meine Mutter, leicht empfänglich und von einer Idee hingerissen, war schnell entschlossen und bestimmte mich zu einer Tänzerin.

„Mein Tanzlehrer war ein Afrikaner; aus seiner Heimat nach Frankreich verschlagen, in Paris unter das Corps de ballet gerathen, kam er später nach Hamburg, wo er Unterricht gab. Dieser Mann, Lindau mit Namen, war nicht gerade von bösem Charakter, aber heftig, streng, oft sogar grausam.

„Ich denke noch mit Schrecken an die Strafen zurück, die er mir zudictirte. Eine derselben war z. B., daß er in den Haken am Plafond, der bestimmt war, den Kronleuchter zu tragen, ein Seil befestigte, unten eine Schlinge machte, den einen Fuß hineinlegte, sodaß ich das Bein horizontal von mir strecken mußte, während er den andern Fuß in das Bret einsetzte, in das man damals eingezwängt wurde, um auswärts gehen zu lernen. Dabei mußte ich beide Arme horizontal ausstrecken und in dieser Stellung so lange stehen bleiben, als er es für gut befand. Erlahmten meine kleinen Arme oder brachen meine Beine zusammen, so bekam ich einen empfindlichen Schlag mit dem Fiedelbogen — er spielte die Violine zu meinem Tanz — auf die Hand oder an die Fußknöchel. War ich endlich aus dieser Tortur befreit, so sank ich oft kraftlos zusammen und konnte mich stundenlang nicht erholen. Machte ich aber meine kleinen Sprünge zu seiner Zufriedenheit, so überhäufte er mich mit Liebkosungen und konnte wie ein Kind mit mir spielen.

„Ich mochte etwas über fünf Jahre alt sein, als ich weit genug war, um öffentlich tanzen zu können, und so debutirte ich denn mit einem Pas de châle und einem englischen Matrosentanz, ein Filzhütchen mit blauen Bändern auf dem Kopfe und Schuhe mit Holzsohlen an den Füßen. Von diesem ersten Auftreten ist mir nur noch erinnerlich, daß das Publikum dem kleinen gewandten Aeffchen zujauchzte, daß mein Lehrer sehr beglückt war und daß mich mein Vater auf seinen Armen nach Hause trug. Meine Mutter hatte mir vor Beginn des Tanzes, je nachdem ich meine Sachen machen würde, eine hübsche Puppe oder Prügel in Aussicht gestellt — und gewiß war es die Angst, die meine kleinen Glieder leicht und gelenkig machte, denn die Schläge meiner Mutter thaten weh.

„So vergingen einige Jahre, in denen ich neben meinem Tanz auch zu Kinderrollen verwendet wurde. Von meinem Schulunterricht wüßte ich nichts zu sagen. Er war jedenfalls sehr mangelhaft, wie ich denn überhaupt bis zu meinem zwölften Jahre zu keinem andern Studium ernsthaft angehalten wurde, als zum Tanz. Aber meine Phantasie war schon damals sehr angeregt. Meine Thätigkeit sowol wie der häufige Besuch des Theaters regte mich zu allerlei phantastischen Spielen an. Ich suchte mir allerhand bunte Lappen und sonstigen glänzenden Theaterschmuck zu verschaffen, schlich damit auf den Boden unsers Hauses, aus dessen Hinterfenster man die Aussicht auf den Dammthorwall hatte, behängte mich nach Möglichkeit mit meinen bunten Herrlichkeiten und führte dann selbsterfundene Monologe oder auch ganze Stücke auf, die ich mit lauter Stimme vortrug. Häufig wurde dadurch mein Aufenthalt verrathen, und ich wurde aufs unsanfteste aus meiner Begeisterung geweckt, indem man mich in die Kinderstube zurückjagte.

„Besonders war es die Jungfrau von Orleans, die mich begeisterte. Da wurde von Papier ein Panzer und ein Helm fabrizirt; irgendein Stock, woran ein Tuch befestigt war, diente als Fahne, ein zweiter Stock als Schwert, und so ausgerüstet ging es in die Schlacht. Vermochte ich meinen Gefühlen keinen Ausdruck zu geben, so versank ich in träumerisches Hinbrüten, saß oft stundenlang in einer Ecke des Bodens hingekauert, die Ellbogen auf die Knie gestützt, den Kopf in die Hand gedrückt — und dichtete.

„Wie schon erwähnt, hatte man aus dem Hinterfenster des Hauses den freien Blick auf den Wall. Eines Morgens gingen Vater, Mutter, Geschwister und Mägde auf den Boden, um die Freiwilligen zu sehen, die sich auf dem Dammthorwall zum Abmarsch versammelt hatten. Der deutsche Freiheitskrieg begann, und wer nur einen Tornister, einen Säbel tragen konnte, zog hin, Blut und Leben für Gott und Vaterland zu lassen.

„Unter dieser begeisterten Schar waren Knaben von vierzehn bis funfzehn Jahren. Einer derselben, der Sohn eines Schauspielers, mit dem mein Vater häufig verkehrte, war lange Zeit unser Spielkamerad gewesen. Ich war die erste, die unsern jungen Freund in seiner kriegerischen Rüstung entdeckte, rief ihn bei seinem Namen, und er winkte freundlich zu uns herauf. Erst wußte ich nicht was vorging; als aber das Commandowort zum Abmarsch gegeben wurde, der Zug sich in Bewegung setzte, und Väter, Mütter, Schwestern und Brüder laut weinend nebenher gingen, fragte ich meinen Vater: «Wohin geht der Ludwig?»

„«In die Schlacht», gab er mir zur Antwort. Da starrte ich ihn an wie vom Donner gerührt, schrie endlich laut auf: «Ich will mit!» und machte Miene, mein Vorhaben auszuführen. Natürlich wurde ich mit Gewalt zurückgehalten, und da ich keine Möglichkeit sah fortzukommen, warf ich mich heulend zur Erde, tobte und schrie und war durch nichts zu beruhigen. Tagelang war ich wie vernichtet, schlich immer auf den Boden und stand da, mit dem Kopfe ans Fenster gelehnt, und schaute nach der Himmelsgegend, wo mein junger Schulkamerad verschwunden war. Nun spielte ich erst recht Jungfrau von Orleans, und mein

Papierhelm kam kaum von meinem Haupte, mein hölzernes Schwert kaum von meiner Seite.

„Das Kriegsgetümmel, unter welchem Hamburg damals*) litt, sollte auch auf das Schicksal meiner Aeltern einen entscheidenden Einfluß haben. Während der Besetzung der Stadt durch General Tettenborn hatte meine Mutter in dem Gelegenheitsstück «Die Russen in Deutschland» eine russische Cocarde auf der Brust getragen. Als darauf Davoust einrückte, verlangte er, daß nun mit der französischen Cocarde gespielt würde. Meine Mutter zögerte lange, diesem Befehl zu gehorchen, und als sie nicht mehr ausweichen konnte, erschien sie — zum Gelächter des ganzen Publikums — mit einer tellergroßen blauweißrothen Cocarde. Sie wurde in Anklagestand versetzt und sollte als Gefangene nach Frankreich geschleppt werden. Wir mußten flüchten, und ich erinnere mich, daß meine größte Sorge war, die Franzosen könnten mir meine Puppe wegnehmen, weshalb ich sie aufs ängstlichste unter meiner Schärpe verbarg.

„Inmitten der Kriegsunruhen zogen meine Aeltern nun mit vier kleinen Kindern einer ungewissen Zukunft entgegen. Sie zogen erst durch Norddeutschland, gingen später an den Rhein, kamen nach Frankfurt und machten die Schrecknisse der Schlacht von Hanau mit. Dann wendeten sie sich nach Prag, und hier wurde ihnen endlich wieder — unter Liebich — ein längeres Engagement zu Theil. Auf allen diesen Streifereien mußten ich und meine jüngere Schwester Betty, die in den letzten Jahren auch tanzen gelernt hatte, durch unsere kleinen Sprünge das tägliche Brot verdienen helfen. Damit mag es übrigens zu dieser Zeit knapp genug bestellt

---

*) 1813.

gewesen sein, denn meine Aeltern hatten auch in Hamburg nur geringe Gage bezogen. Damals bekamen die ausgezeichnetsten Künstler nicht soviel wie jetzt die größte Mittelmäßigkeit.

„So kamen wir unter mancherlei Beschwerden und immer vom Kriegsgetümmel begleitet nach Prag, wo meine Aeltern mehrere Jahre blieben, und von wo aus sich hauptsächlich der Künstlerruhm meiner Mutter verbreitete. Wir Kinder wurden dem Kinderballet beigegeben, das damals unter einer Madame Horschelt in Prag florirte und später von ihrem Sohne nach Wien verpflanzt wurde. Die Rückerinnerung an diese Zeit krampft mir noch heute das Herz zusammen. Wir waren der rohesten Behandlung ausgesetzt, von den schlechtesten Beispielen umgeben und lernten nichts als tanzen und dumme Streiche.

„Aus dieser Zeit taucht die Erinnerung an zwei bedeutende Persönlichkeiten in mir auf: an Karl Maria von Weber, der damals*) in Prag Kapellmeister und mit seiner spätern Gattin, Karoline Brand — einer ausgezeichneten Darstellerin im Soubrettenfache — verlobt war, und an Rahel Robert, später Varnhagen's Frau, die viel mit meiner Mutter verkehrte. Zu meinen liebsten Erinnerungen aus der Kindheit gehört aber die ruhige Zeit, die wir Kinder mit meinem Vater allein verlebten, während meine Mutter nach zweijährigem Aufenthalt in Prag einem Rufe zum Gastspiel in Wien gefolgt war, welches später ein Engagement im Burgtheater nach sich zog. Ich kann nie ohne Rührung daran denken, mit welcher Umsicht, Sorgfalt und Güte sich der Vater unserer körperlichen und geistigen Pflege

---

*) Von 1813—14.

annahm. Wie oft bin ich mitten in der Nacht davon erwacht, daß er vor unsere Betten kam, um sich von unserm gesunden Schlafe zu überzeugen, und mit welcher milden Festigkeit suchte er unsere Wildheit zu zügeln, uns an Ordnung und Regelmäßigkeit zu gewöhnen! O, wäre mir dieser Vater nicht zu einer Zeit durch den Tod entrissen, wo ich seiner so sehr bedurfte, wie ganz anders wäre es wol mit mir geworden! Aber eine liebende Hand sollte mir nicht den Lebenspfad ebnen, sondern wie im wilden Strom sollte ich über Klippen und Abgründe dahinjagen — ob Herz und Seele mir oft auch brechen wollten wie die hochaufschäumenden Wellen.

„Bald*) folgten wir der Mutter nach Wien, wo auch mein Vater eine kleine untergeordnete Stellung am Burgtheater erhielt, und ich mit meinen beiden Schwestern dem Balletmeister Horschelt übergeben wurde.

„Das wiener Kinderballet war damals weltberühmt und in Wahrheit auch das Reizendste, Feenhafteste, was man sehen konnte. Horschelt war ein Genie in seinem Fache, ein Mensch voller Phantasie,. der mit seiner Kinderwelt wahrhaft Zauberhaftes leistete. Solange ich mit meinen Schwestern bei diesem Ballet war, blieben die Productionen noch in gewissen Grenzen und überschritten auch die Kräfte der kleinen Künstler nicht — wenigstens was die Aufgaben selbst betraf, — denn sonst war das Balletleben wol dazu gemacht, die Kräfte der armen Kinder aufzureiben. Ich erinnere mich, daß wir wochenlang, während ein neues Ballet einstudirt wurde, um acht Uhr morgens zur Probe mußten und drei Uhr nachmittags erst wieder nach Hause

---

*) 1815.

kamen. Aber auch jetzt nur zu einer kurzen Ruhe, denn um sieben Uhr abends begann die Probe aufs neue und dauerte oft so lange, daß wir erst gegen ein Uhr nachts erschöpft und ermattet, oft auch mit Spuren von Mishandlungen, in unsere Betten krochen, denn Horschelt schlug unbarmherzig zu, um die Bande der kleinen Tänzer in Ordnung zu halten.

„Ich war eins der anstelligsten unter diesen Kindern und avancirte sehr bald zum ersten Liebhaber, den ich mit viel Grazie und Gewandtheit zu geben pflegte. Den ersten rauschenden Applaus des überfüllten Theaters an der Wien erhielt ich in dem Ballet «Das Waldmädchen», dasselbe Sujet, das Weber unter dem Namen «Sylvana» componirt hat. Ich hatte darin eine große Erzählung pantomimisch vorzutragen. Die Handlung spielte in Rußland, ich war als Kosack gekleidet und mußte der Fürstin — die von meiner Schwester Betty gegeben wurde — die Meldung machen, der Fürst=Gemahl habe ein wildes Mädchen im Walde gefunden; dasselbe wäre nur durch List, mittels eines Schlaftrunkes, zu überwältigen gewesen und solle nun, noch immer schlafend, ins Schloß gebracht werden. Den Fürsten gab der später berühmt gewordene berliner Tänzer Stullmüller und das Waldmädchen, ein reizendes Kind von sieben bis acht Jahren, Angioletta Mayer, die als erwachsenes Mädchen nach München gekommen ist.

„Es folgten nach und nach eine Reihe von Ballets, die reizend erfunden waren und vollendet dargestellt wurden, aber immer in den Schranken der Kinderballets blieben. Eins der beliebtesten hieß «Die Wäschermädchen» und erregte große Heiterkeit durch den Contrast, daß alle diese schneeweißgekleideten Mädchen Schornsteinfeger zu Liebhabern hatten. Ich war der Anführer dieser schwarzen Schar und der Liebhaber des ersten Wäschermädchens. Ihr Vater, ein alter strenger Mann, widerstrebte unserer Liebe, aber endlich wird er dadurch erweicht, daß ich mich in den brennenden Schornstein seines Hauses stürze, das Feuer lösche und dadurch sein Hab und Gut errette. Auf den Proben war ich ängstlich, in den brennenden Schlot zu springen, und mehrmals mislung der Versuch. Aber endlich verlor der Balletmeister die Geduld, faßte mich beim Kragen und warf mich in den Schornstein hinunter. Glücklicherweise fing mich der Theaterdiener auf, der die Flamme heraufblies, sodaß ich ohne ernste Beschädigung davonkam. Nur mein Haar, das ich damals noch nach Knabenart trug, war verbrannt, sodaß es ganz kurz abgeschnitten werden mußte. Natürlich machte ich nun auf den nächsten Proben keine Umstände mehr, sondern sprang muthig in den brennenden Schlund.

„Ich wurde sehr bald der Liebling unsers Zuchtmeisters, der mich unter den ihm übergebenen Kindern als das gewandteste und intelligenteste erkannte. Besonders leistete ich für ein Kind von zehn bis elf Jahren Bemerkenswerthes in der Mimik. Aber so gewandt, geschmeidig und geschickt ich war, ebenso wild und unbändig war ich auch. Meine tollen Streiche haben mir zu jener Zeit viel Prügel eingetragen, und ich war so ganz jungenhaft in meinen Neigungen und Manieren, daß man es aufgeben mußte, mich in Mädchenkleider zu stecken. War mir doch kein Baum zu hoch, kein Graben zu breit! — und so hingen gar oft die leichten Stoffe und langen Gewänder nach kurzer Zeit zum größten Theile in unkenntlichen Fetzen an Hecken oder Bäumen.

„Aus dieser Zeit ist mir besonders eine Scene in lebendiger Erinnerung geblieben. Mein Vater war ein leidenschaftlicher Gärtner und pflegte den schönen Garten, der

damals mit unserer Wohnung verbunden war, mit großer
Sorgfalt. Er war immer trostlos, wenn ihm die Beete zer=
treten oder Blumen und Früchte abgepflückt wurden, was
freilich — und zwar hauptsächlich von mir — oft genug
geschah. Im Garten stand ein prächtiger Birnbaum mit
halbreifen Früchten beladen, und diese lockten mich so un=
widerstehlich, daß ich mir eines Tages in der Dämmerstunde
alle Scrupel aus dem Sinne schlug und in die höchsten
Zweige hinaufkletterte, weil ich da oben die goldigsten Birnen
schimmern sah, die ich mir denn auch vortrefflich schmecken
ließ. Mein Vater, der gegen Abend immer noch einen
Gang durch den Garten machte, entdeckte mich da oben in
meiner luftigen grünen Höhe, wo ich mich voll Uebermuth
hin = und herschaukelte wie eine Pirole, die gegen Abend die
höchsten Gipfel sucht, um ihr Abendlied zu pfeifen. Ich
glaube, ich habe da oben auch getrillert, sonst hätte mich
mein Vater wol kaum entdecken können; aber er hatte mich
gesehen, und nun sollte ich heruntersteigen, um meine gerechte
Strafe zu empfangen. Mir kam es jedoch ganz unglaublich
vor, daß mein Vergnügen mit Schlägen endigen sollte; ich
erklärte rund heraus, daß ich meinen erhabenen Sitz, wo ich
mich so sicher fühlte, und wo ich dem warmen schönen Au=
gustabend so selig in die glänzenden Augen gesehen hatte,
nicht verlassen würde, wenn man mir nicht das Versprechen
vollständiger Verzeihung gäbe. Auf diese Capitulation wollte
mein Vater nicht eingehen, ich wollte nicht davon ablassen.
Meine Mutter war inzwischen als Succurs erschienen, Ge=
schwister und Domestiken waren auch gekommen, um den
Ausgang mit anzusehen — ich blieb unerschütterlich. Endlich
zogen sich alle zurück, in der Hoffnung wahrscheinlich, daß
ich beim Einbruch der Dunkelheit freiwillig heruntersteigen

und mich der Strafe unterwerfen würde — aber sie irrten sich! Es wurde Nacht, ein leichter Wind bewegte die Blätter meines Baumes; der Mond ging auf und ergoß eine magische Helle über den ganzen Garten. Schon damals traten scharfe Contraste in meinem Wesen hervor. So wild und unbändig ich gewöhnlich war, so bewegte eine stille klare Mondnacht meine junge Seele doch schon damals bis in die tiefsten Tiefen. Bange und frohe Ahnungen stiegen in mir empor; ich wiegte mich in märchenhaften Träumen da oben in meinen Wipfeln und hatte die Welt unter mir vergessen. Aber plötzlich mahnte mich die nahe Thurmuhr, die eben Mitternacht schlug, an die Geisterstunde, und nun überfiel mich eine kindische Angst. Ich erwartete jeden Augenblick Elfen und Feen zwischen den Zweigen hervorrauschen zu sehen, um ihre Mondscheintänze zu beginnen. Glücklicherweise machte die Stimme meines Vaters dieser Furcht vor Geisterspuk ein Ende. Er kam, von ernstlicher Sorge getrieben, redete mir freundlich zu, herabzukommen, und versprach auch, mir jede Strafe zu erlassen. Wenige Augenblicke später war ich, behend wie ein Kätzchen, auf ebenem Boden angelangt und entschlüpfte durch schnelle Flucht den Händen meines Vaters, der doch wol Lust haben mochte, mich — wie er zu sagen pflegte — an meinem blonden Schädel zu zausen." —

So weit reicht Wilhelminens humoristische Erzählung, die wir nun in mancherlei Einzelheiten zu berichtigen haben. Dabei stehen uns die reichhaltigen theatergeschichtlichen „Collectaneen" des Herrn Richard Kießling und umfassende Mittheilungen aus dem Schoße der Familie aufklärend zur Seite. Zunächst hat Wilhelmine ihren Vater, Friedrich Schröder, etwas zu niedrig taxirt, wenn sie seine eigentliche dramatische Begabung einigermaßen anzweifelt. Er war zu

seiner Zeit in ganz Deutschland sowol in Spiel als Gesang
als der beste Darsteller von Mozart's Don Juan bekannt, und für nicht minder ausgezeichnet galten sein Pedrillo
in Mozart's „Entführung aus dem Serail", sein Scheras-
min in dem Wranitzky'schen „Oberon", sein St.-Phar in
der Oper „Aline" von Berton und manche andere Rollen.
Seine Stimme war, nach dem übereinstimmenden Zeugnisse
seiner Zeitgenossen, ein Bariton von höchst ansprechender
Klangfarbe, und er wirkte ebenso sehr durch diese herrliche
Naturgabe als durch seine schöne schlanke Gestalt und den
vollendeten Adel aller seiner Bewegungen. Sein Haar war
blond wie das seiner Tochter. Am Burgtheater hat er allerdings nur kleine Rollen gespielt. — Ferner ist zu bemerken,
daß nicht die Ankunft der Kobler'schen Tänzergesellschaft in
Hamburg die Aeltern bestimmte, Wilhelminen das Tanzen
lernen zu lassen; denn diese Gesellschaft hat überhaupt erst
im Sommer 1812 und nicht schon 1808 in Hamburg Vorstellungen gegeben, während allerdings bereits im Frühjahr
1807 mehrere Mitglieder des berliner Ballets, Moser,
Gasperini und Mlle. Schulz, unter bereitwilliger Mitwirkung einiger Mitglieder und Choristen des hamburger
Stadttheaters, dort gastirt hatten. Unter diesen Mitgliedern
aber hat sich die damals erst dreijährige Wilhelmine natürlich
nicht befunden. Sie erhielt vielmehr, als sie acht (nicht vier)
Jahre alt war, bei dem damals in Hamburg etablirten, aber
nicht am Theater angestellten Privattanzlehrer Lindau Unterricht, weil sie als Kind etwas eckige, linkische und ungraziöse
Manieren hatte, die bei ihrer magern und langaufgeschossenen
Gestalt sich doppelt unvortheilhaft ausnahmen. Nun war
aber der Mulatte (nicht Afrikaner) Lindau ein Mensch von
dem sanftesten, gutmüthigsten Charakter, und der Unterricht

fand unter steter Beaufsichtigung der Aeltern statt, sodaß man sich die Schläge und Mißhandlungen, von denen Wilhelmine erzählt, nicht allzu schlimm vorzustellen braucht. Nach Jahresfrist, also erst im Alter von neun Jahren, trat sie allerdings in einem Pas de châle und in einem englischen Matrosentanz mit Beifall auf und übte, da ihre Aeltern politischer und persönlicher Verhältnisse wegen aus Hamburg hatten flüchten müssen und nun, ohne festes Engagement und ohne Vermögen umherziehend, Concerte und Gastrollen zu geben genöthigt waren, ihre Tanzfertigkeit zur Ausschmückung derselben aus. Dieses Wanderleben beschränkte sich indessen glücklicherweise auf eine nur etwa dreivierteljährige Dauer, denn schon 1814 traten die Aeltern bei dem Theaterdirector Liebich in Prag wieder in ein zweijähriges Engagement ein, welches der ruhelosen Vagabundage der Familie ein Ziel setzte. Während des prager Aufenthalts wirkten Wilhelmine wie auch ihre beiden Schwestern, Elisabeth und Auguste, jedoch nur höchst selten, in den kleinen Tanzdivertissements mit, welche Frau Horschelt auf der dortigen Bühne gab. Von ihr, wie später in Wien von ihrem Sohne, dem Balletmeister Friedrich Horschelt, sind die drei Schwestern keineswegs mit übertriebener Strenge, geschweige denn mit Roheit, von Frau Horschelt wenigstens ganz im Gegentheil stets nur mit der größten Liebe behandelt worden. Wilhelminens Talent zur mimischen Tanzkunst war übrigens niemals von irgendwie hervorragender Bedeutung; sie wurde in dieser Hinsicht von ihrer jüngsten Schwester Auguste sehr überflügelt, die schon als sechsjähriges Kind in den Horschelt'schen Kinderballeten zu Wien das Publikum durch einen seltenen Grad anmuthiger Laune entzückte. Ihr also, und nicht Wilhelminen, wandte Horschelt ein besonders lebhaftes Interesse zu.

Dieser merkwürdige Mann, am 14. April 1793 zu Köln geboren, hatte mit seinen Aeltern, die gleichfalls Ballettänzer waren, von Jugend auf ein Wanderleben geführt, bis er 1811 bei dem Theater in der Leopoldstadt zu Wien angestellt wurde. Der bekannte Theaterpachter Graf Ferdinand Pálffy zog ihn zum Theater an der Wien herüber, für welches Horschelt dann das seinerzeit sehr berühmte und länger als sechs Jahre bestandene Kinderballet einrichtete. Die Anfänge desselben datiren vom 12. März 1814, an welchem Tage die erste Aufführung des possenartigen Feenspiels „Die Eselshaut", nach dem Französischen bearbeitet von F. X. Gewey und in Musik gesetzt von Hummel, stattfand. Das erste selbständige Ballet aber war das am 14. November 1815 gegebene Kinderdivertissement „Die kleine Diebin", mit Musik von Kinsky. Die Aufführung gefiel allgemein, und die damalige Tageskritik fand, „daß wol selten kleine Wesen besser auf ihrem Platze stehen werden als in dieser allerliebsten Pantomime. Die drei kleinen Schwestern, die Töchter der Frau Schröder, das niedliche kleine Amorköpfchen Angioletta Mayer, die kleine Grazie Therese Heberle" (später Gattin des Bankiers Falconet in Neapel) „und ein gewandter Knabe, Anton Stullmüller" (noch gegenwärtig Tänzer am königlichen Hoftheater zu Berlin), „übertrafen jede Erwartung, selbst die kühnste, welche man sich von solchen Kindern zu machen im Stande war". Am 5. März 1816 wurde das zweite Ballet „Die Wäschermädchen", mit Musik von Kinsky, und am 21. Mai desselben Jahres als drittes „Das Waldmädchen", einem alten Sujet von Traffieri nachgebildet, mit Musik von Wranitzky, aufgeführt. Nach dieser Zeit, da Wilhelmine anfing ihrer jungfräulichen Entwickelung mehr und mehr entgegenzureifen, scheint in ihrer Mitwirkung bei den Balleten eine Pause eingetreten zu sein.

Allerdings hatte Ludwig Rellstab wol nicht ganz unrecht, wenn er in Nr. 48 der „Neuen Leipziger Zeitschrift für Musik" (Jahrgang 1834, S. 189) auf die mancherlei Gefahren hinwies, denen das Mädchen als Mitglied dieses Kinderballets ausgesetzt gewesen sein mag, und wenn er diese Gefahren selbst — vielleicht nur in etwas zu grellen Farben — mit den Worten schilderte: „Dieses Institut war eine in sittlicher Beziehung tief verderbte Anstalt; denn nicht zu gedenken, daß die heilige Unbefangenheit der Jugend durch diese früh eingelernten Künste des äußern Gefallens völlig zerstört werden muß, so führte die Gemeinschaft so vieler theils übel erzogener, theils ungearteter Kinder, ferner die früh angeregte Sinnlichkeit der ältern unter denselben, endlich die äußerste Sittenverderbniß und durch Abstumpfung zu unnatürlichem Reiz misbildete Sinnenglut einiger Beaufsichtigenden noch eine Schar positiver Verbrechen mit sich, die, wie man sagt, auch späterhin die Auflösung des Instituts zur Folge hatte." Wir würden versucht sein, dieses Urtheil doch für einigermaßen übertrieben oder einseitig anzusehen, wenn Rellstab andererseits nicht die Gerechtigkeit übte, zugleich darauf aufmerksam zu machen, daß Wilhelmine hinsichtlich ihrer spätern großen Erfolge im Gebiete einer edeln Plastik und Geberdensprache diesem jugendlichen Balletdienst unstreitig sehr viel verdankte; denn es konnte in der That keine bessere künstlerische Vorübung geben, um dem Körper jene Anmuth und Biegsamkeit zu verleihen, deren jeder dramatische Darsteller sowol für den Ausdruck zarter Uebergänge der Empfindung, als für die idealisirte Wiedergabe stürmischer Leidenschaft so sehr bedarf. Dieses Verdienst darf dem Horschelt'schen Ballet um so weniger streitig gemacht werden, als unleugbar, die sittlichen Mängel des Instituts mögen noch so groß gewesen sein, ein künstlerischer Hauch das Ganze durchwehte, von dem man bei den gewöhnlichen heutigen Balletschulen kaum eine Ahnung mehr hat.

Auch ist die sonstige Erziehung Wilhelminens durchaus nicht eine so jammervoll vernachlässigte gewesen, wie uns die Memoirenschreiberin glauben machen will. Das Kind wurde vielmehr überall, wo ihre Aeltern eine nur einigermaßen gesicherte Lebensstellung gefunden hatten, sowol in Hamburg als in Prag und Wien, nie ohne zuverlässige Aufsicht und den nöthigen Unterricht gelassen, und alles, was Wilhelmine von der Mangelhaftigkeit ihrer eigenen Erziehung gesagt hat, ließe sich mit weit größerm Rechte auf die Jugendgeschichte ihrer berühmten Mutter anwenden. Den Schröder'schen Kindern ist sogar eine relativ sorgfältige Erziehung zu Theil geworden. Vorzüglich muß hier einer Madame Joyeux, aus der französischen Schweiz und von guter Familie stammend, gedacht werden, welche den Kindern, hauptsächlich um ihnen die französische Sprache spielend beizubringen, als Gouvernante gegeben war, und die als eine Frau von vortrefflichem Charakter und Herzen sowie von untabelhaften Sitten und von der besten Erziehung gepriesen wird. Sie hat Wilhelminen und ihre Geschwister, solange sie unerwachsen waren, unausgesetzt beaufsichtigt und mit wahrhaft mütterlicher Hingabe für ihr geistiges und leibliches Wohl gesorgt. Später erhielten die Mädchen noch besondern französischen Unterricht von einem ganz vorzüglichen Lehrer, der auch den jungen Erzherzögen Stunden gab.

Der sehr brave und rechtliche Vater liebte seine Kinder zärtlich, doch zog er keins dem andern vor, und am aller=

wenigsten konnte sich Wilhelmine einer solchen besondern Vor=
liebe rühmen, denn sie war von allen ihren Geschwistern die
unbändigste, trotzigste und lärmendste, neckte die übrigen, wo
sie nur immer konnte, und brachte dadurch den Vater öfters
zu nicht geringer Verzweiflung, wobei ihm, dem abgesagten
Feinde aller leidenschaftlichen und tumultuarischen Scenen,
dem friedfertigen Manne, der häusliche Ruhe und Gelassen=
heit über alles liebte, sogar harte Ausrufungen entfahren
konnten, wie: „Ich bin versucht, dir deinen blonden Schädel
einzuschlagen!" Trotzdem ist Wilhelmine für ihr so früh
sich offenbarendes außergewöhnlich excentrisches Temperament
im Aelternhause wol eher zu nachsichtsvoll als zu strenge be=
handelt worden, und jedenfalls hat der Atmosphäre, in der
sie ihre erste Jugend zubrachte, das gefehlt, was im Stande
gewesen wäre, ihr zügelloses Wesen beizeiten zu besänftigen
und zu schöner milder Sitte zu erziehen. Gar manches, was
auch noch in ihr späteres Leben wie ein arger Mißton hin=
einklang, was eblern Naturen die Freude an ihrem Umgang
so oft getrübt und sie selbst mehr als einem Abgrunde nahe
gebracht hat, findet seine Erklärung in jenem frühzeitigen
wilden Unabhängigkeitsgefühl und Trotze, den nichts zu beugen
und zu bändigen vermochte. Wer will entscheiden, ob da
zu helfen gewesen wäre, wenn die gefeierte Mutter ihrem
theatralischen Berufe mehr Zeit hätte abmüßigen können,
wenn der herzensgute Vater nicht durch seine bald zunehmende
Kränklichkeit an der eigenen strengen Handhabung der häus=
lichen Zucht wäre verhindert worden?! Jede Anklage gegen
irgendeine Persönlichkeit erscheint durchaus ungerechtfertigt,
allein die Thatsache bleibt nichtsdestoweniger bestehen, daß
dieses Kind des rechten Erziehers entbehrt hat, wenn der=
gleichen Naturen überhaupt anders zu erziehen sind als

durch ein Leben voller Fügungen, deren dunkles Gewebe kein Menschenauge durchdringt. An frühen vielseitigen Anregungen des im Kinde schon schlummernden mächtigen Genius, an Aufsicht und Unterweisung jeder Art hat es Wilhelminen wahrlich nicht gefehlt, wol aber an dem, was eine innerlich harmonische, selbstbesonnene Natur zu erzeugen im Stande ist, die trotz aller leichten Entzündbarkeit und Lebhaftigkeit des Temperaments doch das rechte Maß der Zügelung in sich selbst findet. Aus dem wilden, kecken, rand= und band= losen Mädchen ist eben später eine Frau geworden, deren außerordentlicher Kunstbegabung man zwar viele Abweichungen von den gewöhnlichen Lebensregeln schonend nachsah, ohne es deshalb je ganz entschuldigen zu können, daß sie im Grunde die Abweichungen selbst zur Regel und Richtschnur ihres Lebens zu machen beliebte.

Zweites Kapitel.
Erste Versuche in Schauspiel und Oper.

Tod des Vaters. Der Stiefbruder Wilhelm Smets und Rückblicke auf die erste Ehe der Mutter mit Stollmers. Das Debut auf dem Hofburgtheater und Castelli's Urtheil hierüber. Vorbereitungen zur Opernlaufbahn. Gesangunterricht bei Mozatti und Radichi. Der Mutter Einfluß. Die ersten Opernrollen Pamina, Emmeline, Marie (im „Blaubart") und Agathe. Recension in der „Wiener musikalischen Zeitung". Berührungen mit Karl Maria von Weber. Eine problematische Katzengeschichte. Zemire in Spohr's „Zemire und Azor".

(1818—1822.)

Am 18. Juli 1818 starb Friedrich Schröder, fern von den Seinen, in Karlsbad, wo er vergebens Heilung und Genesung vom langen Leiden gesucht hatte. Die Sorge für die fernere Erziehung der Kinder fiel nun ganz allein der genialen Mutter zu, die alles anwandte, um ihre für das Schauspiel bestimmten Töchter zu diesem speciellen Wirkungskreise vorzubilden. Noch bei Lebzeiten des Vaters war Wilhelm Smets, Wilhelminens Stiefbruder, nach Wien gekommen, ein junger Mensch von den vortrefflichsten Geistes- und Gemüthseigenschaften, dessen Einfluß auf die Erziehung der Schwester jedoch überschätzt worden ist. Frau von Gliimer sagt*), er habe sich ihres wissenschaftlichen Unterrichts mit großem

---
*) „Erinnerungen", S. 22.

Eifer angenommen und sich mit Vorliebe Wilhelminen angeschlossen, deren seltene Begabung er sogleich erkannt. Hierzu ist berichtigend zu bemerken, daß jener Unterricht sicher nicht viel zu bedeuten hatte, weil der damals noch sehr jugendliche und sanfte Mentor, der selbst nur acht Jahre mehr zählte als seine Stiefschwester, sich bei dem leidenschaftlichen, heftigen Mädchen durchaus keine Autorität zu verschaffen wußte, vielmehr nur die Zielscheibe ihres Spottes war, im ganzen auch blos dreiviertel Jahre in Wien mit ihr zusammen lebte. In näherer Beziehung hat Smets in seinem ganzen Leben niemals zu Wilhelminen gestanden, obwol es sich bei seinem liebevollen Herzen leicht erklärt, daß er gegen sie später die wärmsten Dankesgefühle hegte, da sie ihm, in Gemeinschaft mit der Mutter, in einer Periode der Kränklichkeit und des Mangels eine namhafte Geldunterstützung hat zufließen lassen. Auch sie liebte es in der Folge, aber erst nachdem ihr Stiefbruder einen Namen als Dichter und Schriftsteller erworben, sich andern gegenüber auf ihn als Bruder zu berufen; das weiche Gefühl einer schwesterlichen Liebe aber kannte sie in ihrer Jugend, sozusagen, gar nicht, und später wäre eine solche gegen Smets, der ein frommer katholischer Priester war, schon wegen des Mistrauens und Hasses, den sie gegen alle „Pfaffen" hegte und rücksichtslos zur Schau trug, nicht wohl möglich gewesen. Auch das von Frau von Glümer mitgetheilte Gedicht und der hübsche Dankesbrief des Bruders an die Schwester*) lassen sich zum Beweise eines innigen geschwisterlichen Verhältnisses zwischen beiden durchaus nicht anführen.

Als Bruder unserer Künstlerin und als ein edler Mensch

---

*) „Erinnerungen", S. 48, 49.

von nicht geringen Gaben verdient Smets indessen hier immerhin einen kleinen episodischen Gedenkstein, zumal wir bei Aufrichtung desselben zugleich Gelegenheit erhalten, noch einen Rückblick auf die erste Ehe der Mutter zu thun.

Antoinette Sophie Bürger, die nachmalige Sophie Schröder, geboren am 1. März 1781 zu Paderborn, kam 1795 mit der Gesellschaft der Schauspielunternehmerin Albertine Tilly, geborenen Schochert, aus Petersburg nach Reval, wo sie, erst 15 Jahre alt, den Schauspieler Johann Nikolaus Stollmers heirathete, dessen erste Frau in Petersburg gestorben war. Er stammte aus Eynatten bei Aachen, war seit 1786 als Criminalrichter am kurkölnischen Gerichtshofe zu Bonn angestellt und in der juristischen Welt durch seine Schrift „Die Straf- und Polizeigesetze des 18. Jahrhunderts, philosophisch, juristisch und historisch betrachtet" (Leipzig, Breitkopf und Härtel, 1795), vortheilhaft bekannt. Eine Heirath aus Neigung, die den Intentionen seines Fürsten zuwiderlief, bestimmte ihn, die juristische Laufbahn mit der Bühne zu vertauschen, die er unter dem angenommenen Namen Stollmers betrat, worin seine Antrittsrolle „Ollmers" in Kotzebue's „Deutschen Kleinstädtern" und anagrammatisch sein Familienname Smets *) enthalten ist.

---

*) Ob er berechtigt gewesen, den Namen Smets von Ehrenstein zu führen, den ihm z. B. das Pierer'sche „Universal-Lexikon" beilegt, ist mit Sicherheit nicht zu ermitteln gewesen. Er selbst hielt sich für den legitimen Abkömmling einer alten brabantischen Adelsfamilie dieses Namens, welche durch die Französische Revolution ihres Adels und ihrer Güter verlustig gegangen sein soll. Die nähern Data über Stollmers und Smets verdanke ich Herrn Richard Kießling zu Breslau, dem „Echo der Gegenwart" (Aachen 1848, Nr. 30), worin ein Nekrolog von Wilhelm Smets steht, und

Im Jahre 1794 war er nach Reval gekommen, dessen Bühne damals unter Kotzebue's Intendanz stand. Später leitete Stoll= mers selbst das dortige Theater für eine Gesellschaft von Actionären bis zum 4. Mai 1798. Kotzebue, der bis zu Anfang dieses Jahres in Reval gelebt und zur Leitung des Hoftheaters nach Wien berufen war, verschrieb das Stoll= mers'sche Ehepaar, und Frau Stollmers debutirte in Wien am 8. August 1798 als Margarethe in den „Hagestolzen" von Iffland. Da aber Kotzebue in der Kaiserstadt sehr viele Gegner fand, und die von ihm empfohlenen neuen Mitglieder von den ältern scheel angesehen wurden, so verließen die Gatten Wien schon vor Ablauf des ersten Contractjahrs und kamen nach Breslau, wo Frau Stollmers am 29. Mai 1799 wiederum als Margarethe debutirte. Erst hier, und nicht schon 1796, wie wir in dem für „Unsere Zeit" verfaßten Schröder=Devrient=Artikel den Mittheilungen der Frau von Glümer nachgeschrieben haben, wurde die wegen großer Ver= schiedenheit des Alters an sich schon bedenkliche Ehe gerichtlich getrennt. Die Frau blieb noch bis Ende Mai 1801 im breslauer Engagement, während Stollmers, der jetzt seinen Familiennamen Smets wieder annahm, bereits Ende No= vember 1799 Breslau verließ, die theatralische Carrière auf= gab, zunächst Hofrath bei dem damals regierenden Reichs= grafen von Plettenberg=Mietingen=Ratibor wurde und 1812 als Ergänzungsrichter am Friedensgericht zu Aachen starb. Sein am 15. September 1796 zu Reval geborener Sohn Wilhelm, der nach der Scheidung dem Vater zugefallen, war damals erst 16 Jahre alt, hatte das Gymnasium in Aachen

---

dem „Allgemeinen Theater=Lexikon" von Herloßsohn u. a. (neue Ausgabe, 1846), VII, 2—3, dessen Artikel über Smets jedoch, wie so mancher andere, durch zahlreiche Druckfehler entstellt ist.

besuchte und trat nun in das französische Lyceum zu Bonn ein, wo seine früh entwickelten schönen Anlagen zur Poesie durch eine strenge, der Lectüre deutscher Dichter feindliche Disciplin niedergehalten wurden. Sein deutsch-patriotisches Gemüth reagirte dagegen durch Stiftung einer Genossenschaft im Geiste der spätern Burschenschaft; er mußte aus der Anstalt fliehen und wurde 1811 Hauslehrer in der Nähe von Köln, schloß sich aber im darauffolgenden Jahre der zur Bekämpfung Napoleon's ausziehenden Freiwilligenschar des Niederrhein an. Nachdem er Anfang 1816 den Kriegsdienst als Lieutenant im dritten Rheinischen Landwehrregiment wieder verlassen, begab er sich als Informator eines jungen Edelmanns nach Wien, wo er unerwarteterweise seine Mutter wiederfand und Schauspieler zu werden beschloß, obwol ihm hierzu, außer einem selten schönen Organ, alle physischen Mittel fehlten. Er betrat die Bühne als der junge Brahmine in Karl Plümicke's „Lanassa", gab jedoch auf Zureden seiner Mutter die Theaterlaufbahn bald wieder auf und wurde Lehrer an der Kriegsschule, späterhin auch am Gymnasium zu Koblenz. Religiöse Begeisterung und eine früh zu Grabe getragene Hoffnung trieben ihn im Herbst 1819 nach Münster, wo er bei Hermes Theologie studirte. Später besuchte er das kölner Priesterseminar, erhielt den philosophischen Doctortitel von der Universität Jena und am 8. Mai 1822 die Priesterweihe. Bis 1828 versah er die Stelle eines ersten Religionslehrers und Pensionsinspectors am katholischen Gymnasium in Köln und eines Kaplans an der Domkirche; dann nahm er, da anhaltende Körperleiden ihm einen ländlichen Aufenthalt wünschenswerth machten, die Dorfpfarre Hersel bei Bonn, 1832 die Stelle eines ersten Oberpfarrers, Schulinspectors und erzbischöflichen Commissarius in Münstereifel an der Erft und drei Jahre später, weil er das dortige rauhe Klima nicht ertrug, das Oberpfarramt zu Nideggen an der Roer bei Düren an. Seine Kränklichkeit nahm zu, und er zog sich 1837 als Weltgeistlicher mit einer kleinen Pension nach Köln zurück, woselbst er bis 1842 das Feuilleton der „Kölnischen Zeitung" redigirte. Im Jahre 1841 machte er eine Reise nach Italien und wurde 1844 zum Stiftsherrn an der Münsterkirche zu Aachen ernannt, wo er, trotz seiner fortwährenden Leiden, besonders als Kanzelredner und theologischer Schriftsteller sehr thätig war. Im Jahre 1848 als Ersatzmann für den preußischen Minister Hansemann ins deutsche Parlament nach Frankfurt a. M. berufen, erkrankte er daselbst so, daß er sich mit Urlaub in das nahe Bad Soden und von dort nach Aachen zurückbegeben mußte. Hier ereilte ihn am 14. October 1848 der Tod. Seine schriftstellerische Thätigkeit war von Jugend an bedeutend; theils unter seinem eigenen Namen, theils pseudonym („Lenz von Prag", „Theobald" und „Justus Walther") sind neben andern Schriften ein „Taschenbuch für Rheinreisende", die Trauerspiele „Die Blutbraut" und „Tasso's Tod" sowie das zur Feier der Befreiung des Vaterlandes vom französischen Joche geschriebene Schauspiel „Soldatenglück", eine Biographie des kölner Erzbürgers Wallraf, eine „Kurze Geschichte der Päpste", ein romantisches Gedicht in drei Gesängen: „Des Kronprinzen von Preußen Jubelfahrt auf dem Rhein", „Spruchlieder" und mehrere Sammlungen von Gedichten (die letzte 1840 in Stuttgart) von ihm erschienen. Ein tiefes, inniges Gefühl, eine edle Gesinnung und lebendige Phantasie, gepaart mit großem Formtalent, offenbart sich in allen diesen Werken und sichert ihm einen Platz unter Deutschlands Dichtern.

Kehren wir nach dieser Abschweifung, dem Andenken eines wackern Mannes gewidmet, zu den Schicksalen seiner Stiefschwester zurück. Der genialen Mutter allein gebührt der Ruhm, sie für ihr erstes Debut auf dem Hofburgtheater mit allem Rüstzeug versehen zu haben, dessen eine jugendliche Schauspielerin bedarf. Wilhelmine betrat, 15 Jahre alt, am 13. October 1819 als Aricia in Schiller's „Phädra" zum ersten mal die genannte Bühne, und ein gewisser Höhler, unter welchem Namen man keinen andern als den bekannten wiener Theaterdichter und Humoristen Castelli zu suchen haben wird, referirte über dieses Debut in der dresdener „Abendzeitung" mit folgenden Worten, die offenbar das Gepräge der schlichten Wahrheit an sich tragen: „Eine einnehmende körperliche Bildung, eine für ihr Alter bewundernswerthe Besonnenheit im Spiele, eine reine und verständige Declamation zeugten von der guten Schule, aus der sie hervorging. Als das Publikum sie am Schlusse hervorrief, führte die geehrte Mutter sie an der Hand vor und empfahl sie nicht nur der Nachsicht, sondern auch der Strenge des Publikums." Im Verlaufe dieses Engagements spielte sie von bedeutenden Partien noch die Luise in Schiller's „Kabale und Liebe", die Beatrice in der „Braut von Messina" und die Ophelia in „Hamlet". Ihre jüngere Schwester Betty wurde von der Mutter am 16. October 1819, 13 Jahre alt, als Melitta in Grillparzer's „Sappho" vorgeführt, und über sie urtheilte Castelli: „Diese steht noch auf der Grenzlinie zwischen Kind und Jungfrau, daher war es wol auch zu erklären, daß ihr die Aeußerungen der Kindlichkeit mehr gelangen als jene der Leidenschaft." Wegen nicht geeigneter Beschäftigung an der Hofburg ging Betty Schröder im Januar 1823 zum Theater an der Wien über, und auch der schon 1821 stattfindende Uebergang Wilhelminens vom Schauspiel zur Oper war durch die damaligen Verhältnisse des Hofburgtheaters wesentlich mitbedingt; denn da es weder ihr noch ihren beiden Schwestern gelang, sich dort auch nur die bescheidenste Stellung zu erobern, so sah sich die Mutter genöthigt, an eine anderweitige und gewinnbringendere Beschäftigung ihrer Töchter zu denken.

Es ist oft so dargestellt worden, als sei das musikalische Talent Wilhelminens ganz urplötzlich in ihr erwacht, als habe niemand in der jungen Schauspielerin, welcher gewisse prophetische Stimmen bereits die Erfolge der Mutter, als einer großen Tragödin, geweissagt, die künftige Sängerin zu ahnen vermocht, als habe überhaupt niemand gewußt, daß die angehende Künstlerin zu allen reichen Naturgaben auch noch mit dem köstlichen Gnadengeschenk einer schönen, hohen Sopranstimme ausgestattet worden war. Diese Erzählungen sind richtig, wenn man das große Publikum dabei im Auge hat, das allerdings durch die Sängerin Wilhelmine Schröder nicht wenig überrascht wurde; falsch aber ist die Annahme, als sei selbst die Mutter und ihr Freundeskreis durch dies Meteor überrascht worden. Die Mutter hat vielmehr Wilhelminen mit aller Sorgfalt zur Sängerin ausbilden lassen, sobald sie es inne wurde, daß das Mädchen stimmbegabt und mit einem feinen Gehör ausgerüstet war.

Den besten Lehrern hatte sie den musikalischen Unterricht ihrer Tochter anvertraut; der deutsche Singmeister der letztern war der tüchtige Joseph Mozatti (gestorben 5. Juni 1858), von dem unter andern auch der wackere Baritonist Schober und Karoline Unger (jetzige Ungher-Sabatier) *) ausgebildet

---

*) Sie trat ziemlich gleichzeitig mit der Schröder-Devrient ihre

worden sind, und später kam Wilhelmine, wie mehrere zuverlässige Gewährsmänner uns versichern, auch noch zu Giulio Radichi (gestorben 16. September 1846), einem in Wien etablirten italienischen Maestro von großem Rufe, in die Lehre. Sie selbst soll einen gewissen Grünwald (nicht Grünewald, wie Rellstab ihn nennt) als ihren ersten Gesanglehrer bezeichnet haben, doch wird dieser Angabe von einer Person, die damals in den allernächsten Beziehungen zu ihr stand, ebenso bestimmt widersprochen, als der fernern Hypothese, daß auch die Tochter des wiener Volkscomponisten Wenzel Müller, die gefeierte Therese Grünbaum, sich ihrer gesanglichen Ausbildung angenommen habe. Jedenfalls war der Unterricht Mozatti's derjenige, der am längsten dauerte und am meisten fruchtete, obschon Wilhelmine in ihrer Jugend keinen großen Eifer zum Lernen zeigte und z. B. zum Scalasingen stets gezwungen werden mußte. Am höchsten aber ist der Vortheil zu veranschlagen, der ihr daraus erwuchs, daß sie alle Rollen, mit welchen sie in Wien debutiren sollte, unter der speciellen Leitung ihrer Mutter, die früher selbst länger als

---

Opernlaufbahn an, und zwar nicht schon 1819 als Cherubin in „Figaro's Hochzeit", wie in den von Irrthümern wimmelnden Werken, dem Blum'schen „Theater-Lexikon" und dem „Tonkünstler-Lexikon" von Schilling zu lesen ist, sondern am 24. Februar 1821 in Mozart's „Cosi fan tutte". Vorher hatte sie öffentlich nur in Concerten gesungen und in Privatcirkeln sich durch ihren Gesang viel Beifall erworben. Ihr Debut auf der Oper fand aber ganz im Gegensatze mit dem der Schröder-Devrient gar keinen Anklang, und man fragte sich nach dem ersten nicht glücklichen Versuche achselzuckend, warum das Hoftheater dieses Mädchen aus dem bürgerlichen Leben in die Oeffentlichkeit gerissen, da die Bühne durch sie nichts gewinnen, sie selbst aber nur verlieren werde? Später freilich wendete sich das Blatt. (Notizen des Herrn Richard Kießling.)

zehn Jahre in der Oper mitgewirkt, einstudirte, wobei nicht blos Mozatti, sondern auch noch ein besonderer Klavierspieler zur Begleitung gegenwärtig war, und die Mutter ihr über jedes Wort, jede Bewegung, jeden Schritt und Tritt den einsichtsvollsten Rath ertheilte. Und nun vergesse man ferner nicht, welchen großen Vorsprung vor andern jungen Sängerinnen sie dadurch schon gewonnen, daß sie bereits zwei Jahre hindurch so schwierige dramatische Aufgaben, wie eine Ophelia, bis zu einem gewissen Grade der Vollkommenheit zu lösen sich bestrebt hatte, ehe sie die Opernbühne betrat. Mußte doch eine solche Vorschule ihre geistigen Anlagen ganz anders entfalten, ihre schöpferische Selbstthätigkeit in ungleich stärkerm Grade anspornen, als dies bei Künstlerinnen der Fall zu sein pflegt, welche ihre Laufbahn gleich mit der Oper anfangen, bei der der sinnliche Klangreiz des Organs die ersten Erfolge fast allein bestimmt, und schon deshalb von einer eigentlichen Kunstleistung ab ovo kaum die Rede sein kann. Wer wollte nicht gern Rellstab's Urtheil mit unterschreiben, wenn er sagt*): „Der Gang der Entwickelung, welchen unsere Künstlerin genommen, sollte allen Sängerinnen, welche die Bühne betreten, zum Vorbild dienen und sie bestimmen, sich eine Zeit lang nur den besondern Studien des höhern Schauspiels zu widmen, weil dieses alle Kräfte, auf welchen nachmals eine wahrhaft große Darstellung im Gebiet der Oper beruht, zu einer durchaus andern, freiern und höhern Entwickelung bringt, als sich späterhin so beiläufig neben den Gesangsstudien erreichen läßt. Nur zu oft sind wir Zeugen von der ganz verkehrten Vernachlässigung ge-

---

*) „Neue Leipziger Zeitschrift für Musik", 1834, Nr. 48, S. 190.

wesen, mit welcher junge Sängerinnen in dieser Beziehung die Bühne betreten. Nicht die mindesten Studien in Beziehung auf die Sprache, auf Gang, Bewegung, Action haben sie gemacht; kaum daß sie den dürftigen Dialog der Antrittsrolle mühsam auswendig gelernt haben und ihn dann gedankenlos, monoton, ja oft unverständlich und unartikulirt hinschwatzen, in der verkehrten Meinung, daß sie eigentlich gar nichts auf der Bühne zu thun hätten, bevor nicht ihre Arie anfängt. Bei der spätern Fortbildung hinkt nun dieser Theil immer nach und bleibt ewig der Ballast, der jeden höhern Aufflug lähmt. — — Wie ganz anders vorbereitet betrat Wilhelmine Schröder-Devrient die Laufbahn, in der sie sich auf den höchsten Gipfel geschwungen hat!"

Es versteht sich, daß wer den kleinen, überaus nützlichen Umweg von Shakspeare's Ophelia zu Mozart's Pamina nicht zurückgelegt hat, diese „singende Ophelia", welche viele unserer gewöhnlichen Operndebutantinnen oft wol schon von vornherein für eine unbedeutende Aufgabe zu halten belieben, weil die Partie keine großen Bravourpassagen enthält, so nicht zur Darstellung bringen werden wie unsere siebzehnjährige Künstlerin, als sie damit zum ersten male vor das wiener Publikum trat, und Friedrich August Kanne in der „Wiener musikalischen Zeitung" über dieses Debut wie folgt referiren durfte: „Am 20. Januar 1821 war eine neue Erscheinung für das Hofoperntheater am Kärntnerthor, Wilhelmine Schröder als Pamina. Die kluge Mutter hatte das Mädchen früher in keinem Privatcirkel singen lassen; niemand wußte, daß das Mädchen musikalische Kenntnisse besitze, und so war gleichsam eine Sängerin aus den Wolken herausgefallen. Man wunderte sich daher um so mehr, bei ihr eine ziemlich ausgebildete Stimme, eine ganz reine Intonation und einen zwar ganz einfachen, von allen Schnörkeleien entfernten, aber sehr angenehmen Vortrag zu finden. Diese Vorzüge, verbunden mit einem Schauspielertalent, wie noch wenige große Sängerinnen bewiesen haben, gewährten einen eigenen Zauber und entzückten die überraschten Zuhörer so sehr, daß das Haus von Beifall widerhallte. Wir wünschen uns und der jungen Sängerin Glück, wenn sie anders in der Folge ihre Stimme gehörig zu pflegen versteht und bei vermehrter Biegsamkeit derselben nicht auch zugleich von dem herrschenden Modegeschmack verführt, in faden Verzierungen ihr Heil sucht, sondern die Einfachheit und Wahrheit sich zum höchsten Ziel ihrer Leistungen setzt."

Diese würdigen Worte einer besonnenen Anerkennung stechen von den ekelhaften Lobpsalmen, womit heutzutage jedes neue Bühnentalentchen gleich als ein Nonplusultra der Vollendung ausgeschrien und auf diese Weise recht absichtlich dem faulen Eitelkeitsteufel überliefert wird, so ungemein vortheilhaft ab, daß wir einen angemessenern Prolog zur Eröffnung der Opernlaufbahn unserer Künstlerin uns kaum zu denken wüßten. Kanne's Urtheil behielt, wie wir in der Folge sehen werden, seine Wahrheit bis ans Ende dieser ruhmreichen Laufbahn. Nach dem ersten glücklichen Debut wurde Wilhelmine bei den in Wien so häufigen Concerten vielfach in Anspruch genommen. Zuerst sang sie am 2. Februar 1821 in einem Concert des berühmten Contrabassisten Dall' Occa, wo sie durch eine sehr anmuthig vorgetragene Arie von Pavesi und in einem Duett aus Rossini's „Armida" zeigte, „daß ihre schöne klangreiche Stimme schon viel Biegsamkeit gewonnen hatte". Mit steigender Spannung sah das Publikum hiernach einer neuen dramatischen Leistung der talentvollen jungen Künstlerin entgegen. So groß aber die Erwartungen auch immer sein mochten, sie wurden durch ihre außerordentlich gelungene Darstellung der Emmeline in Weigl's „Schweizerfamilie" am 2. März noch übertroffen. „Ihr Spiel", so schrieb Kanne, „war meisterhaft — idealisch kann man es nennen —, voll Innigkeit, Natur und Wahrheit. Sie sang einfach und herzlich, wie es die Rolle erfordert, declamirte richtig, und ihre Intonation war durchgehends rein. Bewunderungswürdig ist die Sicherheit, mit welcher sie die einzelnen hohen Töne und die voneinander entfernten Intervalle, ohne sie erst nach Art sehr vieler Sänger und Sängerinnen durch einen Vorschlag zu suchen und zu bilden, sogleich in voller Reinheit zu treffen weiß. Dies beweist ihre glücklichen und natürlichen Anlagen und die zweckmäßige, gute Schule Mozatti's.*) In ihrer Darstellung fand sich keine Spur von einer Anfängerin. Bei den mannichfaltigen Talenten, welche sie uns offenbarte, ist sie für die Oper eine ebenso erwünschte als ganz ungewöhnliche Erscheinung, und wir hoffen, daß ihre große Lehrerin die vielen Keime, welche einst die herrlichste Blüte versprechen, sorgsam pflegen und hüten werde. Möge der ihr bisher gewordene Beifall ihren Eifer verdoppeln. Das Publikum liebt sie schon." —

In einer zu einem wohlthätigen Zweck am 7. März gegebenen Akademie sang sie eine (nicht näher bezeichnete) Arie,

---

*) Da Kanne hier nur Mozatti als den Lehrer Wilhelminens nennt, ohne daß eine Berichtigung erfolgte, so läßt sich hieraus schon mit ziemlicher Gewißheit schließen, daß sie damals bei Radichi noch keinen Unterricht gehabt, und daß Grünwald ihr die Anfangsgründe des Gesanges nicht beigebracht hat, wie Rellstab im „Deutschen Theater-Archiv" von 1860, Nr. 14, S. 138, angeblich ihr selbst nacherzählt.

deren Wahl deutlich verrieth, daß sie infolge ihrer beiden Triumphe in der Oper ihre Kraft und Geschicklichkeit bereits zu überschätzen anfing. Kanne's Kritik rügte dies, wie billig, mit den Worten: „Im Theater bewirkt ihre liebliche Erscheinung und ihre ziemlich bedeutende Darstellungsgabe schon die Hälfte des Beifalls, der ihr bisher zu Theil ward. Im Concert singen, und zwar vor einem so großen Publikum, will viel mehr sagen, und es wird dazu eine gebildete, feste Sängerin gefordert. Aber gar eine so schwere Arie singen zu wollen, ist ein Unternehmen, welches mislingen mußte."

Ihre dritte Opernpartie war am 12. April 1821 die Marie in Grétry's „Blaubart" („Raoul Barbe-bleue"). Sie leistete darin das Mögliche, und auch hier ist Kanne's Kritik in der „Wiener musikalischen Zeitung" der Mühe werth, der Vergessenheit entrissen zu werden. Er schrieb: „Es ist erfreulich, von der liebenswürdigen Schröder zu bemerken, daß ihre schwierige und äußerst anstrengende Rolle ihr nicht blos von außen angelernt war, sondern daß das Hauptverdienst ihrer trefflichen Mutter, welche sie auf der schwierigen Künstlerlaufbahn leitet, augenscheinlich darin besteht, das Darstellungstalent der gelehrigen Tochter und Schülerin auf solche Weise zu leiten, daß sich die herzdurchbringenden Töne und Geberden, welche uns mit Mitleiden und Schaudern erfüllten, als wirklich dem Innern entquollen beurkundeten. Sie gab den ganzen Part mit gleicher, ja gegen den Schluß der Oper mit steigender Kraft und leistete im Spiele, besonders in den zwei letzten Acten von dem Moment ihres Herausstürzens aus dem Schreckensgemache bis zum Schlusse so Bedeutendes, daß diese Rolle wol nicht leicht wahrer und ergreifender irgendwo gegeben werden dürfte. Sie bewies sich auch als Sängerin, besonders in solchen Stellen, die einen hohen Grad leidenschaftlichen Ausdrucks fordern, alles Beifalls würdig, der ihr auch sowol im Verlauf als am Schlusse der Oper reichlich zu Theil ward. Fleißige und unter sorgfältiger Leitung fortgesetzte Uebungen werden sie im Gesange auf eine noch höhere Stufe und sicher zu dem Range einer bedeutenden tragischen Sängerin, um deren Nachzügelung man sich leider seit der Epoche des Rouladenwesens weniger zu bekümmern scheint, erheben." —

Am 20. Juni sang sie die Palmira in Herold's „Zauberglöckchen" („La clochette", in drei Acten, 1817 componirt), am 21. September die Karoline in Weigl's einactiger, nach dem Französischen bearbeiteten Operette „Edmund und Karoline". Beide Partien waren unbedeutend und gingen ohne besondern Effect vorüber. Um so größer aber war der Erfolg, den sie am Vorabende des kaiserlichen Namensfestes, den 3. November 1821, in Weber's „Freischütz", der zum ersten mal in Wien gegeben wurde, als Agathe errang. Hören wir auch hierüber unsern lautern Gewährsmann, den sonst so morosen, schließlich 1832 in Trunkelend und Dürftigkeit untergegangenen Kanne: „Agathe, Wilhelmine Schröder, eine reizende Blondine von 16 (soll heißen 17) Jahren, verbindet mit einer herrlichen, wohlklingenden Stimme das innigste Gefühl im Vortrage und einen seltenen, von der Mutter theils ererbten, theils erlernten Grad von Schauspielkunst. Die Mutter hatte durch ihre Kunst wohlthätigen Einfluß auf einige der Darstellenden zum Besten des Ganzen gehabt. Dieser war in den entscheidenden Momenten der Handlung sowol als in kleinen einzelnen Nuancirungen der Charakteristik recht oft sichtbar. Die wirksame und geschickte Benutzung der Mittel, welche dem wahren dramatischen Künstler bei seinem Geschäft zu Gebote stehen und seinen darzustellenden Charakter in das zur Beschauung erforderliche Licht der Verklärung stellen, zeigte sich theils bei der talentvollen Tochter der Künstlerin, theils bei Herrn Rosner *) (Max)." — Mit dem Texte der Oper waren übrigens in Wien allerhand seltsame Veränderungen vorgegangen. Es wurden z. B. keine Kugeln in der Wolfsschlucht gegossen, sondern Bolzen in einem Baume gefunden; die Jäger schossen, vermuthlich um die Damen nicht zu erschrecken, mit Armbrüsten, statt mit Büchsen; der böhmische Fürst Ottokar war in einen Ritter Hugo von Weidenhorst, Herrn des Gaues, verwandelt, das gute und böse Princip, der Eremit und Samiel, ganz gestrichen worden**), — denn die wiener Theatercensur verlangte auch in diesem unschuldigen Falle, wie sonst so oft noch, „was Apart's für sich". Der „Freischütz" blieb übrigens trotz dieser Verballhornungen Zugstück und ist bis zu der Aufführung am 7. März 1822 — die Weber persönlich dirigirte, und Frau von Glümer irrthümlich die zweite Vorstellung der Oper nennt, auch als zu Wilhelminens Benefiz gegeben bezeichnet, während die letztere im wiener Engagement nie ein solches erhalten — bereits mehr als zwanzigmal aufgeführt worden. Auch was Frau von Glümer***) über diese angebliche Benefizvorstellung sonst noch, wie sie

---

*) Franz Rosner, geboren 1800 zu Waitzen in Ungarn, ist 1842 als erster Tenorist in Stuttgart gestorben.

**) Dieser interessanten, dem Castelli'schen Referat in der dresdener „Abendzeitung" entnommenen Notiz setzt Herr Richard Kießling in seinen mir freundlichst zur Disposition gestellten „Collectaneen" die treffende Glosse hinzu: „Wie sind die Zeiten anders geworden! Jetzt erscheinen beide, Eremit und Samiel, in der «Tanhäuser»=Parodie Arm in Arm!" —

***) „Erinnerungen", S. 24.

sagt, nach Wilhelminens Mittheilungen, beibringt, ist vollständig aus der Luft gegriffen. Mag Weber, der unzweifelhaft mit seiner Agathe zufrieden zu sein alle Ursache hatte, immerhin damals die Aeußerung gethan haben: „Sie ist die erste Agathe der Welt und hat alles übertroffen, was ich in die Rolle hineingelegt zu haben glaubte!" — Wilhelmine lag nicht, als der gefeierte Componist am Morgen nach der Vorstellung gekommen sein soll, um ihr zu danken, der Länge nach auf dem Fußboden der Kinderstube, eifrig beschäftigt, mit ihren jüngern Geschwistern Soldaten aufzustellen. Sie wurde nicht abgestäubt, die Haare wurden ihr nicht glatt gestrichen, Schürze und Halstuch ihr nicht zurecht gezupft, um sie zu Weber zu führen, der sie dann mit Lobsprüchen überhäuft und ihr versprochen haben soll, eine neue Oper für sie zu schreiben. Wol mag Wilhelmine Selbsterfinderin dieses kleinen Phantasieromans gewesen sein, der mit den Worten schließt: „Ich weinte vor freudiger Rührung, war aber herzlich froh, als er ging, sodaß ich zu meinem Spielzeug zurückkehren konnte" — die Wahrheit dieser ganzen Erzählung aber ist lediglich auf folgende nackte Thatsache zu beschränken. Weber kam nicht in Wilhelminens Mutterhaus, um ihr zu danken, er wurde vielmehr dorthin von Frau Sophie Schröder zum Mittagessen geladen, wobei denn die ganze Familie und alle anwesenden Gäste ihm den herzlichsten und wärmsten Dank für seine herrliche Schöpfung darbrachten. Mit ihren Geschwistern hat Wilhelmine niemals Kinderspiele der angegebenen Art gespielt und war überdies damals auch schon lange kein Kind mehr, sondern bereits eine sehr selbstbewußte und in allen ihren Handlungen höchst selbständig auftretende Jungfrau. Richtig aber ist, daß sie von dieser Zeit ab nie aufgehört hat, des Meisters mit Zuneigung und Verehrung zu gedenken, obwol im spätern Verlauf ihres gegenseitigen Verhältnisses hier und da kleine unbedeutende Reibungen zwischen beiden vorgekommen sein sollen, die zum Theil so scherzhafter Natur waren, daß sie bei denen, welche sie miterlebt, einen bleibendern Eindruck zurückgelassen haben, als vielleicht der Fall gewesen sein würde, wenn es sich um viel ernsthaftere Zerwürfnisse gehandelt hätte. Sie selbst pflegte in spätern Zeiten mit nachwirkendem Grimme noch einer drolligen Geschichte zu gedenken, welche in der Zeit von 1823—26, da sie mit Weber gemeinschaftlich in Dresden engagirt war, sich ereignet haben soll. Als einst „Fidelio" unter Weber's Direction in Dresden aufgeführt wurde, sei nämlich — so erzählte sie — plötzlich im letzten Finale ein Kätzlein aus der Seitencoulisse gesprungen, über welche Störung sie, die vielleicht eben das herrliche „O, Gott; o welch ein Augenblick!" intonirte, mit Recht außer sich gerathen. Weber habe nun zwar von seinem Platz im Orchester aus alles Mögliche gethan, das Thier zu verscheuchen, sich dabei aber so ungeschickt angestellt, daß die Katze durch sein ewiges Psch — Psch-Rufen nur immer weiter vorgelockt worden sei und das Publikum mit ihren neugierig gespitzten Ohren und neckischen Geberden zu Weber's Ordnungsrufen ganz aus der für den Beethoven-Cultus wünschenswerthen Stimmung gebracht habe. *) —

---

*) So und nicht, wie wir die Anekdote in „Unsere Zeit", VI, 83, erzählt, soll sich dieselbe nach Wilhelminens eigenem Bericht zugetragen haben. Der Aerger der Künstlerin gegen Weber wäre also hiernach nicht dadurch veranlaßt gewesen, weil er die Katze mit Absicht geneckt, sondern vielmehr dadurch, weil er zu ihrer Verscheuchung schlechte Mittel angewandt. Allein bei näherer Ueberlegung läßt sich selbst gegen die jetzt mitgetheilte Version

Doch wir haben dem Faden der Erzählung vorgegriffen und müssen zu den Operndebuts des Jahres 1821 noch einmal zurückkehren. Am 20. December wurde am Kärntnerthor zum ersten mal Spohr's „Zemire und Azor" aufgeführt. Wilhelmine gab die Partie der Zemire „mit frischer Stimme und angemessenem Spiel". Nach Kanne's Bericht gefiel vorzüglich die Romanze an die Rose, obwol man deutlich sah, „daß an mehreren Orten die Rolle eine große, kunstfertige Sängerin erfordert hätte;" mehrmals war ihre Intonation auch schwankend. Die Oper gefiel nicht. Das Terzett zwischen den Sängerinnen Schröder, Bio und Unger, dessen von der einen Seite verlangte Wiederholung auf heftige Opposition von der andern Seite stieß, wurde zum Signal eines ziemlich heftigen Parteikampfes, sodaß die armen Sängerinnen unter einem unerfreulichen Klatsch und Zwischenaccompagnement das nichts weniger als dankbare Gesangstück wiederholen mußten.

Fassen wir nun das Resultat aller dieser ersten Opernversuche zusammen, so ist aus den mitgetheilten Kritiken deutlich zu entnehmen, daß das wiener Publikum die neue Sängerin als eine liebliche Erscheinung, die ein reizvolles Gesangsorgan mit bedeutendem Darstellungstalent verband, gleich von Anfang an mit großem Wohlwollen und entschie-

---

noch immer das Bedenken geltend machen, daß der Kapellmeister in Dresden damals noch nach der ältern italienischen Operneinrichtung hinten saß und jedenfalls im Orchester keinen so hervorragenden Platz einnahm, um von da aus zufällig auf der Bühne erscheinende Katzen locken oder verscheuchen zu können. Die Lust zum „Fabuliren" war eben der Künstlerin stets in hohem Grade eigen, und darum sind alle ihre Erzählungen nur mit Vorsicht aufzunehmen.

dener Vorliebe aufgenommen und behandelt hat, daß aber die Einsichtigern doch zugleich nicht verkannten, wie sie namentlich im Singen noch durchaus Anfängerin, ihre Haupterfolge der vortrefflichen Anleitung der berühmten Mutter in allem, was Declamation und Action betraf, verdankte, und wie ihr Gesang eigentlich blos beshalb auch schon einen gewissen Eindruck hervorbrachte, weil die Stimme an sich frisch und schön war, und Mozatti auf einen einfachen und natürlichen Gebrauch derselben hingearbeitet hatte. Ein Genie ist Wilhelmine gewiß gewesen, allein auch das Genie bedarf einer Lern= und Uebungszeit, um seiner Mittel bewußt zu werden und sie zur Eroberung der Welt geschickt zu machen.

Drittes Kapitel.
Die ersten Kunstreisen und Triumphe.

Das dresdener Gastspiel. Sensation ihrer Emmeline. Friedrich Kind's Urtheil. Ihr Anzug als Emmeline und Agathe. Gastspiel in Leipzig und Eduard Genast's Erzählungen von der jugendlichen Wilhelmine. Das abscheuliche R. Kasseler Gastspiel. Leonore im „Fidelio". Sie begründet den Ruhm der Oper. Erzählung ihres ersten Auftretens darin. Vergleiche mit Nannette Schechner und Maria Malibran. Kreutzer's „Cordelia". Engagement in Dresden. Das erste berliner Gastspiel. Heirath mit Karl Devrient. Erstes Gastspiel in Hamburg. Neue Rollen in Dresden: Libussa, Euryanthe, Preciosa. Königsberger Gastspiel nach den Schilderungen von Fanny Lewald und Friedrich Tietz. Luise von Schlingen. Blaubart-Anekdote. Weitere Ausdehnung ihres dresdener Repertoires. Die Scheidung. Ihre Kinder. Selbstbekenntnisse. Ordnungs- und Schönheitssinn. Fleiß und künstlerisches Streben. Studien bei Johannes Miksch.

(1822—1828.)

Im Sommer 1822 machte die Mutter mit ihren beiden ältesten Töchtern Wilhelmine und Betty die erste Gastspielreise über Prag zunächst nach Dresden, wo Sophie und Betty Schröder am 13. Juli in Houwald's „Fluch und Segen", am 16. in Grillparzer's „Sappho" spielten, und Betty für die Rolle der Melitta noch zu jung gefunden wurde. Außerordentlich aber war die Sensation, die Wilhelminens erstes Auftreten am 21. Juli als Emmeline in der „Schweizerfamilie" hervorrief. „Schon ihre Tracht" — so schrieb der „Freischütz"=Dichter Friedrich Kind in Nr. 184 der dresdener „Abendzeitung" — „ohne alle Flittern, aber idyllisch zierlich, gab hinlänglichen Beweis, welcher Vortheil sich von Lokaltrachten ziehen läßt. Wer erkannte nicht augenblicklich und streng von allem Aehnlichen geschieden das Schweizermädchen? Wer glaubte, als sie gleich anfänglich mit über die Knie gefalteten Händen auf der Steinbank saß, nicht irgendeine holde Sennerin belebt vor sich zu sehen, die vor ihrer Hütte sitzend und irgendeines entfernten Jakob Friburg träumerisch denkend, in das liebe Abendroth schaut? In gleicher Art führte sie dann auch das Ganze aus; ihr Spiel war durchgängig der Dichtung angemessen und gerundet; das «Ich weine, ich lache!»*) war ungemein hinreißend, und die Stellung, als sie sich von dem Rosenstock ab und, die Hand am Boden, aufhorchend zurückbeugte, nicht nur der Situation angemessen, sondern auch höchst malerisch." — Diese Kritik ist etwas mager und durfte hier nur als Beweis dafür eine Stelle finden, daß man auch in Dresden die „singende Schauspielerin" als eine noch nicht dagewesene außerordentliche Erscheinung anerkannt und geschätzt hat. Wir werden später noch mancherlei Gelegenheit finden, über die gedachte Rolle, die blos in Deutschland vollauf gewürdigt

---

*) Dies ist in der That eine der heikeligsten Stellen in der ganzen Partie, und nur wenige Darstellerinnen hat es gegeben, die den schnellen Uebergang vom Weinen zum Lachen bei den noch dazu höchst ungeschickterweise vom Componisten wiederholten Worten „Mir fehlt die Sprache, ich weine, ich lache!" (Quartett Nr. 5) mit solcher psychologischen Wahrheit zu malen verstanden haben wie sie.

worden ist, weil nur ein deutsches Publikum den matten und kränklich sentimentalen Jammer der Dichtung und Composition jemals zu vertragen im Stande gewesen, noch näher Eingehendes beizubringen, wollen indessen, Friedrich Kind ergänzend, doch gleich noch ein kurzes Bild von der in der That unvergeßlichen Erscheinung der Künstlerin als Emmeline zu entwerfen suchen. Sie trug in dieser Rolle einen Rock von grober Wolle, ein schlichtes rothes Mieder, weiße Leinwandärmel, eine weite Bauernschürze, bunte vom Knie bis zum Knöchel reichende geringelte Strümpfe, wie heute noch die ramsauer und berchtesgadener Bäuerinnen, und einen Strohhut, dem man ansah, daß er ebenso gegen Regen und Wind als gegen die Strahlen der Sonne zu schützen bestimmt war. Ihr Haar war in zwei durch bunte Bänder verlängerte Zöpfe geflochten, die ihr über den Rücken lang herabhingen. Es konnte in der That nichts Einfacheres und Naturgetreueres geben als diesen Anzug. Und doch — wie entzückend war nicht der Eindruck, da sie, so gekleidet, mit gefalteten Händen und freudig zum Himmel gerichteten Blicken im dritten Act am Fenster der Hütte erschien, um in das Terzett „Ach, wie herrlich ist der Morgen!" einzustimmen! Die Bewunderung ihrer reizenden Erscheinung pflegte in diesem Moment mitunter einen solchen Höhengrad allgemeinster Ekstase zu erreichen, daß der Kapellmeister sich genöthigt sah, mit der Intonirung des Musikstücks anzuhalten, bis sich das Publikum an der himmlischen Gestalt der frommen Beterin so recht von Herzen satt gesehen und sein Entzücken darüber ausgejauchzt hatte.*)

---

*) Vgl. Nr. 31 der „Voß'schen Zeitung" von 1860, Beilage 1, S.2: „Wilhelmine Schröder-Devrient", von Fr. Tz. (Friedrich Tietz).

Drittes Kapitel. Die ersten Kunstreisen und Triumphe.

Am 23. Juli sang Wilhelmine als zweite Gastrolle die Agathe im „Freischütz", wo das Geheimniß ihres außerordentlichen Erfolgs, abgesehen freilich von Weber's allbeliebter Musik, wiederum in dem bis auf den kleinsten Zug naturgetreuen Bilde der schlichten deutschen Förstertochter, in der wahrhaft großartigen Einfachheit ihrer Rollenauffassung lag. Im zweiten Acte trug sie ein ganz schmuckloses Hauskleid, um die Stirn das Verbandtuch mit Bezug auf die durch das Herabstürzen des Ahnenbildes verursachte Verwundung, von der im ersten Dialog zwischen Aennchen und Agathe die Rede ist. Erst am Ende des Duetts (Nr. 6) „Schelm, halt fest!" nahm sie das Tuch ab. Im letzten Act war ihr bräutlicher Anzug weiß, und eine grüne Schärpe schlang sich um ihre Taille, damit der Jägerbraut ihr Recht werde. Der Schnitt des Kleides war nichts weniger als modern, und ihr Haar fiel in langen Locken auf Schultern und Nacken herab.

Nachdem sie ihr dresdener Gastspiel am 26. Juli als Pamina geschlossen, ging es weiter nach Leipzig, wo die Mutter Ende Juli als Sappho, Gräfin Orsina und Medea (von Gotter) große Bewunderung erregte, aber auch Wilhelmine wiederum als Emmeline, Pamina und in den ersten Scenen des zweiten Acts vom „Freischütz" als Agathe nach Eduard Genast's Bericht*) „den hohen dramatischen Funken bekundete, der in spätern Jahren zur Feuersäule heranwachsen sollte, den Weg beleuchtend, den die Jünger ihrer Kunst zu gehen hatten". Dann heißt es weiter: „Ihre klangvolle,

---

*) „Aus dem Tagebuche eines alten Schauspielers. Von Eduard Genast" (Leipzig, Voigt und Günther, 1862), II, 173—174.

schöne Stimme, das liebliche Gesicht von dem reichen blonden
Haar umwallt, die ebenmäßige Gestalt nahmen sofort das
Publikum für sie ein, und ihr sinniges Spiel steigerte nur
noch den Beifall. Aber nicht allein auf der Bühne entfaltete
sie soviel Liebenswürdigkeit, auch im geselligen Leben; ich
konnte das täglich in meinem Hause beobachten, wo sie sich
ganz ihrem reizenden Naturell überließ. Ihre Mutter war
ja die ebenso wohlwollende als von uns hochverehrte Lehrerin
meiner Frau.*) Wie eine flüchtige Gazelle sprang Wilhel=
mine in dem großen Garten, der sich an unserer Wohnung
befand, herum, und wenn sie sich ausgetobt hatte, warf sie
sich wie ein Kind ins Gras und jauchzte dem Himmel zu:
«Ich bin so fröhlich, so selig, und immer umgaukeln mich
Freude und Lust!» Ein reines R hervorzubringen, war ihr
damals fast unmöglich (sie hat es nie fertig gebracht); darum
wurden zu ihrer und unserer Belustigung alle möglichen
Uebungen damit vorgenommen. Ich sagte: «Sie müssen mit
der Zunge an den Oberzähnen und dem weichen Gaumen
einen förmlichen Pralltriller schlagen.» Ihre Mutter, die
ein makelloses R sprach, bestätigte das auch. Auf den Spa=
ziergängen sprang sie meistens vor uns her und übte das
abscheuliche R, wie sie es nannte. Meinte sie es nun innezu=
haben, so kam sie zurückgesprungen, stellte sich mit unter=
gestemmten Armen vor uns hin und rief: «Da habt ihr
euere Schnarre, Rrrrrr!» und dieses Manöver dehnte sie,
immer dabei rückwärts gehend und Verbeugungen machend,
bis zur Ermüdung aus. Dieser Muthwille und diese kind=

---

*) Christine Böhler war in Prag Sophie Schröder's Schü=
lerin gewesen.

liche, drollige Unbefangenheit gewannen ihr meine ganze Zuneigung, die sie erwiderte, und welche endlich, da wir uns auf unserm Lebenswege noch oft begegneten, in ein wahres Freundschaftsbündniß überging. Dazu trugen noch verwandtschaftliche Verhältnisse bei, als Emil Devrient, ihr nachmaliger Schwager, meine Schwägerin Doris Böhler heirathete."

Von Leipzig begab sich die Schröder'sche Familie nach Kassel, wo Wilhelmine vom 10. bis 27. August abermals ihre damaligen drei Hauptrollen sang und wiederum als Emmeline am meisten Beifall erntete. Auch sollte sie hier schon als Donna Anna auftreten, doch unterblieb die Aufführung des „Don Juan", weil die Sängerin der Elvira krank geworden. Nach der letzten Gastrolle, der Agathe, brachten ihr vier Sänger der kasseler Oper, der berühmte Darsteller des Max, Friedrich Gerstäcker an der Spitze, ein Ständchen, — wol die erste von den zahllosen Ovationen ähnlicher Art, die sie empfangen hat.

Von dieser Reise datirt auch die erste Ausbreitung ihres Rufes als dramatische Sängerin, obschon sie erst nach ihrer Rückkehr in Wien, wohin inzwischen auch Henriette Sontag von Prag aus gekommen war, den eigentlichen Grundstein ihres unverwelklichen Ruhmes legte, indem sie — freilich immer noch unter den Auspicien ihrer großen Mutter — am 9. November 1822 die Leonore in Beethoven's „Fidelio" zum ersten male „mit überströmendem Gefühle" sang. Die Partie ist, wie bekannt, ursprünglich für Anna Milder-Hauptmann geschrieben, welche derselben jedoch, trotz ihrer kolossalen, herrlichen Stimmittel und der angeborenen Würde ihrer Plastik, wol mit infolge des ihr eigenen etwas phlegmatischen Temperaments, bei den ersten wiener Aufführungen am 20. November 1805 und 29. März 1806*) keinen besondern Erfolg zu erringen vermocht hatte.

Es ist in der That höchst interessant, die Stimmung des Publikums und der Kritik der Beethoven'schen Oper gegenüber vor der Zeit, da unsere Künstlerin die Leonore zu einer Glanzpartie des deutschen Opernrepertoires erhob, und nach diesem Ereignisse zu vergleichen. Die unleugbaren Schwächen der Musik, ihre Unsangbarkeit, der Umstand, daß die vielgestaltige Sprache des Orchesters die Cantilene des Sängers fast durchgehends lähmt, deckt und erwürgt, alle jene Merkmale des dem Reize der Menschenstimme eigensinnig den Rücken kehrenden Giganten, der nur Instrumente singen zu lassen verstehen wollte, wurden, ehe Wilhelmine Schröder kam, in Deutschland noch überall bei ihrem rechten Namen genannt und ebenso unverhohlen getadelt, wie dies die gebiegenen und unparteiischen Kunstrichter des Auslandes, ein Paul Scudo und Henry Chorley, heute mit vollem Rechte noch thun. Ja sogar dann noch stand unsere vaterländische musikalische Kritik nicht an, den Stab über die Oper zu brechen, als die Titelrolle bereits ganz andere Darstellerinnen wie die bequeme Milder gefunden. So lesen wir z. B. in Nr. 89 der „Voß'schen Zeitung" vom Jahre 1823, selbst noch bei Gelegenheit der ersten Vorführung der Leonore durch die allerdings kaum neunzehnjährige Wilhelmine Schröder in Berlin, das unumwundene Urtheil: „Beethoven, dieser musikalische Hercules der Zeit, trug den Himmel der Empfindung in seiner Brust, da er noch mehr dem liebenswürdigen Genius der Natürlichkeit als den staunenerregenden Mitteln der Künst-

---

*) In der jetzigen Form ist die Oper am 23. Mai 1814 in Wien zuerst gegeben worden.

lichkeit huldigte. Dies Urtheil würde jeder einsichtsvolle Verehrer der Musik unterschreiben, gesetzt auch, daß er nichts weiter von ihm gehört hätte als seine seelenvolle «Adelaide». Neuerdings aber, wo er sich oft darin gefiel, dem Genius der Kunst Schwierigkeiten aufzugeben, hat sich das menschliche Herz zuweilen dadurch an ihm gerächt, daß es seine wahre einfache Sprache nicht selten ihn verfehlen ließ. Die Beweise dazu sind selbst in seinem so berühmt gewordenen und in einzelnen Theilen so vortrefflichen «Fidelio» zu finden. Er dürfte nur den wirklich himmlischen Ausdruck des Chorals, womit der unsterbliche Graun wohlweislich seinen «Tod Jesu» anfängt, oder die Melodie, welche der berühmte Emanuel Bach dem Sturm'schen Liede «Was soll ich ängstlich klagen und in der Noth verzagen» geschenkt hat, mit seinen wenigsagenden Tönen zu den Worten: «Ich hab' auf Gott und Recht Vertrauen!»*) streng kritisch vergleichen, so würde er selbst eingestehen müssen, daß jene trefflichen Künstler echten Wein eingeschenkt haben, während er uns — mit allerdings oft bewunderten Talenten — ein wenig Kunstwasser beimischt. — Welche lobenswerthe Mühe gab sich z. B. Herr Stümer (als Florestan) mit dem Recitativ und der Arie des zweiten Acts «Gott, welch Dunkel hier!» bei dem Publikum, dessen Herzen der Theilnahme hier so vorzüglich geöffnet sind, einen recht tiefen Eindruck zu machen? Aber es gelang ihm wenig; man blieb trotz der rührendsten Situation und dem Geklirr der Ketten kalt, weil dem musikalischen Ausdruck die wahre herzliche Tiefe mangelt" u. s. w.

Solche und ähnliche Klagen über die frostige Kälte der

---

*) Der Referent meint die Worte der Leonore im Terzett Nr. 5 des ersten Acts.

"Fidelio"-Musik wurden damals noch vielfach laut, bis unsere jugendliche Künstlerin zur vollen Beherrschung ihrer Rolle gelangt war und der Welt gezeigt hatte, wie die zwar herrliche, aber doch nicht ganz auf der Höhe der Beethoven'schen Kraft stehende Composition und, setzen wir noch hinzu, auch das immerhin magere Libretto zu retten seien. Sie schuf ihre Leonore, und immer mehr und mehr verstummten die Krittler, und immer mehr und mehr überschwengliches Lob wurde dem Werke gezollt, das bereits an die 20 Jahre von allen Parteien, den Italianissimi ebenso gut wie den Gluckisten und Mozartianern, nur mit Vorbehalten jeder Art acceptirt worden war und nirgends durchgeschlagen hatte. Durch ihr hinreißendes Spiel, durch ihre unerreichte dramatische Gewalt allein ist dies Wunder an Beethoven's "Fidelio" vollbracht worden. Sie nur hat es erreicht, daß er endlich im Triumph durch die Welt flog und zahllose Augen netzte, zahllose Herzen ewig sich gewann. Und hätte sie weiter nichts gethan in ihrem thatenreichen Leben, ihr Ruhm würde unsterblich sein.

Wenn die oft gehörte französische Phrase vom "créer un rôle" irgendwo eine Wahrheit ist, so muß sie auf die Leonore der Schröder-Devrient angewendet werden. In der dramatischen Darstellung dieser gewaltigen und fürchterlich schweren Partie von keiner andern Künstlerin, sogar von Maria Malibran nicht übertroffen und mit dem Glutstrom ihrer poetischen Begeisterung alles unwiderstehlich mit sich fortreißend, hat sie selbst, was die rein gesangliche Lösung der Aufgabe anlangt, kaum irgendeinen Vergleich zu scheuen nöthig gehabt, und in dieser Hinsicht vielleicht nur den ehernen Glockentönen einer Nannette Schechner den Vorrang einräumen müssen. Nicht als ob sie in der That jede Note der Beethoven'schen Musik in absoluter Vollendung vorgetragen hätte; nein, nur deshalb konnte man auch gegen ihren Gesangsvortrag kaum etwas erinnern, weil ihr großartiges und athemlos fesselndes Spiel den Zuschauer gar nicht dazu kommen ließ, mit dem Ohr allein Kritik zu üben. Größeres noch, als in dem Wort „créer" liegt, hat sie an dem „Fidelio" gethan; bis weit über die Grenzen des Vaterlandes hinaus, nach Paris und London hat sie seinen Ruhm getragen und so zur allgemeinen Anerkennung des tiefsinnig erhabenen deutschen Meisters überhaupt mehr beigetragen, als irgendeine ihrer größten Rivalinnen, oder selbst irgendein Klavier- und Geigenspieler. In ähnlicher Weise popularisirend wirkte sie später nur noch für Franz Schubert, obwol sie dessen welterobernde Lieder fast durchgehends viel zu dramatisch vortrug, wie zu seiner Zeit noch näher beleuchtet werden soll.

Sehr anziehend und diesmal, wie es scheint, aus unanfechtbarer Quelle, erzählt Claire von Glümer die Geschichte von Wilhelminens erstem Auftreten als Fidelio wie folgt*):

„Die Oper war seit einiger Zeit zurückgelegt, weil es an einer Darstellerin für die Hauptrolle fehlte. Im November 1822 sollte sie zur Namenstagsfeier der Kaiserin zum ersten mal wieder gegeben werden, und der siebzehnjährigen Wilhelmine ward die schwere Rolle des Fidelio übertragen.

„Wie es Beethoven erfuhr, soll er sich sehr unzufrieden darüber geäußert haben, daß diese erhabene Gestalt «einem solchen Kinde» anvertraut wäre. Aber es war einmal bestimmt; Sophie Schröder studirte ihrer Tochter die schwere Partie so gut als möglich ein, und die Proben nahmen ihren Fortgang.

„Beethoven hatte sich ausbedungen, die Oper selbst zu

---

*) „Erinnerungen", S. 25—29.

dirigiren, und in der Generalprobe führte er den Taktstock. Wilhelmine hatte ihn nie zuvor gesehen — ihr wurde bang ums Herz, als sie den Meister, dessen Ohr schon damals allen irdischen Tönen verschlossen war, heftig gesticulirend, mit wirrem Haar, verstörten Mienen und unheimlich leuchtenden Augen dastehen sah. Sollte piano gespielt werden, so kroch er fast unter das Notenpult, beim forte sprang er auf und stieß die seltsamsten Töne aus. Orchester und Sänger geriethen in Verwirrung, und nach Schluß der Probe mußte der Kapellmeister Umlauf dem Componisten die peinliche Mittheilung machen, daß es unmöglich wäre, ihm die Leitung seiner Oper zu überlassen.

„So saß er denn am Abend der Aufführung im Orchester hinter dem Kapellmeister und hatte sich so tief in seinen Mantel gehüllt, daß nur die glühenden Augen daraus hervorleuchteten.

„Wilhelmine fürchtete sich vor diesen Augen; es war ihr unaussprechlich bang zu Muthe. Aber kaum hatte sie die ersten Worte gesprochen, als sie sich von wunderbarer Kraft durchströmt fühlte. Beethoven, das ganze Publikum verschwand vor ihren Blicken — alles Zusammengetragene, Einstudirte fiel von ihr ab. Sie selbst war Leonore, sie durchlebte, durchlitt Scene auf Scene.

„Bis zum Auftritt im Kerker blieb sie von dieser Illusion erfüllt — aber hier erlahmte ihre Kraft. Die Größe ihrer Aufgabe, die sie erst diesen Abend während des Spiels erkannt hatte, stieg riesenhaft vor ihr auf. Sie wußte jetzt, daß ihre Mittel für das, was sie in dem nächsten Momente darstellen sollte, nicht ausreichten. Die steigende Angst drückte sich in ihrer Haltung, ihren Mienen, ihren Bewegungen aus — aber das alles war der Situation so ganz angemessen, daß es auf das Publikum die erschütterndste Wirkung übte. Ueber der Versammlung lag jene athemlose Stille, die ebenso mächtig auf den darstellenden Künstler wirkt, wie laute Beifallszeichen.

„Leonore rafft sich auf; sie wirft sich zwischen den Gatten und den Dolch des Mörders. Der gefürchtete Augenblick ist da — die Instrumente schweigen, aber der Muth der Verzweiflung ist über sie gekommen; hell und rein, mehr schreiend als singend stößt sie das herzzerreißende «Tödt' erst sein Weib!» hervor. Noch einmal will Pizarro sie zurückschleudern, da reißt sie das Terzerol aus dem Busen und hält es dem Mörder entgegen. Er weicht zurück — sie bleibt unbeweglich mit blitzenden Augen in ihrer drohenden Stellung. Aber jetzt erschallen die Trompeten, die das Ende ihrer Qual, die Ankunft ihres Retters verkündigen, und nun weicht auch die Spannung, die sie so lange aufrecht hielt. Kaum vermochte sie noch mit vorgestrecktem Terzerol den Verbrecher dem Ausgange zuzutreiben, da entsank ihr die Waffe, — sie war todesmatt von der ungeheuern Anstrengung, ihre Knie wankten, sie lehnte sich zurück, ihre Hände griffen krampfhaft nach dem Haupte und unwillkürlich entrang sich ihrer Brust jener berühmte unmusikalische Schrei, den spätere Darsteller des Fidelio aufs unglücklichste nachgeahmt haben. — Bei Wilhelminen war es wirklich ein Aufschrei der von Todesangst befreiten Seele, ein Laut, der Mark und Bein erschütternd in die Herzen der Hörer drang. Erst als Leonore auf Florestan's Klage: «Mein Weib, was hast du um mich gedulbet!» mit dem halb weinend, halb jubelnd hervorgestoßenen «Nichts, nichts, nichts!» in die Arme des Gatten fiel, wich der Zauberbann, der jedes Herz gefangen hielt. Ein Beifallssturm, der nicht enden wollte, brach los — die Künstlerin hatte ihren Fidelio gefunden, und soviel und ernstlich sie noch später daran gearbeitet hat, in den Grundzügen ist er derselbe geblieben.*)

---

*) Ganz ähnlich wird dieses Ereigniß in Johann Christian Lobe's zu Leipzig bei Baumgärtner erschienenen „Fliegenden Blättern für Musik", Jahrgang 1854, erzählt, welche in Heft 7, S. 429—432, ein interessantes „Tischgespräch mit der Schröder-Devrient" nach einer Aufführung der „Schweizerfamilie" brachten. Es findet sich dasselbe auch auf S. 40—50 der in Kassel bei Ernst Balde 1855 herausgekommenen anonymen Biographie „Joseph Weigl" (zu einem größern Werke: „Die Componisten der neuern Zeit", gehörig) abgedruckt. Der Verfasser dieses Artikels läßt die Künstlerin hier wie folgt erzählen: „Als ich in Wien die Rolle des Fidelio einstudirte, konnte ich dem Momente, wo Leonore, sich vor ihren Gatten stellend, dem Gouverneur die Pistole vorhält, eine naturgemäße Ausdrucksweise nicht abgewinnen, so oft ich den Moment auch überdachte und mich in die Lage eines solchen Weibes zu versetzen suchte. Ich hatte mir wol ein Bild gemacht, aber es fehlte mir etwas daran, ohne finden zu können, was es sei. So kam der Abend der Aufführung heran, und Gott weiß, die Zuschauer nicht, mit welcher Stimmung ein Künstler, der es ernst mit der Sache nimmt, sich in die Kleider seiner Rolle hüllt. Je näher der Augenblick heranrückte, je mehr Furcht empfand ich vor ihm. Als er endlich eintrat, als ich die verhängnißvollen Worte heraussingen und dem Gouverneur die Pistole vorhalten mußte, gerieth ich über den Gedanken, daß meine Vorstellung nicht richtig sei, in eine solche Angst, daß mein ganzer Körper zu zittern begann, und ich umzusinken glaubte. Und nun denken Sie sich, wie mir zu Muthe wurde, als das ganze Haus — in einen wüthenden Beifallssturm ausbrach, was ich denken mußte, als man nach Beendigung der Vorstellung gerade diesen Moment für einen der gelungensten und ergreifendsten meiner ganzen Darstellung erklärte! Was ich mit aller Anstrengung des Verstandes, mit aller Anspannung der Einbildungskraft nicht hatte finden können, das that für mich

„Auch Beethoven hatte seine Leonore in ihr erkannt. Den Ton ihrer Stimme zu hören war ihm versagt, aber die Seele ihres Gesanges offenbarte sich ihm in jeder Miene des von Geist durchleuchteten Gesichts, in dem glühenden Leben der ganzen Erscheinung. Nach der Vorstellung ging er zu ihr — seine sonst so finstern Augen lächelten ihr zu, er klopfte ihr auf die Wangen, dankte ihr für den Fidelio und versprach eine neue Oper für sie zu componiren — ein Versprechen, das leider nicht erfüllt werden sollte. Wilhelmine kam nie wieder mit dem Meister zusammen, aber unter allen Huldigungen, die der berühmten Frau später zu Theil wurden, blieben die Worte der Anerkennung, die ihr Beethoven gesagt hatte, die liebste Erinnerung."

Die Rolle des Fidelio hat in dem glänzenden Repertoire der Künstlerin eine so hohe Stelle eingenommen, daß wir uns nicht versagen können, bei derselben noch etwas länger zu verweilen und namentlich einige feine Bemerkungen, welche Rellstab in Nr. 51 und 52 der „Neuen Leipziger Zeitschrift für Musik", Jahrgang 1834, bezüglich derselben gemacht hat, hier wiederzugeben. Der berliner Kritiker knüpft seine Beurtheilung an einen Vergleich mit dem, was Nannette Schechner als Leonore geleistet, an und sagt (S. 202): „Der Verfasser hat die Schechner, welche in dieser Oper eine in den Annalen der Theatergeschichte vielleicht unerhörte Wirkung hervorgebracht hat, früher in derselben auftreten

---

im entscheidenden Augenblicke — meine wirkliche Furcht und Angst. Diese und die Wirkung, die ich an dem Publikum gewahrte, lehrten mich, wie dieser Moment aufgefaßt und ausgeprägt werden müsse, und was ich das erste mal bewußtlos getroffen, das hielt ich natürlich bei allen meinen Darstellungen dieser Rolle fest."

sehen als unsere Künstlerin; es gehörte also wahrlich kein geringer Grad schöpferischer Kraft dazu, um sich neben einer solchen Erinnerung zu behaupten. Dennoch müssen wir sagen, daß, wenngleich der Erfolg durch die erste Künstlerin größer war, das Kunstwerk, welches die zweite darstellte, sich in einer höhern Sphäre des Gedankens bewegte. Die erste, mit einem hinreißend mächtigen, in edler Gesangskunst ausgebildeten Organ versehen, folgte bei ihrem Spiel durchaus dem Gang der Musik und überließ sich in Beziehung auf die übrige Darstellung ihrer durchweg edeln Natur, die niemals etwas außer der Harmonie des Kunstwerks Stehendes erzeugen konnte, sondern sich demselben verwandt anschloß, dafür aber freilich auch nicht schaffend, schwächere Verbindungsmomente des Gedichts tragend und hebend auftrat. Auf diese Weise blieb die Leistung streng an den Faden der Musik geknüpft und trat, wo diese schwieg oder sie nicht zunächst beschäftigte, fast außer den organischen Zusammenhang mit dem Werk, — etwas, welches bei unserer Künstlerin fast nie stattfindet, indem diese sich stets gewissermaßen zu einem Concentrationsspiegel des Gedichts macht, der alle Strahlen des Kunstwerks in sich versammelt und von dort aus reflectirt." — „Während die Schechner", fährt Rellstab fort, „die höchsten Gipfel der Rolle in die Musikstücke, vor allem in das Quartett (II, 14) vom Ausruf «Tödt' erst sein Weib!» an, und in das G-dur-Duett (II, 15) «O namenlose Freude!» legte, ruhte bei der Schröder-Devrient, so meisterhaft sie den gesanglichen Theil der Partie auch ausführte, der Hauptaccent auf einigen, zwar von der Musik vorbereiteten und unterstützten, aber doch nicht unmittelbar durch den Gesang ausgedrückten Momenten, die zugleich auf den Höhepunkten der dramatischen Situation schwebten." „Es

ist" — sagt Rellstab*) — „kein günstiger Umstand, daß
Leonore vom ersten bis zum letzten Augenblick männliche Klei=
dung tragen muß und so in der Zwittergestalt eines halben
Knaben oder Jünglings doch ein weibliches Interesse erregen
soll. Vielen Darstellerinnen gibt daher diese Knabentracht
etwas Unbehülfliches, wodurch jeder Zauber der weiblichen
Gestalt verloren geht. Nicht so bei unserer Künstlerin; denn
wie sie überhaupt die edelste Wahl des Costüms zu treffen
weiß, so hat sie auch hier der ungünstigen Tracht erstaunens=
würdige Vortheile abgewonnen. Nicht nur, daß sie die in
Farbe und Schnitt gutgewählte männliche Kleidung mit Ge=
schick anzulegen weiß und in allen ihren Bewegungen dabei
natürliche Anmuth entwickelt, so hat sie ein ganz besonderes
Studium auf die Behandlung des Kopfes gewendet und diesem
den Ausdruck sanfter Schwermuth und an andern Momenten
den einer edeln schwärmerischen Begeisterung gegeben, die
uns fast mit Gewalt an einige Johannesköpfe erinnert. —
Auf diese Weise ausgerüstet und die äußere liebliche Gestalt
immer durch den Ausdruck der Seele verschönernd und in
wechselndes Licht stellend, fesselt uns die Künstlerin vom ersten
Augenblick bis zum letzten. — Ihre Rolle fängt nicht jedes=
mal erst da an, wo sie zu sprechen, zu singen, zu handeln
hat, sondern sie hört niemals auf, solange Elemente des
Gedichts auf den Charakter zurückwirken. Daher bildet na=
mentlich ihr stummes Spiel eine Kette von feinen Zügen,
die, wenn man sie genau betrachtet, sich ebenso durch orga=
nische Einheit wie durch erfinderischen Wechsel auszeichnen.
Jedes Wort über das Schicksal der Gefangenen, über das
Los jenes geheimnißvollen Unglücklichen, ja selbst jede un=

---

*) A. a. O., Nr. 52, S. 205—206.

schuldige Aeußerung der liebenden Marzelline findet ein leise
gewecktes Echo auf dem Antlitz Leonorens, sodaß uns dieses
den ganzen Verfolg des Dramas in stummen Bildern erzählt.
Von der großen Arie (I, 9) an wird der Charakter aus
einem duldenden ein handelnder; es ist unmöglich, diesen
Unterschied sicherer zu treffen, sei es nun aus bewußter Einsicht oder aus lebendigem Kunstgefühl. Er wächst in dem
nächsten Finale; der plastische und mimische Ausdruck, als
Rocco die Genehmigung des Gouverneurs, daß Fidelio ihn
bei der Beaufsichtigung der Gefangenen unterstützen soll, berichtet, ist unbeschreiblich schön, und in den Versen «Noch
heute! noch heute!» bricht eine Flamme rührender Begeisterung
und Hoffnung aus dem tiefen Dunkel des bisher verhüllt
gewesenen Schmerzes empor, welcher das ganze Finale durchglüht." — Bernhard Klein, der gewiegte Musiker und feine
Kunstkenner, stellte das stumme Spiel der Schröder-Devrient,
als sie unter den ans Tageslicht geführten Gefangenen nach
ihrem Gatten suchte, an die Spitze aller Leistungen der
Künstlerin und versicherte, demselben nie ohne Thränen gefolgt zu sein, weil es sich zugleich der Musik so biegsam angeschlossen, sie gleichsam wie ein stummes, obligates, seine
eigene Weise ausführendes Instrument begleitet habe. Auch
dem sehr scharf kritisirenden Engländer Chorley hat gerade
diese Scene sehr imponirt, und dennoch muß man Rellstab
recht geben, daß der zweite Act noch höhere Momente vollendeter Kunst zur Anschauung brachte. In großartigster
Weise hob sie die Stelle im A-moll-Duett (II, 12) hervor:
„Wer du auch seist, ich will dich retten!" worin Leonore sich
von der gewöhnlichen Theilnahme für ihren Gatten zur allgemeinen Sittlichkeit des Handelns emporschwingt und als
rettender Schutzgeist für die bedrohte Tugend überhaupt

erscheint. Daß Rellstab die Effecte, welche die Künstlerin im Quartett (II, 14) zu erzielen wußte, für völlig unbeschreiblich erklärt und meint, jede Schilderung derselben könne nur ein matter Widerschein der flammenden Wirklichkeit werden, müssen alle einräumen, die solches Kunstwerk jemals selbst geschaut haben. Dagegen übergeht er einen Moment im gesprochenen Dialog, auf welchen Friedrich von Raumer bei Beschreibung der Darstellung des Fidelio durch die Malibran, die er 1835 in London gesehen*), besonders hinweist,

---

*) Vgl. Friedrich von Raumer, „England im Jahre 1835" (Leipzig, F. A. Brockhaus, 1836), II, 48. Einen andern eingehenden Vergleich zwischen der Schröder-Devrient und der Malibran als Fidelio finden wir in Henry Chorley's „Modern german music", I, 343—344. Da heißt es: „Von ihrem" (der Schröder-Devrient) „ersten Erscheinen auf der Bühne an vermochte man es deutlich zu erkennen, daß diese Frau in ihrem Herzen einen Vorsatz gefaßt hatte, fest genug, die Schwache stark und die Furchtsame kühn zu machen, jeden Sinn in ihr zu schärfen, jede Fiber anzuspannen, und sie, die so Großes wollte, auszurüsten mit der Macht der Verstellung gegen jede Neugierde, mit der Gewalt der Ueberredung, die jedes Hinderniß niederschlägt, mit Auskunftsmitteln, die den Ereignissen allezeit gewachsen sind. Obwol in der Scene, die man in gewissem Sinne den Culminationspunkt des Dramas nennen könnte, das ist der Moment, da im Kerker das Grab gegraben wird, die Malibran infolge ihrer intensiven Glut, welche desto heller auflöderte, je gewaltsamer sie vorher von ihr niedergehalten worden, von beiden Darstellerinnen die furchtbarere war, — so muß man doch, was die ganze Behandlung der Rolle anlangt, der Madame Schröder-Devrient den Vorzug einräumen. Es lag die Liebe eines Lebens in dem heftigen und zitternden Ungestüm, mit dem sie die Gefangenen musterte, als sie herauskommen dürfen in die freie Luft, — denn er könnte ja unter ihnen sein! Es lag etwas Ueberwältigendes in dem Blick sprachloser Inbrunst,

und der auch uns unvergeßlich ist. Die Worte nach dem A-moll-Duett: „Was in mir vorgeht, ist unaussprechlich!" und nicht minder auch jener Ausruf nach dem Terzett (II, 13): „Ja gewiß, es ist eine Vorsehung!" — Stellen, die bei der Malibran unbedeutend und fast wie im gewöhnlichen Gesprächston erklangen, waren im Munde unserer Künstlerin von hinreißendster Wirkung, sodaß kein Auge dabei trocken blieb. Niemand vermag sie ihr nachzusprechen, und keine

---

womit sie zuletzt die Ketten des Geliebten, des durch sie Geretteten, löste. Die bloße Erinnerung daran macht das Herz pochen und füllt das Auge mit Thränen." — Diese Parallele wird noch etwas weiter ausgeführt in Chorley's neuestem Werke, „Thirty years' musical recollections", I, 13—14, wo es heißt: „Die Vehemenz der Malibran vernichtete im Fidelio die Idee des Schwankens und Fürchtens, welche in den ersten Scenen der «Geschichte von des Weibes Hingabe» soviel Zartheit verleiht. Sie gab Beethoven's Musik in wunderbarer Weise wieder, wenn man die Ungeeignetheit derselben für ihre Stimme in Betracht zieht; alle Aenderungen und Modificationen, die sie damit vornehmen mußte, um sie überhaupt singen zu können, machte sie mit solcher echt musikalischen Einsicht, daß auch nicht ein Purist dagegen hätte Protest erheben können: — allein der Eindruck, welchen eine ungleich geringere Sängerin, Madame Schröder-Devrient, in dieser Oper hervorbrachte, war dennoch ein weit tieferer und rührenderer. Die Spanierin warf mehr Schrecken in die Kerkerscene als ihre Vorläuferin, aber die Deutsche steht vor mir, wie sie in der Introduction des Chors der Gefangenen, da diese aus ihren Zellen hervorkriechen, ein todtenbleiches Gesicht nach dem andern mit der herzzerbrechenden Frage einer lange zurückgehaltenen Hoffnung anblickte. Nichts Aehnliches hat man seitdem auf der musikalischen Bühne gesehen, bis neulich die jüngere Schwester der Malibran (Pauline Viardot-Garcia) in ihrer bewunderungswürdigen Pantomime als Orpheus dieselbe Saite anschlug, da er im Schattenreiche nach seiner Eurydice sucht."

noch so gewandte Feder zu schildern, worin das Geheimniß ihrer zündenden Gewalt gelegen; es waren die echten lobernden Funken des Genies. Wunderbar ergreifend war endlich der Moment nach der glücklich vollbrachten rettenden That. Sehr schön malt Rellstab diesen Höhepunkt der Darstellung wie folgt:

„Aber die aufs äußerste angespannten Kräfte reichen nur bis zum Ziel, — Leonorens Heldenkraft bricht zusammen in dem Augenblick, wo die Trompete des Gerichts und der Rettung ertönt, und ihre Aufgabe vollendet ist. Halb betäubt ruht sie an Florestan's Brust, halb bewußtlos schwankt sie dem Tiger Pizarro, der voll Ingrimm seine Beute verläßt, nach, und dann sinkt sie erschöpft gegen den Pfeiler des Gefängnisses, und nur mit äußerster Gewalt vermag ihre von Schrecken und Entzücken gleich überdrängte Brust die Worte Florestan's: «Leonore, was hast du für mich gethan!» durch den athemlosen Ausruf «Nichts! — nichts! — mein Florestan!» zu beantworten. Jetzt folgt das Duett, nicht wie bei der Schechner als die höchste Spitze der auflodernden Flamme des Entzückens, sondern im weinenden Jubel, von Thränen erstickt, mehr wie der sanfte Regenbogen des Friedens, den die in tausend Thränen sich brechenden Strahlen der neuen Lebenssonne als Zeichen des ewigen Bündnisses der Liebe über die Wiedervereinigten wölben." Zum Schluß (S. 207, a. a. O.) weist Rellstab noch auf einen Irrthum hin, den die Künstlerin in ihrer Darstellung des Fidelio früher beging, und dessen wir hier zu erwähnen uns um so mehr verpflichtet fühlen, als alle Repräsentantinnen dieser Rolle, sogar die Malibran nicht ausgenommen, sich in der Copie gerade dieses offenbaren Fehlgriffs besonders gefielen und denselben trotz Rellstab's Warnung bis auf den heutigen

Tag noch immer produciren, nicht wissend, daß die Schröder-Devrient selbst ihn sofort beseitigt hat, nachdem sie darauf aufmerksam gemacht worden war. Sie verfolgte nämlich anfangs den aus dem Gefängniß abgehenden Pizarro mit der Pistole, bis er im Hintergrund des Kerkers verschwand; „allein dies" — sagt Rellstab mit Recht — „ist die Aufgabe eines Sbirren, nicht die der Leonore, welche jetzt, nachdem sie schon die Ueberzeugung der Rettung ausgedrückt hat, und diese bereits in der Brust jedes Hörers lebt, nichts mehr sein darf, als die von Glück und Jubel überwältigte Gattin. Das Amt der Polizei mögen Rocco und Jacquino üben".

Man wird uns die Ausführlichkeit, womit wir gerade diese Rolle der Künstlerin besprochen, zugute halten; war es doch diejenige, worin sie mehr als in jeder andern die Wahrheit des Dichterwortes zu bestätigen vermochte:

Es ist der Geist, der sich den Körper baut!

Unter ihren zahllosen Nachahmerinnen darf als die im Spiel glücklichste wol Johanna Wagner genannt werden, obschon die Partie ihrer Stimme gar nicht zusagte, und z. B. Frau Köster, geborene Schlegel, von jeher gesanglich weit Besseres darin geleistet hat. Das fast erstickte, krampfhafte Athmen nach dem Augenblicke, da die Ankunft des Ministers angekündigt wird, haben wir z. B. seit der unvergeßlichen Darstellung der Schröder-Devrient von keiner Interpretin der Rolle wieder mit gleicher Wirkung gehört, wie von jener in der Schule der großen Meisterin aufgewachsenen Künstlerin. Vieles andere in Sprache, Blick und Bewegung bleibt freilich ein ewig unveräußerliches und alleiniges Eigenthum des Vorbildes, das man eben selbst gesehen haben muß, um zu wissen, daß es, wie die Homerischen Helden, alles rings um sich her immer noch um eines Hauptes Länge überragte.

5*

Am 6. März 1823 gab sie in Wien Konradin Kreutzer's „Cordelia", eine würdige Composition, welche einer Sängerin, die zugleich auch im eminenten Sinne Schauspielerin war, viele herrliche Momente darbieten mußte. Nach Kießling's sorgfältig zusammengestellten Notizen ist das Libretto zu dieser Oper folgendermaßen entstanden: Eine wahre Begebenheit des Jahres 1814, welche das „Morgenblatt" mitgetheilt hatte, bearbeitete Pius Alexander Wolff auf den Wunsch der Milder zu einem lyrischen Monodram mit Chören nach dem Vorgange älterer, für die Marchetti, Schick und andere geschriebener Soloscenen, wie z. B. Hero, Sulmalle u. s. w. Nur diese äußere Veranlassung bewog den geistvollen Bühnenkenner*) zur Wahl dieses widerstrebenden Stoffes, der zuerst unter dem Titel „Adele von Boudoy" 1823 gedruckt erschien. In Wien wurde das Stück mit verschiedenen Abkürzungen und unter Aenderung des Namens der Heldin in „Cordelia" zum ersten mal vor ein größeres Publikum gebracht, nachdem es Kreutzer schon 1819 zu Donaueschingen componirt hatte. Seine Musik ist zwar sehr schwierig, jedoch trefflich instrumentirt und meist charakter-

---

*) Es ist dies derselbe P. A. Wolff, den Dr. Emil Kneschke in seinem höchst mangelhaften „Deutschen Lustspiel der Vergangenheit und Gegenwart" (Leipzig 1861) für den Verfasser des Melodrams „Der Hund des Aubri" hält, welches Goethe von der Intendanz trieb. Das Wolff'sche Stück ist aber ein einactiges Lustspiel und eine Persiflage gegen das Hunde-Stück. Es ist augenscheinlich, daß Kneschke weder das eine noch das andere je gesehen, geschweige denn gelesen hat. Das letztere, ursprünglich ein französisches Melodram von Guilbert, „Pixerécourt", nebenbei ein sehr effectvolles Theaterstück, ist ebenso wenig wie die ganz gute Uebersetzung von Castelli trivial geschrieben; das Triviale darin ist eben nur der Hund. (Aus R. Kießling's „Collectaneen".)

gemäß. Die Darstellung selbst war durch das ausgezeichnete Spiel und den schönen Gesang der Schröder eine der ergreifendsten und erschütterndsten. Wenige Sängerinnen dürften je existirt haben, welche der darin gestellten Aufgabe hätten Genüge leisten können. „Es gilt", so sprach sich Theodor Hell (Hofrath Winkler) später in der dresdener „Abendzeitung" (Jahrgang 1823, Nr. 167 und 168) darüber aus, „in den heftigsten Gemüthsbewegungen die Stufenleiter jeder Art der Erschütterung von Geist und Herz im beginnenden, intermittirenden, wiederkehrenden und zur Raserei übergehenden Wahnsinn eine ganze Stunde lang ohne Unterbrechung, oder wenigstens nur mit ganz kurzer, auf der Bühne zu singen und darzustellen. Dazu gehört auf der einen Seite die größte Kraft und Ausdauer der Stimme bei aller Modulation und Schmiegsamkeit derselben und auf der andern eine Kunstfertigkeit der Action, welche die Gesangskünstlerin wieder in die Reihe vorzüglicher tragischer Virtuosen stellt. Mademoiselle Schröder löste diese schwere Aufgabe mit einer Virtuosität, welche alle Sonderbarkeiten des Ganzen vergessen ließ und die Gemüther auf das innigste ergriff. Schon ihr Auftreten, wenn sie im Gefühle der tiefsten Zerrissenheit die Felsen herabschwankte, war ganz der Natur abgelauscht und rührte tief und wehmüthig, ohne doch störend zu verletzen, wie es die Darstellung des Wahnsinns wol auch thut. Mit welcher Erhebung, die doch stets den Stempel des vorwaltenden Irrsinns trug, sang sie die Worte «Zurück, Banditen! Keiner folge!» und wie ganz in Muttergefühlen aufgelöst wiegte sie dann das Kind, welches sie das ihrige wähnt, in dem schönen Gesange «Schlafe, schlafe, liebes Kind!» in den Schlummer ein. So wahr, als es nur die allerdings nicht glücklich herbeigeführte Situation erlaubte, kehrte sie dann zu

einem Augenblicke der Besinnung zurück und sang in dieser
Haltung, die jedoch in einem künstlerischen Schwanken jeden
Augenblick fürchten läßt, der vorige Zustand möge wieder
eintreten, die lange Romanze, welche die Geschichte ihrer Liebe
und ihrer Leiden enthält, und vor allem trefflich war am
Schlusse das allmähliche Zurückkehren zum Wahnsinn bei dem
Gedanken an die Schauder der Banditenhöhle, bis die mit
meisterhafter Action und sprechendem Blick begleitete Stelle
«Ich vergaß des Räubers Blut!» den ganzen alten Jammer
wieder über sie hereinbrechen läßt. Nun geht sie von einer
Stufe der Wildheit zur andern fort und malt jede mit im=
mer neuen Farben in ergreifender Kunsthöhe, wobei besonders
der Ton, womit sie die Stelle, wenn sie dreimal den Hirten
zuruft: «Ich warne Euch!» sprach, tief in Mark und Bein
drang. Dabei schufen Augen und Körperbewegung ein Bild,
das zu den vollendetsten in dieser Gattung gehörte. Endlich
schließt eine neue Flucht in die Felsen und der Sturz von
diesen in den Abgrund das Ganze."

Inzwischen hatte das vorjährige Gastspiel Wilhelminens
in Dresden ihr ein durch ihre Mutter vermitteltes, von
Ostern 1823 bis 1. April 1825 laufendes Engagement mit
2000 Thalern Gage und dreimonatlichem Urlaub auf die
Dauer ihres Contracts bei dem dortigen königlichen Hoftheater
verschafft. Am 24. April 1823 debutirte sie als Leonore
in dem in Dresden zum ersten mal aufgeführten „Fidelio".
Wie sehr diese Leistung auch bei ihrem neuen Publikum
durchschlug, beweist die Theodor Hell'sche Kritik in der
„Abendzeitung" (Nr. 111), worin es heißt: „Allerdings
hatte man im Spiele von der Tochter einer Sophie Schröder
im voraus Ausgezeichnetes erwartet, aber diese Erwartungen
wurden übertroffen, und wenn bereits in sämmtlichen Scenen

des ersten Acts ein echt künstlerisches Ausmalen des Widerstreits der Gefühle, der schwer übernommenen Verstellung, des Bangens und des Hoffens zu bemerken war und erfreulich wirkte, so steigerte sich dieses so verständig angelegte Spiel in der Kerkerscene des zweiten Acts von Moment zu Moment mit immer neuem Anwachsen von Empfindung und innerer Bewegung, bis es in dem Quartett zu einer Vollendung im mimischen Ausdruck wie in der Malerei der Töne stieg, welche alles zum lautesten Entzücken hinriß. Diese Wärme ward so wahr, diese Gattenliebe so ergreifend, diese Innigkeit so schmelzend dargestellt und im Gesange vorgetragen, daß man kaum weiß, welchen einzelnen Moment man hervorheben soll, sondern nur das Ganze als etwas Gelungenes aufzustellen hat."

Zu ihren fernern Debuts wählte sie am 8. Mai die Agathe, am 21. Juni die Donna Anna („Don Juan") und am 29. desselben Monats die Cordelia. Die Künstlerin war nun in dem Hafen eingelaufen, den sie mit Ausnahme längerer oder kürzerer Gastspiele bis zu ihrem 1847 erfolgten Rücktritt von der Bühne nicht wieder verlassen sollte; sie blieb der dresdener Hofbühne treu, und nur einigemal trat sie zeitweise aus dem dortigen Kunstverbande aus, um jedoch stets bald wieder zu demselben zurückzukehren, da anderweitige dauernde Engagements nicht zu Stande kamen. Ihre dortige Gage hat die Höhe von 4000 Thalern nie überstiegen, und auch diese Summe, zu der freilich noch allerlei kleinere und größere Nebeneinnahmen und Vergünstigungen an Spielhonorar, Garderobegeldern und Benefizen hinzuzurechnen sind, bezog sie erst von 1832 ab. Für deutsche Verhältnisse war dies allerdings zu jener Zeit nicht wenig, für eine Sängerin ihres Rufes aber, die in Paris, Petersburg und London leicht das Vierfache hätte erwerben können, ließ sich nichts Ungewöhnliches darin finden.

Im Sommer 1823 kam Wilhelmine zum ersten mal nach Berlin, und obwol das dortige Publikum damals durch hohe Genüsse, wie sie die heimischen Künstler, eine Anna Milder-Hauptmann, eine Josephine Schulz, geborene Killitschgy, eine Karoline Seidler, geborene Wranitzky, ein Karl Stümer und ein Karl Adam Bader in ihrer Blüte= zeit zu bieten vermochten, nicht wenig verwöhnt war, gelang es ihr auch hier, sich bald die Herzen zu gewinnen. Sie trat zum ersten mal als Agathe im königlichen Schauspielhause auf, gab darauf am 13. die Emmeline, am 20. die Pamina und endlich am 22. den Fidelio, die drei letzten Rollen im Opern= hause. Die Berichte, welche die „Berlinischen Nachrichten über Staats= und gelehrte Sachen" (die Haude und Spe= ner'sche Zeitung) über diese Rollen brachten, sind deshalb merkwürdig, weil sie von zwei verschiedenen Referenten her= stammen, nämlich dem gewöhnlichen Theaterrecensenten und einem musikalischen Fachmanne, der nur zuletzt nach der Vorstellung des „Fidelio" noch das Wort ergriff und der jungen gefeierten Sängerin doch einige unangenehme Wahr= heiten sagte. Ganz hingerissen schreibt der erste Kritiker (wol Friedrich Schulz, der Theater=, auch Spuck=Schulz genannt) in Nr. 84: „Eines neuen weiblichen Gastes muß vor allen Dingen gedacht werden. Mademoiselle Wilhelmine Schröder vom dresdener Hoftheater begrüßte uns zum ersten mal als Agathe im «Freischütz», und ihre jugendlich liebliche Erscheinung, der Wohllaut und die Kraft ihrer Stimme, die Lieblichkeit und Fülle ihres Gesanges und der Geist, der darin zu wohnen scheint, wirkten so angenehm und so mächtig auf die Versammlung, daß Referent Ursache hat zu glauben,

Mademoiselle Schröder werde in der freudigen Bewegung, die sich unwillkürlich den gewohnten Beifallsäußerungen mittheilte, den reinsten Dank für ihren ersten Gruß empfunden haben. Die Macht ihrer Stimme zeugt, daß sie die Tochter einer starken Mutter, der berühmten, auch von uns vielbewunderten Bühnenheroine Sophie Schröder sei. Ein gründlicherer Musikkenner, als Referent es ist, mag die Eigenthümlichkeit der Gesangskunst unsers jungen Gastes näher beleuchten und davon zu seiner Zeit Bericht erstatten. Aber vorläufig Zeugniß zu geben von dem ersten frischen Eindruck, man könnte sagen Entzücken, das die gesammte Erscheinung der Mademoiselle Schröder, nicht ihr Gesang allein, hervorgebracht, hat der ordentliche Referent für seine Pflicht gehalten."*)

---

*) Nach dem Referat in der „Voß'schen Zeitung" (nicht von Rellstab, der erst später eintrat) — Nr. 83 — „that das zarte Täubchen anfangs gewaltig verschüchtert" und brachte sich dadurch in der großen Arie um manchen Effect. Erst in der Cavatine „Und ob die Wolke sie verhülle" hatte sie die volle Herrschaft über ihre Mittel gewonnen und sang sie bezaubernd schön. Der Kritiker weiß außer ihrer Befangenheit und ihrer „etwas nachlässigen Körperhaltung", welche verrieth, „daß ihr die Bühne noch kein ganz heimisches Gebiet ist", kaum etwas an ihr zu tadeln. „In der That", so ruft er, „bei so entschiedenen Vorzügen, als diese gemüthliche Sängerin theils der Natur, theils der Kunst verdankt, hätte sie die Aengstlichkeit gar nicht nöthig gehabt. Ihre Stimme ist nicht blos rein und von gehörigem Umfange, ihre ausnehmende Anmuth ist auch jener Reinheit und ihre Fülle und Reinheit diesem Umfange vollkommen gleich. Dabei singt sie mit einem so hinreißenden Ausdrucke und hat das seelenvolle, allmähliche Anschwellen des Tones ihrer Jugend ungeachtet schon so in ihrer Gewalt, daß sie jedes der Empfindung offene Herz sofort an sich fesselt. — Die Steigerung ihres mimischen Ausdrucks bei der immer wachsenden Hoffnung, daß das Endurtheil des frommen Eremiten zu Gunsten ihrer Liebe sein werde, war über jedes kalte Lob erhaben."

In derselben Nummer heißt es dann noch über die Emmeline: „— — — Da ist alles im Einklang. Jugend, Reiz, voller, lieblicher Ton der Stimme, Leichtigkeit und Anmuth in allen Bewegungen, Wahrheit und Ausdruck im Spiel, Wahrheit und Ausdruck im Gesang und, wie die Situationen und Momente es fordern, Feuer und Begeisterung im Ausbruch der erhöhten Affecte. Niemals habe ich die Situation der Emmeline in der Scene, wo sie das Kommen des Geliebten ahnt und sicher und immer sicherer die Nähe des Geliebten vernimmt, mit solcher psychologischen Wahrheit und solcher Anmuth des Ausdrucks gesehen; und dann das Ausströmen des Entzückens, als er nun endlich da ist — wer vermag Momente dieser Art, wenn sie gelingen, zu beschreiben! Ueberhaupt besitzt Mademoiselle Schröder Vorzüge, die sie für die Darstellungen im musikalischen Schauspiel unschätzbar machen; sie spricht rein, deutlich, ohne allen Dialekt und mit einer Kraft und Volltönigkeit der Stimme, die sie auch zu einer trefflichen Schauspielerin im blos recitirenden Drama eignen würden. Was braucht es der Bemerkung, wie sehr die Darstellung musikalischer Dramen durch solche Eigenschaften gewinnen müsse!"

Auch die Pamina erhielt noch in Nr. 87 der Zeitung aus derselben Feder begeisterten Beifallszoll mit den Worten: „Es ist der abgedrungene Tribut, wenn Referent es ausspricht, daß er sein Ideal von der Verschmelzung der reinen Macht der Töne mit dem Ausdruck durch gebildete Sprache fast verwirklicht gesehen. In der Scene des Wahnsinns riß sie durch harmonisches Spiel und Gesang alle Gemüther hin.*)

---

*) Der Referent der „Voß'schen Zeitung", den ihre Emmeline (s. Nr. 85) in volles Entzücken versetzte („Jeder wohlorganisirte

Nun aber griff der specielle Musikrecensent das Urtheil
über die Sängerin etwas tiefer an und schrieb in Nr. 88
über ihren Fidelio folgende sehr beachtenswerthe Kritik:
„Unter den von der jungen Künstlerin gewählten Aufgaben
war diese aus individuellen und objectiven Gründen die
schwierigste. — Wer sich freiwillig an solche Leistungen wagt,
muß Beruf und Mittel in sich fühlen. Erstern besitzt Ma=
demoiselle Schröder, wie schon übereinstimmend vom Publikum
und in öffentlichen Blättern anerkannt worden, in hohem
Grade. Sie ist geist= und gefühlvoll, lebendig und geschickt;
ihr schönes Auge glänzt im prismatischen Strahl eines reichen
Innern, und über ihr Aeußeres ist natürliche Anmuth verbreitet. Ihre Mittel aber sind beziehungsweise noch schwach.
Sie ist eher zart als kräftig, indeß einer großen Anspannung
fähig; ihr Organ bedarf sorgfältiger Ausbildung; die Höhe
ist rein, angenehm und stark; die Mitte schwach; die Tiefe
kaum zu vernehmen; der Athem geht häufig aus, und von
Portament ist noch nicht die Rede; aber die Brust ist gut

Sterbliche hat in seinem Leben wenigstens einige Augenblicke gehabt, an die er bis zum letzten Athemzuge mit Wonne zurückdenkt,
und gewiß lag es nicht an Demoiselle Schröder, wenn sie in der
Seele der Anwesenden nicht wieder vergegenwärtigt wurden, als
sie die überaus rührende Stelle sang: «Und siehst du auch Thränen
— — —; es ist nur die Freude, die mir sie erpreßt»; — Cavatine, I, 7), wollte „an der Pamina diejenige höhere Würde vermissen, die eine Pamina von einer Agathe und Emmeline unter-
scheidet". „Das Colorit" — sagt er in Nr. 89 — „hatte auch
hier die höchste Innigkeit, die aber, statt überall erhaben zu erscheinen, mehrmals wieder an das Naive streifte. Dagegen war der
psychologische Ausdruck in der Verzweiflung und den raschen Uebergängen herrlich gedacht" u. s. w. — Wie man die Pamina anders
als naiv darstellen soll, ist freilich nicht erfindlich.

und daher viel Hoffnung. An Feuer und Seele des Vortrags nimmt es die junge Künstlerin mit den Heroinen der Bühne auf und erinnert hier lebhaft an ihre Mutter; aber dies Feuer wird sie verzehren und selbst ihren Rollen schaden, wenn sie es nicht mäßigt und verhältnißmäßig vertheilt, wenn sie es nicht zu künstlerischer Haltung bringt. Fidelio zeigt dies sehr deutlich. In der Gefängnißscene steigerte sich ihr Gefühl zu solcher Höhe, daß sie nach dem wiederholten hohen B und più moto völlig außer Athem und kraftlos war, und ihr für das schwere Duett fast gar keine Stimme blieb. Derselbe Fall war am Schlusse der großen Arie bei der Formate in A. Fährt die junge Künstlerin so fort, so wird sie, die einst lange der Stolz der Bühnen sein kann, nur ein glänzendes Ephemeron werden, was der Himmel und wohlwollende Leitung verhüten mögen! Denn wer würde sich nicht für diese liebliche Erscheinung interessiren, für diese Tiefe und Wahrheit des Ausdrucks, für diese Regsamkeit und Ubiquität des Spiels, diesen richtigen und feinen Takt und diese Sensualität, welche stets nur das Eigenthum höherer Naturen sind!"

Allerdings war es kein geringes Unternehmen, den Wettstreit mit einer so berühmten Rivalin wie die Milder gerade in der Rolle des Fidelio zu wagen, und man sieht deutlich genug, daß dem musikalischen Referenten, dessen Sentenz wir eben vernommen haben, bei seinen tadelnden und warnenden Bemerkungen die starken Seiten der einheimischen Künstlerin als tertium comparationis vorschwebten. War diese doch gerade an Kraft, Schönheit und Ausdauer der Stimme unserer jugendlichen Künstlerin außerordentlich überlegen, und hegte doch das kritische Berlin damals noch eine fast blinde Verehrung für die königliche Frau, von der

selbst ein Zelter schrieb: „Ihre goldene Stimme gehört in
der That zu der Klasse der Raritäten, und sie ist die einzige
Sängerin, die einem volle Befriedigung gewährt." Und
dennoch ist nicht zu leugnen, daß mit dem bloßen Erscheinen
der jungen Schröder die angebetete Matrone schon aus dem
Felde geschlagen war, daß selbst die zähe Macht des Vor=
urtheils nichts vermochte gegen die mit dem Flammenschwerte
geistiger Superiorität dreinschlagende Jungfrau, der gegenüber
die majestätische Nebenbuhlerin eben doch nur ihr wunderbares
Organ und ihre angeborene stattliche Plastik in die Schranken
zu stellen hatte, denn von eigentlicher Gesangskunst war
bei der Milder ebenso wenig die Rede wie bei der Schröder;
beide sind sie bis zu ihrem Ende hochbegabte und mehr oder
weniger geschickte Naturalisten geblieben.

Mit Wilhelminen gemeinschaftlich gastirte in Berlin der
1799 geborene, im Helden= und ersten Liebhaberfache aus=
gezeichnete Schauspieler Karl Devrient*), der älteste unter
den drei durch die Theaterlaufbahn berühmt gewordenen Brü=
dern dieses Namens und ein Neffe des großen Ludwig
Devrient. Er war schon 1815 als sechzehnjähriger Jüng=
ling aus dem Comptoir, wo er nach dem Willen seines
Vaters die Handlung erlernen sollte, in das königlich preu=
ßische achte Husarenregiment eingetreten, welches Blücher's
Schwager, von Colomb, in Berlin fast ganz aus Freiwilligen
von angesehener und wohlhabender Familie gebildet. Mit=

---

*) Er trat am 7. Juli als Don Carlos, am 9. als Max Picco=
lomini („Wallenstein's Tod"), am 12. als Jaromir („Ahn=
frau" von Grillparzer), am 17. als Ritter in „Der Unschuldige
muß viel leiden", Lustspiel aus dem Französischen von Theodor
Hell, und als Schnapps in „Die beiden Billets", nach dem Fran=
zösischen von Wall, auf und gefiel am meisten als Jaromir.

kämpfer in der Schlacht bei Waterloo, war er dort verwundet worden und nach dem Frieden zwar wieder ins Comptoir zurückgekehrt, jedoch nur, um dieses bald darauf, dem Beispiele seines zweiten Bruders Eduard folgend, mit der Bühne zu vertauschen. Noch jetzt ist er als dramatischer Darsteller wirksam und Mitglied der königlichen Hofbühne zu Hannover. Wilhelmine hatte ihn schon 1822 in Dresden kennen gelernt und sich, da er ein durch hohe Schönheit imponirender Mann war, leicht von ihm fesseln lassen. Unmittelbar nach dem Schlusse ihres berliner Gastspiels reichte sie ihm in der dortigen Jerusalemerkirche die Hand, worauf das junge Ehepaar nach Hamburg reiste. Hier ist es, wo Wilhelmine zum ersten mal als Madame Schröder-Devrient auf dem Theaterzettel erschien und am 30. Juli in der „Schweizerfamilie", am 1. August im „Blaubart" durch ihre dramatische Singkunst große Erfolge errang.

Nach Dresden zurückgekehrt, sang sie in demselben Jahre als neue Rolle noch die Libussa in Konradin Kreutzer's gleichnamiger, am 8. November 1823 dort zum ersten mal gegebener Oper. Man rühmte an dieser Leistung insbesondere die Würde und das Gefühl ihrer Darstellung, ihr vorzügliches Sprechen des Dialogs und die wahrhaft künstlerische Haltung, womit sie im zweiten Acte die Rede auf dem Throne recitirte. — Dann schuf sie in der am 31. März 1824 in Dresden zum ersten mal aufgeführten Weber'schen „Euryanthe" das vierte ihrer allerwärts als hochclassisch anerkannten Kunstgebilde, wenn man nämlich Emmeline, Marie im „Blaubart" und Fidelio als die ersten betrachten will, worin sie allerdings mehr noch als in der einfachern Pamina und Agathe Gelegenheit hatte, die ganze Kraft ihres Spiels zu entfalten. Nachdem sie die Euryanthe, auf die wir später noch ausführlich zurückkommen, viermal gesungen, wurde sie krank und trat erst am 20. Juli nach der Rückkehr von ihrer Urlaubsreise als Cordelia wieder auf. Während dieser Reise gastirte sie in Frankfurt a. M., und in der „Euryanthe", die unter der Leitung des wackern Kapellmeisters Guhr sehr brav aufgeführt wurde, sang dort neben ihr Bertha's Mailied ein junges schlankes Mädchen mit wundervoller Stimme, die später so berühmt gewordene Sabine Heinefetter, damals noch Anfängerin.*)

Ein neues Lorberblatt flocht die am 19. August 1824 in Dresden von ihr gespielte und am 5. September wiederholte Preciosa in ihren Ruhmeskranz. Hören wir, was die „Abendzeitung" (Nr. 222 und 223) hierüber berichtet: „Mit dem ganzen Zauber ihrer erhabenen Gestalt, mit der Würde und dem Adel ihrer äußern Haltung stellte sie in dieser Rolle hauptsächlich die durch die Macht ihrer Schönheit dem rohen Zigeunerhaufen imponirende und ihn so sich gleichsam unterwerfende Herrscherin dar. Ihr gelang es, die Lobrede des Don Alonso gleich zu Anfang des Stücks:
> Wo Natur in kühnem Schwunge
> Sich gewagt zu solcher Höhe —

auf das überraschendste zu versinnlichen. Zu diesem Vorzug einer äußerst glänzenden Repräsentation gesellte sich aber auch ein sehr gewandtes, ausdrucksvolles und bewegtes Spiel und ein durchaus richtiger und fehlerfreier Vortrag der Verse sowol im Monolog als Dialog. Ihr Organ, obwol nicht eben stark, beurkundete durchgängig große Biegsamkeit und Weichheit und blieb selbst im Ausdruck des höchsten Affects (am Schlusse des dritten Acts) noch wohllautend. Das Im-

---

*) Genast, „Aus dem Tagebuche eines alten Schauspielers", II, 197.

provisationsstück im ersten Act recitirte sie mit Anmuth und Richtigkeit, doch genügte in diesem Punkte das Spiel ihrer Vorgängerin (Rosalie Wagner) mehr, welche die innere Bewegung oder das Ringen mit dem prophetischen Geiste noch wirksamer zu veranschaulichen wußte. Die Zuschauer sollen ja in diesem Moment in die Täuschung versetzt werden, als ob das lyrische Gedicht soeben erst aus der Tiefe der begeisterten Seele hervortrete. Der hierauf folgende Tanz ward mit seltener Fertigkeit und Grazie ausgeführt, sowie auch der herrlichen Romanze im zweiten Act ihr volles Recht widerfuhr. Athemlose Stille herrschte während des Vortrags in der ganzen Versammlung und löste sich erst nach Beendigung desselben in einen stürmischen Beifallsjubel auf. Als die Spitze dieser ganzen Darstellung bezeichnen wir jedoch den Moment, wo Preciosa dem Alonso aus seinen Gesichtszügen das Horoskop stellt; hier riß der überströmende Humor, womit sie die Schlußworte «Doch bei Männern pflegt's zu gehn» u. s. w. sprach, alles unwiderstehlich hin. Kleine Unebenheiten verschwanden durch den Totaleindruck des schönen Ganzen. Sie dankte bei dem stürmischen Rufe am Schlusse in wenigen, aber sehr gewählten Worten für die Nachsicht des Publikums mit diesem ersten Versuch in einer fast ganz zu recitirenden Rolle."

Wie sehr sie als Künstlerin so viele andere gerühmte Kunstgenossen durch gewissenhafte Behandlung der von ihr studirten Rollen überragte, beweist gerade ihre Preciosa durch den schlagenden Gegensatz einer andern damals auch noch sehr gefeierten Darstellerin, der Karoline Jagemann (spätern Frau von Heigendorf). Diese von Goethe so sehr protegirte Künstlerin trat in einem von ihr unentgeltlich gegebenen Gastrollencyklus im Theater an der Wien am 9. Juli 1824 auch als Preciosa auf und legte dabei zwei große Rossini'sche Arien ein, welche natürlich weder zu dem darzustellenden Charakter noch zu der übrigen Weber'schen Musik passen konnten. Zu solchen kunstschänderischen clap-traps ist die Schröder-Devrient nie herabgestiegen; sie war das, was selbst ein John Kemble an dem von seiner eigenen Spielweise so sehr entfernten Meteor Edmund Kean anerkennen mußte: „terribly in earnest", und ihre Fehler lagen, wie wir später sehen werden, nach einer ganz andern Seite hin, als nach der des zu wenig für die Rolle Thuns.

Es folgten nun als neue Partien am 21. September 1824 die Bertha im „Schnee" von Auber und am 30. November die in Dresden dann zum ersten mal gegebene „Jessonda" von Spohr, der am 13. Januar 1825 „Faniska" von Cherubini und am 12. November desselben Jahres die Olympia in Spontini's „Olympia" sich anschlossen. Diese Oper wurde damals als Festoper zur Vermählung des Prinzen Maximilian von Sachsen mit der Prinzessin Luise von Lucca unter Entfaltung großer Pracht zum ersten mal in Dresden aufgeführt, und es fehlte dabei selbst der von den berliner Vorstellungen her als eine conditio sine qua non angesehene Elefant nicht. Unsere Künstlerin war jedoch, wie der dresdener Referent für das stuttgarter „Morgenblatt" (Jahrgang 1825, Nr. 298, S. 1192) schrieb, sehr unwohl, und der Hauptbeifall wurde deshalb nicht ihr, sondern der Darstellerin der Statira, Demoiselle Funk, gezollt. Später sang sie selbst diese Rolle, welche auch bei weitem dankbarer ist als die der Olympia.

Im Frühjahr 1825 und nicht 1823, wie der Nekrolog von Hugo Gottschalk im „Deutschen Bühnenalmanach" (25. Jahrgang) und Friedrich Tietz in Nr. 31 der „Voß'schen Zeitung" von 1860 unrichtig anführen*), gab sie mit ihrem Gatten in Königsberg einen, ungemeinen Enthusiasmus erregenden Cyklus von Gastrollen, welchen sie am 25. Mai mit der Emmeline eröffnete und erst am 2. Juli schloß. Es folgten Donna Anna, Agathe, die Prinzessin von Navarra ("Johann von Paris"), Leonore ("Fidelio"), Frau von Schlingen ("Wiener in Berlin" von Holtei), Aline (von Berton), Pamina, Euryanthe, Preciosa und Luise in "Kabale und Liebe"; in beiden letztern Stücken trat sie mit Karl Devrient, der den Don Alonso und Ferdinand darstellte, zusammen auf, — ein Beweis, daß sie dem Schauspiel damals noch immer nicht ganz entsagt hatte. Wie man sich die eigentliche Anziehungskraft der Schröder-Devrient als Frau und Künstlerin in dieser Zeit zu denken hat, ist uns durch Fanny Lewald in nachstehenden Aufzeichnungen über ihre erste damalige Begegnung mit der Sängerin in Königsberg recht lebendig geschildert worden.**)

"Kaum achtzehnjährig mit Karl Devrient vermählt", — so schreibt unsere Zeugin — "machte sie bald nach ihrer Verheirathung eine Kunstreise mit ihm, und auf dieser war

---

*) Vgl. die königsberger Theaterzettel vom 25. Mai bis 2. Juli 1825, wonach Wilhelmine dort damals siebzehnmal auftrat, und die "Königsberger Hartung'sche Zeitung" von 1825, vom 19. Mai, an welchem Tage der Schröder-Devrient demnächstiges Eintreffen zu Königsberg in einem Referat angekündigt wird, bis zum 4. Juli desselben Jahres, von welchem Tage einige an sie gerichtete Abschiedsverse datiren. (Gütige Feststellung des Herrn Richard Kießling zu Breslau, des Bibliothekars Herrn Dr. A. Hoffmann und des Schauspielregisseurs Herrn Reinhard in Königsberg.)

**) "Meine Lebensgeschichte" (Berlin 1861), Thl. 2, Abth. 1, S. 63 fg.

es, daß ich, selbst fast noch ein Kind, die Schröder-Devrient zuerst in Preußen auf der Bühne von Königsberg als Emmeline in der «Schweizerfamilie» auftreten sah. Ihre Jugend, ihre Schönheit, ihre Lieblichkeit entsprachen der idyllischen Rolle vollkommen; aber schon damals war sie im Besitz großer tragischer Kraft, denn die sanften Klagen Emmelinens, ihr Heimweh, ihre unschuldige Liebessehnsucht wurden in der Darstellung der Devrient so ergreifend, daß das ganze Publikum sich der Thränen nicht erwehren konnte, und Männer und Frauen, denen solche Jugendliebe fernab lag, fanden sich wie verjüngt von dieser Darstellung derselben. Die Arie «Ich bin ja so heiter, so fröhlich» wurde in ihrem Munde zu der rührendsten Liebesklage, und das schmerzliche Seufzen und der Ton zurückgedrängter Thränen, die aus den Versicherungen ihrer Heiterkeit immer hindurchklangen, waren tieferschütternd.

„Am andern Tage sah ich sie in einer Gesellschaft auf dem Landsitze einer Familie, mit deren Töchtern sie befreundet war. Frauen und Männer umringten sie; wir jungen Mädchen staunten sie aus der Ferne an, geblendet von ihrer Schönheit. Es war heißer Sommer; sie trug ein Kleid von weiß- und rosagestreiftem Taffet, Arme, Hals und Busen entblößt, die Fülle des blonden Haares in Flechten und Puffen um den prachtvollen Kopf gewunden. Einer der anwesenden Herren neckte sie mit dem tiefen Grübchen im Kinn. «Ja», sagte sie, «das hat Gott der Herr mir selber eingedrückt. Als ich geschaffen war, gab er mir mit dem Finger einen kleinen Stoß und sprach: Nun geh! nun bist du fertig! — Davon ist das Grübchen mir geblieben.» Sie erzählte das ganz reizend, und als sie sich dann später am Abend von den Rosen, die man ihr gepflückt hatte, ein paar Zweige vor die Brust und in das blonde Haar steckte, sah sie so schön aus, daß ich mich ihrer Worte lebhaft erinnerte, als ich zwanzig Jahre nachher die Venusbilder Tizian's in der Tribune zu Florenz zuerst erblickte. Nicht daß die Bilder ihr ähnlich gewesen wären, aber es war dieselbe üppige Pracht jugendlicher Weibesschöne.

„Nach der Emmeline spielte sie die Luise von Schlingen in den «Wienern in Berlin», und war ihr Schmerz als Emmeline rührend gewesen, so war die Heiterkeit in ihr vollends bezaubernd. Es war, als ließe sie sich zu derselben herab, und sie schien daneben doch auch hier wieder in ihrem Elemente. Wie gewöhnlich stritt man darüber, ob das Tragische oder das Heitere ihr Hauptfach sein werde, aber in ihrer Bewunderung war alles einig, und auf uns Jüngere wirkte sie wie eine märchenhafte Erscheinung. Die kleinen Lieder «Kommt ein Vogle geflogen» — «Einmal noch die schöne Gegend meiner Heimat möcht' ich sehen» — und ein drittes, das, wie ich glaube, mit den Worten anfing: «Lebe wohl, lebe wohl, mein Lieb!» — klangen noch in allen Herzen nach, als die Devrient Königsberg längst verlassen hatte, und durch meine ganze Jugend blieb sie mir der Inbegriff aller Schönheit und Lieblichkeit."

Von der außerordentlichen Anziehungskraft dieser letzten Rolle erzählt Friedrich Tietz noch ausführlicher wie folgt: „Die Künstlerin huldigte dem Scherze in allerzierlichster Weise durch die Darstellung der Luise von Schlingen in unsers lieben Freundes Holtei damals neuen und vielbeliebten «Wienern in Berlin». In Wilhelminens Munde klang der gemüthliche österreichische Dialekt doppelt traulich und süß. Man sprach sein Entzücken in kleinen vollständigen Reden der Bewunderung aus, die man sich jetzt in prüder Zurückhaltung freilich nicht mehr erlauben würde. Ein eingelegtes

Liedchen: «Einmal noch die schöne Gegend meiner Heimat möcht' ich sehen», mit fast zu Thränen rührender Sehnsuchts-innigkeit von der Künstlerin vorgetragen, veranlaßte die seltsame Dialogscene, daß ein alter gemüthlicher Theaterfreund sich nach dem Schluß desselben vom Sperrsitz erhob und mit flehender Geberde zu ihr die laute Bitte hinaufsandte, ihm doch freundlichst eine Copie des Liedchens zukommen zu lassen. Damit war das Zeichen zu einem hundertstimmigen «Mir auch! mir auch!» gegeben. Lächelnd trat die schöne Frau an die Lampen und sprach ihr Bedauern aus, dem Wunsche nicht entsprechen zu können, da Bäuerle, der Dichter des Liedchens, es ihr mit der Bedingung überlassen, keine Abschrift zu vergeben. Nach der freundlichen Aufnahme, die die Luise von Schlingen bei dem Publikum gefunden, hoffe sie aber, die Verse noch so oft zu singen, daß sie bei den Zuhörern vielleicht sich imprimiren würden, wie sie auch nichts dagegen haben könne, wenn sich vielleicht einige schnellschreibende Herren der Mühe unterziehen wollten, die Worte ihres Gesanges nachzuschreiben. Kaum war das letzte Wort dieser wol einzigen Rede verklungen, als ein stürmischer Dacapo=Ruf in Bezug auf das Liedchen folgte, und als diesem gewillfahrt wurde, ein großer Theil des Publikums zu einem schreibenden wurde. Am andern Tage cursirte der Text in der Stadt und am nächsten die Musik in Steindruck, die ein Orchestermitglied wenn auch nicht copirt, so doch nachcomponirt hatte."

Am 24. April 1826 sang sie in Dresden zum ersten mal die Marie in Grétry's „Blaubart", und es knüpft sich, wenn wir nicht irren, an diese Vorstellung eine Anekdote, die aus ihrem eigenen Munde stammt, und die wir aus dem Grunde für wahr halten, weil sie dieselbe ohne alle Prätensionen in ganz ruhiger Stimmung und auch durchaus nicht mit der Absicht erzählt hat, das damit zu beweisen, was wir daraus entnehmen zu können glauben, nämlich daß die Gewalt ihres Spiels damals schon nicht blos auf die Zuschauer, sondern auch auf die Mitspielenden einen förmlich überrumpelnden Eindruck ausübte. Im letzten Act, nachdem Blaubart erfahren, daß Marie trotz seines Verbots das geheime Cabinet, die Todtenkammer, aufgeschlossen, und er ihr erklärt hat, daß sie sterben müsse und sich auf seinen Ruf bereit zu halten habe, begibt er sich fort, um die Vorbereitungen zu ihrem Tode zu treffen. Es folgt nun ein Terzett, in welchem Bergy nach der Ankunft der Brüder späht, Marie ihn mit gesteigerter Verzweiflung fragt, ob er noch nichts sehe, und Raoul dazwischen Marie zuruft, herabzusteigen. Nach dem Schlusse dieses Stücks, da die letztere der Aufforderung nicht Folge leistet, kommt Blaubart zurück, läßt Bergy, der sich zum Schutze Mariens aufwirft, von seinen Trabanten verhaften und schleift die Unglückliche an den Haaren quer über die Bühne in das verhängnißvolle Cabinet. Um diese letzte Scene so wahrscheinlich als möglich darzustellen, hatte die Künstlerin den Repräsentanten des Raoul angewiesen, sie an einem mit ihrem Gürtel zusammenhängenden, aber durch ihr reich und frei herabfließendes Haar künstlich verborgenen Riemen dergestalt über die Bühne zu schleppen, daß es den Anschein gewönne, als würde sie wirklich an den Haaren geschleift. Der Sänger fühlte sich jedoch in dem Augenblicke, wo er diese Procedur vornehmen sollte, von ihrer Darstellung dermaßen hingerissen, daß er des einstudirten Kunstgriffs völlig vergaß, die unglückliche Marie in höchster Ekstase ganz buchstäblich beim Schopfe faßte und unter dem grausen Entsetzen des gesammten Publikums über die Bühne zerrte. Fast ohnmächtig vor rasenden Schmerzen und mit Blut bedeckt, hielt Wilhelmine diese fürchterliche Tortur, um den gewaltigen Effect nicht zu stören, dennoch aus und vergab sogar ihrem gleich darauf über seine Unthat nicht wenig bestürzten Collegen diese so strafwürdige Ueberschreitung aller Spielregeln aus lauter eigener Begeisterung für die Kunst, der sie — man kann hier wol den Ausdruck wagen — nicht blos mit Leib und Leben, sondern auch mit Haut und Haaren angehörte. Jene Blaubart-Scene blieb übrigens auch in späterer Zeit noch immer eins ihrer Haupteffectstücke, bei dessen Einstudiren auf den Proben sie allerdings auch noch manchmal aufzuschreien pflegte, obwol dies mehr aus Scherz geschah, da sie nun ein Mittel gefunden hatte, die Procedur für sich selbst ganz ungefährlich vor sich gehen zu lassen. Der Blaubart mußte sie nämlich mit beiden Händen ganz fest und dicht am Kopfe bei ihrem aufgelösten üppigen Haarschopfe packen, sodaß der Schein des an den Haaren Schleifens durchaus gewahrt blieb; in Wirklichkeit geschah dies aber mit Raoul's linkem Beine, dessen Schenkel Marie ebenfalls mit beiden Händen fest umklammerte, während Blaubart immer einen Schritt um den andern mit dem rechten Beine vorschritt und mit dem linken Marien nachschleppte. — Unstreitig gehörte diese Rolle zu ihren allergroßartigsten Leistungen, und eine eindringlichere Wahrheit in der Darstellung der verschiedenartigsten Situationen dürfte kaum je wieder erreicht worden sein.

Noch sang die Künstlerin im Jahre 1826 zum ersten mal in Dresden am 7. September die Maja in der neuen Oper von Eduard Gehe und Joseph Wolfram: „Maja und Alpino, oder die bezauberte Rose", mit ebenso großem Erfolge als die Marie im „Blaubart", ferner am 6. Au-

guſt 1827 die Anna in der „Weißen Dame" von Boyel=
bieu, am 19. Januar 1828 in italieniſcher Sprache die
Donna Anna im „Don Giovanni", am 24. Februar deſ=
ſelben Jahres die Rezia in Weber's „Oberon" und am
6. Auguſt den Sargino von Paer, gleichfalls italieniſch.
Man ſieht aus dieſem kurzen Verzeichniſſe, welchen Umfang
ihr Repertoire ſchon gewonnen, noch ehe ſie den Zenith ihrer
Künſtlerlaufbahn erreicht hatte, und kann dies als ein neuer
Beweis dafür dienen, daß das echte Genie ſich allezeit nicht
nur durch die Qualität, ſondern auch durch die Quantität
ſeines Schaffens ausgezeichnet hat.

Das Jahr 1828 iſt übrigens auch noch durch ein Er=
eigniß ihres bürgerlichen Lebens denkwürdig für die Geſchichte
der Künſtlerin. Nicht lange ſollte die jugendliche Naivetät
und liebenswürdige Heiterkeit, womit ſie als Jungfrau und
junge Frau alles um ſich her ſpielend bezaubert hatte, ihr
glückliches Erbtheil bleiben. Die fröhlichen Flitterwochen des
erſten Eheſtandes rauſchten raſch an ihr vorüber, und die
durch die ungetrübte Luſt derſelben verheißene Idylle konnte
keinen Beſtand haben, denn Karl Devrient war trotz der all=
gemeinen Achtung, die er genoß, und trotz ſeines geſetzten
Benehmens wol nicht der Mann, einer Frau von ihrem
Temperament zu imponiren und ſo gleichſam ihre zweite Er=
ziehung zu leiten, ihre zügelloſe Leidenſchaftlichkeit zu mildern
und ihr ganzes Weſen zu läutern. Mishelligkeiten der
ſchlimmſten Art untergruben bald den häuslichen Frieden und
führten allmählich zu einem gänzlichen Bruch unter den Ehe=
leuten. Für Wilhelmine wurde dieſe harte Erfahrung das
Motiv zur frühzeitigen Entwickelung jener dämoniſchen Züge
ihres Weſens, ohne welche ſie freilich nie die ſo vielſeitig
großartige Künſtlerin hätte werden können, denen jedoch ihr

innerstes Lebensglück zum Opfer fiel, weil sie bei aller angeborenen Begeisterung für das Edle, Schöne und Wahre doch aus sich selbst ihre schlimmsten Feinde, Leidenschaft und Sinnlichkeit, zu bekämpfen nicht die sittliche Kraft hatte. Zwar blieb ihr infolge der ausnehmenden Elasticität ihres Geistes und bei ihrer hervorragenden Begabung für das dramatische Individualisiren auch lange Zeit nachher noch die Fähigkeit, mit den einfach rührenden und naiven Rollen ihres ersten Repertoires mächtige Erfolge zu erzielen, und sie hat als Emmeline, Pamina und Agathe selbst dann noch alles hingerissen, als sie bereits hoch in den Dreißigern stand; allein demungeachtet wurde doch mit der Zeit die Darstellung der äußersten Gipfel der Leidenschaft, ihrem innern Seelenzustande entsprechend, immermehr der eigentliche Tummelplatz ihres künstlerischen Schaffens. Alle und jede ihrer Partien auf dieses Gebiet zu lenken, war sie später stets bestrebt, und aus diesem Bestreben mußte endlich sogar eine gewisse Manier hervorgehen, welche dem frühern Stile ihrer Schöpfungen, der auf einer wahrhaft großartigen Unmittelbarkeit der Auffassung beruhte, offenbar Eintrag that.

Aus ihrer Ehe mit Karl Devrient hatte sie vier schnell aufeinander geborene Kinder, darunter zwei Söhne, von denen der älteste, Wilhelm, als Landwirth in Livland lebt, der zweite, Friedrich, der Mutter in der Gesichtsbildung sehr ähnlich, zur Zeit beim Hoftheater in Wiesbaden für das Liebhaberfach engagirt ist. Die Töchter sind beide vor der Mutter gestorben, Sophie am 22. Mai 1848 als Jungfrau in Hannover beim Vater, die jüngste, Luise, aber schon in der frühesten Kindheit infolge eines Falls vom Arme der unachtsamen Wärterin, während die Mutter im Theater beschäftigt war. Die schmerzliche Erinnerung an dieses Unglück hat Wilhelmine lange Zeit nicht zu verwinden vermocht, und noch nach Jahren trauerte sie um das „für ihre Kunst gemordete" Kind. Ob sie eine gute oder schlechte Mutter gewesen, soll hier nicht untersucht werden; der ganzen Anlage ihres Wesens nach wird sie wol beides je nach Zeit und Stimmung haben sein können, denn aus scheinbar unvermittelten Uebergängen und Contrasten bestand ja ihr Leben. Sie hatte sich von früh an mit einer Art bacchantischer Lust in die Gesellschaft gestürzt, und die Huldigungen, womit dieselbe sie überschüttete, schienen ihr so unentbehrlich wie das Licht der Sonne; dennoch aber gab es gar manche Stunde für sie, wo sie, von der hohlen Nichtigkeit all dieser Ovationen angeekelt und von ungesättigtem Schaffensdrang gefoltert, in eine tiefe Melancholie verfiel, und eine Sehnsucht nach Ruhe und Sammlung des Gemüths sich ihrer bemeisterte, deren Qualen sie selbst am eindringlichsten schildert, wenn sie uns erzählt: „Wäre ich katholisch gewesen, so hätte ich mich damals in ein Kloster geflüchtet." Das Kloster aber würde ihr wol ebenfalls kaum genutzt haben, denn sie floh ja nur vor sich selbst, wenn sie der Welt mit ihren Nichtigkeiten und Häßlichkeiten entfliehen zu müssen glaubte. Als ihr Gemahl 1828 gegen sie auf Scheidung klagte und den Proceß gewann, da war sie untröstlich über den Verlust ihrer Kinder, welche ihr, als dem schuldigen Theile, abgesprochen wurden, und wenig Jahre darauf schickte sie von London nach einem sehr ergiebigen Gastspiele 7000 Thaler für die Erziehung derselben; dennoch aber konnten alle diese schweren Prüfungen sie nicht dahin bringen, ihre in jeder Hinsicht excentrische Lebensweise zu ändern. Wenn gute Freunde ihr darüber Vorwürfe machten, so pflegte sie wol zu sagen: „Laßt mich doch, wie ich nun einmal bin! — Wär' ich besonnen, hieß' ich nicht der Tell! — Von Prüden mag ich nicht gerichtet sein! — Woher kommt es, daß selbst die ehrsamsten Mütter und sittiglichsten Töchterlein sich von meinen theatralischen Darstellungen ohne das mindeste Bedenken hinreißen lassen, ja ganz unwillkürlich hinreißen lassen müssen? Weil ich das Außergewöhnliche, das sie nicht kennen, im Leben durchgemacht und deshalb auch wiederzugeben weiß. Nun denn — wenn sie dieses Außergewöhnliche, das was ihnen imponirt, weil sie's mir nicht nachmachen können, von mir sehen und sich dadurch entzücken lassen wollen, so dürfen sie auch nicht von mir verlangen, daß ich die Schranken ihres langweiligen Lebens niemals überspringe, denn innerhalb derselben blüht kein Weizen für meine Kunst!" — Sie hatte recht und auch unrecht mit dieser Apologie. Jenny Lind war nicht minder eine große Künstlerin und hat dabei das reinste, bürgerlich-solideste Leben geführt; aber der Zauber ihrer Kunst lag eben auch in der Darstellung der echten, reinsten und zartesten Jungfräulichkeit, während die Schröder-Devrient durch ihre Natur nothwendigerweise, man kann sagen zu der diametral entgegengesetzten Aufgabe, zur Schilderung der von Leidenschaften zerrissenen Menschenseele, des Weibes in seiner Entfesselung und Loslösung von Zucht und Sitte, sich hingedrängt fühlen mußte. Diesen Ton aber wird freilich niemand anzuschlagen vermögen, der nicht selbst „viel gelebt hat"; man kann das Dämonische nicht copiren, man muß es aus sich selbst schöpfen, oder sich ganz fern davon halten.

Vergessen darf man freilich auch nicht, daß bei der excentrischen Lebensweise der Künstlerin viele Erzählungen cursiren, die sich bei näherer Untersuchung als platte Lügen erweisen. Es gibt kaum einen Menschen unter den Tausenden, mit denen sie in Berührung gekommen, der nicht ein Dutzend

abenteuerlicher Geschichten aufzutischen wüßte, die er theils
selbst mit erlebt, theils aus sicherster Quelle erfahren haben
will. Zu den gröbsten Unwahrheiten, die solchergestalt auf ihre
Kosten allgemein verbreitet worden sind, gehört namentlich
auch das Märchen, daß sie dem Trunk ergeben gewesen und
niemals öffentlich aufgetreten sei, ohne zuvor eine Flasche
Champagner zu leeren. Zufällig wissen wir aber, daß der
vermeintliche Champagner in der Wirklichkeit auf ein Brause=
pulver zu reduciren ist, dessen sie sich oft bediente, um eine
gewisse Aufregung zu beschwichtigen, welche sich ihrer vor
der Darstellung bedeutender Partien nicht selten bemächtigte.
Dagegen erzählte die Schröder=Devrient oft mit tiefem Be=
dauern, was auch sonst bekannt ist, daß die Malibran, um
die gewaltigen Anstrengungen, denen sie sich in ihrer künst=
lerischen Laufbahn fortdauernd aussetzte, aushalten zu können,
häufig zum Reizmittel des Madeira ihre Zuflucht genommen
und ihre Gesundheit dadurch nur noch mehr untergraben
habe. — Muß man also auch manche bekannte Anekdote, die
von unserer Künstlerin auf allen Gassen erzählt wird, als
zu den Mythen gehörig betrachten, womit die Lebensgeschichte
jedes merkwürdigen Menschen so reichlich ausgeschmückt zu
werden pflegt, trotzdem ist es leider! nur zu wahr, daß sie
gewiß mehr als viele ihrer Colleginnen Perioden der bedenk=
lichsten Ausschweifungen und der wildesten Seelenstürme durch=
gemacht hat. Aber selbst dann blieben ihr in zwei überaus
wichtigen Punkten der ganze klare Verstand und die volle
Selbsterkenntniß getreu, ohne welche auch das größte Genie
seine Kraft nutzlos vergeudet, sein Ziel nie erreichet. Wie
sich schon in ihren großen, klaren und festen Schriftzügen der
Geist solider Ordnungsliebe auf das bestimmteste ausprägte,
so war sie auch in ihrem Hauswesen allezeit ein Muster der

Umsicht, Sorgfalt und sogar der peinlichsten Genauigkeit; sie duldete nicht die kleinste Unsauberkeit um sich her und hatte ein so seltenes und so ganz blos vom höchsten Schönheitssinne getragenes Einrichtungstalent, daß z. B. jedes Zimmer, welches sie, wenn auch nur vielleicht auf einige Tage, in einem Gasthause bewohnte, durch geringe von ihr angeordnete Veränderungen sogleich den Eindruck reizendster Behaglichkeit machte. Dann aber — und das ist die Hauptsache — vergaß sie, nachdem sie in das reifere Lebensalter eingetreten, nie das tiefsinnige Schiller'sche Wort, daß das Genie der Fleiß ist. An ihrer Kunst arbeitete sie beständig rastlos weiter, und alle ihre Extravaganzen haben fast zu keiner Zeit je vermocht, den echten Künstlergeist in ihr zu ersticken, der ja nur in einem unablässigen Streben nach höherer Selbstvervollkommnung wurzelt. Recht schön hat sie sich über dieses unabweisbare Bedürfniß ihrer Natur, über ihr ungestümes Suchen nach Wahrheit, welches sie bei allen ihren Verirrungen nie verließ, in einem ihrer Tagebücher ausgesprochen. Die Stelle lautet: „Das Forschen des Geistes nach Klarheit und Wissen ist die Erleichterung der Seele, damit sie die Kerkerthüren des Körpers mit weniger Mühe sprengen kann und durch ihre Schwerfälligkeit nicht dem Körper unterthan wird. Bei dummen, geistig ungebildeten Menschen, denke ich, muß die arme Seele wie angeleimt sein, darum kann sie sich auch nicht gleich zur selben Höhe schwingen, wie die Seele derer, die durch Geistigkeit und Wissen schon mehr Durchsichtigkeit und Klarheit erlangt haben. Jene muß erst noch durch reinigende Elemente durchgehen, indessen diese sich wie ein leichter Luftballon in leichtere Sphären aufschwingt." — Und weil in ihrem Wissensdrang, in ihrem künstlerischen Streben nichts Gemachtes und Erheucheltes lag, weil sie das, was sie sich bei ihrem ungewöhnlichen Talent recht leicht zu machen hätte versucht sein können, wenn sie eben nur eine gewöhnliche Natur gewesen wäre, in der That stets sehr ernsthaft und schwer zu nehmen gewohnt war, darum fehlte es ihr auch nicht an jener echten Bescheidenheit, die den nach dem Höchsten ringenden Künstler nie verlassen kann, da er selbst immer am besten fühlt, wie viel ihm zur Erreichung seines idealen Zieles noch mangelt. Alles was sie anfing, nicht blos Spiel und Gesang, glückte ihr auf das bewunderungswürdigste; sie hatte großes Talent zum Zeichnen, war eine Virtuosin in weiblichen Handarbeiten, vermochte es nach nur zweistündigem Unterricht im Modelliren, den Fuß einer Venus sehr gelungen nachzubilden; die von ihr componirten Lieder athmen die Wärme ihrer reichen Empfindung; alles, was sie interessirte, riß sie mit dem vollen Ungestüm einer genialen Begabung an sich, — und doch gab sie ihren Freunden, die sie wegen aller dieser eminenten Talente priesen und anstaunten, aus tiefem Wahrheitsgefühl und reifer Selbsterkenntniß die jedes Lob ablehnende Antwort: „Es ist ja nichts in mir ausgebildet; ich habe niemals Zeit zum Lernen gehabt, und so habe ich's in allen diesen Dingen zu nichts gebracht." — Wir legen auf diese rühmlichste und die Lauterkeit ihres Strebens aufs unzweideutigste ins Licht setzende Eigenschaft ihres Charakters so hohen Werth, daß wir uns nicht enthalten können, aus den Glümer'schen Aufzeichnungen hier noch eine Stelle einzureihen, welche meist mit Wilhelminens eigenen Worten ihr künstlerisches Glaubensbekenntniß in prägnanter Weise offenbart. Da heißt es denn wie folgt*):

---

*) „Gartenlaube", Jahrgang 1860, Nr. 17, S. 270, und „Erinnerungen", S. 85 fg.

„«Es ist ja doch nur ein ewiges Suchen in der Kunst», sagte sie oft, «und der Künstler ist verloren, ist todt für die Kunst, sobald er sich dem Wahne hingibt, am Ziele zu sein. Bequem ist es freilich, mit dem Costüm die ganze Aufgabe abzustreifen und ruhen zu lassen, bis man sie nach Anordnung des Repertoires wieder aufnehmen muß. Ich habe das nie gekonnt. Wie oft, wenn mir das Publikum seinen Beifall zujauchzte und mich mit Blumen überschüttete, bin ich beschämt in mein Kämmerlein gegangen und habe mich gefragt: Wilhelmine, was hast du nun wieder gemacht? und dann hat es mir keine Ruhe gelassen; ich habe tagelang, nächtelang darüber nachgedacht, bis ich das Bessere gefunden hatte.» — — —

„Sehr empfindlich war die Künstlerin gegen die Verstöße und Unachtsamkeiten, durch welche der Schauspieler so oft die Illusionen des Publikums zerstört; es empörte sie, wenn Rebekka (in «Templer und Jüdin») den Schmuck, durch den sie ihre Rettung zu erkaufen versucht, und von dem sie noch eben gesagt hat: «er ist von hohem Werth», zu Boden fallen läßt, sobald sie seiner nicht mehr bedarf; oder wenn Agathe das Taschentuch, das sie als «Flagge der Liebe» dem Geliebten entgegenwehen ließ, in die Coulisse wirft, sobald die Arie zu Ende ist. «Es fehlt diesen Leuten an Respect vor ihrer Kunst», sagte sie, «sonst könnten sie sich nicht in dieser Weise gegen sie versündigen.»

„Bis in die geringsten Einzelheiten suchte sie sich ihre Aufgabe klar zu machen. Sie studirte nicht allein am Charakter der Musik; es genügte ihr nicht, die Handlung des Stücks, die Gestalten der Mitspielenden und vor allem das Wesen, das sie selbst darstellen sollte, bis in die leiseste Nuance jeder Stimmung zu kennen; auch das äußere Beiwerk war ihr wichtig. Sie lernte fechten, um den Romeo geben zu können; sie forschte nach den Sitten des Landes und der Zeit, worin sich die Handlung jedes Stückes bewegte, nach den geselligen Formen der verschiedenen Stände, nach den häuslichen Gebräuchen, und ihr Costüm war immer auf das genaueste dem Geiste ihrer Rolle angepaßt. Dabei wurde sie von dem richtigsten Instinct, dem feinsten Geschmack geleitet. Eine reichgekleidete, mit Schmuck überladene Agathe, eine Emmeline in Florschürze und seidenem Mieder, eine Norma oder Armide mit geschnürter Taille war ihr ein Greuel. Gegen die Ristori, die sie nie gesehen hatte, war sie eingenommen, weil diese Künstlerin auf einem ihrer Bilder den antiken Gürtel mit der Spitze nach unten trägt. Es war Wilhelminen unbegreiflich, wie «eine gescheidte Frau» solchen Verstoß begehen konnte. Sie wußte freilich ebenso genau um den Hochzeitsschmuck einer altdeutschen Bürgerstochter Bescheid, wie um das Priestergewand einer Vestalin, und um die Tracht des Schweizermädchens, wie um den malerischen Anzug einer Jüdin aus dem zwölften Jahrhundert." Hierher gehört endlich auch noch ein Ausspruch der Künstlerin, welchen wir den schon oben*) erwähnten „Fliegenden Blättern für Musik" und der „Weigl-Biographie" (S. 47) entlehnen: „Wir Mimen können wenig aus Büchern lernen, viel von guten Maler- und Bildhauerwerken, alles von den Menschen, die täglich vor uns herumspazieren. Jeder Mensch hat seine eigenthümlichen Gesten; man bemerkt im Leben eine unerschöpfliche Mannichfaltigkeit derselben, wenn man sich gewöhnt, sie überall genau zu beobachten. Auf der Bühne ist es bei den meisten mit einem Dutzend conventioneller Typen

---

*) S. 59.

abgethan. Beim Worte «Herz» die Hand daran, beim Worte «Himmel» die Arme hinaufgereckt u. s. w., — da glauben sie zu spielen, und unter hundert Fällen ist neunundneunzigmal das eine wie das andere gegen den Charakter und das Wesen der Person, die sie vorstellen."

In ihren Gesangsstudien machte sie in Dresden unter der Leitung des alten berühmten Chordirectors Johannes Miksch noch große Fortschritte und versäumte es nicht, solange dieser treffliche Meister der altitalienischen Schule Bernacchi's lebte, jede ihrer Partien bei ihm auf das sorgfältigste einzustudiren. Als sie später ruhmgekrönt aus London zurückkam, dankte sie ihm, wie Agnese Schebest in ihren interessanten Memoiren*) berichtet, mit den Worten: „Dort erst erkannte ich, was ich bei Ihnen gelernt habe." Und doch war sie dort schon wieder weiter in die Lehre gegangen und hatte der Malibran und Rubini vieles Neue abgelauscht. Man kann also mit Recht von ihr sagen: sie hat zu lernen niemals aufgehört, denn als wahre Künstlerin strebte und rang sie bis ans Ende. — Daß trotzdem ihre Gesangsbildung immer eine mangelhafte geblieben, daß sie niemals eine vollendete Sängerin im rein musikalischen Sinne geworden, der Hauptaccent ihrer Kunst also stets auf der dramatischen Darstellung ruhte, das lag wol hauptsächlich in ihrem schon oben gerügten Mangel an stetigem Fleiße zu der Zeit, als sie, noch ein halbes Kind, vom recitirenden Schauspiel zur Oper überzugehen den Entschluß fassen mußte. Für die Erlernung des eigentlichen Gesangs-A-b-c hatte sie nie die rechte Muße gefunden, und doch kann eben, bei aller nachträglichen Anstrengung, niemand ein wirklich vollkommener Sänger werden,

---

*) „Aus dem Leben einer Künstlerin", (Stuttgart 1857), S. 44.

der sein Instrument nicht ganz beherrscht, bevor er es zur dramatischen Production verwendet. Am wenigsten aber kann ein Deutscher es werden, wenn er nicht ein Ausnahmstalent dafür mit auf die Welt gebracht und ganz außerordentliche Studien durchlaufen hat; denn es ist leider nicht in Abrede zu stellen, daß unter den eigentlichen Culturvölkern Europas gerade eine so vorzugsweise stimmbegabte Nation (und das sind wir unstreitig, wenn man von Alt und Tenor absieht, die freilich in unserm Lande nicht recht gedeihen wollen), ein so tiefmusikalisches Volk, wie das deutsche, zum Singen ausnehmend wenig natürliches Geschick und einen Mangel an Geschmack zeigt, der uns sogar noch unter das in jeder künstlerischen Beziehung (gegenwärtig mit Unrecht) vorzugsweise niedrig gestellte England setzt. Wir haben auf den gesammten deutschen Bühnen schon lange keinen Tenor wie Mr. Sims-Reeves, keinen Bariton wie Mr. Santley (die jetzigen englischen Gesangskönige) mehr aufzuweisen, und die Liste von europäischen Celebritäten ersten Ranges, die wir auf dem Gebiete der reinen Gesangskunst geliefert haben, umfaßt nur die vier Namen Anton Raff, Gertrud Mara, Ludwig Fischer und Henriette Sontag.*) Daß wir, was man so oft behaupten hört, einen ganz besondern Stil für uns erfunden haben, der sich mit dem italienischen und französischen gar nicht vergleichen lasse, ist eine gemüthliche Einbildung derjenigen, welche von der Sache nichts verstehen. Die Wahrheit aber ist, daß uns im großen und ganzen — mit Ausnahme für den zwischen Singen und Declamiren die

---

*) Diesen Heroen standen, was wohlverbienten europäischen Ruf anlangt, vielleicht am nächsten Karoline Ungher-Sabatier und Joseph Staudigl; doch konnte sich der letztere auf der Italienischen Oper zu London nicht behaupten.

Mitte haltenden Vortrag unsers Liedes — der richtige Gesangsinstinct, die Delicatesse des Gefühls abgeht; — wie wollen wir also gar von einem deutschen Gesangsstil reden, zu dem es in allen Ländern der Welt überhaupt nur das entschiedenste, durchgebildetste Genie bringt. Was wir „unsern Stil" zu nennen belieben, ist nichts als der völlig naive Zustand einer Natursingerei, die es bisher nicht einmal zur Aneignung einer gewissen Manier bei uns hat kommen lassen, denn eine solche läßt doch immerhin wenigstens auf etwas mehr, als einen nur spontanen Stimmgebrauch schließen.

Wir sehen voraus, daß unsere Landsleute diese Ansichten als höchst unpatriotisch übel vermerken, und wir dieserhalb vielleicht harte Angriffe zu erfahren haben werden. Die Kunst aber ist durchaus kosmopolitischer Natur, und was wirkliche Kunst ist, muß in London und Paris, Rom und Petersburg den Einsichtigen ganz ebenso gut gefallen, als in Wien und Berlin. Was diese Probe aber nicht aushält, mag vom Provinz= und Coteriebeifall leben, die Beachtung des ernsten Mannes verdient es nicht. Wir wissen recht gut, daß heutzutage auch in Italien und Frankreich zum großen Theil spottschlecht gesungen wird, allein das ändert an der Thatsache nichts, daß wir Deutsche uns noch niemals als eine in künstlerischer Beziehung besondere Berücksichtigung verdienende Sängernation bewährt haben, und — wohl gemerkt — das entschuldigt zugleich viel an dem beklagenswerthen Umstande, daß selbst eine Künstlerin von dem unsterblichen Genius der Schröder=Devrient es nicht bis zur wirklichen Sängerin hat bringen können.

Viertes Kapitel.
Charakteristik der Künstlerin.

Ihre Stimme und deren mangelhafte Ausbildung. Verirrungen im Gesangsvortrage. Hector Berlioz' und Chorley's scharfe Urtheile. Das Geheimniß ihrer dramatischen Gewalt. Ihr Beruf für Gluck'sche Musik. Panegyrikus eines Verehrers. Impuls und Rapport. Die hölzernen Tenoristen. Rache an einer schläfrigen Giulietta. Wien entschließt sich am spätesten zu ihrer Anerkennung. Ihre äußere Erscheinung.

Wir gestatten uns hier, in der Erzählung des Lebensganges der Künstlerin einen Augenblick innezuhalten, da es an der Zeit sein dürfte, ehe wir über ihre weitern Schicksale berichten, erst die Resultate alles dessen, was sie bis dahin geworden, in einem kurzen Bilde zusammenzufassen. Diese Schilderung mag denn zugleich auch die Stelle einer eigentlichen Charakteristik ihres künstlerischen Wesens, die wir unsern Lesern unbedingt schuldig zu sein glauben, vertreten; denn indem wir jetzt die Natur ihrer Stimme, die Art ihres Gesangs sowie dessen Verbindung mit ihrer dramatischen Darstellungskunst und endlich ihre äußere Erscheinung, wie sie um das Jahr 1828 sich dem prüfenden Blicke offenbarten, näher zu beleuchten versuchen, werden wir, wenn uns einige vorgreifende Bemerkungen dabei zugleich erlaubt sind, einen

wesentlichen Zug ihres Porträts kaum mehr außer Acht
lassen, da schon damals die Eigenthümlichkeit ihres Seins
und Könnens mit allen Vorzügen und Mängeln so ziemlich
feststand und trotz einzelner technischen Fertigkeiten, die sie in
späterer Zeit aus Paris und London noch heimgebracht haben
mag, eine erhebliche Veränderung nicht mehr erfahren hat.

Der Umfang ihrer Stimme war der eines kräftigen So-
prans, d. h. sie beherrschte in ihrer guten Zeit die ein- und
zweigestrichene Octave von c bis c vollkommen, obwol ihr an-
dauernd hohe Lagen, wie sie z. B. in den Partien der Donna
Anna und Vestalin vorkommen, von jeher nicht ganz zusagten,
und sie oft, namentlich in spätern Tagen, da die eigentliche
Schule mangelte, zum Schreien nöthigten. Eine außergewöhnlich umfangreiche Stimme, wie die der Mara, Catalani, Pisaroni und die durch Manuel Garcia's fürchterliches
Drillen künstlich erzeugte der Malibran, besaß die Schröder-
Devrient also nicht; ihr tiefes c war niemals ein starker
Ton, und das kräftige Brustregister des Contralto, welches
der Malibran z. B. neben ihrer ungewöhnlich entwickelten
Sopranlage in so brillanter Weise zur Verfügung stand,
fehlte unserer Sängerin gänzlich. Sie hätte deshalb Partien
wie den Gluck'schen Orpheus, die Fides im „Propheten",
Tancred und Arsace (in der „Semiramis") zu singen nicht
vermocht, mußte auch im Romeo schon manches nach der
Höhe transponiren. Ihr eigentlicher Stimmfonds steckte in
den Mitteltönen der Octave von $\bar{g}$ bis $\bar{\bar{g}}$, und selbst als
das Organ mit dem Anfang der vierziger Jahre bereits eine
starke Einbuße erlitten, blieb doch den Tönen zwischen $\bar{g}$ bis
d immer noch eine ausnehmend sympathische, zum Herzen
sprechende und rührende Klangfarbe eigen, sodaß die Künstlerin besonders in denjenigen Liedern Schubert's, Mendels-

sohn's und Schumann's, welche keinen großen Umfang be=
anspruchen, bis fast in ihre allerletzte Zeit durch den bloßen
materiellen Stimmklang eine schöne Wirkung auszuüben im
Stande war.

So hoch sie auch in allem stand, was sich auf das
geistige Wesen des Gesangs bezieht, so war doch ihre Stimm=
bildung entschieden mangelhaft; der Ton hatte Gutturalansatz,
und selbst an der Wortaussprache blieb manches zu rügen.
Schon oben haben wir bemerkt, daß sie den Buchstaben R
mit der Zungenspitze zu bilden nie gelernt hat, was oft —
und namentlich wenn sie mit Italienern sang — eine platte
und sehr störende Wirkung verursachte. Ihre Coloratur war
bei weitem nicht bis zur Meisterschaft entwickelt, die auf=
steigende Scala ziemlich gut und sicher, die absteigende aber,
bei einiger Rapidität schon stockend und holperig. Den
Triller lernte sie 1831 von Rubini leidlich ansetzen, konnte
ihn aber nur zwischen einigen ihr besonders bequem liegenden
Tönen auf der Bühne produciren. Sehr schön und von
natürlich seelenhaftem Klange, rund und anmuthsvoll war
ihre mezza voce, und sie ist hierin vielleicht nur von der
herrlichen Giulia Grisi, der Lind, der Sontag und einigen
andern wirklichen Gesangsköniginnen noch übertroffen worden.
Ihre letztgenannte deutsche Collegin hat ihre Stimme weit
besser und länger conservirt als sie, einmal, weil sie die
Geheimnisse ihrer Kunst gründlich studirt hatte, und dann,
weil sie ohne Leidenschaft war, während die Schröder=
Devrient, stets aufgeregt, ein Stück ihres Lebens in jedem
Gesange hingab. — Wenn L. Rellstab von ihr gesagt hat,
daß ihre Stimme schon 1828 des eigentlichen Metalls ent=
behrt habe, so geschah dies blos deshalb, weil er damit einen
Unterschied zwischen ihr und der Schechner begründen wollte;

das Organ der letztern war kolossal, und wenn sie z. B. Emmelinens B-dur-Cavatine (I, 7) aus der „Schweizerfamilie": „Wer hörte wol jemals mich klagen?!" sang, so hatten die Töne eine Wucht, als ob man zwei Stimmen im Unisono vernähme. Es ist daher wol begreiflich, daß die Schröder-Devrient in ihrer ersten Frische viele Kunstfreunde, und namentlich die echten Musiker, eben wegen der zarten Organisation ihrer Stimme, in innig-naiven Rollen, vorzugsweise aus dem deutschen Repertoire, noch weit mehr befriedigt hat, als in den wildleidenschaftlichen Partien des hochtragischen Fachs; denn auf jenem Gebiete brauchte sie nirgends zu forciren, und ihr Gesang blieb deshalb hier überall gleichmäßig schön und herzerquickend. Allein zu den Contrasten, aus denen das Wesen dieser merkwürdigen Frau nun einmal zusammengesetzt war, gehörte eben vor allen Dingen auch der Umstand, daß die Natur ihres Organs mit ihrem Temperament nicht völlig im Einklang stand. Ihre innerliche Bewegung und Leidenschaftlichkeit rissen sie unwiderstehlich auf die andere Seite zur Darstellung des höchsten Affects und der entfesselten Natur hin, und weil sie zugleich eine alles überwältigende Intensität des dramatischen Ausdrucks besaß, so verstand sie es auch selbst da, wo im Grunde ihre natürlichen Stimmittel mit der Wucht der Aufgabe nicht ganz gleichen Schritt zu halten vermochten, das Organ zu solcher künstlichen Kraftentfaltung zu steigern, daß nur dem genauen Kenner des menschlichen Stimmorganismus nicht verborgen blieb, wie sehr sie in solchen Fällen mit der Energie des Willens erzeugte, was die Natur ihr eigentlich versagt hatte. So gelangen ihr auch, infolge der ihr eigenthümlichen Fähigkeit, „ihre Kräfte zu potenziren", wie Rellstab es einmal treffend bezeichnet hat, Rollen wie Fidelio, Euryanthe und Vestalin vollkommen und litten nur, namentlich in der spätern Zeit, an einer gewissen Uebertreibung des vor allem nach dramatischer Charakteristik strebenden Vortrags, wohin denn vorzugsweise auch die zuletzt von ihr allzu häufig beliebte Manier gehörte, im höchsten Affect die musikalischen Phrasen nicht mehr zu singen, sondern in melodramatischer Weise zu sprechen.

Diese offenbare Verirrung hat ihr manches harte Urtheil, namentlich von seiten ausländischer Kritiker eingetragen, denn wenn man sie, wie diese Herren thaten, mit dem Maßstabe maß, den die Leistungen weltberühmter Künstlerinnen, die par excellence Sängerinnen waren, an die Hand gaben, so ließ sich allerdings gar manches gegen ihre Art und Weise, eine Opernpartie zu behandeln, einwenden. Wer erinnert sich nicht in dieser Beziehung des im Kerkerquartett aus „Fidelio" dem Mörder Pizarro entgegengeschleuderten Aufschreis: „Noch einen Laut, und du bist todt!" des Ausrufs Valentinens in den „Hugenotten": „Fest an dich klamm' ich mich — — ich liebe dich!" (Duett mit Raoul, Act IV, Nr. 24)*) Kann man sich wundern, daß delicate Ohren, so theatralisch effectvoll diese Ueberschreitungen des ästhetisch und musikalisch Erlaubten auch sein mochten, doch daran be-

---

*) In dem in „Unsere Zeit" (VI, 86) abgedruckten Artikel haben wir auch dem Ausruf im Duett mit Marcel (III, 18): „Ich bin ein Mädchen, o Marcel, das ihn liebet, und das sein Leben willig gibt für ihn!" als hierher gehörig bezeichnet, müssen jedoch hier die Bemerkung hinzufügen, daß die Künstlerin bei dieser Stelle erst in der letzten Zeit, wo ihre Stimmittel bereits ganz erschöpft waren, den Sprechton anwandte, während sie früher gerade die gedachten Worte mit einer Tonfärbung sang, die unbeschreiblich rührend wirkte und allen Hörern unvergeßlich ist.

deutenden Anstoß nahmen und sie als reine „Galeriestückchen" schlechthin verdammten? Daher die nahezu vernichtende Kritik, die Hector Berlioz in seinen Briefen über deutsche Musikzustände, auf welche wir später nochmals zurückkommen werden, über die außerordentliche Frau geschrieben, daher der Keulenschlag, den er gegen sie geführt, und der um so sicherer traf, als selbst ihre begeistertsten Anhänger nicht umhin konnten, hinter aller Mischung „parteilicher Erregtheit und fremdländischen Misverstehens" (wie Rellstab des Franzosen Urtheil bezeichnet hat)*), doch einen Kern von Wahrheit herauszufühlen. Wer wollte es leugnen, daß Berlioz zum mindesten mit seiner Warnung recht hatte, wenn er freilich etwas plump und wenig rücksichtsvoll schrieb**): „Madame Devrient untermischt ihren Gesang mit gesprochenen Sätzen und Ausrufungen von greulicher Wirkung, in der Art unserer Vaudevilleschauspieler beim Absingen ihrer Strophen. Diese Methode ist die unmusikalischste und gemeinste, die man zur Warnung junger Anfänger nur aufstellen kann." In feinerer Weise begründet Henry Chorley die Ursachen jener Verirrung, indem er sie, sicher mit Recht, auf die mangelhafte Gesangsausbildung der Künstlerin überhaupt zurückführt. — „In Wahrheit" — so urtheilt der weltmännisch gebildete und vielerfahrne englische Kunstrichter über sie ***) — „eine Sängerin ist die Dame nie gewesen, obschon sie eine solche zu werden versprach, da sie in ihren

---

*) „Gesammelte Schriften" (1860), IX, 409, Anmerkung.

**) „Musikalische Wanderung durch Deutschland. In Briefen von Hector Berlioz. Aus dem Französischen von August Gathy" (Hamburg und Leipzig, Schuberth und Comp., 1844), S. 60.

***) „Modern german music", I, 342 fg.

Jugendtagen als Pamina in der «Zauberflöte» zu Wien die Breter zuerst betrat. Ihre Stimme war, solange ich sie kannte, seit 1832, allerdings des durchdringenden wie des zarten Ausdrucks fähig, allein rauh und zerrissen, weniger unbiegsam, als incorrect.*) Es ist ein Irrthum, anzunehmen, daß die deutschen Primadonnen es ablehnen, durch Bravourgesang Effect zu machen; sie sind ganz ebenso verschwenderisch mit Rouladen und Trillern, wie die übrige Schwesterschaft, geben jedoch den Versuch statt der Wirklichkeit, und

---

*) In seinen „Thirty years' musical recollections" (I, 55 fg.) ergänzt Chorley dieses Urtheil wie folgt: „Ihre Stimme war ein starker Sopran — der Qualität nach mit andern deutschen Organen derselben Kategorie (wie z. B. mit dem der Madame Stöckl-Heinefetter, Madame Bürde-Ney und Mademoiselle Tietjens) nicht zu vergleichen — aber mit einer natürlichen Energie des Tons, welche derselben auf der Bühne mehr Anziehungskraft verlieh, als manches fehlerfreiere Organ sie ausübt. Die Ausbildung, die sie erhalten, gehörte zu jener falschen Schule, welche den barbarischen Gedanken einer Vertheidigung und Bewunderung des Naturgesangs zuläßt. Warum nicht ebenso gut von einem Natur-Violinspiel reden? — — — Ein Mann, der mit den Fingern die Saiten seines Instruments nicht zu meistern verstünde, würde schwerlich zum zweiten male gehört werden, während man einer Frau, vorausgesetzt, daß sie nur correct durch die Noten einer beliebigen Composition zu stolpern weiß, einen Rang als Sängerin einzunehmen gestattet. Solch eine Frau war die Sontag und später auch die Lind nicht; sie hatten beide singen gelernt, Madame Schröder-Devrient oder hatte es nicht. Sie brachte ihre Töne völlig sorglos, oder vielmehr nur mit der Einen Sorge, ihnen die gehörige Kraft zu geben, hervor. Ihre Coloratur war schlecht und plump. Durch alle ihre Darstellungen ging eine gewisse heftige und krampfhafte Anstrengung, jenes Ringen nach dem Siege hindurch, welches nie zum Siege gelangt." —

kommen nur, wenn ihre Incompetenz durch Vergleichung
erst klar am Tage liegt, auf jene classische Vertheidigung zurück, die so gut klingt, so wohlfeil ist und so viele schon
betrogen hat: «Was wollt ihr denn? Ich bin eine
deutsche Sängerin!» So beschloß auch Madame Schröder-
Devrient, «die deutsche dramatische Sängerin» par excellence
zu sein. Indem sie mit Ernst und starker Willenskraft von
allen Rollen, die sie unternahm, Besitz ergriff, war ihr Verlangen, sich darin zu präsentiren, nicht minder heftig. Es
würde keine Möglichkeit sein, eine Oper mit einem Personal
aufzuführen, wo jedes Mitglied ebenso determinirt wie sie
wäre, niemals zu rasten, nie auch nur für einen Augenblick
die Zuschauer seine Anwesenheit vergessen zu lassen. Sie
kümmerte sich nicht darum, ob sie den Fluß der Composition
durch einen Schrei, der kaum irgendeiner Note oder Ton-
leiter angehörte, ja selbst dadurch unterbrach, daß sie ein
Wort sprach, für welches sie die richtige musikalische Ac-
centuation oder Modulation zu studiren sich nicht die Mühe
nahm, wenn es ihr nur gelang, die Aufmerksamkeit fortdauernd auf sich zu lenken. Daher rührte zum Theil ihr
außerordentlicher Erfolg im «Fidelio» her. Diese Oper enthält eigentlich nur eine handelnde Person, und ihre Aufgabe ist es, durch Darstellung der Seelenangst und des innern Kampfes, dessen beständiges Opfer sie ist, das wirkungs-
volle Geheimniß des ganzen Sujet dem Publikum klar zu
machen, es Glied für Glied auseinanderzusetzen und dem
Drama so das Interesse des Schreckens, der Spannung und
endlich, wenn die Lösung erfolgt, auch des Entzückens zu
verleihen. Wenn die Hingabe, die Verstellung und die
Hoffnung des Weibes Leonore nicht immer vor unsern
Augen wäre, so würde das Interesse der Kerkeroper er-

schlaffen und zu einer trüben, unheilbaren Melancholie zu=
sammenschrumpfen. Daß dies nie geschah, dafür trug Ma=
dame Schröder=Devrient Sorge." — — Es folgt nun die
früher mitgetheilte nähere Beurtheilung ihres Fidelio und
anderer Rollen, dann ein Vergleich mit der Pasta, der mit
den hier für uns bedeutsamen Worten schließt: „Allein mit
Ausnahme der gerechten Rücksicht auf dieses angeborene, na=
türliche dramatische Genie, kann die deutsche Künstlerin mit
der italienischen kaum auf ein und demselben Blatte genannt
werden. Was die Pasta, trotz ihrer ungleichen, widerstreben=
den, unsichern Stimme sein wollte, d. h. eine ganz groß=
artige Sängerin, dies zu werden hat sich Madame Schröder=
Devrient nie gekümmert, obschon sie von Natur, wie solche
mir versichert haben, die sie als Mädchen haben singen hö=
ren, mit einer frischen und reizenden Sopranstimme begnadigt
gewesen ist. In dieser Hinsicht ist sie nur Eine von den
Hunderten, welche unter der Ignoranz und Narrheit deutscher
Kunstkennerschaft, unter der Hartnäckigkeit nationaler Anti=
pathie gelitten haben, die, sobald Deutschland die Möglichkeit
einer specifisch deutschen Oper sich vorzustellen begann, es
als ein strafwürdiges Vergehen verpönte, mit Anmuth, Ge=
schmack und Beherrschung der Stimmittel zu singen, weil
dies die charakteristischen Eigenschaften der italienischen Me=
thode waren. Wäre sie in einer bessern Schule gebildet
worden, sie hätte an der Seite der Madame Sontag bis zum
heutigen Tage" (Chorley's Buch ist 1854 geschrieben) „fort=
singen und bei ihrem Scheiden von der Bühne den Namen
einer großen dramatischen Sängerin hinterlassen können, statt
daß sie jetzt mit dem Ruhme fürlieb nehmen muß, eine be=
deutende Schauspielerin gewesen zu sein, die in einigen
deutschen Opern aufgetreten ist."

Wir vermögen unsere große Künstlerin gegen ein solches, nur allzu motivirtes Urtheil am allerwenigsten zu vertheidigen, da wir vielmehr bei jeder Gelegenheit gegen jenen leider heutzutage noch viel weiter ausgebreiteten Irrthum der sogenannten deutschen Gesangsschule zu Felde gezogen sind, die eben nichts als eine sehr euphemistische und leere Phrase für den Mangel an jeder soliden Gesangsbildung überhaupt ist. Dieser Grundirrthum ist älter, als die damit verwandte Zukunftsmusik=Controverse, für das wirkliche Gedeihen unserer Oper aber ganz genau ebenso ruinös wie die Wagner'schen Monstruositäten. Nie darf der dramatische Ausdruck auf Kosten der Schönheit des Tons erreicht werden, weil damit, wie neulich ein wiener Recensent bei Gelegenheit des dortigen Gastspiels der wilden berliner Sängerin Pauline Lucca ganz richtig hervorhob*): „der Schwerpunkt des Operngesanges von der Musik auf das Textwort, also von der Hauptsache auf das relativ Nebensächliche, verlegt wird, — weil die musikalische Betonung das Erste und Letzte im Operngesang, und der dramatische Accent sozusagen nur in jener enthalten sein soll!" Grade daß unsere heutigen fürchterlichen Primadonnen sich bei ihren beifallsgesegneten Verirrungen auf solche Apostel berufen können, wie die Schröder=Devrient einer war, das eben ist das größte Unglück, und machtlos zerschellt an dem Wahnsinn, der alle ergriffen, die ewig bleibende Forderung des guten Geschmacks und einer gesunden Kunstliebe, daß man in der Oper vor allen Dingen will singen hören. —

Chorley berührt übrigens in seiner eben mitgetheilten

---

*) „Recensionen über Theater, Musik und bildende Kunst" (Wien 1862), Nr. 28, S. 445.

Kritik noch einen Punkt, der unserer Künstlerin vielfach zum Vorwurf gemacht worden ist, nämlich ihre Sitte, sämmtliche Acteurs neben sich todt zu spielen, um nur ja alle Blicke der Zuschauer auf sich allein zu concentriren. Es ist wahr, daß diese Sitte oder Unsitte mehr und mehr zunahm, je älter die Sängerin ward, und daß dieselbe schließlich für den gebildeten Zuschauer peinlich genug wurde, um Chorley recht geben zu müssen, wenn er in seinen eben erschienenen „Dreißigjährigen Erinnerungen" (I, 57—58) schreibt: „Mit den Jahren übertrieb sie jede Eigenthümlichkeit ihrer Sing- und Spielweise. Als ich sie das letzte mal in ihrem eigenen Theater zu Dresden hörte, hatte ihre Rastlosigkeit auf der Bühne einen monopolisirenden Höhengrad erreicht, der für jeden aus dem Publikum eine wahre Marter war, so unwiederbringlich entschlossen schien sie, daß niemand angesehen oder beachtet werden sollte, wenn sie auf der Scene war." Was Hector Berlioz hierüber gedacht und hat drucken lassen, werden wir später noch erfahren; für jetzt begnügen wir uns damit, nicht entschuldigend, aber erklärend, darauf hinzuweisen, daß an diesem Fehler offenbar ihre allzu große Passion mehr Schuld hatte, als die böse Absicht, sich auf Kosten des Kunstwerks allein zur Geltung zu bringen. Wer den Vulkan gekannt, der in ihrem Innern gärte, der wird solche Ausschreitungen als unkünstlerisch gewiß zurückweisen müssen, allein wundern kann er sich darüber nicht, daß ihre Kunst endlich gerade an dieser Klippe Schiffbruch leiden mußte.

Ueberdies werden wir vieles, was wir bei ihren Nachahmerinnen schlechterdings verdammen, bei ihr, als einer durchaus genialen Erscheinung, anders zu beurtheilen uns nicht entbrechen können. Ist es auch zehnmal wahr, daß das eigentliche Grundprincip ihres künstlerischen Schaffens, den Gesang in der Oper als das Nebensächliche und das Spiel als das Essentielle zu behandeln, auf einer falschen Auffassung der Oper überhaupt beruhte, so kann man doch nicht umhin, ihr zuzugestehen, daß sie, solange sie für die Bühne wirksam war, den Gesang ihren dramatischen Zwecken auf eine bewundernswürdige Art zu unterwerfen verstanden hat. — Und nun mag denn, nachdem das Ausland scharf und nicht ganz ungerecht getadelt, das Vaterland auch einmal wieder gern und billig lobend für sie in die Schranken treten. „Mit einer bis dahin nicht gekannten Schärfe des künstlerischen Blicks" — so spricht sich Rellstab aus *) — „durchbringt sie jede Rolle und erspäht den Moment, wo sie dieselbe auf den Gipfel der Wirkung heben soll. Mit Sicherheit erkennt sie den Wendepunkt des Sieges und erringt ihn so zuverlässig, wie der Adler, der sich mit mächtigen Schwingen auf die Beute losstürzt. In einem unglaublichen Grade besitzt sie Selbsterkenntniß. Auf ein Haar hin weiß sie, wo ihre Mittel nicht ausreichen, und sie gestaltet durch ihre Auffassung und Durchführung eines Charakters immer ein vollendetes Ganze, ein Lichtbild, sodaß im Augenblicke ihrer Culmination alle ihre Mächte auf einen Punkt wirken. Daher ist die Spitze ihres Erfolgs auch nicht immer da, wohin andere Künstler sie legen würden und müßten, jedenfalls aber immer im Mittelpunkte *ihres* Gesammtwirkens." — Dies ist fein und richtig bemerkt! In der wunderbaren Art, wie sie sich auf die Totalauffassung, Gliederung und Steigerung

---

*) „Universal-Lexikon der Tonkunst", von Dr. Gustav Schilling (1836), VI, 262, und fast mit denselben Worten: Brockhaus' „Conversations-Lexikon der neuesten Zeit und Literatur" (1834), VI, 209.

einer Rolle verstand, ließ sich ihr Talent, wie ältere Theaterfreunde dies öfters ausgesprochen haben, nur mit dem der 1815 zu Berlin verstorbenen **Friederike Bethmann**, die eigentlich blos nebenher Sängerin war, vergleichen; denn auch diese letztere besaß diese eigenthümliche Gabe, die dramatische Wirkung selbst in den kleinsten Liederspielen von Reichardt, Himmel u. a. mit ebenso sicherer Genialität herauszufinden, als gälte es die Darstellung des großartigsten classischen Stücks. Ja es gab Rollen, wo man fast versucht war, zu behaupten, die Schröder-Devrient wirke am ergreifendsten in den Scenen, wo sie überhaupt gar nicht zu singen hatte, sondern wo sie allein durch ihr stummes Spiel, die edle Plastik ihrer Geberden und Gesticulationen, die beredte Sprache ihres Auges, ihrer Hände alles mit sich fortriß. Namentlich verdient hier ihre Darstellung der Opferscene im Finale des zweiten Acts von Gluck's „Iphigenia in Tauris" erwähnt zu werden. Ihr Spiel am Altar war dabei so mächtig ergreifend, daß man den während desselben gesungenen, gewiß schönen Chor der Priesterinnen in C-dur völlig überhörte und ausschließlich nur von ihr gefesselt wurde. Ein Freund theatralischer Curiositäten hat mit der Uhr in der Hand berechnet, daß der kurze vierte Act von „Montecchi und Capuleti", den die Schröder-Devrient stets nach Bellini's sehr magerer Composition gab, während andere Sängerinnen demselben, um mehr Spielraum für den Gesang zu gewinnen, den musikalisch ausgeführtern Baccai'schen substituirten, auch wol eine Zingarelli'sche Arie noch einzuflicken beliebten, jedesmal wenigstens fünf Minuten länger dauerte, wenn sie den Romeo spielte, ohne nur einen einzigen Augenblick durch Dehnung zu ermüden; so viel wußte sie durch ihre bloße Action in diesen musikalisch unglaublich leeren Tragödienschluß hineinzulegen. Jede Fermate, jedes Adlibitum benutzte sie zur ausgeführtesten Detailschilderung ihrer dramatischen Leidenschaft. Der Hauptwerth ihres Gesanges lag also in dem feinen seelischen Exponiren des vorzutragenden Musikstücks; je delicater dessen Textur, desto mehr hatte man die Art und Weise zu bewundern, wie sie alles in das rechte Licht zu stellen wußte. Sie wäre deshalb auch für die Gluck'sche Muse wie geschaffen gewesen, wenn sie sich früher hätte entschließen können, an diese größte aller Opernaufgaben heranzutreten; in späterer Zeit, wo sie allerdings, Rellstab's fortwährendem Drängen nachgebend*), zu der früher schon gesungenen Iphigenia in Tauris noch die Armide, Alceste und Iphigenia in Aulis hinzulernte, reichten ihre Stimmmittel zu so anhaltend hochliegenden Sopranpartien nicht mehr aus, und da sie, diesen physischen Mangel zu verdecken, damals schon ihrer letzten Manier des starken Auftragens und des rastlosen fieberhaften Spiels allzu sehr verfallen war, so wird ihr auch wol die ruhige Hoheit und Würde gefehlt haben, welche die Darstellung Gluck'scher Gestalten, bei aller heißen Glut ihrer Empfindung, gebieterisch erheischt.

Der Verfasser des in der „Wissenschaftlichen Beilage der Leipziger Zeitung" vom 2. Februar 1860 abgedruckten Nekrologs (S. 39) erwähnt auch ihrer Klytemnestra in der „Iphigenia in Aulis", doch beruht dies wol auf einer Verwechselung, denn die Schröder-Devrient hat, als Richard Wagner die Oper für Dresden neu arrangirt und einstudirt hatte, die Titelrolle, und Johanna Wagner die Klytemnestra darin gesungen.

---

*) Vgl. L. Rellstab's „Gesammelte Schriften", IX, 409—410. Weder Rellstab, noch wir selbst haben sie aber je als Armide und Alceste gesehen.

Wie sehr sie es in ihrer besten Zeit verstanden, selbst feinere Hörer durch ihren seelenvollen Vortrag und die Großartigkeit ihrer dramatischen Charakteristik mit den Mängeln ihres Gesangs vollständig zu versöhnen, dafür bietet folgender glänzende Panegyrikus ihres Verehrers Julius Epstein, den wir der „Breslauer Zeitung" (1835, Nr. 122) entlehnen, einen recht schlagenden Beleg. „Mit schöpferischem Geiste" — so heißt es hier — „durchdrang sie jede Rolle bis auf die kleinsten Schattirungen mit einer Sorgfalt, als gälte es nicht einem musikalischen, sondern einem poetischen Kunstwerk Genüge zu leisten. Sie betrachtete den Gesang nur wie eine Uebersetzung der Rede in eine höhere Sprache und modulirte den Ton zum freiesten Widerhall ihres Gefühls. Während andere, selbst hochberühmte Sängerinnen keine andere Nuancirung verstehen, als daß sie bald mit ganzer, bald mit halber Stimme singen, bestimmte bei unserer Künstlerin die momentane Empfindung den jedesmaligen Gehalt, das qualitative Volumen des Tons. So gewann derselbe einen wahrhaft sprechenden Ausdruck, ganz abgesehen vom Inhalt der Worte; so ward er zum Dolmetscher ihrer Seele; so malte oft ein einzelner Accent eine ganze Reihenfolge von Gefühlen. Dadurch gewann ihr Vortrag eine so mannichfaltige Färbung und Abstufung, eine so seelenhafte Innigkeit, eine so bezaubernde Intensität des Ausdrucks, daß man den Metallklang der Stimme gar nicht vermißte. — — — Diese naturgetreue Wahrheit, diese hinreißende Glut, diese unerkünstelte Begeisterung — ich habe sie bei den vorzüglichsten Schauspielerinnen nur selten angetroffen; die Macht und Vollendung ihres stummen Spiels — bei keiner. Die seltene Beweglichkeit ihrer Gesichtsmuskeln kam ihr dabei trefflich zu statten; ihre ausdrucksvollen Züge folgten blitzschnell jeder

Regung der Seele, und als wäre sie bei den alten Meistern der Sculptur in die Lehre gegangen, die nicht blos im Gesicht, sondern auch in der Haltung des Körpers den Charakter ausdrückten, so stimmte in der wahrhaft classischen Schönheit ihrer Plastik jede Bewegung mit dem Ausdruck ihrer Physiognomie, wie jeder Blick, jede Miene mit dem Ton ihrer Stimme. Man hat von der Staël gesagt, sie könne sich zur Schönheit sprechen. Madame Schröder-Devrient singt sich zur Schönheit und zu einer fast überirdischen" u. s. w.

Sie war übrigens, wie alle passionirte Naturen, trotz der sichern Herrschaft, welche sie durch emsiges Studium über ihre Mittel sich zu verschaffen gewußt hatte, doch zeitlebens eine Künstlerin, die des Impulses und Rapports bedurfte, um ihre größten Wirkungen ausüben zu können. Neue Rollen gelangen ihr nur selten gleich zum ersten mal vollständig. So reiflich sie auch alles vorher zu überlegen pflegte, ehe sie damit vor die Lampen trat, so hatte sie es doch meistens erst nach mehrfachen Reprisen mit unumstößlicher Gewißheit herausgefühlt, wo die Momente waren, in denen sie ihr Publikum aufs höchste zu elektrisiren vermochte, und vor einer kalten, enthusiasmuslosen Zuhörerschaft wurde es ihr allezeit unendlich schwer, die ganze Macht ihres Genies zu entfalten. So schrieb sie einmal nach einer „Fidelio"-Vorstellung: „Das Räderwerk meiner Gefühle konnte heute nicht gehörig in Schwung kommen; es hackte und knarrte recht störend in Beethoven's himmlischen Harmonien! Unser abscheulich zugiger Musentempel" (das alte dresdener Theater), „den ein höllisches Feuer verzehren möge — machte meinen ganzen Körper in bitterm Froste erbeben, und die physische Kälte ging über auf meine Seele, die heute wie ein wahrer Eiszapfen war, von dem die göttlichen Töne des Meisters nur einzelne, kaum erwärmte Tropfen loslösen konnten. Nicht immer schwingt sich die Begeisterung zur rechten Höhe. Die moralische Kraft fehlte mir heute, und an den kalten Seelen, die unser Publikum bilden, kann man sich auch nicht wärmen; da gibt es keinen Funken, trotz allem Daraufschlagen! Lederne Seelen!!" — Aber nicht blos die „ledernen Seelen" unter dem Publikum hatten das Privilegium, die geniale Frau jezuweilen aus der Stimmung zu bringen, sondern auch ihre mitspielenden Collegen übten durch ihren Mangel an Ebenbürtigkeit öfters einen so störenden Einfluß auf sie aus, daß sie sich infolge dessen manchmal zu den unerlaubtesten Dingen hinreißen ließ. Wenn sie hier und da einmal einen unglücklichen Tenoristen, der ihrer glühenden Passion nicht standzuhalten wußte, aus Wuth in Grund und Boden sang, so konnte man ihr dies allenfalls noch verzeihen, denn ihre gegen Fanny Lewald ausgesprochene Rechtfertigung dieses unbarmherzigen Verfahrens wird man immerhin bis zu einem gewissen Grade gelten lassen müssen. „Die Tenoristen" — sagte sie — „sind in der Regel halb Holz, halb Schwamm; was soll man damit machen? Wie soll man sich auf dem Niveau von Menschen erhalten, die man zu allem stoßen muß? Es ist wahr, mancher von ihnen hat in der Aufregung meines Affects gelegentlich wol meine starke Hand recht ordentlich gefühlt; aber wenn ich mit meiner großen Leidenschaft neben den Strohmännern nicht lächerlich und maßlos erscheinen wollte, mußte ich sie in die Ecke schleudern und das Feld allein behaupten." Das mag ihr alles verziehen sein. Wenn sie jedoch als Romeo sich an einer Giulietta, die sie die ersten Acte hindurch mit ihrer schläfrigen Liebe gründlich gelangweilt hatte (wir könnten den Namen dieser Giulietta nennen; es war bei weitem noch

nicht die schlechteste, die das deutsche Theater geliefert!), da=
durch rächte, daß sie das arme unglückliche Geschöpf, welches
fast während des ganzen vierten Aufzugs nichts zu thun hat,
als vor den Augen des Publikums scheintodt im offenen
Sarge dazuliegen, mitten unter den zärtlichsten und rührend=
sten Liebesklagen an der Fußsohle kitzelte, so grenzte ein sol=
cher Humor freilich schon hart genug an eine eigentliche Ver=
sündigung gegen die Kunst, als deren erhabenste Priesterin
sie sich sonst doch gefühlt und glänzend bewährt hat. Aller=
dings darf dabei nicht verschwiegen werden, daß die außer=
ordentliche Frau im Stande war, unmittelbar nach einer so
unbegreiflichen Entwürdigung ihres Berufs wieder mit voller
Seele und in höchster, wahrhafter Begeisterung den an Ju=
lia's Sarge zusammenbrechenden, sterbenden Romeo darzu=
stellen, und daß in diesem Momente jede Spur des eben
noch in ihr spukenden boshaften Schalks dem ganzen Ernste
der Kunst aufs neue Platz gemacht hatte.

Es läßt sich hiernach alles, was über sie als Sängerin zu
sagen ist, in dem kurzen Worte zusammenfassen: im Ausdruck
lag ihre künstlerische Gewalt, und dazu gehorchte ihr, solange
sie noch im Besitz aller ihrer physischen Mittel blieb, die von
Natur nicht außerordentliche und blos mäßig ausgebildete
Stimme überall. Dadurch erklärt sich auch die vielen un=
begreiflich gewesene Erscheinung, daß sie späterhin selbst in
den allerverwöhntesten modernen Kunstmetropolen, in Paris
und London, höher geschätzt worden ist, als in der Donau=
Kaiserstadt, der sie, fast gleichzeitig mit Henriette Sontag,
die Erstlinge ihrer Kunst geschenkt hatte. Denn noch lange
Zeit, nachdem der Norden Deutschlands, Paris und London
sich bereits an ganz andere, kräftigere Nervenaufregungen im
Theater gewöhnt hatte, hielten wenigstens die feiner gebildeten

Kunstliebhaber Wiens noch fest an den Traditionen der altitalienischen Gesangsschule, die sich stets mehr mit der materiellen Qualität des Tons als mit dem empfindungsvollen Colorit desselben beschäftigte und auf Hervorhebung der musikalischen Pointen einer Rolle bei weitem größeres Gewicht legte, wie auf den dramatischen Ausdruck. Selbst die siegreichen Gesangstruppen, welche der jugendliche Rossini im Jahre 1823 dort ins Gefecht geführt, und mit denen er den alternden Beethoven so leichten Kaufs aus dem Felde geschlagen, eine Colbran, Fodor-Mainvielle, ein David, Donzelli, Rubini und Lablache, verdanken ihre enormen Erfolge, obgleich in den Werken des neuen Maëstro der Uebergang zum modernen Operndrama mit seiner leidenschaftlichen Aufregung und seinen nervenreizenden Knalleffecten bereits ziemlich deutlich ausgesprochen lag, doch immer hauptsächlich noch dem Grundsatze der alten Compositionsschule, daß es nämlich beim theatralischen Gesang mehr darauf ankomme, den Zuhörern ein delicates Vergnügen, einen sinnlichen Ohrenschmaus zu bereiten, als sie gewaltsam hinzureißen. Das „per aures pectus irrigare" war ihre Devise, und für die großen dramatischen Emotionen, welche das Publikum später in den Theatern suchte, nachdem die Pasta, Malibran und Schröder-Devrient mit ihrer neuen grandiosen Kunst ihre Triumphzüge durch Europa gemacht hatten, war man damals in Wien noch nicht hinlänglich vorbereitet. Erst spät hat man sich dort zur Würdigung des eigentlich dramatischen Gesangs entschlossen, und so ließ denn z. B. selbst 1835 noch der Romeo der Schröder-Devrient in Bellini's „I Montecchi ed i Capuleti" das wiener Publikum die beiden ersten Acte hindurch ziemlich kalt, während allerdings der letzte auch bei ihm sogleich mächtig durchschlug und großen Fanatismus erregte.

Ihre äußere Erscheinung.

Bevor wir nun den biographischen Faden wieder aufnehmen, wollen wir, treu dem Grundsatze, daß man Damen porträtiren muß, ehe sie den Hochsommer ihres Lebens erreicht haben, die eben versuchte Gesammtcharakteristik unserer Künstlerin noch durch eine kurze Schilderung ihrer äußern Erscheinung vervollständigen, denn auch diese hatte unzweifelhaft großen Antheil an dem Totaleindruck, den sie mit ihrer Kunst erzeugte. Wenn man gemeiniglich von ihr liest, sie sei das Ideal weiblicher Schönheit gewesen, so liegt in diesem Glauben doch ein gewisser Irrthum. Man verwechselte dabei, was so häufig geschieht, die Formen ihres Körpers an und für sich mit dem, wozu diese durch die seelischen Eigenschaften der Künstlerin erst verklärt wurden. Wer ihr allbekanntes und ausgezeichnet ähnliches, 1839 von Franz Hanfstängl lithographirtes Porträt nur einigermaßen genau betrachtet, der wird sofort inne werden, wie wenig namentlich der Bau ihres Kopfes und ihre Gesichtszüge dem antiken Schönheitsideal entsprachen. Daß ihr Schädelbau großartig gewesen, ihre Stirn sich hoch und frei über einem blauen Augenpaare wölbte, welches eines unendlich liebreizenden und glühend begeisterten Ausdrucks fähig, auch an sich von nicht unedelm Schnitte war; daß ihr Haupt, von den üppigsten dunkelblonden Locken umwallt, nur für den frischen Blumenkranz oder für das Diadem geschaffen schien, wie man oft gesagt hat, und sie selbst wol glauben mochte, da sie mit ihrem angeborenen Schönheitssinn nie einen anderst Kopfputz getragen, — dies alles hindert nicht, daß gerade dieser vielbewunderte Kopf, den Rellstab und andere bei ihrer Darstellung des Fidelio mit Recht dem des Johannes (von Domenichino) verglichen, im Grunde den Eindruck des Plumpen und Gewöhnlichen machte, wozu insbesondere der allzu mächtige

Ausbau ihres Hinterkopfes nicht wenig beitrug. Auch ihre Gesichtszüge hatten an sich nichts Ideales, belebten sich aber, sobald sie sprach oder sang und spielte, und übten dann eine ungemein fesselnde Wirkung aus. Die Nase war etwas eingebogen, der Mund gewöhnlich. Für vollendet schön konnte nur ihre Büste gelten, und auch an der etwas über die Mittelgröße hinausragenden Gestalt ließ sich bei der schönen Fülle und Rundung aller Formen kaum ein Makel auffinden. Für Männerrollen erschien sie, namentlich in früherer Zeit, als sie noch schlanker war, außerordentlich geeignet, denn ihre Figur verband ein schönes Ebenmaß sämmtlicher Glieder mit straffer, kräftiger Haltung. Freilich neigte sie sich schon in den dreißiger Jahren zum Starkwerden, und damals bereits nahmen ihre Züge ein gewisses scharfes Gepräge an, welches die Erinnerung an die frühere jungfräuliche Lieblichkeit ihres Antlitzes einigermaßen trübte. Dessenungeachtet aber behielt sie auf der Bühne noch lange die Fähigkeit, auch diese Illusion zu erzeugen. Obschon sie sich einer guten Gesundheit erfreute und bis ins höhere Alter allerlei Strapazen ohne Beschwerde auszuhalten vermochte, so hat sie doch von Kindheit an nie blühend ausgesehen; ihre Hautfarbe war vielmehr stets gelblich, welches Colorit sich jedoch auf der Bühne und bei künstlicher Beleuchtung immer blendend weiß ausnimmt. Nur im Affect pflegte sie oft plötzlich an Hals und Armen von einer fliegenden Röthe übergossen zu werden, was sie nicht wenig ärgerte, da es ihr, wie sie behauptete, zuweilen eine theatralische Wirkung verdarb. Chorley beschreibt ihre Persönlichkeit wie folgt*): „Sie war eine blasse Frau. Ihr Gesicht — ein durchaus deutsches — war zwar

---

*) „Thirty years' musical recollections", I, 55.

schlicht und einfach, doch einnehmend wegen der Intensität des Ausdrucks, der in ihren bedeutenden Zügen und in ihren tiefen zärtlich blickenden Augen lag. Sie hatte reiches blondes Haar, dessen Werth sie sehr wohl zu schätzen wußte, da sie sich in Momenten großer Aufregung darin gefiel, es mit der wilden Heftigkeit einer Bacchantin lose umherflattern zu lassen. Ihre Figur war prächtig, obgleich zu vollen Formen neigend, und sie that sich auf die Schaustellung derselben nicht wenig zugute." — Es mag viele weibliche Erscheinungen gegeben haben, die wirklich schöner waren, als Wilhelmine Schröder=Devrient, allein in der Macht, von der Bühne aus die Wirkung idealischer Schönheit auszuüben, durfte sie es mit allen Rivalinnen aufnehmen, und daher allein entstammt die vielverbreitete, aber irrige Meinung, als sei sie auch im absoluten Sinne des Wortes eine Schönheit ersten Ranges gewesen.

Fünftes Kapitel.

Das zweite berliner Gastspiel und die Erweiterung des Repertoires.

Schwierigkeit des Erfolgs nach Nannette Schechner und Henriette Sontag. Großer Triumph als Euryanthe. Kritiken Rellstab's und Genast's über diese Rolle. Vergleich mit der Sontag. Rezia im „Oberon". „Sargines" und „Die weiße Dame" auf dem Königstädtischen Theater. Neue Rollen in Dresden. Ihr Spontini-Repertoire: Julia in der „Vestalin", Amazily in „Fernand Cortez", Statira in „Olympia". Vergleich mit der Milder. Zweites Gastspiel in Hamburg.

(1828—1829.)

Sehr wichtig für die Ausbreitung ihres Rufes war das zweite Gastspiel, zu welchem die Künstlerin im December 1828 in Berlin gelangte. Die Triumphe, welche sie dabei feierte, fielen nämlich um so schwerer ins Gewicht, als die Zeit ihres dortigen Auftretens ganz besonders unglücklich gewählt war. Das Jahr zuvor erst hatten die beiden eminentesten Künstlerinnen der deutschen Opernbühne, Nannette Schechner und Henriette Sontag*), vor demselben Audi-

---

*) Sie war im Juli 1825 nach einem leipziger Gastspiel von Wien nach Berlin gekommen und hatte bis zum 8. August 1827 auf dem Königstädtischen Theater unerhörte Triumphe gefeiert, zuletzt vom

torium geſtanden, dem ſie nun, zum Theil in den gleichen Rollen, ihre Kunſt zu produciren beabſichtigte. Beide waren als Sängerinnen der Schröber-Devrient unzweifelhaft überlegen, die erſtere durch die wunderbare Pracht ihres Organs, und die zweite durch ihre vollendete Technik, beide zugleich auch für die bramatiſche Darſtellung in hohem Grade begabt und wahre Lieblinge des berliner Publikums. Dazu kam noch, daß der bamals allmächtige Dirigent der königlichen Oper, Spontini, dem Auftreten der dresdener Künſtlerin Hinderniſſe in den Weg legte, weil ſie ſich mit gutem Grunde geweigert hatte, nach dem unmittelbar vorhergegangenen großen Erfolge der Schechner als Veſtalin, zuerſt in dieſer Rolle und andern aus dem Spontini-Repertoire ihr Glück zu verſuchen. Sie ſah ſich daher genöthigt, mit einem zwiſchen dem damaligen zweiten Theater, dem Königſtädtiſchen, und der Hofopernbühne getheilten Gaſtſpiele fürlieb zu nehmen, und gab endlich, nachdem noch am 28. November und 2. December die großartige Contraltiſtin Konſtanze Tibaldi aus Dresden auf der letztern als Tancred aufgetreten war, am 9. deſſelben Monats, unterſtützt von dem königlich ſächſiſchen Kammer- und Kapellſänger Johann Michael Wächter als

---

29. September bis zum 5. November 1827 als Donna Anna, Agathe, Myrrha („Unterbrochenes Opferfeſt"), Roſina („Barbier"), Suſanna („Figaro's Hochzeit"), Euryanthe, Prinzeſſin von Navarra („Johann von Paris"), Desbemona und Amenaide („Tancred") im königlichen Opernhauſe außerordentlichen Beifall geerntet. Die Schechner aber hatte vom 23. Mai bis 16. September deſſelben Jahres dort gaſtirt, und zu gleicher Zeit auch Angelika Catalani und Sabine Heineſetter aus Kaſſel an dieſer Stätte ſich producirt, ſodaß das berliner Publikum bamals allerdings als ein ganz beſonders verwöhntes gelten konnte.

Lysiart, die Euryanthe als erste Gastrolle. Wie groß der Eindruck gewesen, den sie hiermit hervorbrachte, läßt sich aus Rellstab's Referat in der „Voß'schen Zeitung" entnehmen*); er, der die Künstlerin zum ersten mal hörte und zu jener Zeit noch ein sehr exclusiver Bewunderer der Schechner war, schrieb damals Folgendes: „Ihre Darstellung ist etwas so Außerordentliches, zeugt von einem so hohen Standpunkte des künstlerischen Bewußtseins, daß wir es für Pflicht halten, genauer darauf einzugehen. Die rein musikalischen Gaben einer Sängerin besitzt Frau Devrient zwar nur in einem mittlern, jedoch immer schätzbaren Grade, nämlich Stimme und Schule des Solfeggio; dagegen hat sie die Kunst des declamatorischen Gesanges und seine Verbindung mit einem bedeutungsvollen Spiel auf einen seltenen Grad der Höhe gebracht. — Die erste Erscheinung der Sängerin wirkte nicht ganz günstig auf uns; ihre Gestalt hat mehr heroischen Adel und Fülle, als jene Zartheit und Lieblichkeit, die wir von einer Euryanthe zu erwarten pflegen. Schon der Vortrag der ersten Cavatine («Glöcklein im Thale», Nr. 5) belehrte uns jedoch, daß die Künstlerin durch innere Eigenschaften reichlich zu ersetzen wisse, was ihr äußerlich zur schönen Vollendung des Charakterbildes entgegenstehen möchte. Dennoch müssen wir sie darauf aufmerksam machen, daß ein zu häufiges piangendo und das dabei nothwendige Drücken der Stimme nicht günstig wirkt. Die Musik bedarf unterweilen auch des ganz rein gehaltenen ungemischten Tones, um durch sich selbst mächtig zu wirken; zu viel Charakteristik der Töne schwächt die Wirkung derselben. Es wird niemand glauben, daß diese Bemerkung mich zum Vertheidiger jener

---

*) „Gesammelte Schriften", XX, 96 fg.

flachen, bedeutungslosen Art des Gesanges machen werde, die wir nur zu oft hören müssen. Die Erzählung von Emma's Erscheinung (Recitativ Nr. 6) war ein Meisterstück, sowol im Vortrag und Ausdruck, als was die klarste Deutlichkeit der Aussprache (an der wir nur das R nicht rühmen können) anlangt. Desgleichen wurde das Duett mit Eglantine und das Finale des ersten Acts von der Künstlerin mit großer Anmuth vorgetragen. Im zweiten Act aber erhob sich die Darstellung zu einer Größe und Bedeutung, die der erste nicht vermuthen ließ. In dem Vortrag des überaus schönen Duetts mit Adolar («Hin nimm die Seele mein!») lag eine Seele, wie sie noch von keiner der frühern Darstellerinnen, die wir in dieser Rolle gesehen haben, erreicht worden ist. Vollends aber das Finale (Nr. 14) hat die Künstlerin auf einen ganz neuen Standpunkt erhoben; ihr Spiel war hier in der That bewunderungswürdig zu nennen und durch eine so überdachte Vertheilung der Momente angeordnet und gesteigert, daß es an Interesse bis zum letzten Augenblicke wuchs. Indeß nicht alles ist schön zu nennen, was wir bewundern; so waren uns auch hier einzelne Züge zu stark aufgetragen, indem sie eher einer geängsteten Medea angehören mochten, als einem so zarten Wesen wie Euryanthe. Die Leistung war ungefähr dieselbe, wie Tieck die Darstellung der Duchesnois beschreibt. Natürlich aber konnte es nicht fehlen, daß das ganze Publikum von der Erscheinung aufs tiefste ergriffen werden mußte; so trat ein, was in dieser Oper hier noch nicht geschehen ist, daß die Künstlerin sogleich nach dem Fall des Vorhangs unter rauschendem Beifall gerufen wurde.*)

---

*) Als Rellstab 32 Jahre später diese Kritik im „Deutschen Theater-Archiv" (Jahrgang 1860, S. 147) wieder abdrucken ließ, wies er hier in einer Anmerkung noch auf einen der großen Künst-

Die ersten Scenen des dritten Acts gehören zu den schönsten, großartigsten und rührendsten, die wir je auf der Bühne gesehen haben; namentlich trug die Sängerin die Cavatine (Nr. 17) «Hier dicht am Quell, wo Weiden stehn» u. s. w. mit ebenso unnachahmlicher Zartheit und seelenvollstem Ausdruck vor, als sie vorher die Scene, während Adolar den Drachen bekämpft, hinreißend groß und feurig gesungen hatte. Ihr Jubel bei den Worten: «O, was ist mein Leben gegen diesen Augenblick!» drang in die tiefste Seele. Den Gipfel der Rolle, die große Arie in C-dur (Nr. 20) «Zu ihm, zu ihm, o weilet nicht!» sang die Künstlerin, wir würden sagen unübertrefflich, wenn wir nicht diesen Moment noch glücklicher und wunderbarer aufgefaßt von Demoiselle Sontag gehört hätten. Was Madame Devrient hineinlegte, war das, was Referent sich selbst immer dabei gedacht hatte, wie er es einstudirt haben würde. Demoiselle Sontag aber überraschte durch ein neues wunderbar träumerisches, mit Worten nicht darzustellendes Etwas, welches Referent für das schönere erklären muß, wodurch seine eigene Kraft, sich die Rolle zu deuten, übertroffen wurde. Am Schlusse der Oper wurde Madame Devrient zum zweiten mal mit dem rauschendsten Beifall gerufen und dankte in bescheidenen Worten."

---

lerischen Versuche der Sängerin hin, den sie im zweiten Finale wagte. Während nämlich Lysiart seine Anklage erhebt, und Euryanthe der schändlichsten Untreue zeiht, betrachtete sie ihn mit staunendem Blicke; der Athem stockte ihr, die Brust kam ins Schlagen, der Busen hob und senkte sich in steigendem Wechsel, bis sie endlich, unfähig, sich länger zu halten, mit entfesselter Kraft auf den Verräther losstürzte und ihm ins Gesicht schrie: „Was hör' ich?! Lysiart — errungen — Ihr! — mein Herz? Den Blick erhobt Ihr nicht zu mir!" Mehr ist von einer Frau auf der Bühne wol nie gewagt worden.

Die hier nur leise berührte Parallele mit Henriette Sontag, welche bei der ersten Aufführung der Oper in Wien am 15. October 1823 die Titelrolle gesungen, hat Rellstab in dem oft erwähnten, für die „Neue Leipziger Zeitschrift für Musik" geschriebenen Artikel (Nr. 54, S. 213) weiter ausgeführt und darin zugleich der eminenten Leistung der Schröder-Devrient als Euryanthe noch unparteiischern Beifall gezollt, als in seinem ersten Aufsatze. Wir halten es daher für gerechtfertigt, auch diese seine spätere Aeußerung hier noch folgen zu lassen. „Euryanthe" — so heißt es da — „war ursprünglich auf die Stimmfähigkeit und Darstellungs= gabe der Sontag berechnet, und Desdemona eine ihrer Haupt= rollen. Von beiden kann man sagen, daß sie durch die lie= benswürdige Erscheinung der Künstlerin durchweg anziehend waren, daß nichts beleidigte, ja nur gleichgültig ließ, sodaß einige Momente, die mit ihrer Persönlichkeit in glücklichster Harmonie standen, sich zu einem seltenen Grade der Schön= heit erhoben. Dessenungeachtet war das Ganze kein eigentlich geschaffenes Kunstwerk, sondern es wuchs dem Reiz und der Anmuth der Darstellerin gewissermaßen von selbst zu; davon macht jedoch ihr meisterhafter Gesang, welcher an sich schon ein Kunstwerk war, eine Ausnahme. Unsere Darstellerin" (die Schröder-Devrient) „vermag es aber gar nicht, eine Rolle zu übernehmen, ohne sie zu einer neuen Kunstgestaltung um= zuschaffen. — Das Finale des zweiten Acts" (in „Euryanthe") „hat sie durch ihr Spiel zu einem Drama an sich umgeschaffen. Euryanthe steht vor ihren Richtern; sie ist schuldlos, unbe= fangen; seltsame Vorbereitungen erregen ihr eine leise bange Ahnung; die Anklage beginnt; sie weist sie mit empörtem, königlichem Stolz zurück; Lysiart zeigt den Ring, deutet auf halbenthüllte Geheimnisse; ahnungsvolles Grauen durchbebt ihre Brust. Die Angst beklemmt sie, der Busen hebt sich krampfhaft, sie wähnt sich von Netzen der Hölle umsponnen; jetzt ergreift sie das Bewußtsein und die Reue dessen, was sie selbst verschuldet hat; nun ist sie zerschmettert, ist die Demuth, die Unterwürfigkeit selbst. Alles stößt sie zurück; Adolar, seiner Güter beraubt, reißt sie mit sich fort; sie folgt ihm in betäubter Verzweiflung, nur von dem matten Schimmer des Glückes aufgerichtet, den Geliebten treu durch Elend und Jammer begleiten zu dürfen. Diese Stufenfolge psychisch entwickelter Momente, durch alle Kunst der Mimik, Plastik und des ausdrucksvollen Gesanges ins Leben gerufen, bildet eine der großartigsten Erscheinungen, die wir jemals auf der musikalischen Bühne gesehen. Der dritte Act ist vielleicht noch wirkungsreicher, doch sind die Situationen hier so äußerlich scharf hingestellt, daß selbst die mittelmäßigste Darstellerin sie nicht verfehlen kann. Das Verdienst unserer Künstlerin ist daher hier weniger ein schaffendes, als eins der meisterhaftesten Ausführung. Wie sie es aber liebt, in allen Charakteren wenigstens einmal die Sturmfittiche der Leidenschaft mit mächtigster Gewalt zu regen und zu zeigen, wie hoch sie die Wellen dieses ewig unruhigen Meeres hinaufzutreiben vermag, so überläßt sie sich auch hier zweimal, in der Arie, wo Adolar den Drachen tödtet, und in der letzten, in jubelnder Freude aus- und zusammenbrechend, dem ganzen voll dahinbrausenden und alles mit sich fortreißenden Feuerstrom der Begeisterung."

Als Rellstab diesen Aufsatz in seinen „Gesammelten Schriften" (IX, 295 fg.) abermals abdrucken ließ, da fügte er (S. 396) aufs neue die Bemerkung aus seiner ersten Kritik vom Jahre 1828 hinzu, daß die Sontag in ihrer wundervoll geistigen Auffassung und Ausführung der Arie in C-dur „Zu ihm, zu ihm!" noch bis 1843 (wo sie übrigens als Gräfin Rossi ihre Kunst nur im Salon auszuüben pflegte) von keiner Sängerin erreicht, geschweige denn übertroffen worden sei. Es geht also daraus hervor, daß Rellstab diese Leistung der Sontag über die der Devrient gestellt hat, und doch können wir dieses Urtheil nur insofern für ein berechtigtes halten, als es sich auf das rein Gesangliche bezieht. Als ein dramatisches Kunstwerk betrachtet, ist das herrliche Stück dagegen wol nie wieder mit so überwältigender Wirkung vorgetragen worden, wie von der Schröder-Devrient, und wir möchten daher in dieser Beziehung ihr unbedingt die Palme reichen.*) — Ganz auf ihre Seite

---

*) Rellstab hat übrigens die Euryanthe der Schröder-Devrient noch einmal sehr ausführlich besprochen, und zwar in der „Voß'schen Zeitung" bei Gelegenheit ihres berliner Gastspiels vom Jahre 1834 („Gesammelte Schriften", neue wohlfeile Ausgabe, XX, 261—264); auch hier drückt er sich mit Begeisterung über diese Leistung aus, ja selbst der Vortrag der C-dur-Arie scheint ihn da zu einem unbedingten, durch keinerlei Vergleichung eingeschränkten Entzücken hingerissen zu haben. Wir heben auch aus diesem Referat einige besonders prägnante Stellen hervor: „Wir wollen es gerade heraussagen, daß wir die Besorgniß hegten, der Eindruck würde, entweder weil die Jahre in der That so manches Schöne allmählich entfärben, oder weil die Erinnerung uns das vergangene, zumal aus der Zeit eines frischern jugendlichen Enthusiasmus Herrührende mit zu täuschendem Reiz vor die Seele stellt, ein geringerer sein als früher; doch dem war in der That umgekehrt, und wir fühlten uns zu dem freudigen Bekenntniß gedrungen, daß die Leistung der Künstlerin seit jener Zeit (1828) noch gewachsen ist. Denn einmal bleibt das unbestritten, daß sie in der Ausbildung ihrer Gesangskunst ungleich gewonnen hat; somit mußten ihr die zartern Färbungen des Charakters, die einen so bedeutenden Theil desselben einnehmen, viel glücklicher gelingen, und sie wurde in den Stand

stellt sich Eduard Genast, der die Sontag im Mai 1825 in Leipzig hörte und über ihre Euryanthe, der Schröder-Devrient'schen gegenüber, Folgendes schreibt („Aus dem Tagebuche eines alten Schauspielers", II, 208—209): „In gesetzt, das Ideal des Componisten auch in Beziehung auf den jungfräulichen Reiz seines schönen Gebildes hinzustellen. Aber auch der Heroismus, zu dem sie die Rolle im zweiten Act erhebt, erschien uns veredelter, so hoch er schon sonst stand; es gab Momente, die, ohne der Wirklichkeit des Charakters Eintrag zu thun, doch demselben eine wahrhafte Majestät verliehen. — — Dennoch schwingt sich die stets über unsere Erwartung reiche Künstlerin im dritten Act zu noch höhern Gipfeln der Wirkung empor. Hier geht sie alle Stufen der reuigen Demuth, der aufopfernden Angst, der Verzweiflung, der völligen Entsagung und Vernichtung durch, bis mit dem hereinbrechenden Morgenroth auch ihr Geschick sich aus der düstern Nacht wieder zum goldenen Tage wendet. — Hier tritt die schöne Wahrheit ein, daß die Freude an ihren äußersten Grenzen, die überdrängende Seligkeit, der weinende Jubel der Lust die höchsten Wellengipfel in der menschlichen Seele aufregt. Unsere sinnvolle Künstlerin hat daher die hinreißendste Macht ihrer Mittel auch auf diesen steilen Punkt gedrängt und sang die große Arie der Freude «Zu ihm, zu ihm!» mit einer begeisterten Macht, die das Erstaunen fast bis zur Höhe der Besorgniß hinantrieb, daß auf dieser äußersten Bahn kein fester Fuß mehr zu fassen sein möchte. Doch sie beherrschte sich auch hier mit vollem Bewußtsein, sodaß der Sachkundige nicht umhin konnte, auch einen Blick des technischen Erstaunens auf die Künstlerin zu richten, die in diesen schwierigsten Toncombinationen die Klarheit der Aussprache, die scharfe Reinheit der Intonation in den höchsten Stimmlagen so beibehielt, daß auch die splitterrichtendste Forderung verstummen mußte. Fast unbegreiflich ist es uns, daß an einem so alle Kräfte durch die auflösende Hitze abspannenden Tage ein Organ diese äußerst glückliche Disposition beibehalten kann. Es ist nur zu erklären durch die Glut der Begeisterung, welche die Kraft jedes Nervs auf das dreifache Maß steigert."

Rollen wie Agathe, Bertha (im «Schnee») und Rosina (im «Barbier») war sie ganz an ihrem Platz; der hochdramatische Gesang hingegen war nicht ihr Feld. Darum konnte sie mir als Euryanthe nicht genügen, zumal wenn ich sie mit der Schröder=Devrient verglich, die ich gleichfalls in dieser Rolle gesehen hatte. Bei dieser letztern war Spiel und Gesang von gleicher Vollkommenheit. Unvergeßlich wird mir vor allem der Moment bleiben, als sie Eglantinen ihr Geheimniß mittheilt, worin sich ganz und gar ihre hohe Künstlerweihe kund gab (Recitativ nach Eglantinens Arie, Nr. 6). Ihr Körper war gleich einer Statue; ihre Augen blickten ins Wesenlose, und man sah, wie die ganze Begebenheit an ihrem innern Gesicht vorüberging, wie sie dieselbe fast willenlos aussprach; erst bei dem Ausrufe Eglantinens: «Gewicht'ge Kunde!» zuckte ihr ganzer Körper zusammen, und Entsetzen lag in ihren Zügen. Solcher dramatischen Verkörperung war nur diese große Künstlerin fähig. Wer könnte mit Worten alle die feinen Züge beschreiben, die bei ihrer Darstellung zum Vorschein kamen! Die Sontag gab mehr die kindliche, unbefangene Natur, der die wahre, heiße Liebe noch unbekannt ist, und bei der Stelle: «Daß ich dich fest umfasse, nimmer, nimmer lasse!» (Arie Nr. 20) kreuzte sie die Arme über dem Busen, als wollte sie ihr Canarienvögelchen hätscheln, während die Schröder in derselben Pantomime alle Glut der Leidenschaft ausdrückte, ohne daß dabei die reine Jungfrau in den Schatten trat, und die Phrase mit einem wonnevollen Schluchzen schloß. Die Sontag war in dieser Rolle ein lieblich entfaltetes Mädchen, die Schröder eine erhabene, sich ihres Werthes bewußte Jungfrau." — Wir selbst haben die Sontag in dieser Rolle nicht gesehen, sind jedoch gern geneigt zu glauben, daß die Schröder=Devrient in ihrer glorreichsten Zeit von 1830—35 oder 1836 als Euryanthe von keiner andern Künstlerin jemals übertroffen worden ist.*)

Am 16. December 1828 trat sie in Berlin als Rezia in Weber's „Oberon" auf, und Rellstab säumte nicht, in seinem Referat in der „Voß'schen Zeitung" zu registriren, daß das große überfüllte Haus namentlich nach der Hauptarie des zweiten Acts: „Ocean, du Ungeheuer!" von einem so rauschenden, sich mehrfach erneuernden und so allgemeinen Beifall erschallte, wie solcher seit den großen Darstellungen der Schechner nicht gehört worden sei.**) Der Tiefe ihres Gefühls und dem Reichthum ihrer schöpferischen Phantasie gelang es hier nicht minder, sowol in musikalischer als dramatischer Beziehung ganz neue Aufschlüsse über den Charakter der Rolle darzubieten. Von vorzugsweise fesselnder Wirkung war dabei die Art, wie sie es verstand, dieselbe allmählich wachsen zu lassen. In der ersten zarten Arie (I, 3) „Warum mußt du schlafen?" ganz noch die schwärmerisch sanfte Jungfrau, deren Seele die Stürme des Lebens kaum gestreift haben, wußte sie die Partie von Scene zu Scene meisterhaft zu steigern, bis sie in der erwähnten großen Arie (Act 2,

---

*) Dem Rellstab'schen ersten Urtheile sich nähernd, räumt A. Wendt, der leipziger Referent für das „Morgenblatt", in Nr. 154 dieses Journals, Jahrgang 1825, S. 616, nach dem damaligen Gastspiele der Sontag in Leipzig ihrer Euryanthe in den beiden ersten Acten den Vorzug vor der der Devrient ein, zieht jedoch die erstere hinsichtlich der Darstellung des letzten Acts vor, obwol er sonst ihren Stil nicht gerade hoch stellt, jedenfalls eine besondere Vorliebe für die Sontag nicht hatte.

**) „Gesammelte Schriften" (neue wohlfeile Ausgabe), XX, 101.

Nr. 22), die sie mit außerordentlicher Gewalt vortrug, in voller asiatischer Majestät dastand, die ebenbürtige Gattin des in jugendlicher Ritterpracht strahlenden Frankenhelden Hüon von Bordeaux. Die Cavatine des dritten Acts (Nr. 17) „Trau're, mein Herz, um entschwundenes Glück!" konnte zwar ihrer Natur nach eine gleich glänzende Wirkung nicht hervorbringen; um so inniger aber ergriff die Künstlerin hier durch jeden Zug ihres ausdrucksvollen Gefühls, durch jeden, Trauer und Schwermuth aushauchenden Ton ihrer Stimme. — Sie sang auf der königlichen Bühne am 19. December noch die Emmeline in der „Schweizerfamilie" und schloß am 21. mit der Wiederholung der Euryanthe. Dazwischen hatte sie am 18. und 20. den jungen Sargines in Paer's komischer Oper „Sargines oder der Zögling der Liebe", neben dem wackern Bassisten Zschiesche, als Sargines=Vater, dem köstlichen Buffo Spitzeder, als Verwalter Peter, und Demoiselle Gehse als Sophie, auf dem Königstädtischen Theater gespielt und nahm am 22. December als Anna in der „Weißen Dame" von Boyeldieu auch von dieser Bühne Abschied. In der Rolle des Sargines wurde zwar ihr edles, anmuthvolles Spiel, ihre durchaus charakteristische Darstellung des schwermüthigen Schwächlings und Zöglings der Liebe, ja selbst ihr angenehmer, fertiger Gesang*) anerkannt, doch hatte die Wirkung ihrer Leistung mit der Erinnerung an Franz Jäger, den beliebten Tenoristen, der die Rolle vor ihr gesungen und erst vor kurzem die Königstädtische Bühne verlassen hatte, zu kämpfen, und noch mehr war ihr in der „Weißen Dame" die Parallele mit der Sontag ungünstig, die vor ihrem Abgang nach Paris gerade auf diesen Bretern in allen Rollen des

---

*) „Haude und Spener'sche Zeitung" von 1831, Nr. 300.

leichten Genre das Entzücken der Berliner gewesen war. Man gab der Devrient zwar eine edle Action auch als Anna zu, fand aber, daß die Stimme namentlich beim Vortrag einer großen Arie (von Aiblinger?), die sie im dritten Act einlegte, nicht gut disponirt und angegriffen geklungen habe, und machte ihr auch über ihre Coloraturen keine besondern Complimente. Ein Wunder war es übrigens nicht, wenn sie sich ermüdet fühlte, denn sie hatte ja vom 18. bis 22. December alle Abende gesungen. Zu ihren Glanzrollen hat aber die Anna von Avenel auch sonst nie gehört.

Nach Dresden zurückgekehrt, trat sie dort abermals in einigen rasch aufeinander folgenden, neuen und schweren Rollen auf, und zwar zuerst am 4. Januar 1829 in der Titelrolle der Oper „Libella" von Reissiger, einer Partie, worin sie nach Friedrich Tietz' Mittheilung allen Zauber ihrer Begabung erschöpfte. Darauf folgten am 15. März die Julia in Spontini's „Vestalin", am 7. Mai die **Marie in Herold's** gleichnamiger Oper und am 8. November die **Iphigenia in Tauris** von Gluck. Ob sie auch in Lindpaintner's „Vampyr" und in Wolfram's „Bergmönch" (Text von Miltitz), die am 4. Februar und 14. März 1830 in Dresden zuerst zur Darstellung kamen, mitgewirkt hat, ist uns zu ermitteln nicht möglich gewesen, dagegen hatte sie damals bereits die Rosina im „Barbier von Sevilla"*) und die Konstanze in Cherubini's „Wasserträger" ihrem Repertoire gleichfalls einverleibt; daß ihre Rosina, so dramatisch lebendig sie auch die Sortita „Una voce poco fa"

---

*) Die Oper wurde in Dresden am 5. September 1825 zum ersten mal deutsch gegeben; wir wissen aber nicht gewiß, ob die Devrient die Rosina damals schon gesungen hat.

vortrug, und so geschickt sie auch die technischen Klippen dieser stark colorirten Partie umschiffen mochte, sich doch zu keiner Zeit über das Niveau der Mittelmäßigkeit erhob, kann nicht wunder nehmen, denn die graziöse Koketterie, die sich in perlenden Rouladen und Trillercascaden Luft macht, war nie ihre Domäne. Die Sontag auf diesem Gebiete auch nur annähernd zu erreichen, war ihr nicht vergönnt. Weit glücklicher ist sie in dem Spontini=Repertoire gewesen, das damals, von Berlin ausgehend, an den deutschen Hofbühnen festere Wurzeln zu schlagen begann. Ihre Leistungen auf diesem strapaziösen Felde verdienen deshalb eine eingehendere Besprechung.

Als Vestalin war sie in Tracht und Haltung das lebendige Conterfei der Antike. Weit entfernt davon, etwa blendende und grelle Farben zur Ausmalung dieses hohen Charakterbildes anzuwenden, athmete hier vielmehr alles in Spiel und Gesang die einfachste Erhabenheit, und nur in der vollendeten Plastik ihrer Bewegungen, in der Beredsamkeit des mimischen Ausdrucks und in der scharfen Ausprägung des declamatorischen Vortrags suchte sie die Vollendung ihrer Aufgabe. Mit unruhiger Schüchternheit begegnete sie der warnenden Stimme der Oberpriesterin bei ihrem ersten Auftritt (I, 3). Bebend und mit unendlich schönem Ausdruck des sanft sich aufschwingenden Tones stimmte sie in den Chorgesang zum Preise des Triumphators Licinius ein (Finale, I, 6); scheu und mit zitternder Hand reichte sie dem Geliebten den goldenen Lorberkranz. Dieser Moment war der erste, in dem sie die ganze Macht ergreifenden plastischen Spiels entfaltete. Mit ablehnender Angst, in der doch schon die halbe Gewährung lag, lauschte sie seiner kühnen, frevelvollen Bitte um heimliches Gehör. Die Wirkung war un=

beschreiblich und, wie Rellstab mit Recht hervorhebt*), nur erzeugt durch Geberde, Stellung und ahnungsvolle Halbverschleierung des Antlitzes. Den schweren Gewissenskampf zwischen der immer mächtiger in Julia's Busen aufflammenden Liebesleidenschaft und dem strengen Pflichtgebote schilderte sie, da sie im zweiten Act (Nr. 8) als Wächterin des heiligen Feuers im Tempel allein ist, mit erschütternder Gewalt, bis in der darauffolgenden C-moll=Arie (Nr. 9) das Gefühl der Liebe über jedes andere triumphirt. Die zum Gebet geöffneten Lippen stoßen unwillkürlich fluchwürdige Worte aus; nur den Geliebten will sie sehen, und sollte auch schmachvoller Tod ihr Los sein. Sie öffnet die Pforte, die ihn einläßt, und sinkt erschöpft zusammen. Als nun aber des Licinius Stimme an ihr Ohr bringt, als sie ihn nun vor sich sieht an dem dadurch allein schon frevelhaft entweihten Orte, da erwacht der Zwiespalt der Empfindungen aufs neue in ihrem gemarterten Herzen. „Entferne dich!" so ruft sie, „des Altars Stufen wanken!" Aber es ist zu spät. Der Geliebte läßt sich nicht mehr abweisen; was sie auch immer thut, ihn zu entfernen, reizt ihn nur doppelt zum Verweilen. So ist's geschehen! In seliger Umarmung ruht sie an Licinius' Brust (Duett Nr. 11), und Vesta's Flamme verlischt in dem Augenblick, da der Schwur ewiger Treue aus ihrem Herzen sich losgerungen. Nun denkt sie nicht mehr an sich, nur noch an die Rettung des Geliebten. Mit Cinna vereint (Terzett Nr. 12), drängt sie ihn unter angstvollem Flehen zur Flucht. Diesen Moment haben fast alle andern Darstellerinnen der Julia kaum beachtet, weil der

---

*) „Gesammelte Schriften" (neue wohlfeile Ausgabe), IX, 391—392

Componist demselben, trotz des glühenden italienischen Colorits seiner Musik, eine breitere Entfaltung versagt hat; allein was wußte die Schröder-Devrient daraus zu machen!? Wer „ihre rührende Gestalt mit den flehend erhobenen Armen, mit diesem zitternden näher und näher Drängen" (Rellstab's Worte) hier einmal nur gesehen, der bedauert es gewiß, daß dieser Moment nicht durch den Griffel oder Meißel plastischer Künstler verewigt worden ist. — Endlich flüchtet sich Licinius, durch die Nacht begünstigt, aus dem Tempel, und Julia feiert seine Rettung mit dem Rufe „Er ist frei!" Das darauffolgende Finale (Nr. 13) bot der Künstlerin noch manche Gelegenheit, ihr mimisches und plastisches Talent zu entfalten, obwol sie von hier an wesentlich Neues in die Rolle nicht mehr hineinschuf. Das Hervorbrechen des echt menschlichen Schmerzes, als sie ihres priesterlichen Schmucks beraubt werden soll, die Art, wie sie der Hand des Oberpriesters wehrte, die ihr das Zeichen ihrer Würde, den Schleier, entreißen will, wie sie — ein betäubtes Opfer — der Gewalt endlich wich und unter den Zuckungen physischer Angst zu Boden sank: das alles fesselte die Zuschauer mit unwiderstehlicher Macht. Desto gefaßter war ihre Haltung im dritten Act, als der Tod sich ihr naht; unnachahmlich aber malte sie den Uebergang aus der stillverblutenden Resignation zur innigsten Dankesfreude, da endlich das Wunder des herabzuckenden Blitzstrahls, welcher die Flamme aufs neue entzündet, ihr die Vergebung der erzürnten Göttin ankündigt. — Der Erfolg, den sie in dieser Partie errang, zeigte die geistige Gewalt ihrer Darstellungsgabe in um so glänzenderm Lichte, als ihr physisches Gesangsvermögen für Spontini's Julia eigentlich nicht ausreichte. Nur der Lind ist später ein ähnlicher Triumph in dieser Rolle möglich geworden, obwol sie ihre Wirkung wieder durch ganz andere Mittel und an andern Stellen erzielte, als unsere Künstlerin. Sie siegte vorzugsweise durch den jungfräulichen Heiligenschein, der ihre ganze Erscheinung in einem Maße umfloß, wie wir Aehnliches auf der Bühne nie gesehen. Bei Jenny Lind war der erste Act der unbedeutendste, wenngleich alle ihre Töne im süßesten Wohllaut dahinströmten, und ihre edle weibliche Haltung überaus wohlthuend wirkte. Im zweiten Act gab sie dagegen schon manches ihr durchaus Eigenthümliche, und von der Arie Nr. 8 an: „Du, die mein Mund nur lobend nennt", entrollte sie eine Kette hinreißender Effecte, indem sie bald durch das Bild der entzückten Liebe alles zu Thränen rührte, bald durch die Schilderung düsterer Todesahnung und grauenvollsten Schauers jede Brust auf das tiefste erschütterte. Ihre höchsten Momente waren hier die Stelle: „Wohlan! Venus schütze mich, und du Amor sei mein Gott!" und das Spiel, bevor Licinius im Tempel erscheint, im Recitativ zwischen den Arien 8 und 9, ferner der mit unbeschreiblicher Begeisterung und Liebesseligkeit gesungene Ausruf „Er ist frei!" das Gebet bei Beginn des Finale: „Schutzgeist der Leidenden, Latona, hör' mein Flehen!" und die Worte: „Verloren bin ich nun, geworfen ist mein Loos; ha! schon öffnet sich vor mir des Grabes düstrer Schos!" Am allererhabensten jedoch war sie im dritten Act, den selbst die Schröder-Devrient nur als einen mild versöhnenden Nachklang nach den gewaltigen Stürmen des zweiten zu behandeln gewußt hatte. Diese erregte mit der Arie (Nr. 20) „Du Theurer, den ich jetzt verlasse", allgemeine Rührung; jene aber, wie ein abgeschiedener Geist über die Bühne schwebend, erschloß hier durch die nicht zu schildernde Verklärung ihrer matt dahinsterbenden, nur hier und da noch im letzten Liebeslächeln aufflackernden Töne und Geberden den Zuschauern eine völlig fremde, ungeahnte überirdische Welt und riß die Hörer so in eine Stimmung hinein, worin — wie schön gesagt worden ist — die Seele selbst an dem Zeugnisse des lebendigen Auges zu zweifeln anfing.

Rellstab hat bei seinen verschiedenen Besprechungen über die Julia der Schröder-Devrient namentlich auch wieder eine belehrende Parallele zwischen ihr und der Schechner gezogen und gesagt, die letztere habe die Vestalin gefühlt, die erstere sie gedacht; wenn dort das Herz seine schöne Herrschaft geübt, so habe hier ein edler, selbstbewußter Geist gewaltet; jene Julia sei eine ernste, erhabene, tieffühlende Römerin, diese mehr eine leidenschaftliche, von der mächtigsten Glut der Liebe entzündete Italienerin gewesen, weshalb dort die Momente der Fassung, der Entsagung, des heldenmüthigen Bekenntnisses, der Aufopferung, hier die des Schmerzes, des Unterliegens, der tödlichen Angst der Liebenden um den Geliebten besonders hervorgetreten seien. Sehr richtig fügt er indessen zur nähern Begründung des auf den ersten Blick nicht recht einleuchtenden, in der Fixirung des Gegensatzes sogar zu erheblichen Zweifeln Anlaß gebenden Urtheils hinzu*): „Vielleicht sind diese durchgehenden Unterschiede nicht nur aus der Auffassung, sondern auch aus den Mitteln der Darstellerinnen zu erklären. Wenn die eine durch die Allmacht ihrer Stimme alles ersetzen konnte, was ihr sonst fehlte, wenn der bloße Klang ihres Tones schon die tiefste Seele ergriff, so war es natürlich, daß sie die glänzendsten

---

*) „Gesammelte Schriften" (neue wohlfeile Ausgabe), XX, 168—169.

Siege über das Herz da gewann, wo sie mit dieser Waffe kämpfte; der Gebrauch der Stimme, als der unmittelbare Ausdruck des Gefühls, ist natürlich auch mehr den Gesetzen des Herzens als des Geistes unterworfen. Wer aber, wie die zweite Darstellerin, um dasselbe zu erreichen, die Gesammtheit künstlerischer Kräfte anwenden muß, bedarf einer Abwägung und Ausgleichung derselben, die nur durch den denkenden künstlerisch gebildeten Geist geordnet werden kann. Der glänzendste Triumph einer solchen Künstlerin erreicht sich daher überall da, wo die Gesammtwirkung von Mitteln dem Verhältniß mehr entspricht, als eine einseitige Hauptwirkung. Aus eben diesem Grunde wird sie einzelne Momente anders zu fassen, ja der ganzen Darstellung ein anderes Colorit zu geben haben. Wer dies mit einer solchen Einsicht und zugleich mit einem so gebildeten Kunstgefühl thut, wie diese Darstellerin, der wird, wenn auch die unmittelbare Wirkung geringer ist, doch durch die Anlage, Verwickelung, Steigerung des ganzen, durch die Kunst der Contraste, durch den Reiz einzelner, allseitig vollendeter Züge einen Erfolg erreichen, der jenem an die Seite zu stellen ist." Und an anderer Stelle*) sagt er: „Die Glanzpunkte der Schechner lagen da, wohin der Componist sie gelegt hat, nämlich in den großen Arien, Recitativen und einzelnen Ausrufungen, wie z. B. in den Worten «Er ist frei!» welche freilich die Sängerin mit einem solchen Grade der Tonfülle und des Ausdrucks der Brust entströmen ließ, daß das ganze überfüllte Haus wie von einem Blitzstrahl getroffen elektrisch zusammenzuckte und dann in einen brausenden Donner des

---

*) Ebend., IX, 393, und „Neue Leipziger Zeitschrift für Musik", Jahrgang 1834, Nr. 53, S. 209.

Beifalls ausbrach.*) Allein so mächtig dieser Moment war, so hinreißend er auch oft auf uns gewirkt hat, bei ruhiger Betrachtung findet man, daß er vom Componisten, wie von der Darstellerin mit Gewalt herbeigeführt ist, ohne sich aus der Situation zu rechtfertigen, indem Julia hier nicht singend und jubelnd, sondern erschöpft und zerschmettert sein muß. Ungleich tiefer aus dem Charakter schöpft unsere Künstlerin ihre Incidenzpunkte" u. s. w.

Sonst hat die letztere von Spontini's Musik noch die Amazily in „Fernand Cortez" und die Olympia und Statira in „Olympia" gesungen. Die Amazily ist an sich eine undankbare Partie, welche dem die Oper unablässig durchlärmenden Kriegsgetümmel und den so stark prävaliren= den Männerrollen gleichsam nur zur schönen Staffage dient. Dessenungeachtet verstand es die Künstlerin, durch den Reiz ihrer äußern Erscheinung — man hat ihre Amazily mit Recht ein Bild des Frühlings genannt — und durch die hinreißende Macht ihres declamatorischen Ausdrucks in der ersten Scene mit dem König Montezuma, dem Oberpriester und Telasko (Act 1, Scene 4: „Herr vor dir sink' ich nieder!"), in der großen Arie (Act 1, Nr. 5: „Gott des Schreckens, Priester der Wuth!"), im Duett mit Cortez (Act 2, Nr. 11: „Welch ein Ton erschallet hier?") und in den letzten Tempelscenen, wo Amazily von den Mexicanern geopfert werden soll, und die eindringenden Spanier sie befreien (Act 3, Scene 9

---

*) Noch ein anderer ungeheuerer Effect der Schechner lag in der Stelle (Finale Nr. 6, Moderato): „Siegreicher Held, Schutz dieser Staaten! dir beut den Lorber das Vaterland!" u. s. w. Wenn sie diese Stelle sang, glaubte man in der That, Rom feiere seinen höchsten Siegestriumph. (Rellstab, a. a. O., XX, 42, An= merkung.)

—12), die Rolle zu solcher Bedeutung zu erheben, daß es schien, als würde in dem ganzen wüsten Drama überhaupt nur um Amazily, die schöne Heldin, gekämpft.

Als Statira endlich blieb sie in der Gesammtwirkung allerdings hinter der Milder zurück, welche der Rolle durch ihre grandiose Stimme und Gestalt eine äußere Macht und Majestät zu verleihen gewußt hatte, wozu der Schröder-Devrient die physischen Mittel fehlten. Sie faßte die königliche Gattin des welterobernden Alexander in Anzug und Haltung wol etwas zu jugendlich auf, sobaß die eigenthümliche mütterliche Würde des Charakters nicht ganz zur Erscheinung kam, obschon sie das Verhältniß zu ihrer Tochter Olympia mit wahrhaft rührender Innigkeit entwickelte. Als besonders gelungenen Moment ihrer Darstellung bezeichnet man*) ihr erstes Auftreten als Priesterin der Diana (Act 1, Scene 8), — die Stelle, worin sie sich vor dem Hierophanten als die todt geglaubte Königin zu erkennen giebt: „Statira steht vor dir, wirf hin dich in den Staub!" — den darauffolgenden Ausruf: „O Schmach, o Gram! Grausenvoller Tag!" im schönen Recitativ, welches die Arie Statira's: „Ha, Tyrann! versöhnt Euch nur Blut meines Stamms?" einleitet, — den Kampf zwischen Vergebung und Pflicht der Rache für die beleidigte Majestät im Terzett mit Olympia und Kassander (Act 3, Scene 5), — sowie endlich das mächtige „Nein! hinweg!" womit Statira hier ihrer weichern Gefühlsregung plötzlich Einhalt gebietet. Was in der Wirkung unter dem gewöhnlichen Niveau ihrer dramatischen Kraft blieb, das ist jedenfalls mehr den offen zu Tage liegenden Mängeln des allzu einförmig lärmenden Werks, als

---

*) Rellstab, a. a. O., XX, 260—261.

der Unzulänglichkeit ihrer künstlerischen Leistung zuzuschreiben gewesen.

Wir haben dem Faden unserer Erzählung vorgegriffen, denn die Amazily hat sie erst später (1833) gesungen, und so müssen wir denn noch einmal zum Jahre 1829 zurückkehren und nachholen, daß sie ihre damaligen dresdener Bühnenerfolge im Frühling dieses Jahres durch eine Reise nach Hamburg unterbrach, wo sie am 19. Mai ein zweites Gastspiel mit der Emmeline eröffnete, das ihr neuen Ruhm einbrachte. Schon jetzt blieb es, in Deutschland wenigstens, kaum irgendeinem Kunstfreunde mehr zweifelhaft, daß sie dazu erkoren war, die höchsten Lorbern zu pflücken, die auf dem theatralischen Gebiet überhaupt zu gewinnen sind.

Sechstes Kapitel.

Begründung des Weltrufs.

Erste Kunstreise nach Paris. Besuch bei Goethe auf der Durchreise und Gastspiel in Weimar. Röckel's deutsche Oper in Paris. Ihre dortigen Rollen. „Fidelio" und „Freischütz" gefallen am meisten. Auszüge aus der „Chronique musicale" im „Journal des Débats". Das Urtheil der Künstlerin über die Pasta und Malibran. Pause. Gastspiele in Darmstadt und Stuttgart. Zweites Gastspiel in Weimar. Urlaubsüberschreitung und Strafe.

(1830.)

Allein die Künstlerin strebte weiter und weiter, und nachdem das Vaterland ihren Werth bereits vollauf anerkannt hatte, da mußte wol auch der Wunsch, eine europäische Celebrität zu werden, in ihrer Brust erwachen. Dazu bot die Unternehmung des Theaterdirectors Röckel aus Aachen, der schon im Jahre 1829 eine deutsche Operngesellschaft nach Paris geführt hatte und 1830 das gefährliche Experiment wiederholte, eine passende Gelegenheit dar. In ganz besonders gehobener Stimmung nahm sie den Engagementsantrag Röckel's an, denn nicht blos um ihre eigene Künstlerehre war es ihr dabei zu thun, sondern hauptsächlich auch um die der deutschen Musik, deren Priesterin zu sein sie sich — wie wir gesehen — vorzugsweise berufen fühlte; ihr wollte sie in der Fremde, die damals fast ausschließlich nur in Rossini und Bellini schwelgte, eine neue Stätte bereiten. „Ich hatte", so schrieb sie selbst, „nicht allein meinen eigenen Ruf, ich hatte die deutsche Musik zu vertreten; wenn die Künstlerin nicht gefiel, so mußten Mozart, Beethoven, Weber darunter leiden. Bei diesem Gedanken überfiel mich eine solche Angst, daß ich mehr als einmal im Begriff war, alles daranzusetzen, um den Contract wieder rückgängig zu machen." Doch das Selbstbewußtsein ihrer wirklichen Kraft triumphirte über alle bangen Zweifel, und so ging sie denn ihrem schönsten Siege muthvoll entgegen.

Auf ihrer Hinreise nach Paris kam sie auch nach Weimar, und der dortige Theaterintendant, Oberhofmarschall von Spiegel, wünschte sehr, sie auftreten zu lassen; allein sie verlangte 30 Louisdor für jede Rolle, und das ging über die finanziellen Kräfte der dortigen Hofbühne. Da trat Eduard Genast*), seit 1829 Mitglied der letztern, als Vermittler ein, legte seiner Freundin die Verhältnisse dar und brachte sie auch wirklich bald dahin, sich fast mit dem dritten Theile ihrer ursprünglichen Forderung zu begnügen. Nur zwei Bedingungen stellte sie: die Rollen müßten rasch aufeinander folgen, weil sie zum 1. Mai schon in Paris einzutreffen habe, und Genast sollte ihr Goethe's Bekanntschaft verschaffen. Er ging sofort, dem alten Herrn die Frage vorzulegen, ob er sie empfangen wolle. „Es wird mich freuen, diese Künstlerin, von der ich schon so Treffliches gehört, kennen zu lernen" — war die Antwort. Auf die fernere Frage, ob sie ihm auch etwas vorsingen dürfe, da

---

*) „Aus dem Tagebuche eines alten Schauspielers", II, 280 fg.

er wegen der Trauer um die am 13. Februar 1830 heimgegangene Großherzogin-Witwe Luise das Theater nicht besuchte, erfolgte die freundliche Erwiderung des greisen Dichters: „Das wird meine Freude nur noch erhöhen." So empfing Goethe denn am folgenden Tage die Künstlerin höchst freundlich und liebreich. Sie sang ihm unter anderm auch den Schubert'schen „Erlkönig" vor, und obgleich er kein Freund von durchcomponirten Strophenliedern war, so ergriff ihn doch der hochdramatische Vortrag so sehr, daß er ihr Haupt in beide Hände nahm und sie mit den Worten: „Haben Sie tausend Dank für diese großartige künstlerische Leistung!" auf die Stirn küßte und darauf fortfuhr: „Ich habe diese Composition früher einmal gehört, wo sie mir gar nicht zusagen wollte, aber so vorgetragen gestaltet sich das Ganze zu einem sichtbaren Bild." Wilhelmine war entzückt über Goethe's Lob sowie über die Aufnahme, die ihr von ihm und seiner Schwiegertochter zu Theil geworden war. Beim Nachhausefahren sagte sie: „Das ist der schönste alte Mann, den ich je gesehen; in den könnte ich mich sterblich verlieben!" Er hatte ihr auch ein Stammbuchblatt gegeben und unter das Bild eines aufffliegenden Adlers, der eine goldene Lyra hielt, die Verse geschrieben:

    Guter Adler, nicht ins Weite,
    Mit der Leier nicht nach oben!
    Unsre Sängerin begleite,
    Daß wir Euch zusammen loben.

Weimar, den 22. April 1830.   Goethe.

Sie trat in Weimar zweimal als Emmeline, ferner als Rezia und als Fidelio auf und wurde vom dortigen Publikum mit Beifall überschüttet.

Die Vorstellungen der deutschen Operngesellschaft zu Paris fanden in dem unter dem Director **Charles Poirson** stehenden damaligen Théâtre Italien in der Salle Favart statt, welche den Platz des heutigen Opéra comique einnahm. Unsere Künstlerin debutirte dort am 6. Mai als Agathe im „Freischütz" mit dem tüchtigen hamburger Bassisten Woltereck*), der den Kaspar sang, und erzielte schon mit dieser ersten Rolle einen glänzenden Erfolg; am höchsten aber steigerte sich der Enthusiasmus bei ihrer am 8. Mai folgenden Darstellung des „Fidelio". Diese Oper war den Parisern durch eine Bearbeitung von Castil Blaze um das Jahr 1825 unter dem Titel „Leonore" bekannt geworden und auch schon in deutscher Sprache am 30. Mai 1829 bei der ersten höchst unglücklich ausgefallenen Unternehmung Röckel's gegeben. Den Fidelio hatte bei dieser Vorstellung **Beatrix Fischer-Schwarzbröck**, geborene Macher, gesungen, welche, nachdem sie vorher schon im Schauspiel beschäftigt gewesen, am 21. Mai 1825, 17 Jahre alt, im Theater an der Wien ihre Laufbahn als Sängerin begonnen und noch jetzt in Karlsruhe als Pensionärin der dortigen Hof-

---

*) Sonst zählte die Röckel'sche Gesellschaft an hervorragenden Mitgliedern nur noch den in Deutschland sehr berühmten Tenoristen **Anton Haizinger** vom karlsruher Hoftheater. Ehe die Schröder-Devrient in Paris ankam, waren schon der „Freischütz", Spohr's „Faust", Winter's „Unterbrochenes Osterfest" und die dreiactige Oper „Bibiana oder die Kapelle im Walde" von Johann Peter Pixis mit den Damen Roland, geborene Schweizer, aus Kassel und Schmidt, Soubrette aus Aachen, und mit Herrn Haizinger aufgeführt worden. Nach dem „Moniteur" vom 19. Mai 1830, S. 551, betrug die geringste Abendeinnahme der deutschen Oper, seit unsere Künstlerin sich derselben angeschlossen, 5000 Francs, „Fidelio" aber brachte öfters über 7000 ein.

bühne lebt. Ueber den „Fidelio" der Schröder-Devrient
ließ sich ein französischer Kritiker also vernehmen: „Seht
diese Frau, die der Himmel eigens dazu gemacht zu haben
scheint, Beethoven's Fidelio zu sein. Sie singt nicht, wie
andere Künstler singen; sie spricht nicht, wie wir es gewohnt
sind; ihr Spiel ist den Regeln der Kunst durchaus nicht conform,
— es ist, als wüßte sie gar nicht, daß sie auf einer Bühne
steht! Sie singt mit der Seele noch mehr als mit der
Stimme; ihre Töne entquellen mehr dem Herzen als der
Kehle; sie vergißt das Publikum, sie vergißt sich selbst, um
ganz in dem Wesen aufzugehen, das sie darstellt." — Merkwürdigerweise pflegte das pariser Publikum, wenn die Schröder-Devrient im „Fidelio" auftrat, stets das zweite Finale
dacapo zu verlangen, obschon dasselbe gewiß nicht das vor-
züglichste Stück der Oper ist und auch der Darstellerin der
Titelrolle weit weniger Gelegenheit zur Entfaltung ihrer
Kräfte gibt als z. B. die vorausgegangenen Kerkerscenen. Von
allen Rollen, die sie in Paris vorführte, waren Agathe und
Leonore die beliebtesten, und „Freischütz" wie „Fidelio"
konnten daher nicht oft genug wiederholt werden. Außerdem
gab sie noch die Euryanthe, Rezia (zum ersten mal am
25. Mai), Emmeline, Donna Anna, Cordelia, welches Stück
man trotz aller Anerkennung des meisterhaften Spiels der
Künstlerin doch etwas lang fand, und zu ihrem Benefiz am
24. Juni die Julia im zweiten Act der „Vestalin" und den
Fidelio. Dazwischen wurde „Liebe kann alles", Holbein's
Umänderung der Schink'schen Bearbeitung von Shakspeare's
„Taming of the shrew" mit Frau Amalie Haizinger,
gebornen Morstabt, die sehr gefiel, aufgeführt.*) Diese

---

*) Dies ist insofern ein in der Theatergeschichte denkwürdiges
Factum, als dieses Lustspiel, soviel Herr Richard Kießling sich zu

Vorstellung' sprach damals außerordentlich an und mußte wiederholt werden. Am 29. Juni wurde die deutsche Oper mit „Fidelio" und den Hauptstücken aus dem „Freischütz" geschlossen.

Man kann ohne Uebertreibung behaupten, daß das Erscheinen der Schröder-Devrient in Paris ein wahrhaft epochemachendes war. Die Sitte des Bouquetwerfens, die man bisher dort nicht gekannt, datirt von dieser Zeit her, und sie ist die erste Sängerin, der diese Ovation, womit jetzt ein so fader Misbrauch getrieben wird, gebracht wurde. Um sich den Eindruck, welchen die deutsche Künstlerin damals auf das pariser Publikum hervorgebracht, lebhaft zu vergegenwärtigen, wird es nicht ohne Interesse sein, einige Auszüge aus der von gewandter und einsichtsvoller Feder geschriebenen „Chronique musicale" im „Journal des Débats" mitzutheilen. So heißt es z. B. in der Nummer vom 8. Mai 1830 unter der Ueberschrift: „Freischütz, Debut von Woltereck und Madame Schröder-Devrient": „Die fünfte Vorstellung des «Freischütz» hatte gestern eine zahlreiche und glänzende Versammlung in das deutsche Theater gelockt. Der Zettel hatte zwei Debuts angekündigt, und zwar die letzten und wichtigsten. Woltereck, erster Bassist, mit der Rolle des Kaspar betraut, ist kalt empfangen worden. Obwol die Stimme dieses Darstellers sehr umfangreich ist, da er uns zwei Octaven von F bis F" (soll heißen Fis bis Fis) „hat hören lassen, und er selbst ein tiefes D anzuschlagen versucht hat, so klingt sie doch ermüdet, und es fehlt dem Organ

---

erinnern weiß, bis zu den neuesten Unternehmungen von Herrn Frey und Frau Schuselka das einzige ist, welches in deutscher Sprache öffentlich in Paris aufgeführt worden.

viel an der Energie, welche die Rolle erheischt. Die Schwäche der musikalischen Beredsamkeit Woltereck's wirkt um so störender, als er den Kaspar sonst sehr gut spielt; es befremdet daher doppelt, in den Gesangsstücken die Kraft nicht wiederzufinden, die er in seine Action und selbst in den gesprochenen Dialog legt. Woltereck versteht die Kunst zu singen, denn er hat Proben davon in der Ausführung einer Arie gegeben, die er im dritten Act einlegt; aber seiner Stimme fehlt das Metall, und sie scheint deshalb für Rollen von halbem Charakter besser geeignet, als zum Ausdruck der dämonischen Weisen eines Spießgesellen des Samiel. Man versichert indessen, daß die Krankheit, von der er auf der Reise heimgesucht worden, die Ursache dieser Schwäche des Organs ist, und daß er sein Debut gemacht hat, ehe er vollständig genesen war.

„Madame Schröder-Devrient schien anfangs mit ziemlicher Aengstlichkeit zu kämpfen. Ihre Haltung auf der Scene und ihre ersten Einsätze waren zwar richtig, ließen aber die Aufregung erkennen, die das Debutiren in Paris ihr verursachte. Das Duett, welches den zweiten Act eröffnet, hat sie mit dem Zauber der Melancholie auszustatten gewußt. Dieses hübsche Stück provocirt keinen Beifall; es vermag einen Erfolg nur vorzubereiten, nicht ihn zu entscheiden. Trotzdem wurden der Madame Devrient sehr schmeichelhafte Beweise von der Anerkennung der Zuhörer auch hierfür zu Theil. Aber erst nach ihrer großen Scene brach der wahre Enthusiasmus los. Dem Donner des Beifalls folgte ein Blumenregen. Madame Devrient hat diese schöne Scene, deren mannichfaltige Stimmungen ein sehr flexibles Talent erheischen, in vollendeter Weise detaillirt. Das Terzett, das Gebet vor allem, das Quintett" (soll heißen Sextett)

„am Schlusse bildeten neue Triumphe für die Sängerin. Ihr Organ ist ein Discant mit dem Umfang zweier Octaven von H bis H, der indessen, wenn es noth thut, noch einen Schritt höher steigen mag. Diese Stimme ist klangvoll und voluminös, und dennoch weiß Madame Devrient sie bis zum sanftesten Piano zu mäßigen, ohne die Intonation zu alteriren. Die hohen Töne setzt sie mit Kühnheit an. Hochdramatische Empfindung vereinigt sich bei ihr stets mit dem musikalischen Ausdruck; noch nie haben wir die große Scene des «Freischütz» so ergreifend und mit so geschickter Detailmalerei vortragen hören. Man muß den Stil der Madame Devrient mit dem der italienischen Sängerinnen nicht vergleichen; zwei verschiedene Gattungen können zu gleichbefriedigenden Resultaten führen.*) Obschon die Rolle, welche

---

*) Dies ist eine Ansicht, die wir stets als grundfalsch haben bekämpfen müssen, soweit es sich dabei um das rein gesangliche Element handelt. Nicht deshalb sind selbst große italienische Sänger gewisse deutsche Opern mit Erfolg zu singen außer Stande, weil die letztern etwa einen besondern deutschen Gesangsstil erforderten, der in Wahrheit nie existirt hat, sondern weil das Wesen dieser Opern in einer Gefühlswelt wurzelt, die der italienischen durchaus fremd, ja oft geradezu entgegengesetzt ist. Doch trifft auch dies nur bei den Weber'schen, Spohr'schen und Marschner'schen Opern und bei „Fidelio" zu, die als urdeutsche Werke, in welchen überdies die Cantilene oft erst in zweiter Linie wirkt, entschieden immer verlieren, wenn Italiener sich daran machen; Mozart aber haben wir, die „Zauberflöte", nicht ausgeschlossen (wer könnte Ronconi's Papageno je vergessen!?) von guten Italienern stets lieber gehört als von Deutschen, und an Wagner ist natürlich hier gar nicht zu denken, denn was an seiner Musik überhaupt zu singen sei, es wäre denn der „Holde Abendstern" und der „Liebe Schwan", will uns bis auf den heutigen Tag nicht recht einleuchten.

sie soeben vorgeführt hat, nur sehr wenig Coloratur erfordert, so haben wir doch erkannt, daß die deutsche Virtuosin ihre so sonore und pathetische Stimme auch voltigiren zu lassen versteht. Uebrigens ist die Partie der Euryanthe für sie geschrieben worden*), und ihr fehlen die Rouladen nicht. Es verlangt mich, ein Duett von zwei so soliden Stimmen vorgetragen zu hören, wie die von Haizinger und Madame Devrient es sind. Diese Sängerin ist überdies auch noch eine ausgezeichnete Schauspielerin; sie beschäftigt sich ebenso sorgfältig mit dem Dialog als mit dem Gesang, und ihre Aussprache ist so rein, daß der Zauber derselben sogar denjenigen Personen, welche von dem Deutschen nur einen ganz entfernten Begriff haben, nicht entgangen ist. Allerdings hat aber diese gutartikulirte Wortaussprache einige Silbenverbindungen offenbart, welche das hiesige Parterre sonderbar gefunden, und deren Bizarrerie man nicht herausempfunden haben würde, wenn sie mit weniger Genauigkeit und Deutlichkeit ausgesprochen worden wären. Madame Devrient ist eine Blondine, deren Physiognomie einigermaßen an Mademoiselle Sontag erinnert. Die gestrige Vorstellung war von großem Interesse. Haizinger hat Wunder gethan, ist aber im Terzett etwas irre gegangen. Madame Roland hält sich in der Rolle der seconda donna (Aennchen) sehr gut, obschon ihr der Componist die harte Verpflichtung auferlegt hat, den Sturmlauf der Primadonna auf denselben

---

*) Dies ist bekanntlich ein Irrthum, da die Rolle vielmehr für die Sontag geschrieben wurde. Bei der ersten Vorstellung der „Euryanthe" zu Wien sang Madame Grünbaum die Eglantine, Haizinger den Adolar, Forti den Lysiart, Seipelt den König, Rauscher den Rudolf und Demoiselle Teimer die Bertha.

Noten wiederholen zu müssen. Wieser*) ist ein universeller Schauspieler; nachdem er im ersten Act den Baß gesungen und wie ein Opernfigurant Walzer getanzt hatte, hat sich der unerschrockene Kilian im dritten unter die ersten Tenore des Jägerchors gestellt, um das tiroler Jodellied «Johotralala!» mitzusingen. — Das Glück des deutschen Theaters ist von heute ab für diesen Feldzug gesichert" u. s. w.

Im Feuilleton vom 10. Mai 1830 findet sich die folgende Besprechung der „Fidelio"=Vorstellung vom 8. desselben Monats: „«Fidelio» von Beethoven hat unter den Auspicien der Madame Schröder=Devrient triumphirt. Diese schöne Partitur, die schon lange von den Kennern bewundert wurde, gewinnt allmählich den Beifall des Publikums in demselben Maße, als ihre verschiedenen Theile in einer des Componisten würdigen Weise dargestellt werden. Der zweite Act hatte schon voriges Jahr tiefe Sensation erregt, heute aber erglänzt Beethoven's musikalische und dramatische Gewalt erst in ihrer ganzen Macht. Das erschütternde Spiel, der Zauber der Stimme, die Feuerseele der Madame Devrient haben ihre ganze Magie entfaltet; Haizinger secundirte die tragische Sängerin vortrefflich, und zur Vervollständigung dieses wunderbaren musikalischen Gemäldes kam auch noch der Chor hinzu, die Begeisterung bis auf den Gipfel zu erheben. Der Vorhang war unter dem Lärm eines nicht enden wollenden Beifalls gefallen; die Orchestermitglieder packten ihre Sachen zusammen, die Stunde des Rückzugs hatte geschlagen, — und dennoch blieben die Zuschauer auf ihrem Posten, mit

---

*) Er kam Ende 1815 aus Oesterreich nach Breslau, war dort sieben Jahre im Engagement, ging dann nach Amsterdam, später an rheinische Theater, 1829 nach Aachen, zuletzt nach Frankfurt a. M., wo er 1835 starb.

Wuth in die Hände klatschend und mit so viel Hartnäckigkeit
dacapo schreiend, als gälte es einige anzügliche Couplets
gegen die Minister noch einmal zu begehren.*) Ein so heftig
ausgesprochenes Verlangen verdiente in Erwägung der Dring=
lichkeit des Falles wol befriedigt zu werden, allein man mußte
doch Ziel und Zweck davon erst kennen. Der Vorhang ging
wieder auf, die Darsteller versammelten sich wieder auf der
Bühne, und Haizinger schritt vor, um nähere Erläuterung
des auf allzu lakonische Weise ausgesprochenen und schwer zu
interpretirenden Wunsches zu beantragen. Was ist das?
Soll die ganze Oper noch einmal von vorn angefangen wer=
den, wie man's in Wien zu Ehren Cimarosa's gethan hat,
dessen «Matrimonio segreto» an demselben Abend zweimal auf
der Bühne erschien? Sollen die Arien, die Duette wieder=
holt werden? Nein, das hieße euern guten Willen mis=
brauchen; wiederholt das Finale und den Chor in C-dur
(«Wer ein holdes Weib errungen») und wir sind zufrieden.
Ein dacapo verlangtes, mit dem lebhaftesten Interesse ange=
hörtes und von einem französischen Auditorium mit
noch mehr Kraft als das erste mal applaudirtes Finale —
wenn das nicht an das Wunder streift, so ist's doch bis zu
diesem Tage wenigstens ein Exempel ohne gleichen! Und
doch klagt man diese Nation noch an, daß sie die Musik
nicht liebe, und doch glaubt man dem Geschmack derselben
zu huldigen, indem man die Partituren beschneidet, die man
für ihr Vergnügen bestimmt, und doch hat man nicht
übel Lust, sie mit Vaudevillespeise zu entwürdigen und zu
Grunde zu richten! — Man wird sagen, daß man ein aus=
gezeichneter Musiker sein muß, um Compositionen dieser Art

---

*) Man sieht, die Julirevolution stand vor der Thür.

vollkommen zu genießen. Das ist ein Irrthum. Der Laie, der die Hülfsmittel nicht kennt, die Beethoven in Bewegung setzt, ergötzt sich wenigstens an deren Zusammenwirkung und erhält ohne Schwierigkeit den Eindruck, der auf ihn hat ausgeübt werden sollen, wogegen der Kenner nicht umhin kann, der Verkettung der einzelnen Stimmen zu folgen, sich von den Details gefesselt zu fühlen und manchmal selbst sündhafte Sympathien für eine Bratsche, ein Horn, eine Oboe zu empfinden, während Madame Devrient die Hauptmelodie leitet. — Beethoven hat über seine Singstimmen nach rein musikalischen Rücksichten verfügt, sie gern schneidend scharf geführt und fortwährend in einem zu hohen Register gehalten. Gewiß ist es schwer, zwei Personen zu finden, welche die obern Töne so frei einzusetzen verstehen wie Haizinger und Madame Devrient, und die Musik zu «Fidelio» erheischt solche Interpreten. Allein trotz dieses glücklichen Zufalls stehe ich nicht an, zu behaupten, daß mehrere Stücke besser wirken würden, wenn man sie einen Ton tiefer sänge, namentlich das Duett («O namenlose Freude») im zweiten Act. — Die Arie der Leonore und der Gefangenenchor haben den allgemeinsten Beifall errungen. Unnütz aber ist es, den zweiten Act zu betailliren; Haizinger und Madame Devrient kommen während seiner ganzen Länge nicht von der Bühne, und ihre Anwesenheit, verbunden mit der Superiorität dieses Theils der Partitur, hat das Publikum in beständiger Spannung erhalten. — Die Musikliebhaber haben sich zur ersten Vorstellung des «Fidelio» massenhaft ins deutsche Theater gedrängt, und sie werden sich wieder einfinden, die starken Gemüthsbewegungen, die herrlichen Empfindungen dort aufs neue zu erleben, die Beethoven und Madame Devrient in ihnen wach gerufen haben. Die kostbaren und seltenen Eigen=

schaften dieser Sängerin sind ein Geschenk der Natur. Fidelio ruft den Antheil an seinen Leiden und Freuden nicht dadurch hervor, daß er zu den Handwerkskunstgriffen seine Zuflucht nimmt. Die dramatische Action der Madame Devrient harmonirt so gut mit ihrer Wort- und Tonsprache, sie spielt mit einer solchen Uebereinstimmung von Geberde und Stimme, daß man diesen beiden Mächten, zu denen noch der Zauber ihrer Persönlichkeit hinzutritt, zu widerstehen außer Stande ist. Dieses Talent ist erhaben, und die Wirkung, die es erzielt hat, unermeßlich, das Schweigen des tiefergriffenen Publikums, die Thränen, die alle Augen netzten, sind zuverlässigere Bürgschaften ihres neuen Erfolgs, als die Bouquets, Kronen und Bravos, welche diesen Triumph begleiteten. Da wir nun eine neue Scio*) haben, so gebt uns auch den »Wasserträger«**), und vor allem — seid allezeit bereit, das Finale zu wiederholen."

Noch wollen wir die Recension über die Benefizvorstellung unserer Künstlerin am 24. Juni in wortgetreuer Uebersetzung mittheilen***): „Madame Schröder-Devrient ist gestern als Vestalin vor einer zahlreichen und brillanten Zuhörerschaft erschienen; der Saal war gestopft voll, und die Beneficiantin hat zwiefach die Honneurs der Vorstellung gemacht. Die Künstlerin spielte die Rolle der Julia mit all der Energie, der Grazie und Leidenschaft, wovon sie uns

---

*) Für Madame Scio-Messié, die berühmte Sängerin des Théâtre Feydeau (der Komischen Oper in Paris), hat Cherubini 1800 die Konstanze in seiner Oper „Les deux journées" („Der Wasserträger") geschrieben. Sie starb am 14. Juli 1807 in Paris.

**) Was dennoch nicht geschah.

***) „Journal des Débats" vom 25. Juni 1830, „Chronique musicale".

schon so viele Proben gegeben. Sie hat das Gebet (II, 8) mit einer rührenden Gefühlswärme vorgetragen; ihre Stimme entfaltete ihre ganze dramatische Kraft im Agitato: «Impitoyables Dieux!» (Nr. 9: «Hört der Verzweifelnden Flehn!») und im Duett (Nr. 11); die mit entzückendem Ausdruck gesungene Cavatine «O des infortunés» (Nr. 13: «Schutzgeist der Leidenden!») — hat selbst diejenigen Thränen vergießen machen, die das Deutsche nicht verstanden, soviel Macht üben das stumme Spiel, die erschütternden Töne, die reizende Gestalt der Madame Devrient über alle Kunstliebhaber. Obwol der zweite Act der «Vestalin» kein einziges Wort zum Lachen enthält, so hat es Licinius, von Schäffer dargestellt, doch fertig gebracht, das Parterre zu einer heitern Stimmung vorzubereiten, deren Ausbruch nicht mehr zurückzuhalten war, als der Oberpriester den furchtbaren Fluch ausstieß. — Noch bin ich genöthigt zu wiederholen, daß diese letzte Darstellung des «Fidelio» die schönste war, welche wir erlebt haben; der Enthusiasmus, den Madame Devrient erregte, läßt sich nicht beschreiben. Alle Bouquets, alle Blumen, welche im Theater nur irgend zu haben waren, sind auf die Bühne geflogen. Es war Mitternacht; man hatte den zweiten Act der «Vestalin» und den ganzen «Fidelio» gehört und hätte nun glauben sollen, daß die Liebhaber sich mit einer solchen Dosis musikalischer Freigebigkeit zufrieden gestellt erklären würden; allein der Vorhang fiel, und niemand zog sich zurück. Man applaudirte immerzu und verlangte wieder und wieder das zweite Finale. Madame Devrient hatte soeben zwei Opern mit hinreißendem Feuer gesungen; es wäre daher in der That nicht zu verwundern gewesen, wenn sie sich ermüdet erklärt und dem unersättlichen Publikum höchst gerechte Entschuldigungen gemacht hätte. Aber

Gott bewahre! Alle Welt nahm wieder Platz, und die Künstlerin sang das furchtbare Finale mit derselben Sicherheit der Intonation, mit derselben Kühnheit der Stimmgebung noch einmal. Man hatte keine Blumen mehr; alle Hände waren leer — das Beifallklatschen bewies es."

Vergleicht man mit diesen enthusiastischen Berichten alles, was die pariser Kritik jemals über die Catalani, Pisaroni, Pasta, Malibran und Sontag geschrieben hat, so muß man sagen, daß auch diesen allergrößten Sängerinnen ihrerzeit mehr Complimente kaum gemacht worden sind. Der Unterschied liegt nur darin, daß die letztern ihre Anziehungskraft an der Seine durch ein Vierteljahrhundert hätten behaupten können und zum Theil auch wirklich behauptet haben, während die deutsche Künstlerin blos durch die Neuheit ihrer Erscheinung und der von ihr vertretenen Musik auf kurze Zeit eine so außerordentliche Wirkung auszuüben im Stande war. Daß bereits der Schluß ihres ersten pariser Gastspiels nicht mehr so fanatische Explosionen erregte wie Anfang und Verlauf desselben, daran hatten zwar andere Ursachen Schuld als die Abnahme des Enthusiasmus; die mit raschen Schritten herannahende Julirevolution war es, welche das Publikum am 29. Juni schon um ein Beträchtliches gleichgültiger stimmte als am 24., denn das politische Interesse hatte bereits angefangen, jedes andere in den Hintergrund zu drängen. Dennoch aber ward ihr in engern musikalischen Kreisen der schmeichelhafteste Abschied zu Theil. Sie kehrte ins Vaterland zurück, natürlich mit erweitertem Gesichtskreis, allein in ihren deutsch=künstlerischen Gesinnungen durch die Aufnahme, die sie in Paris gefunden, nur doppelt befestigt. „Was wir an unserer Musik haben" — so schrieb sie — „ist mir erst damals recht klar geworden, und wenn mich die Franzosen auch noch so enthusiastisch aufnahmen, wohlthuender war mir immer der Beifall eines deutschen Publikums, von dem ich mich verstanden wußte, während bei den Franzosen vor allem die Mode entscheidet." — Sehr merkwürdig ist das Urtheil, welches sie über die beiden größten Sängerinnen, die damals neben ihr Paris entzückten, in einem Briefe an Eduard Genast gefällt hat.*)

„Die Pasta" — schrieb sie — „ist bei weitem nicht so groß als ihr Ruf, aber die Malibran tausendmal größer. Das ist eine Künstlerin, vor der man niederknien muß." Die fieberhafte Aufregung, die das ganze meteorgleiche Wesen der glutvollen Spanierin durchzuckte und in allen ihren Darstellungen Ueberraschung auf Ueberraschung häufte, mußte wol in dem leidenschaftdurchwogten Herzen der deutschen Kunstgenossin ein rasch zu weckendes Echo finden, während die an Großartigkeit des Stils, wahrer Gesangsbravour und dramatischer Hoheit alles überragende Pasta trotz ihrer genialen Kühnheit doch stets zugleich eine gewisse classische Mäßigung, ein Verschmähen jeder Art von Uebertreibung in ihren Schöpfungen zu beobachten wußte, wofür eine Schröder=Devrient das rechte sympathische Verständniß um so schwerer gewann, als die große Italienerin im Grunde häßlich war, eine plumpe, kurzgedrungene Gestalt hatte, und beim ersten Anschauen nicht einmal durch einen edeln Gang zu imponiren wußte. Kein Wunder, daß unsere so gänzlich verschiedene, schöne, leichtempfängliche, aber unkritische Heldin in das herzliche Lob wol schwerlich miteingestimmt haben würde, welches

---

*) „Aus dem Tagebuch eines alten Schauspielers", II, 283. Einen anerkennendern Ausspruch der Devrient über die Pasta theilt Claire von Glümer auf S. 57 ihrer „Erinnerungen" mit.

eine andere hochachtbare Künstlerin, Pauline Viardot-Garcia, der Malibran jüngere Schwester, dem wehmüthig stimmenden Schwanengesange der einst so mächtigen Frau thränenden Auges gezollt hat, da diese 1848, aus ihrer stillen Villa am Comersee mit schon völlig gebrochenen Mitteln noch einmal auf die Breter von Her Majesty's Theatre in London zurückkehrend, einige Scenen aus „Anna Bolena" zu singen überredet worden war. Madame Viardot hörte die alte Primadonna damals zum ersten mal und flüsterte einem neben ihr sitzenden Freunde ins Ohr: „Fürwahr! das ist wie das Abendmahl von Leonardo da Vinci in Mailand, — die Trümmer eines Bildes, aber das Bild ist das größte der Welt!"*)

Nachdem Wilhelmine Paris verlassen, machte sie zunächst in Deutschland einige Erholungstouren, auf denen sie Freunde, unter andern auch ihren Stiefbruder Smets in Hersel bei Bonn, besuchte. Dann gastirte sie in Darmstadt, wo sie am 2. November die Euryanthe und am 7. die Donna Anna sang. Karl von Holtei, damals mit seiner zweiten Frau, Julia, geborenen Holzbecher (starb 1839), am dasigen Hoftheater als Schauspieler engagirt, machte der Künstlerin dort die Honneurs. Von Darmstadt begab sie sich weiter südwärts nach Stuttgart und spielte hier am 24. November die Emmeline, am 28. die Donna Anna und am 2. December die Vestalin. Sie wurde hierbei von den tüchtigen Künstlern Häser (Richard Boll, Leporello, Cinna), Pezold (Don Juan, Oberpriester), Hambuch (Jakob Friburg und Don Ottavio), Frau von Knoll (Gertrud, Elvira, Oberpriesterin)

---

*) Henry Chorley, „Thirty years' musical recollections", I, 139.

und Frau von Pistrich (Zerline) unterstützt. Den Licinius sang Löhle aus München als Gast. Auch trat sie am 29. November in einem Abonnementsconcert der stuttgarter Hofkapelle auf. Hierauf sehen wir sie noch in demselben Monat abermals in Weimar, und zwar zweimal als Fidelio und einmal als Euryanthe, mit noch größerm Erfolg als das erste mal auftreten. Eine bedeutende Urlaubsüberschreitung war die Folge dieser Gastspiele, die freilich ihren Ruf an allen Enden des Vaterlandes verbreiteten, und sie verfiel deshalb beim dresdener Hoftheater in eine Conventionalstrafe von 4000 Thalern, deren ratenweise Abzahlung der später mit ihr abgeschlossene und vom 1. April 1832 bis dahin 1842 dauernde neue Contract regulirte. Im Jahre 1837 wurde ihr jedoch der damals noch schuldige Rest von 2416 Thalern und 16 Groschen durch die Gnade des Königs von Sachsen erlassen; denn dieser edle Monarch (Friedrich August) pflegte stets und selbst dann noch große Nachsicht mit ihr zu üben, als sie bereits zu altern begann.

Siebentes Kapitel.

Neue Gastspiele in Berlin und Paris.

Drei Monate in Berlin. Donna Anna im „Don Juan", ein Misgriff. Lobpreisungen von Fanny Lewald und Rellstab. Hoffmann's schiefe Idee und Otto Jahn's Berichtigung. „Iphigenia in Tauris." Laura in der „Räuberbraut" von Ferdinand Ries. Pauline von Schätzel und Amalie Hähnel. Zum dritten mal in Hamburg. Zweites pariser Gastspiel bei Röckel. Vergleich mit Paganini. Anstellungsaussichten bei der Großen Oper. Engagement bei den Italienern. Schwierige Stellung neben der Pasta, Malibran, Rubini, Lablache. Die Anekdote von der Rache der Malibran. Desdemona in Rossini's „Othello". Eine Kritik von August Kahlert. Imogene in Bellini's „Il Pirata". Adelaide in Fioravanti's „Gli amori di Comingio e d'Adelaide". Betheiligung an Concerten in Paris.

(1831—1832.)

Der frühere Contract, der vom 1. April 1830 beginnend, eigentlich noch bis zum 1. April 1834 dauerte, und kraft dessen die Künstlerin im ersten Jahre drei Monate, in den folgenden aber blos acht Wochen Urlaub haben sollte, war also gebrochen, und sie benutzte die Zwischenzeit bis zum Zustandekommen des neuen Engagements in Dresden zu weitern umfangreichen Kunstreisen. Zunächst begann sie in den Monaten Januar, Februar und März 1831 ein dreimonat=

liches Gastspiel auf der königlichen Bühne zu Berlin und trat im ganzen dort neunzehnmal auf. Die erste Rolle war Euryanthe, die sie am 2. und 30. Januar sang; dann folgten Julia in der „Vestalin" am 5. Januar und 23. März, Rezia am 7. und 23. Januar, Fidelio am 16. und 19. Januar, am 4. Februar und 26. März, Iphigenia in Tauris am 26. Januar und 18. Februar, Laura in der fast vergessenen, aber nicht ganz werthlosen Oper von Ferdinand Ries, „Die Räuberbraut", am 8., 11. und 20. Februar und am 13. März, und endlich Donna Anna im „Don Juan" am 22. und 25. Februar und am 9. März. Der Beifall des Publikums wie der Kritiker war ein ungetheilter, und doch dürfen wir es nicht verschweigen, daß die letztgenannte Partie, so viel Enthusiasmus die Künstlerin auch gerade mit ihr fast allerorten erregt hat, und so großartig schön sie darin auch aussah, nichtsdestoweniger als eine verfehlte Leistung zu betrachten war. Daß dem wirklich so sei, sollte eigentlich jedem, der Mozart's Donna Anna genauer kennt und versteht, schon aus den Lobsprüchen vollkommen einleuchten, die Fanny Lewald der Donna Anna der Schröder-Devrient gespendet hat. In der berliner „National-Zeitung" von 1860, Nr. 81, heißt es nämlich wie folgt: „Als Donna Anna war sie vollständig das Weib, das mit Wollust der Kraft des Mannes erliegt, und ihr Schmerz war nur der Wehschrei ungesättigter Liebesglut. Gleich ihr Bestreben, Don Juan festzuhalten, war voll leidenschaftlicher Liebe. Sie klammerte sich an, und ihre Verzweiflung galt vor allem seiner Flucht. Ich zweifle nicht, daß sie Hoffmann's Erklärung des «Don Juan» gekannt hat, aber auch ohne diese, glaube ich, hätte sie die Donna Anna in seinem Sinne spielen müssen, denn diese Auffassung lag in ihrer eigensten Natur, und in keiner andern Rolle war sie so vollkommen sie selbst als eben in der Donna Anna. Ihre Klage um den todten Vater klagte zugleich um den entflohenen und begehrten Geliebten, der den Mord des Vaters als Scheidewand zwischen ihnen aufgerichtet hatte, und als sie dann aus der Ohnmacht ihres Schmerzes in Octavio's Armen erwachte, mußte man es ihren Worten, mußte man es dem bleichen, erschöpften Antlitz glauben, daß es für Donna Anna nur noch Einen Wunsch geben könne: das Wiederfinden des Entflohenen; aber niemand konnte glauben, daß sie ihn zu finden wünsche, um sich an ihm zu rächen. Ihr ganzes Wesen war in dieser Rolle aufgelöste Liebe, und selbst in dem Terzett mit Elvira und Octavio, in welchem sie sich zur Entlarvung Don Juan's und zur Rache an ihm verbinden, konnte man sich des Gedankens nicht erwehren, daß Donna Anna's Worte «Der Schritt ist voll Gefahren, ach, wer wird dich bewahren!» mehr der Sorge um Don Juan galten, als der Besorgniß um Octavio, der neben einer solchen Donna Anna erst recht zum Schemen zusammenschrumpfte. Diese Haltung des Charakters, die sich durch die ganze Dichtung gleich treu blieb, gewann in der Schlußscene, deren Moralsprüche im Munde dieser Donna Anna ohnehin befremdlich klangen, erst ihre volle Bestätigung durch ihre Bitte an Octavio, die Hochzeit noch hinauszuschieben. Der Wunsch: «Lascia, o caro, un ann' ancora allo sfogo del mio cor!» («Ach, Geliebter, noch laß uns harren, dulden nur zwölf Monden noch!»), läßt an und für sich auf keine große Zuneigung für Octavio schließen, und wer ihn von den Lippen der Schröder-Devrient mit dem Tone der herzzerreißenden Klage, mit dem Ausdruck des tiefsten Schmerzes aussprechen hörte, der konnte nicht anders als glauben, daß ihre Leidenschaft für den in Flammen untergegangenen Don Juan sie zurückschaudern mache vor der Verbindung mit ihrem biedern, makellosen und langweiligen Verlobten. Donna Elvira war eine verlassene Geliebte, Donna Anna eine verzweifelnde Braut, ein trauerndes, untröstliches und liebendes Weib."

Wie auch Rellstab, dem man doch sonst gewiß die Kenntniß und das Verständniß Mozart'scher Musik nicht absprechen kann, durch diese schiefe Idee sich hat irre leiten lassen können, ist in der That unbegreiflich. Hören wir, da wir ihn so schweren Irrthums zeihen, was er hierüber gerade in seinem gelungensten Aufsatze, die Schröder-Devrient betreffend, sagt*): „Wodurch sie sich hoch über alle Nebenbuhlerinnen erhebt, das ist der Standpunkt, aus dem sie die Rolle betrachtet, der, dies wollen wir gern einräumen, freilich von Mozart oder von seinem Dichter selbst nicht mit Bewußtsein angenommen worden ist, aber doch dem Werke eine so viel tiefere Grundlage gibt, daß alle Verhältnisse desselben, vorzüglich aber die Charaktere Anna's und Don Juan's dadurch unberechenbar wachsen. E. Th. A. Hoffmann ist es, welcher sich durch den einen tiefen Gedanken über das große Kunstwerk die Unsterblichkeit vielleicht mehr gesichert hat als durch seine sämmtlichen übrigen Werke. Er nimmt nämlich, wie bekannt, an, daß Anna schuldig geworden, daß die dämonische Uebermacht Don Juan's auch sie besiegt habe. Freilich aber nur in einem einzigen Augenblicke, und nach diesem richtet sich, wie großartige Charaktere müssen, die gesunkene Gestalt mit gedoppelten Kräften der Sittlichkeit empor,

---

*) „Neue Leipziger Zeitschrift für Musik", Jahrgang 1854, Nr. 57, S. 225—226, und Rellstab's „Gesammelte Schriften" (neue Ausgabe), IX, 401—402.

indem sie sich selbst am strengsten richtet und nur lebt, um Genugthuung für die erlittene Schmach zu erlangen, dann aber die Strafe der härtesten Entsagung an sich übend, von Licht, Leben und Liebe zu scheiden. Auf welche Weise alle Verhältnisse des Dramas dadurch wachsen und mit geringen abändernden Wendungen zur innern Vollendung aller Charaktere führen könnten, darauf kann ich mich hier nicht einlassen und möchte die Leser bitten, in dieser Beziehung die Novelle «Donna Anna»*), in welcher ich diese Ansicht näher

---

*) Ludwig Rellstab, „Gesammelte Schriften" (Leipzig 1843), Bd. 6: „Kunstnovellen", S. 177—306. Die Novelle „Donna Anna, ein Bruchstück aus dem Leben der Künstler und der Vornehmen", ist der Hamlet-Episode in Goethe's „Wilhelm Meister" nachgebildet. Im 12. Kapitel auf S. 251—253 wird der Hoffmann'sche Gedanke, daß Anna verführt worden, näher zu begründen gesucht: „Was ist Anna, wenn man sie so oberflächlich empfindet, wie die grammatisch dürre Verständniß der Worte sie darstellt? Ein Mädchen, dem ein Verwegener, ein Unbekannter etwas Unwürdiges ansinnt; sie kann aber kaum dadurch beleidigt sein, da sie den Frevler nicht einmal kennt. Der Tod ihres Vaters ist eine zufällige Folge, die ihre Seele nicht belasten kann. Er hätte ebenso entstehen können, wenn sie gegen einen Dieb, der ihr ihren Schmuck entwenden wollte, um Hülfe gerufen hätte. Aber was ist die schuldige Anna? Eine Seele voll Glut, die dem mächtig hinreißenden Verführer, die dem Sturm des Herzens, dem gewaltigen Drange der Natur, der beherrschenden Uebermacht eines überlegenen Geistes einen Augenblick unterlag und den Fehltritt that, der sie vor dem eigenen Gericht des Busens verurtheilt, verdammt, aber nicht vor uns, da wir uns selbst menschlicher Schuld und Fehler bewußt sein müssen. — — Ihre Größe besteht eben darin, daß sie selbst das Verbrechen größer sieht als jedes fremde Auge, daß sie es an sich selbst am härtesten bestrafen will — — —. So muß die gefallene Anna sich auch die Mörderin ihres Vaters

ausführe, nachlesen zu wollen." Hier genüge es uns, daß unsere Künstlerin sich bestimmt für diese kühne Ansicht entschieden hat und, eine wahrscheinlich nicht leichte Aufgabe,

---

nennen. Nur einer scheint ihr schuldiger als sie selbst, der, der mit Kälte ihre Glut entzündet hat. Ein starkes, ein großes Weib kann verführt werden; aber nach der That schlägt die Glut ihrer Liebe zu einer verzehrenden Flamme empor, die den Verräther rächend zu vertilgen strebt. So wird Anna eine tragische Gestalt; so wächst Don Juan an geistiger Kraft und teuflischer Uebermacht, weil er auch sie bezwungen hat. Ein jämmerlicher Wüstling bleibt er, wenn er sie nicht besiegt; ein kühner dämonischer Genius wird er, wenn sie ihm unterliegt. Dieser eine Gedanke rückt die Gestalten und Verhältnisse in eine Höhe, gegen die alles Vorherige pygmäenartig verschwindet" u. s. w. — Solche Suppositionen machen es nothwendig, daß die Handlung des zweiten Acts geändert, daß Donna Anna auf der Bühne sterben muß, nachdem sie als die rächende Nemesis Don Juan dem Untergange geweiht hat. Im 13. und 14. Kapitel (S. 256—257 und S. 259—262) setzt Rellstab diese Aenderungen <u>näher auseinander</u> und läßt sogar einen großen Unbekannten, unter dem man sich Mozart's Geist vorstellen mag, erscheinen, der gleich die fertige Musik dafür — Partitur und Stimmen — mitbringt und producirt. Anna soll nach dem Sextett und nach Octavio's Arie, von letzterm begleitet, nach ihrer Villa zurückkehren. Am Marmordenkmal des Comthurs, das im Parke steht, machen sie halt und singen ein Duett, in dem Octavio die Geliebte zu trösten sucht, diese aber im ahnungsvollen Herzen von ihrem Tode, der allein ihren Schmerz heilen könne, spricht und Andeutungen ihrer Schuld gibt, welche Octavio aber nur auf den Tod des Vaters bezieht, glaubend, daß Donna Anna sich, als die unschuldige Veranlassung desselben, Vorwürfe hierüber mache. Sie gehen in die Villa; da erscheint Don Juan, auf der Flucht vor seinen Verfolgern über die Gartenmauer springend. Octavio kehrt zurück, trifft auf Don Juan, und es entspinnt sich zwischen beiden ein Kampf auf Tod und Leben. Anna eilt auf das Geklirr der

diesen Gedanken durch ihr ganzes Spiel hindurchzuführen weiß, ohne auch nur eine einzige Note zu ändern, oder ihr einen gewaltsamen Ausdruck einzuprägen" u. s. w. Man

Waffen herbei, will sich zwischen die Fechtenden werfen, — da sinkt Octavio tödlich getroffen nieder. Nun ist das Maß der Sühne voll. Mit der letzten Kraft ihres zürnenden, brechenden Herzens bringt sie auf den Mörder ein, die glühenden Blitze dreifacher furchtbarer Anklage gegen ihn schleudernd. Don Juan sucht sie anfangs zu begütigen, dann droht er ihr, weil er Gefahr befürchtet. Sie aber weist ihn mit Stolz und Verachtung zurück: „Von dir habe ich nichts mehr zu fürchten, du von mir alles; denn du hast mir alles genommen, und es bleibt mir nichts mehr übrig als mein Leben, das ich nicht ertragen kann. Eine irdische Rache sühnt diese Frevel nicht; darum rufe ich auch nicht irdische Hülfe gegen dich auf; aber der ewigen Vergeltung weihe ich dich!" Die Bedeutung ihres Lebens ist erfüllt; an der Gruft des gemordeten Vaters, über dem Leichnam des gemordeten Geliebten stößt sie sich selbst den Dolch in das Herz, und „ihre fliehende Seele ist die Botin, welche die Nemesis aus dem verschleierten Reiche des Jenseits über den Frevler herabruft". Zum ersten mal wird Don Juan nun von den kalten Schauern des Gewissens geschüttelt. Leporello kommt, und der Verbrecher, seine letzten Kräfte zusammenraffend, ladet den Comthur zum Nachtmahl, wie um zu prüfen, ob Anna's Fluch Gewicht habe; dann kehrt das Stück in sein altes Gleis zurück, nur daß natürlich nun außer Anna's Arie auch die Finalesätze nach Don Juan's Untergang fortbleiben. — Wir wollen nicht leugnen, daß diese Aenderungen recht dramatisch-effectvoll ausgedacht sind, allein bis in der That ein Mozart kommt, sie uns in Musik zu setzen, was können sie uns helfen? Solange wir eben nur Mozart's „Don Juan" besitzen, müssen wir uns mit dem allerdings schwächern Bau des zweiten Acts begnügen und können selbst einer Schröder-Devrient nicht gestatten, Motive in den Charakter der Donna Anna hineinzulegen, die dem Gedicht und der Musik, wie sie nun einmal sind, schnurstracks widersprechen.

sieht, daß Rellstab aus Hoffmann's Idee nicht alle die völlig
ungereimten Consequenzen zog, die Fanny Lewald hingestellt
hat. Er beschränkt die Schuld Donna Anna's auf einen
einzigen Augenblick der Verführung und sieht doch wenigstens
die gleich danach in ihr auflobernde Rache als eine echte sitt=
liche Sühne für den begangenen Fehltritt an, während Fanny
Lewald sich bis zur Annahme einer andauernden Liebesbrunst
der Heldin fortreißen läßt, wobei denn freilich das im Werke
so scharf accentuirte Rachegefühl Donna Anna's um alle
Bedeutung gebracht erscheint. — Daß aber beide Aesthetiker
sich hier sammt ihrem Leitstern Hoffmann auf einem voll=
ständigen Irrwege befinden, das beweist schon allein die Be=
friedigung, welche die Darstellung der Künstlerin ihnen in
ganz gleichem Maße gewährt hat, obwol jeder nur gerade
das darin sah, was er selbst fälschlich in die Rolle hin=
einlegte.

Wir fragen aber nochmals, wie es möglich ist, sich so
sehr verblenden zu lassen!? Donna Anna, deren Charakter
sowol da Ponte, der Dichter, als Mozart, der Componist,
schon aus den allergewöhnlichsten Gründen der dramatischen
Oekonomie, als den unbedingten Gegensatz zum teuflisch be=
zaubernden Don Juan zu zeichnen genöthigt war, und die
denn wirklich auch als ein Bild geistiger Hoheit und sittlicher
Reinheit dasteht, wie es in Tönen erhabener nie gemalt wor=
den ist, — Mozart's Donna Anna, welche Stellen zu singen
hat wie das überirdische „Protegga il giusto cielo il zelo
del mio cor!" im Maskenterzett, — wie das

> Lascia almen alla mia pena
> Questo piccolo ristoro,
> Sola morte, o mio tesoro,
> Il mio pianto può finir!

im Sextett, — wie das in himmlischer Verklärung strahlende „Abbastanza per te mi parla amore!" am Schlusse des die letzte Arie einleitenden Recitativs, und diese Arie selbst mit ihrem so unendlich innigen Liebesbekenntnisse „Tu ben sai, quant' io t'amai, tu conosci la mia fe!" — diese Donna Anna, die ihre Empfindungen für Octavio so wahr und warm, jungfräulich rein und rührend ausspricht, sie sollte von Don Juan entehrt und nur darüber in so leidenschaftliche Aufregung gerathen, in so namenlose Trauer versenkt sein, weil sie den Verführer nicht festzuhalten vermocht hat?! Donna Anna nichts sein, als eine zweite, aber wesentlich verschlechterte Ausgabe der Elvira?! Denn diese ist doch wenigstens überall offenherzig genug, ihre leidenschaftliche Zuneigung zu Don Juan unverhohlen auszusprechen, sobaß man ihrer unseligen Schwäche das aufrichtigste Mitgefühl nicht versagen kann. Ihr Herz gehört nun einmal keinem andern als dem unwiderstehlichen Verführer, während der unglückliche Gedanke des genialen Hoffmann Donna Anna zu einer ganz gemeinen Natur herabsetzt, die im Bewußtsein ihrer Schande den Bräutigam Octavio fortdauernd belügt und so mit den heiligsten Empfindungen die schmählichste Heuchelei treibt. Daß der hochgeschwungene ideale Charakter der Musik solche Auffassung ebenso sehr zurückweist als da Ponte's Original-Text, der überdies Donna Anna's Neigung zu Octavio weit stärker betont, als die bisher auf unserm Theater üblichen elenden deutschen Uebersetzungen, hat Otto Jahn in seiner Mozart-Biographie (IV, 416, Note 117) doch wol schlagend genug nachgewiesen. Wo soll auch die hohe tragische Weihe, die Hoffmann dem Charakter der Rolle ja gleichfalls reserviren will, herkommen, wenn der unwürdige, durch nichts motivirte Zwiespalt in Donna Anna's Seele zur Basis ihrer

Theilnahme an der dramatischen Handlung gemacht wird, und nicht vielmehr ihre hohe Gesinnung, ihr edler Stolz und ihr kindlicher Schmerz um den schmachvoll hingemordeten Vater?! Die Schröder-Devrient beging also die unbegreiflichste Versündigung an Mozart's Musik, indem sie das Paradoxon, welches Hoffmann in seiner fabelhaften Begebenheit „Don Juan" („Phantasistücke in Callot's Manier", Thl. 1, Nr. 4)*) aufgetischt, utiliter acceptirte. Am deutlichsten markirte sie ihre schiefe Auffassung der Partie in der abweisenden Art, wie sie den Don Octavio durchgehends behandelte, und in der Färbung, die sie dem Vortrag des zweiten Recitativs vor der Rachearie gab. Nicht mit dem Ausdruck tiefinnerster sittlicher Empörung, welche selbst die Zartheit jungfräulicher Schamhaftigkeit zu überwinden Kraft verleiht, erzählte sie Don Juan's nächtlichen Ueberfall, sondern in einer Anna's ganzen Charakter geradezu ruinirenden Mischung von süßem Verlorensein in wollüstige Erinnerungen und von derjenigen Scham, welche den begangenen Fehltritt erst recht verräth, indem sie ihn verleugnet. Außerdem aber reichten ihre Gesangsmittel zu dieser Rolle selbst in ihrer besten Zeit nicht aus. Die Perle der ganzen Aufgabe, die schwere F-dur-Arie „Non mi dir!" ließ sie zuweilen ganz fort, und wenn sie dieselbe gab, so gelangen ihr zwar die langgetragenen Töne des Rondo-Larghetto durch die Gewalt eines unbeschreiblich rührenden Ausdrucks, welchen sie hineinzulegen verstand, vorzüglich gut, sie kürzte aber an der großen Coloraturstelle des Allegretto, zu der ihr die Geläufigkeit fehlte, oder transponirte auch wol das ganze Stück.

---

*) Hoffmann's „Ausgewählte Schriften" (Berlin, G. Reimer, 1827), VII, 81—97, insbesondere 94—95.

Außerordentlich war nur stets der Eindruck, den ihr erstes Herausstürzen mit Don Juan in der Introduction verursachte, und ebenso spielte sie die Scene an der Leiche des Vaters und hernach den Racheschwur im Duett mit Octavio mit hinreißender Leidenschaft und höchster dramatischer Wirkung; hier wie auch in den nachfolgenden Scenen kam der großartige tragische Schmerz, der das ganze lebensfrohe Werk so tiefergreifend durchzieht, trotz ihrer falschen Grundauffassung des Charakters zur vollsten Geltung. — Ihrer Individualität nach hätte sie offenbar zur Partie des Don Juan am besten gepaßt, wenn sie ein Mann gewesen wäre. Sie selbst empfand dies recht wohl, und kein einziger Darsteller des Don Juan, neben dem sie die Donna Anna gesungen, wollte ihr deshalb behagen; ja als einst wieder so ein kreuzbraver, aber über die maßen steifleinener Familienvater die dämonische Titelrolle ihr zur Seite in schläfrigster Weise abgespielt hatte, da entfuhr ihr in der äußersten Wuth über eine solche Verballhornung der vom Vollbewußtsein ihrer Kraft getragene, sehr bezeichnende Ausruf: „Wär' ich der Don Juan gewesen, bei Gott! ich hätte die Mädchen besser verführen wollen!" — Wie anders, als z. B. dem Pariser Herrn Faure, der jetzt einer der besten Don Juan=Sänger ist, würde ihr namentlich das dämonische Element der Rolle gelungen sein!

Der „Iphigenia in Tauris", welche die Künstlerin bei ihrem diesmaligen berliner Gastspiel mit Eduard Devrient als Orest und Eduard Mantius als Pylades sang, haben wir schon früher Erwähnung gethan und bemerkt, daß die Schröder=Devrient, abweichend von allen andern Darstellerinnen der Titelrolle, den höchsten Moment in das stumme Spiel während der Opferscene am

Schluß des zweiten Acts (Nr. 18): „Kannst du noch aus jener Welt wieder zu der Erde bringen" u. s. w. legte, obwol dieses schöne Chorstück als eine rein lyrische Zugabe nach dem großartigen Dialog zwischen Iphigenie und Orest, worin die erstere das ganze furchtbare Schicksal ihres Hauses erfährt, und nach dem eigentlichen Schlußstein des Acts, der herrlichen Arie (Nr. 17) „O laßt mich Tiefgebeugte weinen!" den dramatischen Eindruck ohne Zweifel schwächt. Da die Künstlerin aber bei ihrem nicht eben bedeutenden Organe die letztgedachte ruhig und leidenschaftslos austönende Arie, welche ihr überdies unbequem lag, mit der Wirkung einer Milder oder Schechner vorzutragen nicht vermochte, so that sie wohl daran, für die volle Entfaltung ihres Genius einen andern Moment auszusuchen und so völlig selbstschöpferisch eine an sich matte Stelle auf den höchsten Gipfel des Effects zu erheben. Wie sie dieses Wunder vollbracht, hat Rellstab schön und treffend in folgenden Worten auseinandergesetzt: „Sie wendet sich zu der zweiten Muse, mit welcher sie verbündet ist, zu der des plastischen Ausdrucks, und drückt durch stummes Spiel während der Opferscene die ganze Tiefe des Schmerzes ihrer erschütterten, gebrochenen und doch gefaßten Seele auf eine so hinreißende Weise aus, daß sie selbst die Masse, auf welche durch so feine Mittel ungemein schwer zu wirken ist, durchaus für sich hatte, und diese ganz erstaunt war, in einer Scene, wo sie sonst nur der Musik einen von der Höhe dramatischer Aufregung herabsinkenden Antheil schenkte, sich plötzlich durch die ganze Gewalt des tragischen Wendepunkts ergriffen zu fühlen. Gern möchten wir es beschreiben, theils um der Künstlerin ein rühmliches Denkmal zu setzen, theils um andern den Faden der Nachbildung in die Hand zu geben, durch welche einzelne Mittel sie diese erstaunenswürdige Wirkung erreichte; allein wir vermögen es nicht. Erinnerlich ist uns nur, daß jeder Schritt um den Altar, jede Bewegung der schönen Arme, jedes schmerzliche Verhüllen des Hauptes, das schwermüthige Senken der Stirn in die Hand, der hoffende Aufblick zum Himmel — mit Einem Wort, jeder Moment der plastischen Darstellung das Gefühl erregen mochte, als habe ein schönstes Kunstwerk des Phidias plötzlich Leben gewonnen und bewege sich vor uns mit dem Adel griechischer Götterbildungen, in denen ebenso der tiefste Schmerz einen leisen, aber unvergänglichen Hauch der Anmuth bewahrt, wie sich in dem Lächeln der Freude doch niemals die höhere Bedeutsamkeit göttlichen Ernstes, göttlicher Trauer verliert."*) Aber auch noch andere Stellen des erhabenen Werks, die Erzählung des Traumes (Act 1, Scene 1), das Terzett zwischen Iphigenia, Pylades und Orest (III, Nr. 20: „Kann ich vor seiner Wuth auch beide nicht erretten" u. s. w.) und alle die heftiger bewegten Momente gelangen ihr vorzüglich, da ihre Stimme ihr nun einmal, namentlich in späterer Zeit beim Ausdruck der ausbrechenden Leidenschaft ungleich gehorsamer war, als bei dem des ruhigern Schmerzes. „Ihre Erscheinung", sagt Rellstab mit Recht**), „war vom ersten Augenblick an edel, würdig, jungfräulich und priesterlich zugleich", und sie fühlte es recht wohl, „daß eine Iphigenia erhaben über die Stürme irdischer Leidenschaft sei, und es hier nicht darauf ankomme, die Schrecken der gehobenen See, sondern die Größe des ruhigen, Himmel und Erde klar und tief abspiegelnden Meeres aus-

---

*) Vgl. den Aufsatz in der „Neuen Leipziger Musikzeitung", Jahrgang 1834, Nr. 58, S. 228, und Rellstab's „Gesammelte Schriften" (neue Ausgabe), IX, 405 und 406.

**) Ebendas., S. 403.

zudrücken". Sie suchte deshalb überall, wo ihr die Gewohnheit einer paffionirten Declamationsweise den antik einfachen mufikalischen Vortrag, den Gluck erheischt, offenbar erschwerte, wo sie durch den unmittelbaren Klang ihres Organs die Gemüther nicht so unwiderstehlich zu fesseln vermochte, und wo der ruhig dahinfließende Gluck'sche Melodienstrom ihrer Kehle nicht so großartig frei entquoll, wie dies namentlich bei der Schechner der Fall war, diese Mängel durch plastische Mittel zu ersetzen, die keiner Darstellerin so sehr zu Gebote standen wie ihr. So wuchs der Charakter mit der Steigerung der tragischen Verhältnisse vor aller Augen; so gab sie eine Iphigenia, die zwar den Intentionen des Componisten nicht überall ganz genau entsprach, aber dennoch der idealsten weiblichen Gestalt, welche Dichtkunst und Musik geschaffen, den vollsten künstlerischen Ausdruck verlieh; so bewährte sie, daß sie allerdings, wie wir dies früher behauptet haben, für die Muse Gluck's geschaffen war, obgleich sie auch seinem Kunstwerk erst den Stempel ihrer individuellen schöpferischen Kraft aufprägen, das Kunstwerk also in gewissem Sinne erst umschaffen mußte, um von der ihr theilweise freilich unerreichbaren Erhabenheit desselben nicht erdrückt zu werden.

Noch eine kurze Besprechung verdient ihre Laura in der Ries'schen „Räuberbraut", weil die damalige Kritik das Spiel der Künstlerin in dieser bald darauf vom Repertoire verschwundenen Oper allgemein als vorzugsweise meisterhaft bezeichnet hat. „Madame Devrient" — schrieb Rellstab in Nr. 34 der „Voß'schen Zeitung" von 1831 — „erhob die Rolle der Laura durch ihren Genius zu einer so großartig dramatischen, wie wir wenige auf der Bühne gesehen." Ferdinand Ries ist heute fast nur noch durch seine mit Dr. F. G. Wegeler gemeinschaftlich herausgegebene Schrift „Biographische Notizen über Ludwig van Beethoven" (Koblenz, Bädeker, 1838) dem größern Publikum bekannt, während beinahe 200 Compositionen von ihm im Druck erschienen sind, und seine Thätigkeit als Dirigent der rheinischen Musikfeste unvergessen zu bleiben verdient. Seine „Räuberbraut" aber konnte sich selbst in Berlin, wo man für deren äußere Ausschmückung alles Mögliche gethan, nicht lange halten. Das Gedicht hat zwar einige ergreifende Momente, und das Schicksal eines jungen Mädchens, das, um ihren Vater zu retten, sich einem verwegenen, doch nicht ganz verworfenen Räuber durch einen Schwur verlobt, deshalb ihre eigene Liebe aufopfert, endlich aber durch eine glückliche Wendung des Geschicks von ihrem furchtbaren Eide losgesprochen wird, bietet rührende und erschütternde Momente genug dar, um den Antheil der Zuschauer hervorzurufen. Im einzelnen jedoch ist freilich im Buche zu vieles verfehlt, um dauernd wirken zu können. Nicht nur daß crasse Theatereffecte darin vorkommen, die — wie z. B. den fürchterlichen Tod des Räuberhauptmanns Roberto — ein deutsches Publikum damaliger Zeit wenigstens nicht wohl vertrug, so bietet auch die Diction der Musik oft fast unübersteigliche Hindernisse dar, indem Aeußerungen der höchsten Leidenschaft nicht selten in einer so steifen Form ausgedrückt werden, daß der Componist trotz aller Anstrengung keine Energie hat hineinbringen können. Häufig ist der letztere auch durch den Ueberfluß an Worten zu einer nur aphoristischen Behandlung des Textes genöthigt gewesen, worunter der Gesammteindruck natürlich wiederum nicht unwesentlich leidet. „Zum Theil ist dies" — sagt Rellstab in Nr. 39 der „Voß'schen Zeitung" vom 16. Februar 1831 — „die Schuld der Umstände, unter denen, wie wir hören, die Dichtung entstanden ist.

Der erste Entwurf war nämlich so verfehlt, daß der Componist seine Arbeit fast als eine vergebliche betrachten mußte; ein zweiter Dichter entschloß sich daher zu dem sehr mühseligen und undankbaren Unternehmen, die Fehler des ersten zur größtentheils beibehaltenen Musik zu verbessern."

Von allen Rollen ist die des jungen Offiziers und Liebhabers Fernando vom Dichter und vom Componisten am inconsequentesten durchgeführt. Obwol das Stück in der Mitte des siebzehnten Jahrhunderts und in Unteritalien spielt, ist diesem Tenor eine B-dur-Polacca: „Wol herbe sind der Liebe Schmerzen", in den Mund gelegt, die ihres pikanten Rhythmus wegen zwar applaudirt wurde, nichtsdestoweniger aber um so mehr als ein Misgriff betrachtet werden muß, als Ries sonst gerade vorzugsweise nach wahrheitsgemäßem und charakteristischem Ausdruck in seiner Musik strebte. Dessenungeachtet gelang es dem tüchtigen Darsteller des Fernando, Herrn Bader, dem Charakter ein gewisses Interesse einzuflößen, wenn auch die hochliegende und zum Theil auf große Kehlfertigkeit berechnete lyrische Partie dem heroischen Charakter seiner mächtig klangvollen, aber wenig flexibeln Bruststimme nicht entsprach. Von hervorstechendem Verdienst sind die Räuberchöre, vorzüglich der Nr. 16 des zweiten Acts, worin die Stelle: „Doch sachte, stille —", da die Räuber sich im Schloßgarten verlieren, um Fernando zu fangen, mit dem durchgeführten Hornsolo eine schauerlich frappante Wirkung macht; ebenso das Räuberlied a capella in C-dur: „Fröhlich, ohne Furcht und Beben wandern sorglos wir durchs Leben", Nr. 18 im dritten Act, das sogar dacapo verlangt wurde. Auch die Finales und großen Ensemblesätze sind energisch und bei häufig und schnell wechselnder Modulation reich und tüchtig instrumentirt. In den Arien und Duetten zeigt sich

manches Ausdrucksvolle, und namentlich entbehrt das letzte
Duett zwischen Laura und Fernando (III, 19), worin sie
ihm gesteht, daß sie die Räuberbraut sei, des Feuers und
der Leidenschaft nicht; doch fehlt diesen Stücken vielfach das
langathmig melodische Element, da ein Motiv immer allzu
rasch das andere ablöst. Eine nicht üble Baßarie des Grafen
von Viterbo, Laura's Vater, den Eduard Devrient sang,
mußte wegen allzu großer Länge des ersten Acts — dem
eingeflickten und die Handlung nur unnütz aufhaltenden Titus'-
schen Ballet zu Liebe — bei der berliner Vorstellung fort-
fallen; dagegen rühmen sowol die „Voß'sche", als die „Haude
und Spener'sche Zeitung" vom 16. Februar 1831 (Nr. 39)
ziemlich übereinstimmend die vorzügliche Leistung des Orchesters,
das ausgezeichnete Costüm des in Berlin lange Zeit sehr beliebten Don Juan-Darstellers Heinrich Blume, eines guten
Schauspielers, aber mäßigen Sängers, der den Räuberhauptmann Roberto „mit ganz passender greller Färbung des
wilden Charakters" spielte, sowie aus der Aufgabe, welche
die Schröder-Devrient zu lösen hatte, das declamatorische
und leidenschaftliche Gepräge in Laura's erster Scene: „Welche
Qualen!" (Act 1, Nr. 4), deren As-dur-Romanze (Nr. 9)
zu Anfang des zweiten Acts: „Ach, dieses Hoffen, Fürchten
und Sehnen!", „die durch einfach melodische Behandlung und
innigen Ausdruck ungemein wohlthue", vor allem aber die
achte Scene desselben Acts, wo sie zu dem Räuberhauptmann
für die Lebensrettung des gefangenen Geliebten fleht, die
Stelle: „Gott, deine Hand ruht schwer auf mir!" und den
unübertrefflich dargestellten Moment des erzwungenen Ver-
lobungseides.

Nicht unterlassen wollen wir hier, noch darauf aufmerksam
zu machen, daß die meisten damaligen Gastvorstellungen un-

serer Künstlerin durch das vielversprechende Talent und die köstlichen Stimmmittel des leider nur von 1828—32 der Bühne angehörenden Fräuleins Pauline von Schätzel (jetzigen Frau Decker in Berlin) auf das reizendste unterstützt wurden; sie sang zu jener Zeit das Meermädchen im „Oberon", die Marzelline im „Fidelio", die Zerline im „Don Juan". In derselben Epoche ging auch dem Königstädtischen Theater in der trefflichen Altistin Amalie Hähnel aus Wien ein neuer Stern auf, mit welchem der seit dem Abgang der Sontag — außer bei einigen Gastspielen der Tibaldi — unmöglich gewordene Rossini in die zweite Opernbühne der preußischen Hauptstadt wieder einzog; sie producirte sich zuerst öffentlich in Berlin, mit der Schröder-Devrient zusammen, in einem zu Mozart's Geburtstage, am 27. Januar, im Saale des Schauspielhauses von den königlichen Kammermusikern Moritz und Leopold Ganz veranstalteten Concert mit einer Arie von Rossini, während unsere Künstlerin mit Herrn Mantius ein Duett aus „Il Pirata" von Bellini und Variationen von Pixis auf eine Schweizermelodie vortrug. Auf dem Königstädtischen Theater erschien Demoiselle Hähnel zum ersten mal gastweise am 9. Februar 1831 als Isabella in der „Italienerin in Algier", gab darauf zweimal den Pippo in der „Diebischen Elster" und dreimal hintereinander mehrere Scenen in einer musikalisch-scenischen Unterhaltung; im Mai desselben Jahres trat sie in ihr dasiges Engagement ein, in welchem sie bis zu ihrem 1841 erfolgten Uebertritt zur königlichen Oper verblieb. Sie gehörte, obwol etwas kalt in ihrem Vortrage, unstreitig zu den wenigen deutschen Sängerinnen, welche vollkommene Gesangsstudien zu machen nicht verschmäht haben, — d. h. zu einer Klasse von echten Künstlerinnen, die jetzt völlig ausgestorben zu sein scheint.

Nach dem lebhaften Wunsche des damaligen General=
intendanten Grafen von Redern sollte das diesmalige Gast=
spiel der Schröder=Devrient zu einem dauernden Engagement
an der königlichen Hofbühne in Berlin mit 6000 Thalern
Gage führen; dasselbe kam indessen zufolge widerstrebender
Einflüsse dennoch nicht zu Stande. In dieser Zeit war es,
wo sie sich Rellstab's Rath suchte, um Gluck's „Armide"
zu studiren, die sie jedoch, wie schon oben bemerkt, später
erst bei schon gesunkener Kraft ihrem Repertoire einverleibte.
Am 26. März 1831 schloß sie ihre berliner Vorstellungen
mit dem „Fidelio" und antwortete auf den stürmischen
Hervorruf und das ihr unter einem Blumenregen von allen
Seiten entgegenschallende „Hierbleiben! Wiederkommen!" mit
den alle Herzen gewinnenden Worten: „Ich danke Ihnen
für Ihre nachsichtsvolle Güte. Sehnlich hätte ich gewünscht,
daß es mir vergönnt gewesen wäre, hier zu verweilen. Mit
Schmerz scheide ich von meinem Vaterlande, das ich nie
vergessen werde." — Sie hatte eine zweite Einladung nach
Paris angenommen und nahm diesmal ihren Weg über Ham=
burg, wo sie, stets auf Händen getragen, ein drittes Gast=
spiel am 5. April 1831 mit dem „Fidelio" begann.

Röckel's deutsche Operngesellschaft in Paris bestand in
diesem Jahre außer der Schröder=Devrient und Haizin=
ger noch aus den Damen von Pistrich*) und Rosner**),
den Herren August Fischer***), Krebs und dem uns schon

---

*) Sie war eine sehr tüchtige Soubrette, die Anfang der
zwanziger Jahre in Wien die Bühne betrat und sich 1840 in Stutt=
gart zurückzog.

**) Geborene Flora Turbani aus Amsterdam, seit 1824
mit dem Tenoristen Franz Rosner zu Stuttgart vermählt.

***) Geboren 1793 bei Freiberg im Erzgebirge, zuerst in Wien,
dann in Berlin als Bassist angestellt, nur ein mäßiges Talent.

bekannten Wieser. Die Vorstellungen fanden wieder in der Salle Favart statt und nahmen am 5. Mai mit dem „Freischütz", worin Frau von Pistrich als Aennchen sehr gefiel, ihren Anfang. Unsere Künstlerin, von der Reise noch sehr angegriffen, bedurfte demnächst einige Zeit der Erholung und mußte die Agathe, als „Freischütz" bald darauf wiederholt wurde, an Madame Rosner abgeben, der die Kritik nur ein gutes Organ nachrühmte. Erst am 17. trat die erstere mit dem „Fidelio" die Reihe ihrer alten Triumphe wieder an. Die „Chronique musicale" im „Journal des Débats" vom 19. Mai spricht sich hierüber folgendermaßen aus: „Beethoven, Fidelio und Madame Devrient sind gestern in der ganzen Fülle ihres Ruhmes und ihrer Schönheit wiedererschienen. Bis dahin hatte die deutsche Truppe nur präludirt, ihr Bestes für diese entscheidende Vorstellung aufsparend. Jetzt hat sie die volle Gunst des Publikums wiedererobert, und das Beifallklatschen und Bravorufen, die tiefe Gemüthserregung und die Thränen der Versammlung, die nicht zahlreicher hätte sein können, haben diesen neuen Triumph feierlichst proclamirt. Die wunderbare Harmonie eines leidenschaftlichen, durch das ausdrucksvollste Spiel getragenen Gesanges und einer schönen, immer graziösen Gestalt erhoben den Enthusiasmus auf den äußersten Gipfel. Wie Paganini, so hat Madame Devrient die Zuschauer bezaubert und fortgerissen. Ein gleiches Delirium hat sich ihres Auditoriums bemächtigt, nur mit dem kleinen Unterschiede, daß die Schwärmerei für sie noch allgemeiner ist. Paganini hat Seelen gefunden, die unempfindlich für alle seine Wunder waren, Madame Devrient aber hat sie sich alle unterthan gemacht durch die Gewalt ihrer melodiösen Argumente und durch die süße Ueberzeugung, welche zwei schöne Augen einzuflößen so trefflich verstehen. Denn die schönen Augen haben auch ihre Harmonie, und ihr Beistand für die Wirkung ist nicht zu unterschätzen. Endlich ist auch das Costüm noch eine sehr wichtige Sache — — und Fidelio's Anzug kleidet Madame Devrient vortrefflich. — — — Es wird versichert, daß man im Begriff steht, einen Contract mit ihr abzuschließen, der sie zur Nachfolgerin der berühmten Actricen, welche unsere Académie royale de Musique geziert haben, einer Le Rochois*), Maupin**), Laguerre***), Arnould†), Saint-Huberty††) und Branchu†††) erheben würde.

*) Marthe Le Rochois war eine sehr berühmte, von Lully selbst geachtete Sängerin, geboren zu Caen 1658, gestorben am 9. October 1728 zu Paris.

**) Madame Maupin, geboren 1673 zu Paris, gleichfalls in Lully's Schule gebildet und durch ganz Europa auch als eine der besten Fechterinnen und durch die größten Excentricitäten berühmt, starb 1707 im Kloster.

***) Geboren 1758 zu Paris und am 14. Februar 1783 dort gestorben.

†) Madeleine Sophie Arnould, geboren am 14. Februar 1744 in dem Zimmer, worin der Admiral Coligny in der Bartholomäusnacht ermordet worden, war Mitglied der Großen Oper von 1757—78, berühmt durch ihre höchst ergreifende Stimme, ihren ausdrucksvollen Vortrag und ihre oft nicht eben feinen Bonmots. (Vgl. Fétis, „Biographie universelle des Musiciens", zweite Auflage, Paris, 1861, I, 147.)

††) Aus Manheim gebürtig, von 1785—90 Sängerin an der Großen Oper zu Paris, heirathete dann den Grafen d'Entragues und wurde mit ihrem Gemahl am 22. Juli 1812 bei London von einem piemontesischen Kammerdiener ermordet.

†††) Alexandrine Karoline Branchu aus der Familie Chevalier de Lavit, geboren am Cap Français den 2. November 1780, von 1801—26 Mitglied der Großen Oper zu Paris, wo sie als Dido,

Der Director der Großen Oper möge sich beeilen, eine so kostbare Erwerbung zu machen; schon ist es das zweite mal, daß die Chance eines solchen Engagements sich anbietet, und Unbesonnenheit wäre es, es auf eine dritte ankommen zu lassen" u. s. w.

Am 23. Mai folgte „Oberon", am 26. „Don Juan"*), am 14. Juni „Euryanthe". Ueber die Rezia spricht sich unser Gewährsmann im „Journal des Débats" vom 25. Mai nicht ganz so befriedigend aus, wie über die übrigen Partien der Sängerin. „Die große Scene der Rezia", sagt er, „dauert zehn Minuten und ist uns lang erschienen; Madame Devrient hat sie, ohne Ermüdung zu verspüren, gespielt. Die Rolle hat blos diese Scene, welche sich auf die Höhe des dramatischen Talents der bewundernswürdigen Sängerin erhebt; alles Uebrige ist nur unbedeutend. Madame Devrient fatiguirt sich unnützerweise, um schließlich doch nur geringen Effect damit zu erzielen; das ist der Fehler der Rolle." — Um so enthusiastischer lautet aber der Bericht über „Euryanthe" vom 16. Juni, mit dem wir unsere auszüglichen Mittheilungen aus dem „Journal des Débats" schließen wollen.

„Die Hauptrolle des Stücks ist eine von denen, wo Madame Schröder-Devrient die Kraft ihrer Darstellung und ihr oft schon so herrlich erprobtes Feuer mit dem größten Erfolge entfaltet. Im Finale des zweiten Acts hat sie sich

---

Alceste, Vestalin, Statira in Spontini's „Olympia" Furore machte; gestorben am 14. October 1850 zu Paris. (Vgl. Fétis, a. a. O., III, 55.)

*) Die Besetzung war folgende: Donna Anna — die Schröder-Devrient, Elvira — Madame Rosner, Zerline — Frau von Pistrich, Don Juan — Fischer, Leporello — Krebs, Masetto — Wieser.

zum höchsten Gipfel des tragischen Ausdrucks erhoben, und der Glanz ihrer Stimme vereinigte sich in bewundernswürdiger Weise mit den Chormassen. Der Eindruck, den sie auf das Publikum gemacht hat, ist indessen in der bewegten Arie des dritten Acts (III, 20) ein noch größerer gewesen; die Zuschauer theilten die schwärmerische Entzückung Euryanthens, und von allen Seiten regneten die Bouquets auf das Theater herab. Noch einen Triumph anderer Art hat sie gefeiert, indem sie das Rouladensolo des ersten Finale mit ebenso viel Grazie als Fertigkeit vortrug. Haizinger singt die sehr schwere Rolle des Adolar, die Weber für ihn geschrieben, vortrefflich; am meisten hervorgethan hat er sich in dem Herausforderungsterzett (I, 4), in der Romanze und Cavatine des zweiten Acts (II, 12). Eglantine und Lysiart wurden von Madame Rosner und Fischer dargestellt, welche beide Acteurs nicht immer auf der Höhe ihrer Aufgabe standen. Die Chöre haben sich gut gehalten, ihr Part ist im Herausforderungsterzett und im großen Finale (II, 14) ein recht schwieriger" u. s. w.

Trotz all dieses Weihrauchs hatte doch auch dieses zweite Gastspiel unserer Künstlerin wiederum unter der Ungunst der Verhältnisse viel zu leiden. Einer der glänzendsten Abende war noch das Benefiz Haizinger's am 22. Juni 1831, wobei der erste Act des „Don Juan" und der zweite des „Fidelio" zur Aufführung kamen; dann setzte bereits Anfang Juli die zunehmende Hitze den deutschen Vorstellungen ein Ziel, und es war nun allerdings von einem Engagement der Schröder-Devrient bei der Großen Oper, worauf schon unser musikalischer Referent für das „Journal des Débats" in so nachdrücklicher Weise hingewiesen hatte, viel die Rede. Dasselbe kam indessen, wol zu ihrem Glücke, nicht zu Stande, denn neben einer Coloratursängerin wie Madame Cinti-Damoreau und einem Tenor wie Adolphe Nourrit, dem 1836 Duprez folgte, würde sie sich auf die Dauer wol schwerlich haben behaupten können, zumal sie in einer so difficilen fremden Sprache, wie die französische es ist, hätte singen müssen. Schon stand die Künstlerin im Begriff, Paris zu verlassen, als der Director der dortigen Italienischen Oper, Eduard Robert, Unterhandlungen mit ihr anknüpfte, die am 9. Juli zu einem Contractsabschluß führten, kraft dessen sie für die Wintersaison von 1831 zu 1832 bei den Italienern in der Salle Favart engagirt wurde. Hier hatte sie nun freilich einen schweren Stand, denn außer ihr waren an ersten Sopranistinnen noch die Pasta, Malibran, Cara- dori und Tadolini, als erste Tenöre Rubini, Nicolini, Bordogni, als erste Bässe Lablache, Santini, Gra- ziani engagirt, alles Künstler, mit denen sich bei mangel- hafter Technik nur schwer in die Schranken treten ließ. Ueber- dies sollte sie in den drei verheißenen Novitäten, der „Anna Bolena" von Donizetti, dem „Pirata" und der „Sonnam- bula" von Bellini, nur eine Rolle, nämlich die Imogene im „Piraten", singen, mußte es sich auch gefallen lassen, erst nach der Pasta aufzutreten. Am 1. September wurde die Saison mit „Anna Bolena" eröffnet und die Pasta in der Titelrolle, Rubini als Percy, Lablache als Heinrich VIII, die Tadolini als Seymour mit Beifall überschüttet. Am 10. folgte Cimarosa's „Matrimonio segreto", worin Lablache den Geronimo, Rubini den Paolino unübertrefflich sangen, und nur der Bariton Berattoni als Conte Robinsone mißfiel. Unendliches Furore machte am 15. demnächst „Tancredi" mit der Pasta in der Titelrolle, der Tadolini als Ame- naide und Rubini als Argirio, und erst am 1. November kam unsere Künstlerin als Donna Anna neben Rubini als Ottavio, Madame Tabolini als Elvira, Madame Carabori als Zerlina, Lablache als Don Giovanni*) und Graziani als Leporello zum ersten Auftreten. Die Wirkung, die sie mit dieser Partie erzielt hat, kann nicht groß gewesen sein, denn die sonst sehr ausführliche „Chronique musicale" des „Journal des Débats" bringt gar keine Kritik darüber. Jedenfalls wurde der mögliche Eindruck durch das gleich darauf folgende Debut der Malibran am 8. November als Ninetta in der „Gazza Ladra" wieder abgeschwächt, denn daß man diese Künstlerin in Paris förmlich vergötterte, steht fest. Am 14. November gab die letztere zu ihrem Benefiz den „Othello" und trat dabei, nachdem sie lange Zeit in der Rolle der Desdemona die Pariser entzückt hatte, um das unersättliche Publikum durch ein neues Reizmittel zu ködern, zum ersten mal als Mohr auf, während der Schröder=Devrient die Partie der Desdemona anvertraut war. Von dieser Vorstellung, wobei Rubini den Rodrigo, Lablache den Brabantio (oder, wie die Rolle damals genannt wurde, den Elmiro) sang, erzählt Claire von Glümer in ihren „Erinnerungen", S. 59—63, folgende seltsame Geschichte. Die Malibran soll vorher im „Don Juan" als Zerlina mit der Schröder=Devrient als Anna gemeinschaftlich aufgetreten sein und sich darüber wüthend geärgert haben, daß die Pariser sie an diesem Abend weniger applaudirt hatten, als die deutsche

---

*) Der große Künstler hatte mehrere Opern, in denen er mit den Rollen zu wechseln pflegte. So sang er z. B. nicht blos Don Juan und Leporello, sondern auch im „Barbier von Sevilla" Figaro und Bartolo. Uebrigens gab Lablache den Don Juan damals zum ersten mal.

Sängerin. Das forderte natürlich eine ausgesuchte Rache und solche zu üben, sei die „Othello"-Vorstellung von ihr ausersehen worden. Allein trotz all ihrer Anstrengungen, die unbequeme Rivalin in Grund und Boden zu singen, soll es der letztern gelungen sein, sich alle drei Acte hindurch siegreich neben Othello-Malibran zu behaupten, und dies habe die zornglühende Spanierin dann endlich zu dem Entschluß gebracht, ganz am Ende noch einen coup de théâtre auszuführen, der den Triumph der deutschen Künstlerin wieder vernichtete, indem er sie in eine lächerliche Situation brachte. Desdemona wäre eben von Othello erwürgt worden; da habe dieser das Opfer seiner eifersüchtigen Wuth so dicht an die vordere Lampenreihe geschleppt, daß der niedersinkende schwere Vorhang der Schröder-Devrient unbedingt das Gesicht hätte zerschlagen müssen, wenn der Maschinist die Gefahr nicht bemerkt und mit dem Herablassen des Vorhangs gezögert hätte. Das Publikum sei stutzig geworden und habe, des Anblicks der schönen Leiche endlich müde, ungeduldig ausgerufen: „à bas le rideau!" Man könne sich die peinliche Lage Desdemona's denken; jeden Augenblick hätte der Vorhang zerschmetternd auf sie niederfallen können, und so habe sie denn endlich, in Todesangst, den Kopf so vorsichtig als möglich zurückgeschoben, worauf die Zuschauer natürlich in ein schallendes Gelächter ausgebrochen seien. Hiermit sei der Effect der Vorstellung total ruinirt gewesen, und die böse Malibran habe ihre Rache gekühlt gehabt.

Obgleich man immer gut thut, dergleichen Coulissenanekdoten nur mit großem Mistrauen zu betrachten, so haben wir die vorstehende Erzählung doch in unsern Bericht aufnehmen zu müssen geglaubt, weil sie uns von einer Seite, die wohlunterrichtet sein könnte, ausdrücklich als vollkommen authentisch bezeichnet worden ist. Nichtsdestoweniger aber halten wir uns für verpflichtet, darauf hinzuweisen, daß der sonst bekannte Charakter der Malibran einige Zweifel an der Echtheit der Geschichte aufkommen läßt. Diese eminente Künstlerin war nämlich nichts weniger als eine boshafte Natur; sie liebte Neckerei und Scherz, Witz und Satire, und hatte überdies gewiß ein sensibles, leicht entzündbares Temperament; allein schwer wird es zu glauben, daß sie einer so abgefeimten Rache jemals fähig gewesen sei. Auch stand ihr Ruf und ihr Ansehen in Paris damals schon so felsenfest gegründet, daß sie zu der Befürchtung, von irgendeiner Rivalin noch verdunkelt werden zu können, kaum mehr Anlaß hatte, selbst wenn Neid, Misgunst und Rachedurst sonst in ihrer Natur gelegen hätten, wovon wir nie gehört haben. Wol war sie ambitiös, allein nicht minder auch voller Noblesse. Was aber die Erzählung noch mehr verdächtigt, ist der Umstand, daß jedenfalls das von Claire von Glümer angeführte Motiv zur Rache, die von Donna Anna ausgestochene Zerlina, aus der Luft gegriffen erscheint. Denn die Aufführung des „Don Giovanni", in der die beiden Künstlerinnen zusammen auftraten, fand nicht vor, sondern erst nach dem „Othello"-Benefiz — am 19. November 1831 — statt, während, wie wir oben gesehen, bei der frühern Vorstellung der Mozart'schen Oper Madame Caradori die Zerlina gesungen hatte. Im December wurde zwar „Othello" wiederholt, allein die Malibran hatte damals ihre Mohrenrolle schon wieder mit der der Desdemona vertauscht, und die Schröder-Devrient war bei den fernern Darstellungen der Oper gänzlich unbetheiligt.

Es bleibt also an der ganzen Geschichte nur das Thatsächliche bestehen, welches die „Chronique musicale" des

„Journal des Débats" vom 22. November 1831 wie folgt erzählt: „Im letzten Duett hatte Desdemona stets die Uebermacht, und jedermann bewunderte die Gutmüthigkeit dieses Opfers, das sich durch einen Othello ermorden ließ, dem sie ohne Anstrengung durch einen einzigen Griff den Hals hätte umdrehen können. Obwol die Rolle des Othello um mehr als die Hälfte verkürzt worden war (der ganze erste Act blieb fort), so hat sie nichtsdestoweniger die Sängerin sehr ermüdet, und Madame Malibran gab sich ganz zu rechter Zeit den Gnadenstoß, um sich von den fortwährenden hohen Tenornoten zu erlösen, welche sie schon zu lange gequält hatten. Nachdem beide Personen todt zur Erde lagen, schien alles zu Ende; allein diese Damen, an dergleichen Expeditionen wenig gewöhnt und ohne männliche Hülfe, die ihren Fall hätte dirigiren können, waren zu nahe an den Lampen niedergefallen. Der Vorhang ließ sich dessenungeachtet nieder, und Desdemona, welche den Dolchstoß mit der Standhaftigkeit einer Spartanerin empfangen, erbebte, als sie die Gardine auf sich zukommen sah. Ein Entschluß mußte gefaßt werden; Madame Devrient hat sich also lachend aufgerichtet und ihren Mörder am Rockärmel gezupft, als wollte sie zu ihm sagen «Bruder Jakob, schläfst du?» Durch diese Scene, welche einige Aehnlichkeit mit einer Situation in «Der Bär und der Bassa» hatte, ist die ganze Versammlung, auf welche die fürchterlichste Tragödie Shakspeare's an sich schon für diesmal keinen sehr erschütternden Eindruck gemacht, schließlich noch überaus heiter gestimmt worden." — Die Malibran erhält, wie billig, ihre gehörige Strafpredigt, daß sie in Paris eine Rossini's Werk profanirende Maskerade gewagt, welche in England gefallen hatte; aber auch über die Desdemona unserer Künstlerin weiß der Referent nichts besonders Lobendes zu sagen. „Madame Devrient", schreibt er, „erschien zum ersten mal in einer wirklich italienischen Oper. Sie hat die Desdemona gut gespielt und mehrere Stücke dieser so brillanten und schwierigen Oper ziemlich befriedigend gesungen. Sie würde aber weit besser thun, wenn sie sich entschließen könnte, sich in den Grenzen ihres Talents zu halten. Eine vereinfachte oder selbst bis auf die Hauptnoten reducirte, aber mit Kraft artikulirte und mit dem ganzen Reiz ihres Organs, mit der Gewalt ihres Ausdrucks vorgetragene Coloratur würde von ganz anderer Wirkung sein, als eine schleppende und in der Höhe noch mit ganzer Stimme gegebene Roulade. Eine Coloratur langsamer ausführen, als das Tempo es vorschreibt, oder die Töne forciren, um sie richtig hervorzubringen, heißt nicht das Ziel erreichen. Madame Devrient hatte schöne Momente der Inspiration und des Ausdrucks in den leidenschaftlichen Stücken, wie z. B. im Terzett, im Solosatz des zweiten Finale und im Duett am Ende der Oper; weniger sind ihr die Romanze und das Gebet gelungen." —

Die Vorstellung war eine durchweg verunglückte, obwol Rubini seinen Rodrigo meisterhaft sang, und Lablache, der nur aus Gefälligkeit die durch den Wegfall des ersten Acts so ausnehmend beschnittene Senatorenrolle übernommen, außerordentlich nobel darin aussah; das Publikum strafte die sonst so beliebte Beneficiantin für ihre „étrange bizarrerie" und „débauche musicale" durch ein leeres Haus.

Das sind die verbürgten Thatsachen. Ob nebenher noch eine Chicane zwischen den beiden Künstlerinnen mit untergelaufen, mag auf sich beruhen bleiben. Gewiß ist, daß die Schröder-Devrient ihrer Collegin bis an deren frühes Ende in einem Alter von erst 28 Jahren die unbedingteste Verehrung und Bewunderung treu bewahrt hat. Als sie im Herbst 1836 den Tod der Künstlerin in Dresden erfuhr, war sie außer sich vor Schmerz und gestand allen, die sie in diesem Zustand zu besuchen und zu trösten kamen, wie unendlich viel sie von ihr gelernt, und wie sie namentlich den ganzen Erfolg ihrer Desdemona allein dem Umstande zu verdanken habe, daß sie in dieser Rolle ausschließlich dem hohen Vorbilde der großen Todten gefolgt sei. Wenn hiernach also auch die Desdemona als eine Originalschöpfung unserer Künstlerin nicht betrachtet werden kann, so gehörte diese Partie doch so sehr zu dem Besten, was sie jemals geleistet, daß eine nähere Besprechung derselben hier nicht fehlen darf. In Deutschland wenigstens ist die Rolle nie wieder in ähnlicher Weise zur Darstellung gebracht worden, wie von der Schröder-Devrient, obwol die Sontag durch die natürliche Anmuth ihres Wesens und ihre weit größere Gesangskunst eine noch wohlthuendere, aber gewiß keine dramatisch höhere Wirkung als Desdemona erzeugt hat. Hören wir, was ein feinfühlender Kunstrichter, Professor August Kahlert, der das Wirken unserer Künstlerin von 1827—42 mit dem eingehendsten Interesse verfolgt hat, in Nr. 120 der „Breslauer Zeitung", von 1835 darüber geurtheilt:

„Die Intentionen des Dichters, selbst die des Componisten, dessen Genialität in wenigen Werken in gleichem Maße, als in «Othello» hervortritt, überflügelnd, führte Madame Schröder-Devrient uns eine Kunstgestalt vor, worin Shakspeare's Geist lebt. Diesen hatte der italienische Operndichter nicht verstanden, Rossini an vielen Stellen geahnt. Unsere Künstlerin aber weicht auch von der Idee Shakspeare's ab. Dieser zeichnet ein jugendlich unbefangenes weibliches Geschöpf, voll naiven Liebreizes; jene von bornherein die Unglückliche, welche von bangen Ahnungen gefoltert, zwischen Pflichtgefühlen glühender Liebe schwankend, nach und nach alle Grade der Angst, des Schmerzes, der Verzweiflung durchlebt. Schon bei ihrem ersten Auftreten, wo sie der Vertrauten den Grund ihrer Ahnungen mittheilt, liegt ein Zug der Trauer über dem schönen Antlitz. Wie wird allmählich dieser und die ganze Geberdensprache immermehr der Ausdruck des tiefen Seelenleidens, der erschütternden Unruhe, als sie z. B. (im ersten Finale) ihr Geheimniß verrathen sieht, es selbst eingestehen muß! Wer kann malerischer als sie die Zerrissenheit der Gefühle Desdemonens schildern, als diese zwischen den kämpfenden Othello und Rodrigo stürzt; den großartigsten Schmerz, als sie die Gewißheit erhält, daß Othello sie schuldvoll wähne, oder als sie für sein Leben zittert (Arie des zweiten Acts in G-dur); die furchtbarste, zuletzt an Wahnsinn grenzende Verzweiflung, als sie zu dem unbeugsamen Vater (zweites Finale) flehen muß: »Kannst du dein Kind verstoßen?« — in allen diesen Momenten ist eine wahrere Darstellung kaum denkbar! Und dennoch wächst ihre Leistung im dritten Act, wo die Schmerzen der Seele schon Visionen herbeiführen, jede kleinste Bewegung in den lichtern Augenblicken Unruhe ausdrückt, die sie endlich zum frommen, wahrhaft rührenden Gebet treibt. Bis hierher sehen wir sie nur einen einzigen Augenblick in freudiger Bewegung, als sie (zweites Finale) Othello aus der Gefahr errettet weiß. Aber so stark hebt sie diesen Moment hervor, daß er die ganze Ueberzeugung von der Stärke ihrer Liebe zu Othello verschafft. Und diese Liebe schimmert noch durch im letzten Duett, wo sie in immer wachsender Todesangst, den Gedanken des Todes zu fassen unfähig, zur Wuth ge=

trieben, mit dem Fuße stampft, überall Rettung vergebens sucht, bis sie dem tragischen Verhängniß erliegt. Eine Mimik, wie sie keine lebende deutsche Sängerin außer ihr besitzt, eine Vollendung der plastischen Erscheinung, eine Gesangsbildung, die allein möglich macht, jeden Ton so zu durchgeistigen, daß er Ausdruck eines Gefühls wird, kurz eine Reihe von künstlerischen Vorzügen entwickelt in allen diesen Situationen und unzähligen andern Momenten Frau Schröder-Devrient, die sie überall des glänzenden Erfolges gewiß machen. Wer die ganze hohe Bedeutung der Kunst erfahren will, der sehe ihre Darstellung der Desdemona, er wird sein Innerstes auf einen bis dahin vielleicht ungekannten Grad erschüttert fühlen, und dennoch, ist er musikalischer oder bildender Künstler, in der ganzen Erscheinung die Schönheit nicht vermissen. In den höchsten Affecten wird er den Ausdruck so kühn als edel finden und begreifen lernen, wie lächerlich freigebig in vielen Fällen mit dem Epitheton «künstlerische Meisterschaft» verfahren wird."

Wir wüßten dieser eingehenden Beurtheilung nur noch einige kleine Bemerkungen hinzuzufügen. Die erste betrifft das Costüm der Künstlerin, welches in dieser Rolle wiederum sehr feinfühlend gewählt war. „Mit der Perle mildem Glanz, nicht mit der Juwelen leuchtender Gewalt" geschmückt, das Kleid von sanftblauer Farbe, so drückte sie auch schon äußerlich die Milde des Charakters aus, den sie zwar mehr in der leidenschaftlichen Manier einer Pasta und Sabine Heinefetter, also bei weitem großartiger und heroischer auffaßte, als Henriette Sontag, doch aber einer rührenden Schönheit im Schmerze nirgends entkleidete. Was ferner ihre gesangliche Leistung betrifft, so gab sie den Schluß des ersten Finale (I, 5), den berühmten Solosatz am Anfang des zweiten Finale während Othello's und Rodrigo's Zweikampf (II, 9: „O Gott! wer befreit mich Arme!?") und den weitern Verlauf dieses Finale in E-dur mit einer, bei ihr doppelt staunenswerthen Gewalt der Stimme, wogegen sie das Eingangsduett mit Emilia (I, 4, Andante grazioso) in dem zartesten Colorit hielt und auch die tief schwermüthige Romanze im dritten Act (Nr. 10: „Gelehnt an die Cypresse" u. s. w.), wo sie im weißen flatternden Gewand, die Lyra im Arm, einer griechischen Muse glich, das plötzliche Abbrechen mitten im Gesang, das Aufschrecken beim Gewitter, das Gebet in As-dur: „O Gott, hab' Mitleid!" mit feinster Nuancirung vortrug. In Betreff der dramatischen Darstellung endlich dürfte zu bemerken sein, daß sie zwar im zweiten Finale, dem allgemeinen Theaterbrauch folgend, gleichfalls dem Vater zu Füßen fiel und ihm auf den Knien nachrutschte, diesen stereotypen Effect jedoch mit solcher plastischen und mimischen Kunst auszustatten wußte, daß selbst der in dieser Beziehung sehr rigorose Rellstab nichts dagegen zu erinnern vermochte, während er ihr Spiel im letzten Duett, der Würgescene, mit dem aufstampfenden Fuße, als eine von Paris importirte Verirrung auf das entschiedenste verdammte und, nicht ganz mit Unrecht hier auch gegen den Librettoschreiber und Componisten eifernd, meinte: „Desdemona sterbe nicht als die schuldlose Gemahlin des leidenschaftlichen, aber edeln Othello, sondern wie die schuldige des Unmenschen Blaubart." Er tadelte also an der Action der Schröder-Devrient, daß sie sich hier, „anstatt einfach die natürliche weibliche Scheu vor dem gewaltsamen Tode darzustellen, sogar bis zu einem wilden Trotze gegen den drohenden Feind auflehne, was ihrem Charakter so fremd und unnatürlich sei, wie einer Lilie die Dornen".*)

Brachte sie aber auch wirklich eine gewisse Neigung zu outrirten Theatereffecten aus Paris heim, die vor dem Forum der echten keuschen Kunstkritik nicht bestehen können, und deren beifällige Aufnahme nur aus den krankhaften Bedürfnissen eines durch Ueberreizung stumpf gewordenen Publikums zu erklären ist, so läßt sich doch andererseits nicht in Abrede stellen, daß sie dort unter den ausgezeichnetsten Kunstgenossen manche wirkliche Fortschritte gemacht, jedenfalls ihr Repertoire beträchtlich erweitert, ihre gesanglichen Fähigkeiten, soviel als bei fehlender gründlicher Schule überhaupt möglich war, entwickelt hat.**) Sie ist indessen, nachdem sie im Frühjahr 1832 in Bellini's „Il Pirata" von der italienischen Bühne in Paris Abschied genommen, nie wieder auf einer französischen Bühne aufgetreten. Ihre Beschäftigung war überhaupt während der ganzen Zeit ihres Engagements bei den Italienern nur eine geringe, und es soll der damals auch nach Paris gekommene Spontini, der namentlich die Pasta sehr gegen sie protegirt hatte, hierauf nicht ohne Einfluß gewesen sein. Am 16. Januar 1832 hatte die Malibran ihr zweites Benefiz im „Othello", wobei sie von Rubini, Bordogni und Lablache unterstützt wurde. Tags darauf erschien noch eine neue Primadonna, Mademoi=

---

*) Rellstab's „Gesammelte Schriften" (neue Ausgabe), IX, 397—399, und XX, 255—257.

**) Hatte sie doch unter anderm auch Gelegenheit gehabt, den ersten Vorstellungen des gegen Ende November 1831 auf der Großen Oper in Paris ans Licht tretenden „Robert der Teufel" mit der Cinti-Damoreau als Isabella, Mademoiselle Dorus als Alice, Nourrit als Robert, Levasseur als Bertram und Lafont als Raimbaud beizuwohnen.

selle Mélas, mit einem in Florenz, Genua, Mailand und
Neapel begründeten Rufe als „Semiramide", und erst am
2. Februar kam unsere Sängerin als Imogene in Bellini's
„Pirat" mit Santini als Ernesto und Rubini als Gual‌tiero wieder an die Reihe, fand jedoch neben dem in dieser
Oper ganz vorzugsweise bewunderten Rubini nur in zweiter
Linie eine ziemliche Anerkennung. Der „Moniteur" vom
9. Februar 1832 (Nr. 40, S. 398) sagte über diese Lei‌stung: „Madame Devrient hat die vielfältigen Beifalls‌äußerungen, die ihr gezollt worden sind, gleichfalls gerecht‌fertigt. Ihre Stimme, die sich beengt fühlt und selbst un‌dankbar ist, sobald sie sich den brillanten Formen der ita‌lienischen Musik anschmiegen soll, wird hinreißend in den
getragenen Gesängen der deutschen. Ebenso große Schau‌spielerin als Sängerin, weiß sie dieses Doppeltalent in glän‌zender Weise zur Geltung zu bringen." Sehr weitläufig
referirte über diese Vorstellung das „Journal des Débats"
vom 5. Februar, und wir heben folgende Stelle daraus her‌vor: „Madame Devrient hat ihre Rolle mit dem wahrsten
und leidenschaftlichsten Ausdruck gesungen; besonders ausge‌zeichnet war sie im Finale der großen Scene des zweiten
Acts, und im Duett, welches das Stück schließt, hat sie
einen in Triolen aufsteigenden chromatischen Lauf mit ganzer
Stimme auf eine sehr brillante Weise vorgetragen.*) In

---

*) Im ganzen Finale (II, 16) kommt aber für die Imogene
kein solcher Triolenlauf vor; auch ist das Musikstück kein Duett,
sondern eine Scene und Arie mit Chor. Andere pariser Kritiker
rühmten namentlich das Duett mit Gualtiero (II, 6): „Perchè
cotanta io prendo d'uno Stranier' pietà?" („Was ist's, das
hier im Busen") als von ihr vorzüglich dargestellt; die Angst der
Mutter, der der Pirat droht, ihr Kind zu tödten, und ihr Ent-

einigen Solos leistete jedoch das Organ der Sängerin ihren Inspirationen nicht immer Folge." — Der „Pirat" wurde noch einigemal wiederholt*), am 12. März aber zu Rubini's Benefiz zwischen dem ersten Act des „Piraten" und einer Farce: „La prova d'un' opera seria" von Gneco, worin Lablache als Buffo glänzte, noch eine 1816 für das kleine Theater „I Fiorentini" in Neapel von Fioravanti geschriebene tragikomische Oper in zwei Acten: „Gli amori di Comingio e d'Adelaide", mit der Schröder-Devrient als Adelaide gegeben, die man trotz des ausgezeichneten Gesangs von Rubini in der Titelrolle und trotz des komischen Spiels von Lablache als alten Obersten und Onkel Comingio's und von Graziani als Vater Adelaidens nicht mehr recht zeitgemäß fand. Das Sujet dieses Dramas ist freilich auch thöricht genug. Comingio ist aus Lebensüberdruß wegen gescheiterter Lebenshoffnungen unter dem Namen Arsenio in ein Trappistenkloster eingetreten, seine Geliebte, Adelaide, ihm als Eutimio verkleidet, dorthin gefolgt; letztere vermag sich aber dem erstern erst, einen Moment nachdem dieser das ihn auf ewig bindende Gelübbe abgelegt, zu erkennen zu geben, wo es dann zum Heirathen zu spät ist, Comingio aus Schreck darüber tobt zur Erde sinkt, und Adelaide aus dem Kloster entflieht. Diesem durchaus tragischen Stoffe dienen der Onkel und der Vater des Liebespaares zur komischen Staffage. Das letzte Duett, welches unsere Künstlerin mit Rubini sang, rührte die Zuhörer zu Thränen und wurde

---

zücken, da Gualtiero ihr den Sohn zurückgibt, soll sie unnachahmlich, passionirt und doch maßvoll zugleich gespielt haben.

*) Unter andern am 8. und 11. und 21. Februar, sowie am 3. März.

von ihr auch mit vieler Kraft und dramatischem Ausdruck vorgetragen. Sonst erzählt die „Chronique musicale" des „Journal des Débats" vom 17. März 1832 nur noch, daß sie über die schwache Instrumentirung der Oper etwas verwundert geschienen und, sich ohne die nöthige Grundlage fühlend, nicht recht gewagt habe, ihrer Stimme und den Regungen ihrer dramatischen Passion freien Lauf zu lassen, bis sich ihre Furcht im zweiten Act verloren. Dies war die vierte und letzte Rolle, die sie bei den Italienern gesungen. Bald darauf wurde das Interesse des Publikums noch auf eine neue Primadonna, Mademoiselle Casimir, abgelenkt, welche am 24. März als Ninetta in der „Gazza Ladra" debutirte und sich durch Stimmumfang, Kühnheit des Vortrags und große Coloraturfertigkeit auszeichnete. Mit dem Anfang des Mai vertrieb die Cholerafurcht die Mitglieder des Théâtre Favart in alle Winde; die Schröder-Devrient und Lablache gingen nach London, Rubini nach Mailand, Santini nach München; die Pasta und Malibran waren längst schon abgereist.

Zu erwähnen wäre hier nur noch, daß die deutsche Künstlerin auch in einigen Concerten während des Winters von 1831 zu 1832 gesungen hat. Namentlich wissen wir, daß sie bei dem am 25. December 1831 im Théâtre Italien stattgefundenen Concert neben dem Violinspieler de Bériot, der 1835 die Malibran heirathete, dem Klaviervirtuosen Henri Herz, den Sängerinnen Malibran, Tadolini und Raimbeaux, die als Isabella in der „Italiana in Algieri" sich in demselben Monat bei den Italienern mit Glück präsentirt hatte, und den Sängern Lablache, Rubini und Santini aufgetreten ist. Ja selbst am 8. April 1832 hat sie noch die große Agathen-Arie aus dem „Freischütz":

"Wie nahte mir der Schlummer", minder gut, als man sie auf der Bühne von ihr gehört*), in dem interessanten, von dem damaligen Redacteur der "Revue musicale", François Joseph Fétis, im Saal. des Conservatoire veranstalteten Concert historique gesungen, wobei Stücke vom Ursprung der Oper an bis zur Gegenwart zur Aufführung gelangten. Man begann mit der Musik zum "Ballet comique", welches 1581 in Paris zur Vermählung des Herzogs von Joyeux im Louvre aufgeführt wurde, und schloß mit einer Nummer aus Rossini's "Wilhelm Tell". Außer unserer Künstlerin waren noch die Damen Mori und Dorus (spätere Madame Dorus=Gras) sowie die Sänger Dupont, Nourrit, Rubini und Levasseur bei der Ausführung betheiligt.

---

*) "Blätter für literarische Unterhaltung", Jahrgang 1832, Nr. 144, S. 618—620.

Achtes Kapitel.

Das erste und zweite Gastspiel in London.

Die deutsche Operngesellschaft des Mr. Monck-Mason auf dem King's Theatre in London. Außerordentliche Sensation des „Fidelio". Chorley's Lobrede auf die deutschen Choristen. Der Kapellmeister Chelard. „Lady Macbeth." Die englische Gesellschaft und ihre Stellung zu den Künstlern. Lord Chesterfield's Anstandsregel. Humoristische Aeußerungen über das Musiciren in englischen Privatcirkeln. Neue Rollen der Künstlerin in Dresden. Johanna in „Des Falkners Braut" von Marschner. Zum vierten mal in Hamburg. Zweites Gastspiel bei Mr. Bunn in Drury Lane und Covent Garden. Concurrenz der deutschen mit der englischen und italienischen Oper und mit dem Ballet. Schlechte Finanzspeculation.

(1832—1833.)

„Obwol etliche Jahre zuvor einige schwache Versuche bereits gemacht worden waren", sagt Mr. Chorley in seinen „Dreißigjährigen musikalischen Erinnerungen", I, 51, in London deutsche Opern zur Aufführung zu bringen, weil einmal eine verstümmelte englische Version des „Freischütz" große Popularität erlangt hatte, so geschah es doch nicht früher, als bis Mr. Monck-Mason unser italienisches Opernhaus für die einzige Saison von 1832 in seiner Hand hielt, daß unser ungereistes Publikum in den Stand gesetzt wurde, sich von der Gewalt und den charakteristischen Eigenthümlichkeiten der echten deutschen Oper einen Begriff zu machen. «Fidelio», von Künstlern aufgeführt, welche diese Musik mit der Muttermilch eingesogen hatten, erhob sich zu einer Offenbarung. Dies war aber auch der einzige Erfolg einer Theaterverwaltung, die sich ebenso unglücklich als unternehmend zeigte und dieserhalb eine ehrenvolle Erwähnung verdient." Und auf S. 55 fährt unser Gewährsmann also fort: „Die Sensation, die «Fidelio» 1832 machte, ist unvergeßlich. Die Italiener, deren Truppe in diesem Jahr nicht stark war*), wurde von den Deutschen redlich aus dem Felde geschlagen. Jedermann fühlte es, daß die intensive musikalische Kraft von Beethoven's Oper, in der Hauptrolle von einer Sängerin interpretirt, wie eine ähnliche nie zuvor in England erschienen, eine überraschende Neuigkeit war."

Diese Sängerin war keine andere als Wilhelmine Schröder-Devrient. Mr. Monck-Mason, der unternehmende Chef der damals in London spielenden deutsch-französisch-italienischen Operngesellschaft**), hatte nämlich schon unter dem 3. März 1832 einen Contract mit ihr abgeschlossen, kraft dessen sie für die Sommersaison (Mai, Juni, Juli) dieses Jahres gegen ein Honorar von 20000 Francs und unter der Garantie eines Benefizes wenigstens zehnmal monatlich auf seiner Bühne zu singen verpflichtet war. Sie trat am 18. Mai zum ersten mal als Fidelio auf, der

---

*) Und doch gehörten Giuditta (nicht die nachmals so beliebte Giulia) Grisi, Donzelli, Tamburini, Lablache, Galli und die außerordentliche Französin Mademoiselle Cinti (nachmals Madame Cinti-Damoreau) dazu.

**) Alle drei Truppen spielten im King's Theatre abwechselnd; zu der französischen gehörte unter andern auch der berühmte Tenor Nourrit.

am 21., 24. und 30. Mai, am 4., 14., 20., 27. und
29. Juni, sowie am 13. und 20. Juli, im ganzen also
zehnmal gegeben wurde. Gleich nach der ersten Vorstellung
urtheilte der „Morning Herald" über die neue Debutantin:
„Als Schauspielerin verdient sie den höchsten Beifall. Wir
haben seit der Pasta nichts ihr Aehnliches auf diesen Bretern
gesehen." Neben ihr wirkten in der deutschen Oper, die in
dem alten Opernhause auf dem Haymarket (dem damaligen
King's, jetzigen Her Majesty's Theatre) spielte, die Fran=
zösin, Madame de Méric, welche die seltene Fertigkeit be=
saß, jede Rolle singen zu können, sie mochte nun dem ita=
lienischen, französischen oder deutschen Repertoire angehören,
und in der That auch im Anfang der Saison als Prima=
donna der italienischen und deutschen Truppe figurirt hatte,
ferner Mademoiselle Maschinka Schneider (später verehe=
lichte Schubert), welche die Marzelline im „Fidelio"
sang, die tüchtigen Bassisten Giulio Pellegrini aus
München (der Pizarro) und Franz Hauser aus Wien (ein
Freund Felix Mendelssohn's, früher in Kassel und Dresden
engagirt und jetzt noch als Director eines Gesangsconserva=
toriums in München lebend), sowie endlich der Tenor An=
ton Haizinger, der trotz seines unbeholfenen Spiels gefiel,
wenn auch Mr. Chorley seiner in nicht eben sehr ehren=
voller Weise gedenkt.*) Dieses Solopersonal sah sich von

---

*) „Thirty years' musical recollections", I, 58: „Der
Tenor, der mit ihr" (der Schröder=Devrient) „spielte, Herr Hai=
zinger, ein Mann von großem Rufe in Deutschland, war ein
verdienstlicher Musiker von wenig einnehmendem Aeußern und mit
einer widerlichen Kehlstimme, überdies ein Acteur, dessen Eifer,
den Hunger des Gefangenen im Kerker darzustellen, nahe an die
Burleske streifte. Ich sehe ihn noch vor mir, wie er sich den

einem Chor unterstützt, dem in dem citirten Buche (S. 58
—59) nachstehende ganz besondere Lobrede gehalten wird:
„Der Hauptzug in der deutschen Darstellung des «Fidelio»,
welcher in London epochemachend wirkte, war die Lebendig=
keit und Realität des Theaterchors, Dinge, von denen man
hier bisher noch keine Ahnung gehabt hatte. Die jämmer=
lichen, schäbig aussehenden Vogelscheuchen und nicht Sänger,
welche in dünnem, regungslosem Halbkreise ihre leichten ita=
lienischen Weisen ebenso laut als falsch herauszuschreien
pflegten, waren in diesen deutschen Opernvorstellungen durch

Bauch strich. Dies ist, beiläufig gesagt, ein Charakteristikum des
deutschen Theaters. Die Schauspieler betheiligen sich an den Büh=
nenmahlzeiten mit einem Behagen, um nicht Gier zu sagen, und
mit einer so lärmend aufdringlichen Genussesfreude, welche mit dem
Geschmack der Engländer oder Franzosen sich schwer verträgt." —
Diese letzte Bemerkung halten wir für vollkommen richtig; das
Factum erscheint uns aber weniger befremdlich in einem Lande, wo
die ganze ungeheure Majorität des Volks, der gesammte Mittel=
stand wenigstens, durch landläufige Redensarten, wie „Prosit
die Mahlzeit!" „Wünsche wohl zu speisen!" „Guten Appetit!"
u. dgl., es ohne Aufhör und in so unzweideutiger Weise ver=
räth, wie wichtig ihr das Essen ist. In Schlesien z. B. gibt es
kaum noch einen andern Gruß als „Wohl zu speisen" oder „ge=
speist zu haben", je nachdem man sich vor Mittag oder nach
Mittag begegnet; das letztere wird sogar noch in das einem Fremden
kaum verständliche Wort „Speisam" zusammengezogen, damit es
noch bequemer von den Lippen fließe. Nur die allervornehmste
Gesellschaft ist bei uns über diese naive Verherrlichung des Essens
hinaus, und da der Schauspielerstand hierzu nicht gehört, taktvolles
Idealisiren der Lebensgebräuche aber nur wenigen darunter gegeben
ist, so kann man sich nicht darüber wundern, wenn unsere Don
Juans ihr Abendessen meist mit einer Gier vertilgen, die sie den
Leporellos auf das vollständigste gleichstellt.

eine Gesellschaft ernsthafter Leute mit kräftigen und, auf weiblicher Seite, selbst frischen Stimmen, ersetzt, durch Personen, welche zeigten, daß sie auf ihre Aufgabe, die Musik und ihre Schattirungen mit ausdauerndem Eifer wiederzugeben, stolz waren, und daß sie die Handlung durchaus verstanden, indem sie durch angemessenes Spiel jede Situation, an der sie theilhatten, wirksam unterstützten. Ihre eindringlichen und intelligenten Leistungen sprachen nicht zu tauben Ohren. Das englische Volk hat (wenigstens von Händel's Zeit an) stets großen Geschmack und Gefallen am Chorgesang gefunden. Jenes Beispiel blieb ihm daher unverloren. Dieser überaus wichtige Theil des musikalischen Dramas, der inzwischen von modernen Componisten, Deutschen und Nichtdeutschen, als solcher mehr und mehr genau studirt worden ist, hat in England von Jahr zu Jahr wachsende Aufmerksamkeit erregt, und dies mit so gutem Erfolg, daß wir nun die großen Theater von Paris, Berlin, Wien und Mailand darin bereits übertroffen haben. Der Funke jedoch, der den Zunder zuerst in Brand setzte, waren die Resultate, die Herr Chelard, der Dirigent jener deutschen Oper, mit seinen Choristen im «Fidelio» errang."*)

---

*) Auch in Paris machten die deutschen Choristen, schon 1830 bei der Aufführung des „Fidelio", Aufsehen. Der „Moniteur" vom 16. Mai 1830 sagt (S. 540): „La grande fortune de cet opéra dans lequel Haizinger, Madame Devrient et les choeurs font des merveilles, est la seule cause de ce retard." (Die erste Vorstellung des „Oberon" war nämlich um des „Fidelio" willen verschoben worden.) Im „Journal des Débats" vom 8. Mai 1830 („Chronique musicale") steht sogar das noch viel prägnantere Lob mit Beziehung auf den „Freischütz": „L'exécution des choristes allemands peut être comparée à celle de l'orchestre du Conservatoire." —

Der am 12. Februar 1861 in Weimar verstorbene Hippolyte André Jean Baptiste Chelard, geboren zu Paris am 1. Februar 1789, seit 1828 Hofkapellmeister in München und später (von 1836—52) in derselben Eigenschaft in Weimar angestellt, brachte auch ein Werk seiner eigenen Composition, den „Macbeth", auf die deutsche Opernbühne in London, welcher zuerst am 29. Juni 1827 in der Großen Oper zu Paris ohne Erfolg, dann aber, nach vorgenommenen wesentlichen Abänderungen der Partitur, im Juni 1828 in München mit großem Beifall zur Aufführung gelangt war, da die Hauptrollen sich hier in den Händen der Schechner, Sigl-Vespermann und Pellegrini's befanden. Auf andern deutschen Theatern, wo „Macbeth" gleichfalls gegeben worden ist, hat die Oper trotz ihrer schönen Einzelheiten es über ein succès d'estime nicht hinausgebracht, in London aber machte sie durch das ausgezeichnete Spiel der Schröder-Devrient und wol auch durch ihren Shakspeare'schen Hintergrund nach dem „Fidelio" das meiste Glück. Allerdings ist das Libretto des Chelard'schen „Macbeth" ziemlich abgeschmackt, und auch die Musik insofern für eine Sängerin von der Art der Schröder-Devrient nicht berechnet, als dieselbe eine bedeutende Coloraturfertigkeit voraussetzt; allein ihre Lady Macbeth war nichtsdestoweniger eine Leistung, die auf alle, die sie je in dieser Rolle gesehen, einen unauslöschlichen Eindruck gemacht hat. „Man konnte sie nicht ansehen" — so erzählt Mr. Chorley[*]) — „ohne sogleich an das Ideal erinnert zu werden, welches Mrs. Siddons von diesem «großen satanischen Charakter» (um ihre eigenen Epitheta zu gebrauchen) geschaffen haben soll.

---

[*]) „Modern german music", I, 345—347.

Sie hatte, wie Mr. Jameson sagt, die Vorstellung, daß Lady Macbeth ihrem celtischen Ursprunge gemäß eine kleine blonde und blauäugige Frau gewesen sein müsse. Bonduca, Fredegunde, Brunhilde und andere Amazonen des gothischen Zeitalters haben ja auch so ausgesehen. Wenn man von der Statur absieht, so stellt die große deutsche Opernactrice (beiläufig gesagt, die Tochter der großen deutschen «Lady Macbeth», der großen Schröder,) diese Idee leibhaftig dar. Mit einer verführerischen und würdevollen Grazie des Benehmens verband sie einen unheilverkündenden Blick, einen bösen, tiefdurchdringenden Ausdruck der Augen, der um so furchtbarer wirkte, als er mit jenen Farben und Formen, welche wir als Symbole der Unschuld und zarten Empfindung zu deuten gewohnt sind, so arg contrastirte. Das, was in dem Ausdruck «der weiße Teufel» die Haut schaudern macht, sprach aus jedem Gesichtszuge der Madame Schröder-Devrient, aus ihrem honigsüßen und demuthsvollen Lächeln, wenn sie den zum Tode bestimmten König bewillkommnete, — aus der Mischung von Grausamkeit und schmeichlerischer Liebkosung, die sie in die Ermordungsscene zu legen wußte, — aus dem gräßlichen Selbstgespräch der Seele, die da wacht, während der Körper schläft. Wenn ich an die Pasta als Medea" (in der schwachen Oper von Simon Mayr) „denke, wie sie, in ihren Scharlachmantel eingehüllt, den bei ihr vorüberziehenden Brautzug beobachtete, dann steigt auch die Gestalt von Madame Schröder-Devrient's Lady Macbeth wieder vor mir auf, als eine von denjenigen Visionen, über welche junge Männer in Wahnsinn und alte in Schwärmerei zu verfallen fähig sind. Abgesehen von dem musikalischen Interesse dieser Gestalt, hat die Bühne nur wenige noch mehr ergreifende Darstellungen erlebt."

Hatte „Fidelio" unserer Künstlerin in London den Beinamen der „Queen of tears" (Thränenkönigin) eingebracht, und ihre Lady Macbeth, die sie am 2. Juli zum ersten mal sang und im ganzen viermal producirte*), das Publikum sogar an die größte Tragödin der englischen Bühne, Betty Alix Siddons, geborene Kemble, zu erinnern vermocht, so verfehlte doch auch ihre dritte Rolle, die Donna Anna im „Don Juan", welchen sie am 11. Juli zu ihrem Benefiz gab und am 16. zum Benefiz der de Méric wiederholte, ihre Wirkung nicht, obwol das Publikum an der übrigen Besetzung nur mäßigen Antheil nahm. Die Elvira sang Madame de Méric, die Zerlina Demoiselle Schneider, den Don Juan Hauser, den Ottavio Haizinger, den Comthur Ruhe, den Leporello Günther und den Masetto Schumann. Sonst ist unsere Künstlerin nur noch am 8. Juni in einer großen „miscellaneous selection of vocal and instrumental music", und zwar im Beethoven'schen Oratorium „Christus am Oelberge", sowie zum Benefiz Donzelli's, der den Mohren sang, am 5. Juli im dritten Act des „Othello" als Desdemona auf der Bühne des King's Theatre aufgetreten. „Freischütz" wurde zwar auch öfters gegeben, allein die Agathe sang nicht sie, sondern Madame de Méric. Indessen genügte schon die allgemeine Begeisterung, welche ihr Fidelio hervorgerufen, vollkommen, um sie in der Riesenstadt „in die Mode zu bringen". Alle Welt drängte sich, sie zu hören und zu sehen; in allen Salons wurde sie bewundert; eine Einladung zu einer musi-

---

*) Die Morna sang Madame de Méric, den Duncan Herr Hauser, den Macbeth Herr Pellegrini, den Douglas Herr Haizinger.

kalischen Soirée ohne sie war in den fashionablen Kreisen
kaum mehr denkbar, — und doch fühlte sich ihre, jeden
Zwang verabscheuende Feuerseele in der, durch die unerbitt=
lichsten Umgangsformen selbstgeschmiedete Ketten tragenden eng=
lischen Gesellschaft unglücklich, so hoch sie auch die Comforts
zu schätzen wußte, wodurch das praktische Volk jenseit des
Kanals sein häusliches Dasein über alles behaglich zu machen
versteht. Der feinere Sinn, welcher dazu gehört, um alle
die tausend kleinen Raffinerien des englischen Luxus in ihrer
ganzen wirklichen Annehmlichkeit zu schätzen und nicht viel=
mehr, wie es gröbern Naturen stets ergeht, als ebenso viele
lästige Fesseln zu verwünschen, fehlte der Schröder=Devrient
keineswegs; allein daß man sie — die Wahrheit zu gestehen
— in England nicht für anständig genug hielt, um sie auch
ihres bloßen Umgangs wegen einzuladen, daß man sie, einige
deutsche Häuser abgerechnet, immer nur gegen baare Bezah=
lung für geforderte musikalische Leistungen in der londoner
Gesellschaft zu sehen wünschte, während fast zu derselben Zeit
die doch kaum minder excentrische Maria Malibran selbst
unter der Nobility intimere Freunde fand, — das freilich mußte
in dem Herzen unserer Künstlerin einen Stachel zurücklassen,
dessen schmerzende Spitze keine noch so großen Theatererfolge
und Geldgewinste abzubrechen vermochten. So athmen denn
begreiflicherweise alle die Briefe, die sie aus und über Eng=
land geschrieben, eine gewisse Misstimmung gegen die Nation,
die es ihr an stolzem Selbstgefühl noch bei weitem zuvorthat.
„Auf der Bühne" — so heißt es in einem ihrer von Claire
von Glümer mitgetheilten Briefe — „fehlte mir das Be=
wußtsein, verstanden zu werden; ich wurde von dem größten
Theil des Publikums doch nur angestaunt wie eine fremd=
artige Erscheinung, und für die Gesellschaft war ich eben

nur ein Spielzeug, für das sich zufällig die Mode entschieden
hatte, das aber gewärtig sein mußte, im nächsten Moment
beiseite geschoben zu werden." — Wie konnte ein Wesen, wie
Wilhelmine Schröder-Devrient, mit der Exclusivität der eng-
lisch-aristokratischen Gesinnung, mit dem in jenem Lande so
unerbittlich streng festgehaltenen Kanon der Standesunter-
schiede sympathisiren, der doch nur für die unerschütterliche
Solidität des englischen Gesellschaftsbaues zeugt?! Wie konnte
sie, die von ihrer Kunst und ihrem Berufe einen so idealen
Begriff im Herzen trug, Anstandsregeln beistimmen, wie sie
Lord Chesterfield im vorigen Jahrhundert seinem Sohn,
Philipp Stanhope, gab, und wie sie noch bis auf den
heutigen Tag von der respectabeln englischen Gesellschaft in
vielen Punkten als ein Katechismus wahrer Weltklugheit und
feiner Sitte verehrt werden?! Heißt es darin doch unter anderm: „Wenn du Musik liebst, so höre sie an, geh' in Opern
und Concerte, bezahle Spielleute, daß sie dir vorgeigen.
Das aber verlange ich, daß du selbst weder geigen noch
pfeifen sollst. Es zeigt dies einen Gentleman von sehr nichts-
würdiger, verächtlicher Seite, bringt ihn in üble Gesellschaft
und nimmt ihm viel Zeit weg, die weit besser angewendet
werden könnte. Wenige Dinge sollten mich mehr kränken,
als wenn ich dich mit der Geige unter dem Kinn oder mit
der Pfeife im Munde bei einem Concert mitspielen sähe." —
Heutzutage wird freilich in der englischen feinen Welt —
namentlich von Damen — unendlich viel musicirt; aber die
Kluft zwischen dem Künstler von Profession und der guten
Gesellschaft ist deshalb doch noch fast dieselbe geblieben, wie
zu der Zeit, da Chesterfield das Musiciren überhaupt als
ungentlemanlike verbot. Dazu erzählt die Schröder-Devrient
einen recht possirlichen Beleg. Als Giuditta Pasta eines

Tages die Ehre hatte, bei der Herzogin von Kent zu singen, da sah sie sich von den Ladies der Gesellschaft durch eine dicke seidene Schnur getrennt, welche in Tischhöhe quer durch den Musiksaal gezogen war. „Mir gegenüber", fügt sie hinzu, „hat man sich das nun zwar nie erlaubt, aber im Geist habe ich zwischen mir und den englischen Damen beständig eine solche Schranke gefühlt." — Auch über das geringe Musikverständniß der Engländer, das übrigens seitdem in gar vielen Kreisen einem wahren und auch recht erfolgreichen Interesse für die Meisterwerke der Tonkunst Platz gemacht hat, ärgerte sich unsere Künstlerin nicht wenig und ließ sich darüber ebenso treffend als launig, wie folgt, aus*):

„Die große Menge schwärmte für diesen oder jenen Componisten, für diesen oder jenen Sänger, nur weil es so Mode war. Jenes Sichhingeben an die Musik, das dem deutschen Volke in so hohem Maße eigen ist, war dort nur bei einzelnen zu finden. War ein Künstler einmal Mode, so konnte er thun und lassen, was er wollte; solange ihm die Mode zur Seite stand, war alles recht und gut, und wenn die heilige Cäcilie selber vom Himmel heruntergestiegen wäre, sie hätte nicht wagen dürfen, sich mit ihm zu messen. Man thut übrigens wohl, sich auf dies «Modesein» nicht zu viel einzubilden, denn der Grund dazu war oft für den Künstler nichts weniger als schmeichelhaft. Ein Beweis dafür war Hummel. Er hatte schon in mehreren Concerten gespielt, ohne besonders beachtet zu werden; das eine mal aber fiel es einer der tonangebenden Frauen ein, während seines Spiels aufzustehen und die Bewegungen seiner Hände zu beobachten — und nun schien ihr plötzlich die Musik ver=

---

*) „Erinnerungen", S. 70—72.

ständlich zu werden. Ein steigendes Entzücken malte sich in ihren Zügen — endlich brach sie in die bewundernden Worte aus: «O der Triller, der Triller und noch dazu mit der linken Hand!» Wie eine Losung flogen die Worte von Mund zu Mund; alle Damen standen auf, Hummel's Spiel zu — betrachten; als er zu Ende gekommen war, brach von allen Seiten donnernder Beifall aus, und von Stund' an war er der erklärte Liebling der londoner «musikalischen Welt».

„Auch ich habe Gelegenheit gehabt, gar eigenthümliche Erfahrungen zu machen. Als ich zum ersten mal in einer großen Privatgesellschaft singen wollte, machte mir ein großer deutscher Künstler, der mich accompagnirte, den Vorschlag, einen Strauß'schen Walzer zu wählen. «Das kann nicht Ihr Ernst sein!» rief ich halb bestürzt, halb unwillig. Der Künstler lachte. «Ich sehe», sagte er, «daß Sie das hiesige Publikum nicht kennen und in allerlei Illusionen befangen sind. Singen Sie, was Sie wollen: die Cavatine aus der ‚Euryanthe' oder ‚Du, du liegst mir am Herzen', die große Arie aus ‚Fidelio' oder ‚Und als der Großvater die Großmutter nahm' — immer wird Ihr Gesang nur die Begleitung zur lebhaften Unterhaltung sein, die mit den ersten Tönen der Musik beginnt. Hören Sie aber auf zu singen, so stockt jedes Gespräch, und der rauschendste Applaus wird Ihnen zu Theil.» Ich hielt diese Worte für einen Scherz — noch dazu für einen schlechten. Aber ich habe mich vom ersten bis zum letzten Liede, das ich in englischen Gesellschaften gesungen habe, von ihrer Wahrheit überzeugen müssen."

Am 20. Juli nahm sie als Fidelio von London Abschied und trat, nach Dresden zurückgekehrt, dort am 11. September 1832 in derselben Rolle zuerst wieder auf; dann folgte am 15. desselben Monats die Desdemona in ita-

lienischer Sprache. An neuen Partien sang sie zunächst am
1. December 1832 die Maria in der damals in Dresden
zum ersten mal aufgeführten Wolfram'schen Oper „Schloß
Candra" von Gehe und am 24. Februar 1833 die Johanne
in „Des Falkners Braut" von Heinrich Marschner. Der
Componist pflegte von dieser Oper, wozu sein Schwager, der
Schauspieler Wohlbrück, nach einer Spindler'schen Novelle
den Text geschrieben, immer nur als von einem Unglücks=
kinde zu reden, und es ist dieselbe auch, soviel wir wissen,
außer in Dresden, Leipzig und Berlin kaum irgendwo anders
gegeben worden. Allein dem Talent der Schröder-Devrient
gelang es, durch ihre ergreifende Durchführung der genannten
großen dramatischen Gesangspartie das Interesse ihres hei=
mischen Theaterpublikums wenigstens eine Zeit lang an das
Werk zu fesseln, sodaß im Jahre 1833 etwa sechs Vorstel=
lungen desselben in Dresden möglich wurden. Ob es auch
später noch dort aufgeführt worden ist, wissen wir nicht.

Im April 1833 sang sie zum vierten mal in Ham=
burg, und zwar am 10. die Euryanthe, dann Desde=
mona, Donna Anna, Vestalin und zu ihrem Benefiz
die Rezia. Von hier aus begab sie sich im Mai abermals
nach London, wo Mr. Bunn das Drury Lane und Co=
vent Garden Theatre gepachtet hatte und darin, wiederum
unter Chelard's Direction, abwechselnd deutsche und eng=
lische Opern aufführen ließ.*) Es waren ihr für die Dauer

---

*) Zuerst war Drury Lane für die Oper, Covent Garden für
das Schauspiel bestimmt, und Macready trat dort namentlich
häufig als Macbeth auf. Vom 27. Mai ab ging die deutsche
Oper aus Drury Lane nach Covent Garden. Uebrigens gab es
damals zwei deutsche Operngesellschaften in London, denn der
Pachter des King's Theatre, Laporte, hatte neben seiner italieni=

der Saison 40 Pfund Sterling für die Vorstellung und ein Benefiz gegen die Verpflichtung verheißen worden, im ganzen fünfundzwanzigmal, darunter auch in einer Abschiedsvorstellung zum besten der Direction aufzutreten. Ihr Fidelio, womit sie am 6. Mai zuerst debutirte*), wurde abermals enthusiastisch aufgenommen; darauf sang sie am 15. Mai die Agathe im „Freischütz"**), am 27. die Pamina in der „Zauberflöte"***), und nicht weniger glänzend war ihr Erfolg als Euryanthe, die am 29. Juni in London überhaupt zum ersten mal mit dem nicht minder lebhaft applaudirten Haizinger als Adolar und Dobler als Lysiart in Scene ging. Alle Blätter ent=

---

schen Truppe bis zum 16. Mai auch noch eine deutsche Gesellschaft engagirt, als deren Primadonna Madame Pirscher aus Darmstadt fungirte, und welche „Freischütz", „Zampa", „Fidelio" aufführte. Der Dirigent dieser Truppe war Hummel aus Weimar, die übrigen Mitglieder, Nina Sontag, der Tenor Binder, Ehlers, Irmer, Heinrich Blume, Köckert, Ruhe u. s. w., mehr oder weniger Mediocritäten.

*) Er wurde zwölfmal gegeben, nämlich außer am 6. Mai noch am 8., 10., 13., 17. und 23. Mai, sowie am 15., 18., 22., 26., 29. Juni und am 3. Juli, häufig mit der englisch aufgeführten „Sonnambula" an ein und demselben Abend. Den Florestan sang wiederum Haizinger, den Pizarro der tüchtige Bassist aus Frankfurt a. M., Dobler, den Rocco Ütz, den Minister zuerst Schäfer, später Günther. Am 15. Juni ging der „Fidelio"-Vorstellung die der „Hochzeit des Figaro" vorher, wobei Madame Malibran die Susanne, Madame Vestris den Cherubino und Madame de Méric die Gräfin sang.

**) Wiederholt am 17. Juni und 2. Juli. Dobler sang den Kaspar.

***) Sie wurde neunmal aufgeführt, nämlich außer am 27. Mai auch noch am 31. Mai, am 1., 5., 7., 13., 19., 21. und 25. Juni. Dobler sang den Sarastro, Haizinger den Tamino.

hielten pomphafte Lobeserhebungen der Partitur des großen deutschen Meisters und der wackern Künstler, die sie interpretirt hatten. Die Vorstellung wurde am 1. Juli wiederholt. — Am 3. Juli nahm unsere Künstlerin in einem Riesenbenefiz von London Abschied und sang dabei den ganzen „Fidelio" und die ersten Acte der „Euryanthe" deutsch, außerdem aber noch den britten Act des „Othello" italienisch, und zwar so, daß sie diesmal den Mohren und die Malibran die Desdemona gab. Die letztere war nämlich zu gleicher Zeit bei der mit der deutschen alternirenden englischen Operngesellschaft des Mr. Bunn engagirt.*) Beide Künstlerinnen wurden von dem Publikum auf Händen getragen, doch erkannte man der Spanierin wegen der ungemeinen Versatilität ihres Talents in manchen Kreisen die Palme zu. Sie glänzte damals hauptsächlich als Amina in einer englischen Version der „Sonnambula", ferner ganz außerordentlich als Graf Belino in der musikalischen Posse „The Devils Bridge" („Die Teufelsbrücke") und die Abele in der für sie ins Englische übersetzten Oper „The students of Jena or the family concert („Der Student"), die Chelard 1829 in Paris unter dem Titel „La table et le logement" ohne Erfolg zur Aufführung gebracht, dann aber für München gänzlich umgearbeitet hatte, woselbst sie im Februar 1832 zuerst auf den Bretern erschienen und sehr beifällig aufgenommen worden war.

Im allgemeinen erregte die deutsche Oper doch nicht mehr ganz den gleichen Enthusiasmus, mit dem ihre Leistungen im Jahre 1832 aufgenommen worden waren, und

---

*) Zweite Soprane in dieser Truppe waren Miß Cawse und Miß Betts, Tenor Mr. Templeton, Baß Mr. Seguin.

der Hauptgrund davon lag wol darin, daß einerseits das Personal außer der Devrient, Haizinger und Dobler sehr schwach beschlagen war, andererseits aber das amusementslustige Publikum der englischen Metropolis an den außerordentlichen Balletleistungen der Maria Taglioni und der in diesem Jahr zum ersten mal England besuchenden Fanny Elsler im King's Theatre ein gar zu starkes Gegengewicht gegen die bisherige Anziehungskraft des „Fidelio" und ähnlicher ernster Opern fand. Selbst die Italiener, die dieses Jahr in voller Phalanx die Pasta, die Cinti-Damoreau, Rubini, Donzelli, Tamburini, de Begnis, Giubilei und Galli an der Spitze, auftraten und alle Favoritopern, wie „Il Pirata", „Anna Bolena", „Medea", „Le Nozze di Figaro", „Don Giovanni", „Cenerentola", „Il Barbiere", „La Gazza ladra", „Semiramide" und „Tancredi", dazu als Novitäten noch Bellini's „Norma" (zum ersten mal am 26. Juni) und „Montecchi ed i Capuleti" gaben, vermochten gegen Ballets, wie „Faust", „Flora und Zephyr", „Nathalie", die alles berauschende „La Sylphide" und „La Bayadère" nicht aufzukommen, und sogar die Malibran mußte zuletzt, von den Engländern zu den Italienern übergehend, mit der freilich damals schon nicht mehr ganz rein intonirenden Pasta und mit dem in seiner ersten Blüte stehenden Tamburini die Semiramis vor einem leeren Hause singen. Erst 1834 wandte sich mit dem Erscheinen der Giulia Grisi auf der londoner Bühne das Blatt wieder zu Gunsten der Oper, allein damals gehörte Madame Schröder-Devrient nicht mehr zu der deutschen Gesellschaft, die mit Boyeldieu's „Weißer Dame" und Winter's „Unterbrochenem Opferfest", das ganze drei Jahre hindurch wiederholte Unternehmen zu Grabe trug. Erst 1840 fand sich im kleinen St.-James-Theater wieder eine deutsche Truppe mit Madame Stöckl-Heinefetter und den Herren Wild und Staudigl ein, die Weber's „Euryanthe", Spohr's „Faust" und „Jessonda", Marschner's „Templer und Jüdin" und Gluck's „Iphigenia in Tauris" zu Gehör brachte. Mr. Bunn aber hatte 1832, ebenso wie Monck-Mason 1831, mit seiner Speculation auf die Anziehungskraft deutscher Musik in London schlechte Geschäfte gemacht; beide waren sie dem Schicksale Röckel's in Paris treulich gefolgt, nicht weil das fremdländische Publikum unsere Componisten und Sänger etwa nicht gebührend zu schätzen gewußt hätte, sondern vielmehr lediglich aus dem Grunde, weil, wie dies noch bis zum heutigen Tage in London oft vorkommt, das Unternehmen von Anfang an so ungemein kostspielig eingerichtet war, daß es selbst bei allezeit vollen Häusern unmöglich hätte rentiren können. Rechnet man dazu noch die Mißgriffe, die bei einzelnen Engagements geschahen, welche sich dann nur durch bedeutende Geldopfer wieder rückgängig machen ließen, so ist das Räthsel, warum die Entrepreneurs selbst mit zum Theil enthusiastisch aufgenommenen Werken und Darstellern finanziell nicht reussiren konnten, vollständig gelöst.

Neuntes Kapitel.
Die Zeit der höchsten Blüte.

Die dramatische Sängerin und ihr Einfluß auf Opr und Gesangskunst. Schiefes Urtheil aus A. Lewald's „Europa". Fromme Wünsche. Neue Rollen der Künstlerin in Dresden. Romeo in Bellini's „I Montecchi ed i Capuleti". Dichtung und Wahrheit bezüglich des ersten Auftretens in dieser Rolle. Studium derselben und Aussprüche der Künstlerin darüber. Vortrefflichkeit der Darstellung. Rebekka in Marschner's „Templer und Jüdin". Alice in „Robert der Teufel". Amina in der „Sonnambula". Viertes Gastspiel in Berlin. Vorliebe für das italienische Repertoire trotz mangelnder Befähigung. Norma. Parallele mit Giuditta Pasta. Die Auffassung der Rolle. Das antike Costüm und die Bedenklichkeit moderner Prüderie. Der lange Urlaub und der italienische Reiseplan. Triumphe in Leipzig, Braunschweig, Hannover und Breslau. Mosewius über die Emmeline. Empfang in Nürnberg, Pesth und Brünn. Die wiener Lorbern. Das Athletenstückchen. München und Augsburg. Zweites breslauer Gastspiel. Ein Studentenskandal.
Die prager Krönung. Rückkehr nach Dresden.

(1833—1837.)

Man mag mit Recht behaupten, daß von der Zeit ab, da Wilhelmine Schröder=Devrient durch ihre Gastspiele in Paris und London ihren Weltruf begründete, das Rollenfach der dramatischen Sängerin, als eines besondern, von dem der Coloratursängerin getrennten, auf unserer Bühne heimisch geworden ist. Jetzt gibt es kaum noch eine wandernde Truppe in Deutschland, welche das Fach unbesetzt hätte, ehemals aber würde man fast nicht verstanden haben, was mit dem Ausdruck gemeint sein solle. Sonst verstand es sich ganz von selbst, daß jede Sängerin, welche als Primadonna auf irgendeinem anständigen Theater reussiren wollte, ihre Stimme insoweit ausgebildet haben mußte, um Passagen und Triller mit Leichtigkeit und Geschmack ausführen zu können, und nur den kolossalen Organen einer Milder und Schechner mochte man das Deficit an Beweglichkeit in Rücksicht auf ihren Ueberschuß an Tonfülle allenfalls nachsehen. Nun aber hatte sich die ehemalige eine und untheilbare Primadonna auf einmal in zwei Personen aufgelöst, und man hatte fortan bei jeder ersten Bühne neben der Soubrette, die immer schon im colorirten Stile wenigstens etwas zu Hause sein mußte, eine Primadonna für den Bravourgesang und eine zweite für die virtuose dramatische Darstellung par excellence. Daß mit dieser Spaltung nicht blos in musikalischer Beziehung eine höchst bedenkliche Saat gesäet, daß damit zugleich der Keim zu erbitterten Parteikämpfen gelegt war, wie sie Berlin zu Ende der dreißiger Jahre im Streite der Löwe- und Faßmannianer so glänzend erlebt hat, konnte damals niemand voraussehen, sowie man auch keine Ahnung davon hatte, daß es der dramatischen Sängerin in nicht allzu ferner Zeit gelingen würde, die Collegin für die Bravour beim Publikum zu discreditiren und so auch den letzten Rest wirklicher Gesangskunst, der sich zu den Coloratursängerinnen geflüchtet, von der Oper hinwegzuspülen. Ein böser Dämon lauerte hinter dem vieldeutigen Worte, das seine Entstehung eben nur dem Umstande verdankte, daß es einmal eine Sängerin gegeben, die vorzugsweise dramatisch war und

leider dabei nicht ganz perfect sang, der man aber diesen
Mangel um jenes Vorzugs willen zu vergeben noch geneigt
war. Was bei ihr, dem Ausnahmswesen, einen gewissen
Sinn hatte, das mußte als generalisirtes Stichwort offenbar
heilloses Unglück stiften und nur allzu bald zum schnödesten
Deckmantel der Faulheit misbraucht werden. Wozu auch
noch Bravourgesang üben, wenn die so schwer zu erlangende
„bravura" doch zu den obsoleten Dingen, wol gar zu den
Sünden gegen den heiligen Geist der Musik gehörte, und nur
das tüchtige „Loslegen" in Spiel und Gesang noch bezahlt
wurde? Wer eben fortan Stimme genug hatte, um darauf
loszuschreien zu können, daß die Wände bebten, aber nicht
hinreichende Ausdauer oder künstlerischen Esprit, um sein
Instrument ordentlich spielen zu lernen, der wurde —
war das Organ ein Sopran — dramatische Sängerin, —
war es eine höhere Männerstimme — Heldentenor, d. h.
vor allen Dingen ein Schreier, bei dem es auf das Singen=
können erst in zweiter Linie oder gar nicht mehr ankam.
Wie sehr verkannte man damals die Bedeutung und Trag=
weite des Wortes, in dessen bloßem Klange soviel Berau=
schendes lag, daß man von der Aufnahme desselben in das
officielle Lexikon der Theatersprache eine neue Aera für die
Oper datiren zu können meinte! Daß das Beispiel der
Schröder=Devrient auch seine guten Früchte getragen, daß
ihre frische, geniale Erscheinung unserer Opernbühne ein
neues Leben eingehaucht, und ihre künstlerische That, die
Kunst der wirklichen Charakterdarstellung mit allen ihren
tiefen Gemüthserregungen an die Stelle eines blos sensuellen
musikalischen Ohrenschmauses zu setzen, eine durchaus berech=
tigte gewesen, ist darum doch nicht minder wahr, als daß
Richard Wagner zehn Jahre später vollkommen recht

hatte, unsere bisherigen Operntexte abscheulich zu finden und nach gehaltvollern zu streben. Allein so gewiß der letztere es nicht zu Stande gebracht, uns mit einem Kunstwerk zu beschenken, das von musikalischem Standpunkt aus betrachtet, mit den Schöpfungen unserer Classiker sich auch nur irgendwie messen könnte, so gewiß sein ganzes Dichten und Treiben vielmehr bisjetzt nur das Resultat gehabt hat, eine ungeheuere Verwirrung in Begriffe und Dinge zu bringen, welche vor ihm sehr hübsch klar zu Tage lagen, und endlich gar den Cultus des Häßlichen zu proclamiren: so ist es auch mit der als rettende That ausgeschrienen Erfindung des specifisch dramatischen Gesanges gegangen. Man fühlte das Bedürfniß nach bessern Operntexten und vernichtete, es zu stillen, die Oper; man sah ein, daß eine Opernsängerin nicht blos Gurgelsonaten vor dem Souffleurkasten abzusingen, sondern einen Charakter darzustellen verstehen müsse, und die blinde Durchführung dieses gewiß richtigen Grundsatzes ruinirte die Gesangskunst, ohne welche überhaupt gar keine Oper bestehen kann. Es scheint uns zwar, als fingen die lange verdüsterten Begriffe sich jetzt endlich wieder etwas zu klären an, und es ist in der That einige Hoffnung vorhanden, daß man allmählich zu gesundern und nüchternen Ansichten zurückkehren werde; in was für einem Ton aber die Leute gesprochen haben, welche die neue Riesenentdeckung als Pathen aus der Taufe hoben, davon ein Beispiel anzuführen, dürfte nicht ganz ohne Interesse sein. So lesen wir z. B. in August Lewald's zu Stuttgart erschienener „Europa", Jahrgang 1837, III, 523, bei Gelegenheit der Besprechung eines Gastspiels der Schwestern Nina und Agnese Schebest auf der breslauer Bühne folgende himmelstürmende Phrasen:

„Eine neue Bahn des Operngesanges ist siegreich ge-
brochen, das Reich der Unnatur gestürzt.*) Die abgöttische
Verehrung, welche geistlose Theoretiker den Mitteln zum
Zweck, der blendenden Kehlfertigkeit und dem starren Bra-
vourgesange in philiströser Pedanterie zollten, ist vor der
Genialität neuerstandener Gesangsheroen in ein klangloses
Nichts zerfallen. Im warmen Süden loderte dieses edle
Feuer empor, und wir lauschten der Kunde, die von den
Thaten der in Unsterblichkeit ruhenden Malibran zu uns
drang, wie einer fernen unbegreiflichen Sage. Da regte es
sich in Deutschland auch, und eine deutsche Frau erstand,
schlang sich mit kräftigen Jugendarmen um die Natur und
die Werke der Sangesmeister und ließ sie zu nie geahntem
Leben erwarmen. Sie ging über den Rhein, und ihre leiden-
schaftliche Glut, gepaart mit der Tiefe eines deutschen Ge-
müths, sammelte Frankreichs kunstempfängliche Söhne in
dichten Reihen um sie und ließ sie die Frivolität ihrer Baude-
villetheater und die blutigen Greuel ihrer neuromantischen
Schule vergessen. Eine Ahnung von der Heiligkeit deutscher
Kunst ging in Frankreich auf. Günstige Gestirne trugen die
Deutsche über den Kanal. Gleiche Erfolge, gleicher Sieg.
Die schwerfälligen Briten, verknöchert in der Politik der
Elle, vandalisirt durch die Faustdemonstrationen boxender
Wahldemagogen, horchten hochauf und näselten: «Gott segne
uns Deutschland!» — Dies deutsche Weib ist Wilhelmine
Schröder-Devrient. Sie hat den Impuls gegeben, daß die
undefinirbarste und darum göttlichste der Künste, die Sanges-

---

*) Dieses Reich wurde, unsers Bedünkens, nicht erst damals,
sondern schon durch Gluck und Mozart und die Abschaffung der
Castraten auf der Oper gestürzt.

kunst, sich dem Zwange schulmeisterlicher Regeln entrafft und zu ihrer gottbestimmten Würde erhoben hat. Sie hat die Bande gesprengt, in die Hunderte von berufenen Landsmänninnen, gleich einem in der Form schlummernden Erzbilde, eingepanzert geblieben sind. Wie der Jüngling in der Arena den Diskus nicht nur darum werfen lernte, um vor der schaulustigen Menge durch seine Gliedergewandtheit zu glänzen, sondern, wenn es galt, zum Kampfe gerüstet zu sein, so hat die Schröder-Devrient die Vorstudien der Kunst, die Hebel des Genies sorglich durchlaufen, aber dann den Gott im Busen walten lassen, wie der Augenblick es gebot, und so in ihrem Gesange Bilder des Lebens, des ewigen Menschenadels und die Poesie der Leidenschaft widergespiegelt."

Nach dieser begeisterten Einleitung wird dann Agnese Schebest „als die zweite dramatische Sängerin Deutschlands" proclamirt. Wir wissen recht gut, daß es seither auch noch eine dritte und vierte und fünfte gegeben, und könnten auf die Namen Auguste von Faßmann, Luise Schlegel-Köster, Johanna Wagner, vielleicht gar auf Fräulein Tietjens und Frau Dustmann-Mayer hinweisen; allein es mag diese episodische Betrachtung mit dem frommen Wunsche geschlossen sein, daß die Zeit recht bald wiederkehren möge, wo man in der Oper auch wieder singen hören könne. Dieser Wunsch erscheint um so mehr gerechtfertigt, da doch auch das Spiel unserer Primadonnen schon stark anfängt, einer aus zweiter Hand gekauften Waare zu gleichen, und für den Mangel an gesangskünstlerischer Ausbildung genügenden Ersatz sicher nicht mehr zu bieten vermag.

Nachdem unsere Künstlerin nach Deutschland heimgekehrt war, trat sie am 20. Juli 1833 in Dresden als Fidelio wieder auf und beschenkte bald darauf, nach ihrer gewohnten rastlosen Thätigkeit, das heimische Repertoire auch wieder mit einigen neuen Rollen. Am 21. September sang sie die Rosa in Gläser's zum ersten mal zur Aufführung kommender Oper „Des Adlers Horst", am 1. October den Romeo in Bellini's „Montecchi ed i Capuleti" in italienischer Sprache, am 31. desselben Monats die Rebekka in der in Dresden noch neuen Marschner'schen Oper „Templer und Jüdin", und am 7. December die Amazily in dem deutsch vorher hier noch nicht gegebenen „Cortez" von Spontini, der indessen in italienischer Sprache bereits 1814 auf dem Hoftheater erschienen war.

Von diesen Rollen muß uns der Romeo, als eine ihrer nachmaligen Glanzpartien ersten Ranges, am meisten interessiren; ist sie doch von vielen, die aber freilich von italienischer Gesangskunst keinen Begriff hatten, überhaupt für die ausgezeichnetste aller ihrer Schöpfungen gehalten worden. Die Oper war zuerst am 11. März 1830 im Theatro della Fenice zu Venedig mit Giuditta Grisi als Romeo und Giulia Grisi als Giulietta aufgeführt worden, darauf am 1. October 1831 mit Signora Abela Schiasetti bei der italienischen Oper in Dresden, am wiener Kärntnerthor-Theater im Herbst 1832 mit Sabine Heinefetter und Sophie Löwe in den Hauptrollen erschienen, während man die dasselbe Sujet behandelnde Baccai'sche Oper „Giulietta e Romeo", schon 1825 auf dem Teatro alla Canobbiana in Mailand gegeben, und diese also auch die Tour durch Europa früher gemacht hatte, als das Bellini'sche Werk. Großer Effect war mit dem letztern in Deutschland nicht erzielt, dasselbe überdies von den italienischen Gesellschaften, die damals noch in Wien und Dresden neben den deutschen in Wirksamkeit standen, bereits nach kurzer Zeit förmlich todt gesungen worden. Die ernsthafte deutsche Kritik hatte sich daran gewöhnt, darin nur eine elende Verballhornung und Verwässerung der herrlichen Liebestragödie Shakspeare's zu erkennen; sie hielt sich ausschließlich an die vielen in der Oper vorkommenden musikalischen Tiraden und leeren Phrasen, an die freilich über alle Begriffe flache Behandlung der schönen altitalienischen Novelle von den beiden feindlichen Häusern zu Verona, und das große Publikum stand nicht an, allmählich in dieses gestrenge Kunsturtheil um so bereitwilliger einzustimmen, als manche Stelle aus der Zuckerbäcker-Romantik der welschen Partitur, wie z. B. der abgedroschene Schlußsatz des zweiten Finale durch die bekannte Parodie im „Lumpacivagabundus", der zuerst während des zweiten Quartals von 1835 im Theater an der Wien das Lampenlicht erblickte, dem öffentlichen Gelächter bereits gründlich preisgegeben worden war.

Allein alle diese ungünstigen Umstände hielten die Schröder-Devrient nicht ab, die Partie des Romeo zu ihrem Lieblingsstudium zu machen. Auch Rellstab hatte schon 1831, da er in Berlin mit ihr die Armide durchging, aus Aversion gegen die dramatische Seichtigkeit des italienischen Libretto und die süßliche Schwäche der Composition, sie von dem gewagten Versuche, einem so dürftigen Stoffe durch ihre Darstellung neues Leben einzuhauchen, alles Ernstes abgemahnt, sie aber, die in Paris bereits durch das Anhören der Pasta und Malibran einiges Vertrauen zu dergleichen „trivialen Aufgaben des welschen Repertoires" gewonnen, alle Bedenken des Kritikers mit dem Ausruf zurückgewiesen: „Sie sollen nur hören, wie das zur Wirkung gebracht werden kann, wenn man es recht mit Feuer und Ausdruck singt." Nach Claire von Glümer's Erzählung in den

„Erinnerungen", S. 91, welche angeblich den Selbsterzählungen und eigenhändigen Aufzeichnungen der Künstlerin entlehnt ist, soll sie die Rolle für die erkrankte Signora Schiasetti in acht Tagen plötzlich haben einstudiren müssen und dieselbe, obwol sie sich damals dafür nicht recht zu erwärmen im Stande und sehr befangen gewesen sei, dennoch sogleich mit großem Beifall gesungen haben. Es werden bei dieser Gelegenheit folgende Bruchstücke aus ihren nachgelassenen Papieren wörtlich mitgetheilt: „Die Befangenheit verschwand, sobald ich ins Costüm kam, aber statt dessen kam eine Art von Taumel über mich. Als der Vorhang zum letzten mal fiel, wußte ich nicht, was und wie ich gesungen und gespielt hatte. Das Publikum überschüttete mich mit Beifall, ich wußte nicht warum. Ich war wie im Traume. Statt wie sonst die Kleider zu wechseln, ließ ich mir nur den Mantel geben, fuhr nach Hause, warf mich — noch immer im Costüm Romeo's — auf das Sofa und blieb dort, die Hände unter den Kopf gelegt und mit offenen Augen zur Decke starrend, bis fünf Uhr morgens liegen. — — — Als ich im Morgengrauen von meinem Lager aufstand, war mir der Romeo, wenn ich so sagen darf, in Blut und Leben übergegangen, und ich habe ihn seitdem mit Begeisterung gesungen."

Dies klingt alles sehr schön und romantisch, aber es ist schwerlich wahr. Ganz abgesehen nämlich von dem bedenklich phantastischen Colorit dieser somnambulen Wundergeschichte und von der damit nicht ganz in Einklang zu bringenden Thatsache, daß die Schröder-Devrient an dieser Aufgabe sehr lange und emsig gefeilt hat: so gibt uns Claire von Glümer selbst den Schlüssel zur Entlarvung der „reizenden Lüge" in die Hand. Es findet sich nämlich auf

S. 511 der „Gartenlaube" (Jahrgang 1860), ganz versteckt und abgesondert von den übrigen, Berichten über den Romeo unserer Heldin, die kleine wahre Notiz, daß sie ihn zuerst 1833 gesungen. Nun ist aber Signora Schiasetti damals gar nicht mehr Mitglied der nur bis zum 1. April 1832 unter der Regie des Hofraths Winkler und unter Morlacchi's Kapellmeisterschaft in Dresden bestandenen italienischen Oper gewesen. Im Jahre 1833 finden wir sie zur Saison in London, später in Italien, und die Schröder-Devrient kann daher am 1. October 1833, wo sie in der That den Romeo zum ersten mal italienisch in Dresden sang, nicht plötzlich für die krank gewordene Collegin eingetreten sein. Die Werke italienischer Componisten pflegte man zwar am dresdener Hoftheater lange nach der Auflösung der besondern italienischen Oper dort immer noch in der Ursprache zu geben, und es sind die „Montecchi und Capuleti" Bellini's sogar erst am 24. März 1846 in Dresden mit deutschem Text aufgeführt worden, allein während schon früher stets einige Sänger von der deutschen Oper auch für die italienische mitengagirt waren*), so blieben nach 1832 kaum noch ein paar Italiener, darunter der Bassist Zezi, für die italienischen Vorstellungen übrig.

Viel werthvoller als jene novellistische Erzählung sind die Bemerkungen, welche die Künstlerin über ihre Auffassung

---

*) Die Schröder-Devrient hat z. B. für ihren Antheil an den Vorstellungen der italienischen Oper zu Dresden von 1825 ab immer noch eine besondere Gratification, von 1828 ab sogar einen zuerst auf 600, dann auf 1000 Thaler fixirten Gehalt bezogen, der erst mit der Auflösung dieser Oper am 1. April 1832 wegfiel. Von 1823—25, wo sie sich für das Auftreten in derselben vorbereitete, erhielt sie contractlich freie italienische Sing- und Sprachstunden.

der Rolle niedergeschrieben hat, und für deren Erhaltung wir Frau von Glümer dankbar zu sein volle Ursache haben. So finden sich z. B. in einem Briefe Wilhelminens an die bekannte Sängerin Emmy La Grua, die sich 1853 in Manheim von der damals in stiller Zurückgezogenheit dort lebenden Meisterin über Fidelio, Euryanthe, Donna Anna und Romeo persönlich Rath zu holen kam, nachstehende interessante Winke: „Die größte Schwierigkeit für die Darstellung dieser Rolle liegt darin, daß sie für eine Frau geschrieben wurde; die Künstlerin hat daher die ungeheuere Aufgabe, ihr Geschlecht vergessen zu machen und in Haltung, Bewegung, Stellung einen feurigen, von der ersten Liebesglut durchdrungenen Jüngling darzustellen. Nichts darf ihr Geschlecht verrathen, soll die ganze Situation nicht lächerlich werden. Sie muß gehen, stehen, hinknien wie ein Mann; sie muß den Degen ziehen und sich zum Kampf aufstellen wie ein guter Fechter, und vor allen Dingen muß alles Weibische aus ihrem Costüm verbannt sein. Keine zierlichen Locken, kein eingezwängter Fuß, keine schöne Taille! Das Hutaufsetzen und Abnehmen, das Handschuh-Aus- und Anziehen ist nicht minder wichtig." Noch in einem andern Briefe, datirt aus Manheim den 31. Juli 1853, erwähnt die Künstlerin des Raths, welchen sie dem Fräulein La Grua ertheilt hat; sie erzählt darin, daß die junge Sängerin sich damals nur 14 Tage bei ihr aufgehalten und Belehrung über die vier Rollen, die sie zum Herbst in Wien zu singen die Absicht gehabt, gesucht habe, und setzt bezeichnend hinzu: „Vierzehn Tage waren allerdings eine kurze Frist; — ich habe für diese Rollen mein halbes Leben gebraucht."

Es kann also keinem Zweifel unterliegen, daß sie zu ihrem Romeo sehr ernstliche Studien gemacht, ja daß sie mit der ihr eigenthümlichen selbstschöpferischen Kraft und poetischen Intuition nach ganz andern Quellen geforscht hat, als aus denen ihre Vorläuferinnen das Bild des Bellini'schen Opernhelden geschöpft hatten. Sie zuerst war auf die Idee gefallen, den erhabenen Geist der Shakspeare'-Dichtung in die Oper zu übertragen, und hat auf diese Art der Welt bewiesen, daß sie nicht blos befähigt war, das Tiefste, was ein Componist gefühlt und in seine Partituren hineingearbeitet, zu lebendiger Gestaltung zu bringen, sondern auch eine an sich werthlose Musik und Handlung durch die psychologische Wahrheit ihrer Auffassung, die Gewalt ihrer Darstellung und die innigste Wechseldurchdringung aller ihr innewohnenden künstlerischen Kräfte überhaupt mit dem Stempel echter Poesie zu versehen. Wenn man also behaupten will, der Romeo sei ihre beste Rolle gewesen, so ist das allerdings insofern richtig, als sie in derselben, weil Dichtung und Composition ihr fast nichts entgegenbrachten, ihr selbstschöpferisches Genie am freiesten zu entfalten vermochte. „Sie vernichtete", nach Rellstab's Ausspruch über diese Leistung, „Bellini's Musik geradezu, um dieselbe mit einem Inhalt zu versehen, der aus den Noten nicht herauszulesen ist." Daß sie an dem Coloraturenschmuck, womit die Partie reichlich bedacht ist, manches änderte, um mit ihrer Technik auszulangen, kann ihr nicht zum Vorwurf gemacht werden. Jeder italienische Maëstro thut dasselbe, wenn er einer Sängerin eine neue Rolle einstudirt; denn die welsche Muse ist nun einmal sehr elastischer Natur, und es gibt vielleicht nicht ein einziges Gesangstück in allen Opern Rossini's, Bellini's, Donizetti's und Verdi's, welches, wie etwa ein Werk von Beethoven, keine Abänderungen vertrüge. Nur darauf kommt es an, daß das, was der Sänger daraus macht, in größter Vollendung ausgeführt werde, nicht darauf, daß Note für Note der Vorschrift des Componisten entspreche. — Vom Wirbel bis zur Zehe war sie Shakspeare's liebeglühender, jugendlicher Romeo, der seine Liebe in allen nur denkbaren Nuancen, das süßeste und zärtlichste Sehnsuchtsgefühl ebenso gut, wie die flammendste und trotzigste Leidenschaft, auszudrücken weiß. Nur einen Zug fügte sie dem Bilde selbstschöpferisch hinzu, der in Shakspeare's Romeo nicht liegt: sie erhob ihn auch noch in die Sphäre der Helden und stattete ihn mit einem mannhaften Adel und feurigen Ungestüm aus, der gewiß jedem unvergeßlich sein wird, der sie nur einmal in der dritten Scene des ersten Aufzugs der Oper raschen und festen Schrittes und stolz erhobenen Hauptes, das schwarze Baret mit den wallenden weißen Federn auf den blonden Locken und eine feuerrothe Schärpe über der Schulter als Ghibellinenbote den Guelfen hat Frieden bieten und diese dann, da solcher nicht gewährt wird, zum Kampf hat herausfordern sehen. Kaum hat je ein Mann eine Heldenrolle imponirender und glorreicher dargestellt, als die Schröder-Devrient ihren Romeo; gleich die Schlußarie des ersten Acts: „Vor Romeo's Rächerarmen", durchfuhr ihr Publikum wie ein zündender Blitzstrahl, sodaß man sich die Möglichkeit einer weitern Effectssteigerung nicht zu denken vermochte. Und doch — wie unvergleichlich spielte sie nun erst die Scene des großen Duetts (Nr. 6) mit Julia! Welche Uebergänge vom schmelzendsten Liebeshauch bis zum wildesten Auflodern der Leidenschaft, da Julia sich zur Flucht nicht entschließen kann, zum ersten mal dem Begehr des Geliebten Widerstand zu leisten wagt! Wie stand sie da auf einmal wieder groß und in unbeugsamem Trotze heldenhaft vor uns, ein Mann, der Widerspruch nicht zu ertragen vermag, und käme er selbst aus dem Munde der Heißgeliebten! Zornglühend wandte sie sich von Julia ab, stampfte mit dem Fuß und preßte die übereinander geschlagenen Arme fest über der Brust zusammen, als hielte sie den wildesten Ausbruch der in ihr tobenden Leidenschaft krampfhaft zurück! Fanny Lewald hat recht zu behaupten, daß man in diesem Augenblick eine ordentliche Wuth gegen Julia faßte, die diesem Romeo gegenüber noch schwanken, sich nicht sofort auf Gnade und Ungnade seinem Willen ergeben konnte. Der höchste Moment der ganzen Scene aber lag in dem letzten Uebergange vom Zorn zu der in diesem Felsenherzen doch noch mächtig flammenden Liebe. Wenn Romeo sich wieder zu Julia wandte und in den süßesten Tönen zu ihr flehte: „Des Geliebten Tod und Leben sind in deine Hand gegeben" — dann begriff man, daß er, sie zu erringen, den Kampf mit der ganzen Welt nicht scheuen würde, daß sie einem andern nie angehören könne. Und nun erst das schmerzliche Zusammenbrechen, da Julia's Sarg über die Bühne getragen wird, und dann endlich die Scenen in dem Gruftgewölbe bis zur furchtbar erschütternden Darstellung des Todeskampfes, bis zum ewigen Abschiedskusse und zum letzten Sinken, wobei die erstarrende Hand, wie im Traum, nach den Blumen griff, die auf den Stufen des Katafalks ausgestreut lagen — — — — was sie als Darstellerin im vierten Act leistete, überstieg an ergreifender Naturwahrheit und höchster Kunst alles, was die frühern Acte dargeboten hatten. Vor allem bewunderungswürdig war dabei die weise Oekonomie, die sie in diesen letzten Scenen beobachtete, sodaß die Darstellung, indem sie nie einen Effect anticipirte oder eine Nuance wiederholte, bis zum Ende in einer fortwährenden Steigerung blieb, die nicht verfehlen konnte, das Publikum in athemloser Spannung zu erhalten. Noch sind hier einige Einzelheiten werth, der Vergessenheit entrissen zu werden. So gleich in der ersten Scene des vierten Acts das Spiel bei dem Oeffnen des Sargdeckels unter dem von inbrünstiger Liebe überschwellenden Rufe:

> Ha Julia! meine Julia!
> Du bist's, ich sehe dich!

Dann unmittelbar darauf der Ausdruck des sehnsüchtigen Flehens, welchen die Künstlerin in die Worte legte:

> Dich rufet dein Romeo!

Der Ton des tiefsten Seelenschmerzes, mit dem sie, die Gefährten entfernend, die bedeutungsvolle Stelle sang:

> — — — — Wohl gibt es
> Manch' Geheimniß, das der Kummer,
> Ach, nur dem Grabe mag vertrauen! —

Die Begleiter fügen sich endlich dem Befehl des Gebieters; sie gehen, und Romeo ist mit der im Sarge ruhenden Geliebten allein. Wer könnte die herrlichen Bilder je vergessen, welche die Künstlerin in der nun folgenden Arie an den Augen der Zuschauer vorüberziehen ließ! Weit entfernt von aller kleinlichen Kunstspielerei und Attitudenmacherei, brachte sie, am Sarge stehend und bald sich zur schlummernden Giulietta wehmuthsvoll innig niederbeugend, bald von wilderm Schmerz ergriffen ihr Antlitz abwendend, in jedem Augenblick eine neue Stellung und Geberde zur Anschauung, von denen jede in ihrer vollendeten malerischen Schönheit einen unauslöschlichen Eindruck zurückließ. Aber die weiche lyrische Stimmung der verblutenden Liebe hält nicht lange an; der Jüngling, der alles verloren wähnt, schreitet zur That, von der er allein noch Erlösung hofft. Welch ein unnachahmlicher Ausdruck lag in den Worten:

> Hervor, mein einz'ger Retter,
> Du Trank des Todes!

Wie unwillkürlich zitterte die Hand, da Romeo das Giftfläschchen ergriff, wie haftig stürzte er den schrecklichen Inhalt hinunter, mit welchem physischen Abscheu warf er die Phiole von sich, sobald das Entsetzliche geschehen war! Wer aber beschreibt das entsetzliche Zusammenzucken des wie vom Blitz Getroffenen, da Julia jetzt den Geliebten ruft, — die helle Verzweiflung, in die er bei den Worten ausbricht:

> Nichts andres sah ich,
> Nichts andres wußt' ich,
> Als dich im Grabe.
> Und ich eilte —
> Ich Unglückseliger! —

Welch eine Steigerung von der ersten Ankündigung des wirkenden Giftes: „Mir im Busen wühlt das Verderben!" bis zum letzten Seufzer, mit dem Romeo seine Seele aushaucht: „Julia — ich sterbe!" —

Sophie Schröder, die große Mutter, hat in den classischen Tragödien dramatisch Vollendeteres wol kaum geboten, als Wilhelmine, die Tochter, in dieser schwächlichen Bellini'schen Oper. Kein Wunder, daß ihr Romeo, ebenso wie ihr Fidelio, zu einem unvergänglichen Typus geworden, daß es bisher noch keine Sängerin wieder gegeben hat, die etwa versucht hätte, die Rolle in anderer Auffassung darzustellen! Alle sind sie ihr nachgehinkt, keine hat sie erreicht, und dennoch — — hat sie die Partie nur mittelmäßig gesungen. —

Weit weniger Glück machte sie mit der Rebekka in Marschner's „Templer und Jüdin". Namentlich sagten ihr hier die zwei ersten Acte nicht recht zu, weil sie mit der in

den harmonischen Fügungen überladenen und ungesangsmäßigen
Musik nichts anzufangen wußte. Im letzten Aufzug aber
erhob sich ihre Leistung wieder zu ungewöhnlicher Höhe. Das
Duett mit Guilbert im Kerker (Nr. 16) und das Finale,
wo sie ihre ganze Kraft auf den Moment, da Ivanhoe zu
Rebekka's Befreiung erscheint („Er ist's, er ist's, er muß
es sein!"), concentrirte, offenbarten die Fülle ihres Genius
in reichem Maße.

Auch im Jahre 1834 brachte sie noch einige für Dres=
den neue Rollen zur Darstellung, nämlich zuerst am 25. Ja=
nuar die **Alice** in Meyerbeer's „Robert der Teufel", die sie
sehr vorzüglich spielte, am 5. März die **Anna Bolena** aus
Donizetti's gleichnamiger Oper, die wir schon aus Paris
kennen, und die sie zu ihrem Benefiz wählte, und am 27. Sep=
tember mit Matthias Schuster als Elvino und Alfonso
Zezi als Graf die **Amina** in Bellini's „Sonnambula"; die
beiden letztern Rollen wurden von ihr in italienischer Sprache
gesungen, die Amina begreiflicherweise in der Technik so
mangelhaft, daß nur wer keine einzige gute Italienerin, wie
z. B. die Persiani, keine Lind, keine Gräfin Rossi ge=
hört hatte, sich mit solcher Leistung befreunden konnte, so
genial auch manche Spielmomente darin hervortraten.

In demselben Jahre gastirte sie zum vierten mal in
Berlin, und zwar drei Monate lang vom Anfang April bis
Ende Juni, denn die preußische Hofopernbühne befand sich
damals in großer Verlegenheit wegen einer Primadonna,
nachdem die Milder am 8. Januar 1834 als Iphigenia
in Tauris zum letzten mal aufgetreten war. Außer in ihren
alten Partien, **Julia** in der „Vestalin" (am 6. und 13. April),
Fidelio am 9. und 15. April und 8. Mai), **Donna
Anna** (am 21. April und 20. Juni), **Agathe** (am 27. April),

Rezia (am 4. Mai und 15. Juni) und Euryanthe (am 27. und 29. Juni), trat sie diesmal auch in sechs hier noch nicht gegebenen Rollen auf, nämlich am 18. und 29. April als Desdemona, am 2. und 11. Mai im „Cortez" als Amazily, am 17. und 20. Mai, 18. und 22. Juni als Statira in „Olympia", am 4. Mai zu ihrem Benefiz in der für Berlin ganz neuen Bellini'schen Oper als Romeo, der am 8. und 13. wiederholt wurde, am 11. Juni als Rebekka in „Templer und Jüdin" und am 24. desselben Monats als Alice in „Robert der Teufel". Unter diesen neuen Schöpfungen erregten namentlich Romeo und Desdemona den allgemeinsten Enthusiasmus. Wol war jetzt der Zeitpunkt gekommen, wo sie den Höhepunkt ihrer Kunst erreicht hatte, obwol sie durch die großen Erfolge, die sie mit diesen beiden Partien im Vaterlande erzielt, sich bereits aus ihrer eigentlichen Bahn hatte herausdrängen und auf ein Gebiet hinüberziehen lassen, auf dem sie, nach dem Grade ihrer gesanglichen Ausbildung, mit den großen Künstlerinnen des Auslandes nicht mehr glücklich zu rivalisiren im Stande war. Rellstab hat hierüber zu dieser Zeit in jenem oft citirten Aufsatze der Schumann'schen „Musikzeitung"*) die volle Wahrheit mit den Worten gesagt: „Desdemona war die erste größere italienische Partie, welche die Sängerin übernahm, nachdem sie, wie wir früher gesehen, (fast) nur deutsche Rollen gesungen hatte. Es scheint fast, als habe sie eine zu große Vorliebe für diese neue Gattung gewonnen, die wol daher entsteht, daß freilich der Geschmack der Massen im Publikum sich dafür entscheidet, und eine Künstlerin nur gar zu leicht verführt wird, den Beifall nicht nach der Einsicht,

---

*) „Gesammelte Schriften" (neue Ausgabe), IX, 400.

sondern nach der Stärke zu messen. Wie viel hat nicht die in Deutschland und leider jetzt auch in Italien immermehr um sich greifende Unkenntniß des großen Haufens und der elenden Theaterkritik bezüglich aller Geheimnisse der wirklichen Gesangskunst, die stets roher und unverschämter hervortretende Freude am wüsten, durch sogenannte dramatische Effecte allein unterstützten Geschrei und Gewinsel, die Dummheit der Lehrer und Faulheit der Schüler seit nun schon mehr als dreißig Jahren selbst an unsern talentvollsten Sängern verbrochen! Das sind die traurigen Ursachen, die schließlich sogar eine Schröder-Devrient, noch in der Fülle ihrer physischen und geistigen Kraft, dahin brachten, wenn sie in den Rollen ihres neuen italienischen Repertoires auftrat, eigentlich kein besseres Urtheil zu verdienen, als das, was Henry Chorley über den Romeo, den Tancred und die Lucrezia Borgia ihrer Nachahmerin, Johanna Wagner, nachdem sie mit diesen Partien 1856 in Her Majesty's Theatre Fiasco gemacht, gefällt hat*): „Obwol sie mit einer Unerschrockenheit, die man nur bei deutschen Sängern findet, auf jede Schwierigkeit losstürzte, so wurde doch in Wahrheit keine einzige von ihr wirklich bemeistert."

Am 22. Januar 1835 erschien unsere Künstlerin in Dresden zum ersten mal als Turandot in Reissiger's gleichnamiger Oper, und am 20. Februar als Norma, die sie wiederum in italienischer Sprache sang. Bei der ersten Wiederholung dieser Oper, am 25. Februar, begegnete ihr während der im ersten Affect hochgesteigerten Schlußscene der Unfall, daß sie ausglitt und sich eine Flechse ausdehnte, sodaß sie nur, von vier Choristinnen unterstützt, und nicht

---

*) „Thirty years' musical recollections", II, 245.

ohne Anstrengung ihren Part zu Ende singen und spielen konnte. Der Vorfall blieb jedoch ohne nachtheilige Folgen, und sie sang schon am 6. März ihre vielbewunderte Norma zum dritten mal, wählte sie auch am 27. zu ihrem Benefiz.

Man hat diese Rolle in Deutschland so allgemein für die reiffste Gabe dieser Epoche ihrer höchsten Blüte gehalten, daß es sich wol der Mühe verlohnt, dieselbe etwas genauer zu analysiren. Wir schicken auch hier voran, daß sie, die Partie gesanglich nichts weniger als vollkommen beherrschte, und daß sie selbst im Spiel hier und da in den Fehler verfiel, dem man auf unserer Bühne so häufig begegnet, wenn es sich um Darstellung einer Königin oder Priesterin handelt, daß sie sich nämlich allzu viel in malerischen Attitüden gefiel. Rellstab hat versucht, zwischen ihr und der Pasta, für welche Bellini die Rolle geschrieben hat, eine Parallele zu ziehen, in der zwar einige Irrthümer vorkommen, und in der überdies auch vergessen ist, auf den Hauptunterschied in beiden Leistungen hinzuweisen, daß Madame Pasta die Norma mit der außerordentlichsten Kunstfertigkeit sang, während die Schröder-Devrient mit diesem Theil ihrer Aufgabe sich eben nur kaum erträglich abfand. Trotzdem wollen wir, unsere Berichtigungen in kleinen Anmerkungen hinzufügend, dem sonst feingefühlten Vergleiche hier eine Stelle gönnen.*) „In der ersten Aufgabe" (der Norma) „hat sie" (die Devrient) „nur mit einer**) sie freilich überstrahlenden Nebensonne zu

---

*) Rellstab's „Gesammelte Schriften", IX, 411.

**) Dies war schon 1843, da Rellstab die Parallele zog, lange nicht mehr richtig. Er hatte wol Giulia Grisi und Adelaide Kemble ganz vergessen. Die erstere, an herrlichen Stimmmitteln und körperlichen Reizen alle Nebenbuhlerinnen weit überstrahlend, hatte schon 1836, nachdem sie zuerst die Adalgisa neben Madame

kämpfen, der Pasta, welche im abendlichen Sinken und Erblassen*) ihrer einst so wundervollen Naturgaben — Stimme und Gestalt**) — dennoch das edelste, mächtigste, erhabenste

---

Pasta's Norma gesungen, die Druidenpriesterin mit einer Glut sinnlicher Leidenschaft, die doch die Grenzen der Schönheit nirgends überschritt, mit einer wilden Hoheit dargestellt, gegen die selbst das hehre Vorbild der vollendeten Meisterin in gewissen Punkten für zurückstehend erachtet werden mochte. Miß Adelaide Kemble aber (die zweite Tochter des bekannten englischen Schauspielers Charles Kemble), in welcher sich die äußere Erscheinung ihrer großen Tante, Mrs. Siddons, mit dem erhabenen Gesangsstil der Pasta vereinigt zu haben schien, um eine Künstlerin ersten Ranges zu bilden, hat während der kurzen Zeit, da sie der londoner Bühne angehörte, von der sie sich zu früh ins Privatleben zurückzog, vom 20. November 1841 bis 29. December 1842, in derselben Rolle Triumphe gefeiert, die denen der Grisi nichts nachgaben. Etwas später, im October 1844, erschien Jenny Lind auf der berliner Bühne und schuf eine jungfräuliche Norma, die freilich von der echten keinen Zug mehr an sich trug, ein total falsches Charakterbild, das aber nichtsdestoweniger zum menschlichen Herzen in Tönen sprach, wie sie keine zweite zu erzeugen vermag. —

*) Rellstab sah die Pasta erst im Juli 1841 als Norma in Berlin, wo sie freilich nur noch eine große Ruine war.

**) Dies sind keineswegs die Vorzüge der Pasta gewesen. Ihre Stimme war ursprünglich beschränkt, rauh und schwach, ohne Reiz und Flexibilität, nichts als ein mittelmäßiger Mezzosopran, ihre Figur klein und schwerfällig; nur die ungeheuersten Studien, der riesenhafteste Fleiß und das größte Genie konnten die von der Natur durchaus nicht verschwenderisch ausgestattete Künstlerin, die — äußerlich betrachtet — eigentlich gar keinen Vorzug besaß, als schöne Arme und sprechende, wenn auch unschöne Gesichtszüge, auf den Thron erheben, auf dem sie in den zwanziger und der ersten Hälfte der dreißiger Jahre unsers Jahrhunderts als Alleinherrscherin gesessen hat. Alles an ihr war Kunst und ein unablässiges

Bild dieses einzigen Charakters hinstellt, welchem Bellini eine tiefere Lebenswärme eingehaucht hat. Die italienische Verwandtschaft der Darstellerin zu dieser Aufgabe hat ihr die innigere Verschmelzung mit derselben verliehen, ihr die Macht gegeben, großartiger in die That der Darstellung zu rufen, was die schaffenden Gedanken des Componisten ihr als künstlerischen Samen in die Seele gehaucht haben. Dennoch bleibt unsere Künstlerin eine große Norma, die größte nach jener*); eine deutsche Priesterin, in deren Brust sich die italienischen Flammen der Rache nicht so natürlich und so leicht begreiflich entzünden, ist es aber geschehen, mit um so unbezähmbarerer Gewalt ausbrechen. Die wildströmende Nationalität schärft die Stacheln des Charakters, zerreißt ihn in noch weit schroffere Schatten; daher manches, was uns bei der Pasta noch in den Grenzen der Kunsterlaubnisse erschienen, hier dieselben überschreitet, wenigstens schon verletzend streift. Doch bleibt der Zuschnitt des Ganzen groß, und an schönen, rührenden, wie erhabenen und furchtbaren Begebenheiten ist dieses Charaktergemälde der Künstlerin vielleicht reicher, als sie uns irgendeins hingestellt." —

Ringen des Geistes gegen die widerspenstige Materie; daher ihr unnachahmlich großartiger Gesangsstil, ihre wunderbar ausdrucksvollen und bis zum letzten Grade der Vollkommenheit ausgearbeiteten Rouladen, ihr einzig dastehender Triller, ihre majestätische Haltung und ihr hinreißendes Spiel. Und dennoch — selbst ihr Genie hat es nie vermocht, die Mängel der Natur völlig zu überwinden; das mit so großer Mühe gestimmte Instrument diente ihr wol sklavisch zu allen Effecten, die sie erzeugen wollte, allein eine vollständige Ausgleichung der Register war ihm nie beizubringen, und vom Detoniren ist es kaum jemals völlig frei gewesen. (Chorley, „Thirty year's musical recollections", I, 128—129.)

*) Wohl verstanden, unter denen, die Rellstab gesehen.

Schon ihre bloße äußerliche Erscheinung im blendend weißen, ihre Gestalt in langen anschmiegenden Falten umfließenden Gewand, mit dem grünen Eichenkranz auf dem Haupt und dem opferpriesterlichen Beil in der Rechten, imponirte aufs höchste. Es war nicht die Kraft des Organs, die ihre Ansprache an die leidenschaftlich aufgeregte Menge: „Wer läßt hier Aufruhrstimmen, wer Kriegsgeschrei ertönen?" zu erschütternder Wirkung brachte, — mit ihrem Blick allein machte sie alles um sich her verstummen. Die zum Theil wenigstens unleugbare Seichtigkeit der Musik, die Zusammenhanglosigkeit der Sujets, ja selbst die unbegreifliche Erbärmlichkeit des römischen Feldherrn Sever, der, nachdem er eine Norma verführt, mit einer Adalgisa zu liebeln sich begnügt und doch schließlich noch von der betrogenen ersten Geliebten für würdig befunden wird, mit ihr zugleich den Scheiterhaufen zu besteigen — all diesen höhern Komödienblödsinn wußte die Schröder-Devrient durch die Glut ihres Spiels, ganz ebenso wie die Pasta, Grisi und Adelaide Kemble, nicht blos vergessen zu machen, sondern in gewissem Sinne die Möglichkeit eines solchen Hergangs sogar psychologisch zu motiviren. „Ihre Norma" — sagt Fanny Lewald mit Recht — „war eine von den Frauengestalten, wie Medea, von denen ein Mann hingerissen, aber nicht festgehalten werden kann, weil ihre Kraft und Gewalt erdrückend und damit erkältend und abstoßend wirken." Nur durch eine solche Auffassung der Rolle ist es möglich, das Sujet zu retten; allein nicht gering ist das Kunststück, diesen nur dem Genie sich offenbarenden Gesichtspunkt durch das ganze musikalisch so sentimentale Drama consequent festzuhalten, da doch die Noten meist das Gegentheil von dem besagen, was die Darstellerin selbstschöpferisch erst in die Aufgabe hineinzuschaffen

hat. Den Hauptaccent legte sie, trotz aller süß=weichlichen
Zerflossenheit Bellini'scher Melodik, auf die Schilderung der
wilden racheburstigen Heidenpriesterin, die, zum Herrschen
geboren, gleich einer Königin über ihr Volk gebietet, und
selbst da noch, wo ihr Schicksal sich erfüllt, wo sie ihre
Schande vor der Welt bloßzulegen genöthigt ist, wo sie den
Tod um dieser Schande willen verdient hat, dem treulosen
Verführer im letzten Finale mit einer Hoheit entgegentritt,
vor der alles sich unwillkürlich in den Staub beugt.

> In dieser Stunde sollst du erkennen,
> Was für ein Herz du dein konntest nennen!

Dieser Moment und die Scene mit den Kindern waren wol
die höchsten Gipfelpunkte in ihrer Darstellung. „Die Jung=
frau des Urwaldes" hat sie Reinhold, der Theaterreferent
für den hamburger „Freischütz", genannt, der auch zugleich
in einer Recension vom April 1837 darauf aufmerksam
machte, daß sie sich die Partie nach ihrer Stimmlage und
Stimmqualität mit Einsicht accommodirt, dabei indessen mit
dem Triller (ihrer neuen Errungenschaft) etwas zu große
Verschwendung getrieben habe. Die „Casta diva", die von
Bellini ursprünglich in G-dur (nicht in F, wie häufig mit
Zugrundelegung der Klavierauszüge angeführt wird) gesetzt ist,
sang sie in Es-dur, die beiden Duette mit Adalgisa: „Ah si fa
core e abbraciami!" („Empfange diesen Schwesterkuß!")
und „Deh! con te le prendili!" („Diese Zarten jetzt be=
schütze!"), statt in C, in B-dur. —

Wie eindringlich, vom Attitudenwesen abgesehen, ihre
Plastik als Norma wirkte, das beweist vor allem der Um=
stand, daß sie kein Bedenken trug, ein Gewand anzulegen,
welches den ganzen Oberarm, ja öfters sogar die Hälfte des
Busens in voller Blöße zeigte, und daß trotzdem ihre herrliche

Erscheinung in keiner Art sinnlich verwirrende Nebengedanken erzeugte, sondern wie die echte Antike nur durch den reinsten Schönheitszauber hinriß. Auch die Vestalin pflegte sie mit bis zur Schulter entblößten Armen darzustellen, und Rellstab hat über die unbegreifliche Prüderie, welche an einem solchen Costüm hat Anstoß nehmen können, folgendes recht beherzigenswerthe Wort gesprochen*): „Wir halten es unter unserer und ihrer Würde und müßten sie zu beleidigen glauben, wenn wir sie gegen diejenigen vertheidigen wollten, deren überzarte Tugend sich durch diese Darstellung verletzt geglaubt hat, zumal da dies bei einem Publikum geschehen ist (zu Berlin und Stuttgart), von dem ein großer Theil sich an den wirklichen Obscönitäten des Ballets nicht satt sehen kann. Allein gegen die irrige künstlerische Ansicht, als sei dadurch etwas in der Rolle verletzt, müssen wir das Wort nehmen. Das von der Darstellerin gewählte Costüm ist im antiken Geiste gedacht, wie sie denn überhaupt, man sieht es an ihrer ganzen Plastik und Gewandung, die Antike zu ihrem ernsten Studium gemacht hat. Die Alten waren nicht so empfindlich in Beziehung auf das, was wir Verletzung der Scham und Sitte nennen. Klima, Gebräuche, ja Religion, brachten es mit sich, daß der nackte Körper ungleich mehr gezeigt wurde als bei uns, und aus dieser Gewohnheit, menschliche Formen unverhüllt zu betrachten, stammt die natürliche Wissenschaft der Bildhauerkunst der Griechen, welche wir uns nur mühsam durch das Studium der Modelle erwerben. Ueberdies verehrten die Alten das Schöne, und darum verbargen sie auch nicht die Schönheit des Körpers, sondern nur dem Alter war es geziemend, dicht verhüllt und

---

*) „Gesammelte Schriften", IX, 394—395.

verschleiert zu sein, weil es für unrecht galt, unschöne For=
men zu zeigen. Die Jugend, in deren Gliedern noch die
Frische der göttlichen Gestalt lebte, hatte keine Ursache, diese
schönsten Geschenke der Gottheit zu verbergen." — Leider
bedürfen wir Modernen, selbst nach Lessing's und Winckel=
mann's rettenden Thaten, immer noch jezuweilen eines sol=
chen Zurufs, um uns nicht selbst durch die abgeschmackteste
falsche Schamhaftigkeit um die edelsten Kunstgenüsse zu brin=
gen, und deshalb haben auch wir in der Lebensskizze einer
dem Schönheitsideal dienenden Künstlerin diesen so oft zu
argen Misverständnissen Anlaß gebenden Punkt nicht über=
gehen zu dürfen geglaubt. Zur Nachahmung freilich kann
man das, was eine Schröder=Devrient wagen durfte, den
kleinen Geistern, und vor allen den häßlichen Geschöpfen, die
so oft die Grausamkeit gegen sich und andere üben, das zur
Schau stellen zu wollen, was ihnen schlechterdings abgeht,
nicht empfehlen, aber dem Genie sein Vorrecht zu wahren
bis an die äußerste Grenze des Möglichen und des ästhetisch
Erlaubten, das ist die Pflicht jeder lautern Kunstkritik.

Nachdem unsere Künstlerin am 29. März 1835 noch
den Romeo gesungen hatte und am Schluß der Vorstellung
mit Kränzen und Gedichten überschüttet worden war, entfernte
sie sich für längere Zeit aus Dresden, da ihr die Theater=
intendanz, in Verbindung mit dem ihr contractlich zustehen=
den dreimonatlichen Urlaub des nächsten Jahres und gegen
Wegfall ihres Gehalts, Benefizes und Garderobegeldes, eine
abermalige und zwar fünfviertelsjährliche Reiseerlaubniß vom
1. April 1835 bis zum 30. Juni 1836 ertheilt hatte. Sie
überschritt indessen auch diesen weitgesteckten Termin und kehrte
erst Mitte September 1836 in die Heimat zurück. Ursprüng=
lich hatte es in ihrer Absicht gelegen, den langen Urlaub zu

einer Reise nach Italien zu benutzen, und namentlich im Juli 1835 sprach man viel von Unterhandlungen, die sie mit der Scala in Mailand angeknüpft haben sollte. Zu gleicher Zeit ergingen jedoch von dorther auch an Sabine Heinefetter, welche schon 1832 mit Beifall an der Canobbiana gesungen hatte, Engagementsanträge, die sich im Carneval von 1836 zu 1837 auch wirklich realisirten, wo die Sängerin mit einem Honorar von 1000 Francs für den Abend für die Scala gewonnen wurde, indessen nur einmal am 9. Januar 1837 die Inez de Castro in der gleichnamigen Oper von Persiani sang, Fiasco machte und auf jedes weitere Auftreten resignirte. Die Schröder=Devrient aber kam vor lauter deutschen Lorbern, die sie im Laufe des Jahres 1835 erntete — vielleicht zu ihrem Glücke — nicht bis über die Alpen und hat das Land ihrer Sehnsucht überhaupt niemals (nicht einmal als bloße Touristin) gesehen.

Mittlerweile rissen sich alle Theaterstädte Deutschlands um den Vorzug, die disponibele Künstlerin zu Gastspielen zu gewinnen. Sie ging zunächst nach Leipzig, wo sie einen wahren Fanatismus erregte, von dem selbst die besonnenere Theaterkritik unwiderstehlich angesteckt wurde. Das beweist z. B. der in L. von Alvensleben's „Biographischem Taschenbuche deutscher Bühnenkünstler und Künstlerinnen" (Leipzig 1836, S. 194—217)*) abgedruckte Aufsatz: „Einiges über dramatische Kunst bei Gelegenheit des Gastspiels der Madame Schröder=Devrient in Leipzig", worin der Sängerin, namentlich mit Bezug auf ihre Norma, ihren

---

*) Diesem Taschenbuch ist ein recht unbedeutendes und wenig ähnliches Porträt der Künstlerin, im Bilderbogenstil von A. Schule gestochen, beigegeben.

Fidelio und Romeo, als einer „hinreißenden, erheben=
den, niederschmetternden, begeisternden" Erscheinung ge=
huldigt wird, „welche in die Werkeltage des philiströsen Le=
bens den mit lauter Andacht zu feiernden Sonntag bringe".
So abgeschmackt war der Ton, in dem man damals in deut=
schen Blättern und Büchern über ihre Leistungen Bericht zu
erstatten pflegte, als ob das Dasein eines anständigen und
gebildeten Menschen jemals keinen andern Inhalt haben
könnte, wie nur die Begeisterung für eine — wenn auch
künstlerisch noch so hoch stehende — Theaterprinzessin! —
Das sind so die echten Kunstrichter. Daß sich doch die
armen Histrionen vor dem schlimmen Einflusse dieser Ge=
schmackverderber, welche ihren meist höchst persönlichen Enthu=
siasmus alltäglich auch noch drucken lassen zu dürfen das
traurige Privilegium haben, stets zu hüten im Stande
wären! Daß sie doch bedächten, wie sicher sie verloren sind,
wenn sie der durch solche Faseleien nur allzu leicht angefachte
Dämon der Eitelkeit erst um jedes bischen nüchterne Selbst=
kritik gebracht hat! —

Das leipziger Gastspiel mußte auf stürmisches Verlangen
ausgedehnt werden, bis endlich von seiten des Theaterdirectors
Haake in Breslau der Theatersecretär Pilz nach Leipzig
entsandt wurde, um die Künstlerin zur Erfüllung ihres ab=
geschlossenen Contracts zu veranlassen. Daß der Executor
hierbei blos solche Mittel zur Anwendung brachte, die den
Beifall der Exequirten hatten, bewies eine ihm für seine Be=
mühungen von der letztern geschenkte goldene Uhr. So sang
sie denn endlich den 1. Mai 1835 als Euryanthe zum
letzten mal, wobei das leipziger Publikum an der Eglantine
einer Demoiselle Puck noch einen recht bittern Kelch leerte.
Beinahe die ganze zweite Hälfte des zweiten Acts mußte im

Sich gelassen werden, weil Eglantine im ersten so misfallen hatte, daß man ihr nur noch gestattete, sich im dritten von Lysiart todt stechen zu lassen. Aber alle diese Leiden wurden gern vergessen und vergeben um der herrlichen Euryanthe willen, die an diesem Abend sich selber übertroffen hatte.

Die Künstlerin sang nun noch einigemal in Braunschweig, setzte sich dann in Hannover durch ein einziges Auftreten als Romeo „ein unzerstörbares Denkmal" und kam endlich in der Nacht vom 17. zum 18. Mai glücklich in Breslau an, wo sie mit fieberhafter Ungeduld erwartet worden war und die besten musikalisch-kritischen Köpfe: Braniß, Johann Theodor Mosewius, August Kahlert, Julius Epstein, Hilscher, sich in Bewegung setzten, um ihre Leistungen in der Presse gebührend zu würdigen. Sie begann am 20. mit dem Romeo, den sie am 26. Mai, 2., 7. und 21. Juni wiederholte, und mit dem sie auch am 2. Juli schloß. Am 22. Mai folgte die Desdemona, am 24. und 31., sowie am 28. Juni Fidelio, am 29. Mai die Vestalin, am 4. Juni die Rebekka in „Templer und Jüdin", am 9. Juni die Emmeline, am 14., 19. und 30. die Euryanthe, am 16. aus Gefälligkeit die Rosina im ersten Act des „Barbier von Sevilla" zum Benefiz des Sängers Bieling, am 17. Juni der erste Act aus der „Schweizerfamilie" und der erste aus „Don Juan" (Emmeline und Donna Anna), am 23. die Amazily im „Cortez", am 25. die Donna Anna vollständig. Die Zwischenpause vom 9. bis 14. Juni erklärt sich durch ein Unwohlsein, welches das Verschieben der ersten „Euryanthe"-Vorstellung, die auf den 12. angesetzt war, nöthig machte. Bei funfzehn Vorstellungen waren die Preise verdoppelt, bei vieren während des Wollmarkts, der den Höhepunkt des breslauer Geschäftslebens bildet, sogar verdreifacht und für die Galerielogen vervierfacht; jedoch hielten Parterre und Galerie diese Preise nur zweimal aus, und die letztern mußten am 2. und 4. Mai wieder auf das Doppelte herabgesetzt werden.

Am 1. Juli sang die Hochgefeierte außerdem in einem Concert des Violinvirtuosen Moritz Schön im Musiksaal der Universität, statt der angekündigten Arie des dresdener Musikdirectors Joseph Rastrelli, die erste Sextus-Arie aus Mozart's „Titus" und Beethoven's „Adelaide". Sie ist also innerhalb 44 Tagen im ganzen einundzwanzigmal öffentlich aufgetreten, was gewiß für eine ganz außerordentliche Spannkraft und Ausdauer zeugt, zumal sie daneben ihr Vergnügen und gesellschaftliche Zerstreuungen aller Art keineswegs hintansetzte.

Von all den unzähligen Kritiken, welche dieses erste breslauer Gastspiel der Künstlerin hervorgerufen hat, wollen wir hier nur ein recht beherzigenswerthes Wort, welches der vor einigen Jahren verstorbene Stifter und Director der breslauer Singakademie, Mosewius, in Nr. 135 der „Breslauer Zeitung" von 1835 über den hohen Kunstwerth ihrer Emmeline gesprochen, hier auszugsweise mitzutheilen uns erlauben. Nachdem dieser gründliche Kenner des dramatischen Gesanges, der früher selbst ein tüchtiger Opernsänger gewesen, zuerst seine vollste Bewunderung über eine Darstellung, welche aus der weinerlichen Figur Emmelinens ein kerngesundes Schweizermädchen zu machen verstanden, zu erkennen gegeben, fährt er fort wie folgt: „Der Raum dieser Blätter gestattet uns keine weitere Bezeichnung der Einzelheiten dieser Musterdarstellung, so gern wir ihnen auch folgen möchten. — Jedoch glauben wir den Vortrag des Schweizerliedes (Nr. 18) nicht übergehen zu dürfen. — Der Nordländer hat kaum eine Ahnung von der Bedeutsamkeit des Klanges der Menschenstimme an sich; schon seine Sprache hat das Tönende verloren und dient mehr dazu, sich verständlich zu machen, als durch den Klang der Rede Gefühle und Empfindungen zu bezeichnen. Hierin steht der Südländer mit ihm im schärfsten Gegensatze. Dieser bedarf kaum des Wortes zur Bezeichnung eines in ihm lebendig gewordenen Gemüthszustandes; sein lebhaftes Auge, die Beweglichkeit seiner Gesichtsmuskeln und vor allem der deutliche Klang seiner Stimme sprechen deutlich und sicher, unverfälschter seine Gefühle aus, als seine Worte sie je auszudrücken vermöchten. — Wenn der Hirt auf heimatlicher Höhe sein Lied singt, so ist es nicht das Gedicht, welches ihn zum Singen reizt; deshalb bleibt der Inhalt auch gewöhnlich unscheinbar oder gering und fast immer derselbe: die Sonne, der Tag, die Nacht, seine Heerde, die Nachbarin, das ihn umgebende Sichtbare, spricht er in Worten aus, aber der Klang seiner Stimme, ihr Schallen und Hallen, Wachsen, Widerhallen und Verschweben in den Bergen erweckt in ihm die Gesangslust, und was er empfindet, denkt und schaut, hallen die Echo der Berge ihm wider; das Leblose gibt ihm den Ausdruck seiner Gesinnungen und Gefühle zurück und wird ihm lebendige Theilnahme seiner Freude, seines Jubels, seiner Leiden und Klagen. Diese Belebung des Tones an sich zur deutlichen Sprache des Gemüths, dieses Vermögen, ihn mit dem Ausdruck der verschiedenartigsten Gefühle zu färben, besitzt unsere Künstlerin im höchsten Grade, worin denn auch die eigentliche Virtuosität, wie die poetische Productivität des Sängers ruht. — Die ersten Zeilen des Liedes sprühten von inniger Glut in markigen, langgedehnten, schmelzenden Tönen; dieser Ausdruck des inbrünstigen Verlangens ging nach und nach in den Ton sanfter Rührung, thränenvoller Sehnsucht über und verlor sich in kaum hörbare Laute einer von Thränen erstickten Stimme. — Gerade diese Seite des Gesanges ist es, welche wir, ihrem Wesen und ihrer Absicht nach, als die musterhafte deutsche bezeichnen möchten, durch welche unsere Meisterin belehrend und bildend auf alle, welche Musik ausüben und hören, einwirkt. Wer ihren Tönen das Geheimniß der tiefsten innern Lebenswärme, des vielseitigsten, wahrsten Seelenausdruckes nicht abzulauschen versteht, dem möchte die hohe Bedeutung der Künstlerin schwer sich offenbaren; für immer und alle Zeit ist aber das eigentliche Wesen der Tonkunst überhaupt, noch mehr aber das des Gesanges dem verschlossen, welcher die höchste Aufgabe der Kunst in dem blos Auffälligen oder in der bedeutendsten Ausbildung irgendwelcher Fertigkeiten anstaunt; hier ist oft dem Verständigsten alle Einsicht versagt, und nur in dem gänzlichen Mangel der Ausbildung des Gefühls und der Phantasie ist der Grund manches Widerspruchs zu suchen, welcher auch hier sich bereits geltend gemacht hat." *)

Von Breslau ging die Künstlerin ins Bad nach Kissingen und machte auf der Rückreise von dort in Nürnberg halt, um am 9. August den Fidelio, dann Emmeline und Romeo zu singen. Bei Ankündigung ihres dortigen Gastspiels wurde, mit Benutzung der bereits citirten Rellstab'schen Bemerkung, nachstehende Fanfare losgelassen: „In der Rolle des Fidelio, wo sie männliche Kleidung trägt, gleicht ihr Kopf in den erhabenen Momenten dem eines be=

---

*) Es waren nämlich damals in Breslau auch einige Stimmen laut geworden, die gegen das der Künstlerin gespendete Lob mit Hohn und Spott zu Felde zogen.

geisterten Johannes! Bedarf es wol mehr als dies, um das Publikum für einige Vorstellungen aufzumuntern" u. s. w. — Die „männliche Kleidung" also und der „Johanneskopf" sollten hier die erhöhten Preise rechtfertigen helfen! — Nürnberg hat ihr übrigens bald darauf noch eine andere Ovation gebracht, die damals auch noch nicht so abgebraucht war, wie in den Tagen der photographischen Visitenkarte. In der dortigen Buchhandlung von Riegel und Wießner erschien nämlich 1836: „Schröder-Devrient als Romeo in Bellini's Oper Romeo und Julia (Capuleti ed i Montecchi). Zwei Scenen in Umrissen dargestellt. In quer 1/2 groß Folio mit dem italienischen und deutschen Text der ganzen Oper. Der hochgefeierten deutschen Künstlerin gewidmet von C. M. Heideloff." —

Hierauf wurde sie zunächst für Pesth die große Erscheinung des Tages, die alles in Begeisterung und Entzücken versetzte. Vom 27. August an sang sie dort den Romeo zweimal, dann die Euryanthe, Desdemona, Norma, den Fidelio und die Nachtwandlerin (diese auch zweimal), ging dann, nachdem ihr diese acht Gastrollen über 3000 Gulden Conventionsmünze eingebracht hatten, zu ihrer Erholung auf ein bei Pesth belegenes Landgut und trat nach ihrer Rückkehr noch fünfmal als Norma, Romeo, Fidelio, Rezia und Agathe auf.

Schon in Breslau hatte man, trotz des großen Enthusiasmus, der sie dort auf Händen trug, einzelne Züge ihres Romeo als überladen bezeichnet, und auch in Pesth fand die Kritik ihre Mimik darin zu excentrisch, ja man fing hier sogar schon an, selbst ihre Stimme als nicht mehr in der Blüte befindlich zu denunciren, obwol man in der Kunst, sie zu gebrauchen, sie noch immer für in Deutschland einzig dastehend erklärte, was denn freilich wiederum — z. B. einer Meistersängerin wie Anna Marie Wilhelmine von Hasselt (spätern Hasselt=Barth) gegenüber, die schon seit 1833 der deutschen Bühne zuerst in München, dann in Wien angehörte — ein ungerechtes Urtheil war.

Demnächst begab sich unsere Künstlerin nach Brünn, wo sie vom 19. October an Romeo, Norma und Desdemona (also nur italienische Rollen) sang und mit der Wiederholung der Norma ihr Gastspiel unter so enthusiastischem Beifall schloß, wie ihn die mährische Hauptstadt noch nie zuvor erlebt hatte.

Gegen Ende des Jahres 1835 kam sie dann auch endlich einmal wieder nach Wien, der Wiege ihrer Triumphe. Am 7. December fing sie am dortigen Kärntnerthor=Theater mit dem Romeo an und entzückte den großen Haufen damit so sehr, daß man sie an diesem Abend zehnmal hervorrief. Allein, wie wir dies schon früher bemerkt haben, ohne eine starke Opposition ging es dabei nicht ab. Ganz abgesehen von den Mängeln ihrer Gesangskunst, lehnten sich viele Stimmen gegen manche Momente ihres Spiels, als zu wenig im italienischen Geiste aufgefaßt, auf. So wurde namentlich die Scene am Schlusse des zweiten Acts getadelt, in welcher sie die ohnmächtig zusammengesunkene Julia vom Boden aufhob und, sie wie ein kleiner Hercules in den Armen tragend, ihrem erzürnten Vater zuschleuderte. Es war dies ein Exceß, zu dem sie durch ihr eifriges Bestreben, die Rolle möglichst männlich darzustellen und die weibliche Actrice völlig vergessen zu machen, verleitet wurde. Der bekannte Humorist Saphir nahm zwar die Partei der Angegriffenen, die aber dessenungeachtet bei der Wiederholung der Oper das Aufheben und Emporhalten Giulietta's fortließ. So viele Bewunderer das Athletenstückchen auch gefunden, und so manche ehrsame Theatergänger auch dadurch verblüfft worden waren, trotz aller Saphir'schen Sophismen blieb es eine völlig verwerfliche Uebertreibung. Nach Herrn Richard Kießling's Bemerkung, die eine große Wahrscheinlichkeit für sich hat, dürfte die Schröder-Devrient diesen Zug wol dem englischen Theater entlehnt haben, wo derselbe — aber freilich an ganz anderer Stelle — seit 1748 in der von Garrick dem Shakspeare'schen Drama hinzugefügten Scene eingeführt war. In dieser entdeckt nämlich Romeo, nachdem er das Gift getrunken, noch Lebenswärme in der todten Geliebten; sie erwacht; er hebt sie vom Lager auf und trägt sie ganz vorn auf die Scene: ein Theatercoup, der allerdings seine Wirkung nicht verfehlte und sich deshalb über hundert Jahre lang auf den Theatern Englands erhielt.*)

Auf Romeo folgte Fidelio, und der Enthusiasmus, den diese Darstellung in Wien erregte, war nur mit demjenigen vergleichbar, welchem man unter Italienern begegnet, wenn sie die Bravourarie ihrer Primadonna und die Cabaletta ihres Primo-Tenore bejubeln. Am 27. Januar 1836 kam die Emmeline an die Reihe, und diese Vorstellung der „Schweizerfamilie" hatte für Wien noch das specielle Interesse, daß darin Alexander Anschütz (der Sohn des berühmten Nestors vom Burgtheater), der 1848 die Sängerin Elise Capitain zu Frankfurt a. M. heirathete und dort Gesanglehrer wurde, sein erstes theatralisches Debut ablegte.

---

*) „Ich finde die Restitution des Shakspeare'schen Originals erst im Jahre 1855, als Miß Cushman in Haymarket den Romeo spielte. Ob diese Restitution übrigens aus Pietät für Shakspeare oder aus Rücksicht für die Dame erfolgte, kann ich nicht entscheiden." (Aus Richard Kießling's „Collectaneen".)

Als Honorarantheil für im ganzen 17 Vorstellungen erhielt unsere Künstlerin in der Kaiserstadt 7000 Gulden Conventionsmünze und soll fast ebenso viel in Privatconcerten bei dem hohen österreichischen Adel erworben haben; unter andern sang sie zu dieser Zeit auch zweimal in den Soiréen der Erzherzogin Sophie.

Gegen Ende des Fasching 1836 traf sie in München ein, wo sie ihr Gastspiel am 29. Februar mit der Norma begann, mit Romeo, Fidelio, Julia („Vestalin") fortsetzte und am 21. März mit dem stets aufs neue begehrten Romeo schloß. Ein Regen von Gedichten fiel von den Logen herab, und sie dankte dem Publikum für diese Auszeichnung, zugleich die Hoffnung auf baldige Wiederkehr ausdrückend. Man sprach infolge dessen viel von einem Engagement in München, wo sie im ganzen zehnmal gesungen hatte; dazwischen und nachher gastirte sie in dem nahen Augsburg als Fidelio, Norma, Desdemona und Romeo, mit dem sie am 28. März auch von dieser Stadt Abschied nahm.

Obgleich ihr in Wien schon dringende Anträge von Venedig aus zugegangen sein sollen, so richtete sie ihren Weg dennoch abermals nicht nach Italien, sondern über Nürnberg gerade nordostwärts wieder nach Breslau, welches sie am 3. April erreichte. Sie trat jedoch hier nicht sogleich auf, indem sie zunächst einige Zeit bei einer befreundeten Familie auf dem Lande zubrachte. Erst am 16. April erschien sie auf der Bühne als Norma, die hier von ihr noch nicht gehört worden war. Am 18. wurde die Oper wiederholt, am 20. und 28. April und 5. Mai Romeo, am 22. April Fidelio und am 30. die Agathe von ihr gegeben; außerdem sang sie am Bußtag, den 27. April, in dem zu diesem Tage üblichen Theaterconcert die Scene in Gretchen's Zimmer und im Garten aus Radziwill's „Faust", wozu sie auch die verbindenden Reden sprach, dann Beethoven's „Adelaide", Spohr's Lied der Emma: „Was treibt den Weidmann in den Wald?" aus dem Drama „Der Erbvertrag", und Schubert's „Erlkönig", am 3. Mai aber noch einmal in einem zum Besten des bonner Beethoven-Vereins in der Universitätsaula stattfindenden Concert die „Adelaide" und die große Beethoven'sche Concertarie „Ah perfido!" Die Proben zu den in der Aula gegebenen Concerten pflegen in Breslau nach altem, wenn auch sehr misbräuchlichem Herkommen die Studenten zu besuchen. Dies mochte der Künstlerin wol etwas befremdlich, wenn nicht gar störend sein, und sie begnügte sich daher damit, ihre Gesänge nur zu markiren, was den Musensöhnen schon in der ersten Probe misfiel, in der zweiten aber, wozu sich eine noch größere Anzahl Studenten eingefunden hatte, und wo sie, um sich mit dem Dirigenten genauer zu verständigen, dem für sie, streng genommen, ja gar nicht existirenden Auditorium mehrfach den Rücken kehrte, laute Ausbrüche des Unwillens hervorrief. Da sie in den Wagen stieg, fielen selbst beleidigende Worte gegen die Künstlerin, und noch ärgerlicher wurde der Skandal, als sie nach diesem Vorfall statt der stipulirten drei Rollen nur noch einmal im Theater sang und nach dem Hervorruf am Schluß der Vorstellung eine kleine Anrede hielt, in der sie erklärte, daß sie wissentlich nichts gethan habe, um irgendjemand zu erzürnen. Da trieben die sich beleidigt glaubenden Jünglinge ihren Mangel an Galanterie sogar so weit, ihr laut zuzurufen: „sie brauche nicht mehr aufzutreten, man habe sie schon zur Genüge gesehen." Der Vorfall machte um so größeres Aufsehen, je unschicklicher es erschien, die berühmte Künstlerin gerade bei einer Gelegenheit, wo sie durch ihr Talent einen wohlthätigen Zweck auf die uneigennützigste Weise unterstützt hatte, auf so rohe Art zu behandeln. Ein ähnlicher Unfug hatte übrigens auch schon im Juli 1829 bei der ersten Probe des von Paganini in Breslau gegebenen Concerts stattgefunden.*)

Im August 1836 wurde sie von den böhmischen Ständen bei Gelegenheit der Krönung des Kaisers Ferdinand von Oesterreich nach Prag eingeladen und sang in den zur Festoper bestimmten „Kreuzrittern in Aegypten" von Meyerbeer den Armand d'Orville, womit sie indessen wol nicht sonderlich reussirt haben muß, da sie die Partie, soviel wir wissen, niemals wiederholt hat. Joseph Dessauer's „Libwina" war gleichfalls zur Aufführung gewählt; doch ist es uns unbekannt, ob sie auch darin beschäftigt gewesen ist.

Endlich, nach beinahe anderthalbjähriger Abwesenheit, trat sie am 21. September 1836 wieder in Dresden als Romeo auf und sang von neuen Partien in diesem Jahr am 21. December noch Rossini's Semiramis in italienischer Sprache, worüber wir den Mantel christlicher Liebe decken wollen. Zu ihrem Benefiz wählte sie am 10. März 1837 Gluck's Iphigenia in Tauris, nahm aber am 15. desselben Monats als Euryanthe aufs neue Abschied von der Elbresidenz, nachdem ihr der bereits im voraus verbrauchte diesjährige dreimonatliche Urlaub von der gegen sie allezeit rücksichtsvollen Hoftheaterintendanz behufs einer dritten Kunstreise nach London gegen Wegfall ihres Gehalts restituirt worden war.

*) Aus Richard Kießling's „Collectaneen".

Zehntes Kapitel.

Die ersten Rückschritte.

Tod der Malibran. Engagement bei Mr. Bunn in Drury Lane. Gastspiele in Leipzig, Braunschweig und Hamburg. Wettkampf zwischen Laporte und Bunn in London. Der englische „Fidelio". Schmeichelhafte Parallele im „Spectator". Tod des Königs Wilhelm IV. „Norma" und „Amina" missfallen. Bunn's Roheit. Theilnahme an Concerten in England. Sechstes Gastspiel in Hamburg. Elvira in „I Puritani". Abnahme der Stimme. Valentine in Meyerbeer's „Hugenotten". Hector Berlioz' zermalmende Kritik. Entgegnung darauf. Sopranpartie im „Paulus". Ein Brief Felix Mendelssohn-Bartholdy's. Gastspiel in Leipzig. Melanie in Auber's „Maskenball". Drittes Gastspiel in Breslau. Mr. Chorley in Dresden. „Guido und Ginevra" von Halévy. Erzählung von der todt gespielten Oper. Eröffnung des neuen Theaters in Dresden. Unwohlsein und siebentes Gastspiel in Hamburg. Als Othello in Braunschweig.

(1837—1841.)

Maria Malibran hatte am 23. September 1836 zu Manchester ihre kurze, glorreiche Laufbahn durch einen plötzlichen Tod geschlossen. Kaum war der erste Schmerz über ihren Verlust gestillt, als englische Blätter auch schon den Namen der Schröder-Devrient mit dem Zusatze nannten, sie sei die einzige Sängerin der Welt, welche die Lücke auszufüllen vermöge. Bald darauf erhoben sich Gerüchte von ihrem Engagement für Drury Lane, und schon im November 1836 verbreitete sich die Kunde, sie sei vom 12. Februar 1837 an mit 10000 Pfund Sterling für die londoner Saison gewonnen, mit einem Honorar also, wie es bei einer deutschen Sängerin völlig unerhört war. Die fabelhaftesten Uebertreibungen wurden colportirt und zum Theil geglaubt; zuletzt sprach man von 400 Pfund Sterling für jede Rolle, während Mr. Bunn, der Drury Lane wieder in Pacht hatte, ihr in Wahrheit 80 Pfund Sterling für den Abend geboten haben soll, sie ihr aber ebenso wahrhaftig niemals bezahlt hat.

Vor ihrer Reise nach England ging sie zunächst nach Leipzig und wurde dort bei ihrem ersten Auftreten als Fidelio am 28. März 1837 mit einem lauten Willkommen des überfüllten Hauses unter Pauken= und Trompetenschall empfangen, — einem Tusch, der sich allerdings mitten in Beethoven's ernster Musik sonderbar genug ausgenommen haben muß. Es folgte Romeo, Nachtwandlerin und Norma. Auf die Nachricht von dem Brandunglück, welches die spitzenklöppelnde Stadt Annaberg im Erzgebirge betroffen, verschob sie ihre Abreise und wählte die Partie des Romeo am 5. April für eine Vorstellung zum Besten der Abgebrannten, sang auch tags darauf noch einmal in einem Concert des Violinvirtuosen Ghys.

Nachdem sie darauf in Braunschweig am 13. April mit Romeo begonnen, dann Desdemona und Norma gesungen hatte, traf sie am 19. zu einem fünften Gastspiel in Hamburg ein, wo abermals Romeo am 22. April den Reigen eröffnete, und zwar wie aus der Reinhold'schen Kritik im „Freischütz" über diese Vorstellung hervorgeht, wie=

derum mit dem in Wien perhorrescirten Kraftkunststückchen, — einem „Ultraspiel, das sich indessen hier auf der Stelle dadurch rächte, daß die Sache, gewiß gegen die Absicht der Darstellerin, einen höchst komischen Anstrich gewann". Ihren Gesangsvortrag fand Reinhold zwar „von der ausgebildetsten Art", fügte jedoch diesem Lobe sogleich noch die limitirende Notiz hinzu: „Bei der nicht großen Intensität der Stimme zeigt sich auf die Dauer hier und da etwas Neigung zum Herabziehen, was indeß die feinhörende Frau gleich zu bemerken scheint und zu retouchiren weiß. Nur in dem a Capella geschriebenen Quartett" (soll heißen Quintett, im Finale des zweiten Acts, Nr. 8): «Umflort euch, ihr Sterne!» war die alterirte Intonation ausdauernd." Das sind die ersten traurigen Vorboten des Verfalls einer Stimme gewesen, die von Natur gesund und tüchtig organisirt, doch leider niemals zu mehr als zu spontanem Gebrauche ausgebildet worden war.

Mr. Bunn hatte für die Saison von 1837 bedeutende Kräfte zu einer englischen Oper engagirt, um der italienischen des Mr. Laporte, die im King's Theater auf dem Haymarket (jetzigen Her Majesty's) spielte, das Gegengewicht zu halten. Von seinem frühern ungeheuern Wagniß, Covent Garden und Drury Lane zusammen zu pachten, war Bunn zwar schon 1835 zurückgekommen, und der Besitz des erstgedachten Theaters zunächst in die Hand des Mr. Osbaldistone vom Koburg- (spätern Victoria-) Theater, dann (1837) in die des bekannten Schauspielers Macready übergegangen, der darin bis 1839 Shakspeare'sche Dramen aufführte.*) Während nun Laporte am Haymarket das Pu-

---

*) Als Royal Italian Opera, was Covent Garden jetzt noch ist, wurde das Haus erst am 6. April 1847 mit Rossini's „Se-

blikum mit der Grisi und Albertazzi, der bekannten eng=
lischen Altistin, die damals ihr erstes Debut in London
machte, mit dem süßen russischen Tenor Ivanoff und mit
den Kerntruppen Rubini, Tamburini, Lablache zu
ködern suchte, hatte Bunn außer unserer Sängerin noch die
alternde Pasta*), sowie für das Ballet Mr. und Madame
Paul Taglioni aus Berlin und die berühmte **Marie
Taglioni** aus Paris gewonnen. Aus diesem Wettkampfe
gingen mancherlei Reibungen hervor, die zum Theil für das
skandalsüchtige Publikum recht unterhaltend waren, indessen
dem Geldbeutel der antagonistischen Theaterdirectoren nicht
immer gut bekamen. So sollte Madame Pasta z. B. bei
Bunn in Zingarelli's „Romeo e Giulietta" auftreten, Laporte
aber behauptete, sie dürfe nur die Hauptnummern aus dieser
Oper vortragen, da seinem Theater allein das Recht zustehe,
vollständige italienische Opern zu geben. Bunn begab
sich infolge dessen nach Windsor, um dort das ausdrück=
liche Anerkenntniß durchzufechten, daß er durch das ihm
bewilligte königliche Patent zu allen Arten von Theatervor=
stellungen befugt sei. Diese Streitigkeiten sind für die eng=
lische Theatergeschichte insofern nicht ohne Bedeutung gewesen,
als sie den ersten Anlaß dazu gaben, das von alters her=
gebrachte Patentwesen bezüglich der londoner Bühnen gänzlich
zu beseitigen und zu dem jetzigen System der vollen und nur
durch die Controle des Lord=Chamberlain (Oberkammerherrn)

miramide" eröffnet, wobei die große Altistin Signora Alboni
zum ersten mal in England als Arsace auftrat.

*) Sie ging hernach (im Juni) zum King's Theater über, wo
sie als Romeo in der Zingarelli'schen Oper und als Medea (von
Mayr) brillirte; am 26. Juni trat sie jedoch ausnahmsweise auch
wieder in Drury Lane, einige Scenen singend, auf.

limitirten Gewerbefreiheit im Gebiete der theatralischen Unternehmungen zu führen.*)

Das Erscheinen der Schröder-Devrient auf der englischen Opernbühne war ein doppelter Misgriff; denn erstlich hatte sich die Künstlerin nicht die Zeit genommen, der englischen Sprache zuvor insoweit Herr zu werden, um das Ohr der Eingeborenen wenigstens nicht allzu sehr zu verletzen und selber durch das fremde Idiom beim Singen nicht mehr gestört zu werden; dann aber stand sie gerade hier auf einem Boden, wo jeder Ton, jedes Wort von ihr die Vergleichung mit der unvergeßlichen Malibran wach rief, die auf der englischen Bühne immer noch weit mehr, als in dem italienischen Opernhause, der allgemeine Liebling des londoner Publikums gewesen war. Indessen die unternehmende Frau wagte das gefährliche Experiment und trat am 15. Mai 1837 zum ersten mal in Drury Lane als Fidelio auf, wobei sie der Tenorist John Wilson als Florestan, die Bassisten Mr. Seguin, Signore Giubilei und Mr. F. Coole als Rocco, Pizarro und Minister Don Fernando de Silva, Mr. Doruset als Jacquino und Miß Betts als Marcelline unterstützten.**)

Die englische Uebersetzung der Oper wurde (nach Herrn Richard Kießling's „Collectaneen") 1835 für die Malibran unter dem Titel „Fidelio or Constancy rewarded" von einem Mr. MacGregor Logan zurecht gemacht, der

---

*) John William Cole, „The life and theatrical times of Charles Kean" (zweite Auflage, London), I, 231.

**) Die Oper wurde außerdem noch am 19. und 23. Mai, 1., 3., 7., 10., 12. und 28. Juni, sowie am 10. und 18. Juli vollständig, am 5., 14., 17. Juni und am 15. und 17. Juli zum dritten Theil gegeben.

auch die erste Bearbeitung von Weber's „Freischütz" 1824 für das English Opera House geliefert hatte. Der englische „Fidelio" hält sich ziemlich streng an das Original; doch ist die Oper in drei Acte abgetheilt, wovon der erste mit dem Terzett zwischen Marcelline, Leonore und Rocco („Gut, Söhnchen, gut!") schließt. Der zweite beginnt mit dem Auftreten Pizarro's. Nach dessen Duett mit Rocco folgt der Chor der Gefangenen und das Duett zwischen Leonore und Rocco im ersten Finale („Nun sprecht, wie ging's?"). Jetzt erst singt Leonore ihre große Scene und Arie („Abscheulicher!"). Die Stellen des ersten Finale nach dem schon erwähnten Duett, das Kommen Marcellinens und Jacquino's sind in gesprochenen Dialog verwandelt, und das Finale beginnt erst mit dem Wiedererscheinen Pizarro's („Verwegner Alter!"), folgt dann aber dem Original ohne Abänderung bis zum Schluß. Der dritte Act stimmt mit unserm zweiten bis nach dem Anfangschor des zweiten Finale („Heil sei dem Tag!") ganz überein; was dann folgt (die Worte des Ministers u. s. w.), ist abermals in Dialog verwandelt bis zum Sostenuto assai in F-dur („O Gott, welch ein Augenblick!"), von wo ab alles mit Ausnahme einer einzigen Aenderung in der Leonoren-Stimme der Beethoven'schen Partitur genau entspricht. Die englischen Worte sind für den Gesang sehr gut gewählt, und das Anhören derselben macht ganz denselben Eindruck, als wenn sie deutsch gesungen werden, ja die damaligen englischen Sänger, alle in italienischer Schule gebildet, hatten noch den großen Vorzug einer sehr deutlichen Aussprache vor gar manchen deutschen voraus.

Daß es unserer Künstlerin mit dem englischen „Fidelio" immerhin noch ganz leidlich gegangen, erhellt aus den Urtheilen der londoner Tagespresse. Uebereinstimmend hieß es, man habe gefürchtet, daß der Versuch, in einem fremden Idiom dieselbe Rolle zu singen, womit Madame Devrient in ihrer Muttersprache früher so große Bewunderung erregt, mislingen möchte; allein diese Besorgniß habe sich nicht bestätigt. Allerdings wurde der deutsche Accent in ihrer Aussprache des Englischen gleich bei den, überdies mit sehr sichtlicher Befangenheit von ihr gesprochenen Worten des Eingangsdialogs übel vermerkt, allein ihr hinreißendes Spiel namentlich in den Kerkerscenen machte alles wieder gut und trug ihr schließlich den allgemeinen Beifall der Zuhörerschaft ein. Ja der londoner „Spectator", dessen musikalischer Reporter damals der für deutsche Musik enthusiasmirte Edward Taylor war, wagte sich nach dieser Rolle sogar bis zu einer Vergleichung der Schröder-Devrient und Malibran, worin er der erstern als Fidelio entschieden die Palme zuerkannte. „Madame Malibran" — so lauten die Worte — „war der erste englische Fidelio, allein auch sie hätte der Schröder-Devrient den Kranz reichen müssen. Die erstere hatte in ihrem Gesang wahrhaft entzückende Momente, allein der Gesang der letztern ist dafür gleichmäßiger und stetiger; sie erscheint in ihre Rolle ganz versenkt und frei von aller egoistischen Selbstbespiegelung. Ihre Auffassung und ihr Studium des Charakters sind correcter, classischer, als die der Malibran. Sie hat die Musik Beethoven's ganz und gar in ihr eigenes Gemüth aufgenommen, und so werden auch Spiel und Gesang bei ihr zum unverfälschten Wiederausdruck des reinen und erhabenen Objects. Diese Künstlerin hat uns zum ersten mal die ganze volle Seele Beethoven's offenbart, und etwas Höheres läßt sich schwerlich zu ihrem Preise sagen."

Am 20. Juni 1837 starb König Wilhelm IV., und während merkwürdigerweise das King's Theater ruhig fortspielte, blieb Drury Lane vom 1. bis 10. Juli geschlossen, wo es mit „Fidelio" aufs neue eröffnet wurde. Es war ein Streit über die Abänderung der Anfangsworte des „God save the King"

in
>God save our noble King,
>William the Fourth, we sing,
>
>Victoria, Englands Queen

entstanden, weil Anstoß daran genommen wurde, daß nach dieser Umwandelung der prosodischen Quantität des Namens der Königin Gewalt geschähe. Die Schröder-Devrient, die das Nationallied in Drury Lane vortragen mußte, versuchte hierbei einen Ausschlag zu geben, indem sie unter freier Variirung der zweiten Zeile sang:

>Long live our noble Queen,

was zwar prosodisch paßte, den Namen aber ganz in Wegfall brachte. Das englische Publikum trug deshalb anfangs Bedenken, sich diese Wendung gefallen zu lassen; trotzdem aber lautet die Eingangsstrophe des Nationalliedes noch bis auf den heutigen Tag nicht anders als:

>God save our gracious Queen,
>Long live our noble Queen,
>God save the Queen! etc.

Die Künstlerin war übrigens bei der „Fidelio"-Aufführung am 10. Juli außerordentlich bei Stimme und spielte, wie alle Blätter einstimmig berichteten, mit noch mehr Kraft und Innigkeit als gewöhnlich. Allein das war auch der letzte vollständige Triumph, den sie in England feierte. Sie hatte, auf ihre deutschen Lorbern vertrauend, den großen Fehler begangen, außer „Fidelio" nur noch „Norma" und „Sonnambula" in englischer Sprache einzustudiren, und fiel, namentlich als **Amina** (worin man die Malibran in England zu vergöttern gewohnt war, obwol ihre an Raserei grenzende Vehemenz die dramatische Wahrheit der Rolle gefährdete) durch.*) „Ihren unklugen und unglücklichen Versuch, die leicht fiorirte Musik der neuitalienischen Schule zu singen, bereut sie ganz gewiß" — so sprachen jetzt die Blätter — „da sie aber nichts anderes (in englischer Sprache nämlich) einstudirt hat, so muß sie für diesmal schon dabei bleiben. Wahrscheinlich aber wird sie sich die Lehre zu Nutze machen und bei ihrem nächsten Besuch" (der nie erfolgte) „in einigen Rollen der großen Werke jener Schule auftreten, in welcher sie gebildet worden, denn nur in solchen Werken kann sie den erhabenen, einfachen Stil zeigen, worin sie ohne gleichen ist." — Als Norma**) fand man ihren Gesang zwar ausreichend und theilweise sogar glänzend durch seine Energie, ihr Spiel aber zu studirt; auch soll ihr in dieser Rolle die fremde Sprache, besonders in den leidenschaftlichen Momenten, vorzugsweise viele Schwierigkeiten bereitet haben, sodaß es oft, selbst mit dem Textbuch in der Hand, schwer gewesen sei, ihr zu folgen.

Abgesehen von diesen Enttäuschungen kam aber noch mancherlei zusammen, ihr den damaligen Aufenthalt an der Themse zu verbittern. Mr. Bunn, der seine langjährigen

---

*) „Sonnambula" wurde am 15. (an diesem Tage zu ihrem Benefiz) und am 17. Juli aufgeführt; den Elvino sang Mr. Wilson, den Grafen Mr. Seguin. „Norma" (mit Wilson als Pollione, Giubilei als Oroveso und Miß Betts als Adalgisa) war am 24., 27. und 30. Juni an die Reihe gekommen.

**) Die Oper war von Planché für die Malibran mit englischem Texte versehen worden, diese Künstlerin aber über dem Einstudiren derselben gestorben.

und curiosen Theaterdirections-Erfahrungen selbst in einem dreibändigen Werke: „The stage before and behind the curtain" („Die Bühne vor und hinter dem Vorhang"), der Welt mitgetheilt hat, war ein durchaus roher Mensch und kannte namentlich gegen Mitglieder seines Personals, die nicht das Glück hatten zu gefallen und volle Häuser zu machen, gar keine Rücksichten. Auch war er in Geldangelegenheiten sehr wenig scrupulös. Schon gegen Ende des Monats gab es seitens unserer Künstlerin Differenzen mit diesem übeln Director, der ihr an dem Abend, wo Madame Pasta ihr Concert hatte, und an welchem sie daher nicht zu singen brauchte, die ihr verheißene Gage von 80 Pfund Sterling verweigerte. Dieser Zwist wurde zwar wieder beigelegt, allein nun befiel sie infolge allzu großer physischer Anstrengungen ein ernstliches Unwohlsein. Es war nämlich damals in London die Blütezeit jener abscheulichen Opern-Potpourris, für welche der Geschmack in Italien bis auf den heutigen Tag noch nicht ausgegangen ist, und da mußte unsere Sängerin denn oft genug an einem Abend Sonnambula oder Norma und dann nach einem eingeschobenen Ballet oder einer albernen Farce noch einen Act aus „Fidelio" singen. Da sie nun jede ihrer Rollen mit dem äußersten Aufwand von Leidenschaft und dennoch immer, nach ihrer individualisirenden Manier, mit einer specifisch andern Art der Leidenschaft darzustellen gewohnt war, so rieb sie sich bei solchen kunstmörderischen Sprüngen von einer Passion zur andern völlig auf, zumal sie außerdem auch noch durch Virtuosen-, Wohlthätigkeits- und Privatconcerte bis zur Erschöpfung in Anspruch genommen wurde. Endlich sah sie sich — wie Claire von Glümer erzählt — zu einer Unterbrechung ihres Gastspiels genöthigt, wobei Bunn seine Unzartheit so weit trieb, daß er sogar bis in ihr Krankenzimmer eindrang und von ihr verlangte, sie solle, wenn sie auch zu singen nicht im Stande sei, sich wenigstens nur einen Moment dem Publikum im Costüm zeigen, damit er die Vorstellung „wegen plötzlichen Unwohlseins der Sängerin" erst dann absagen und umändern, so aber seine Tageseinnahme retten könne. Als sie nach einer kurzen Erholungspause, für ihre geschwächten Kräfte viel zu früh, wieder auftrat, mußte man sie am Schluß der Aufführung, welche die „Nachtwandlerin" und den letzten Act des „Fidelio" *) umfaßte, ohnmächtig nach Hause tragen. Nach ihrer Abschiedsvorstellung am 18. Juli als Fidelio, dem sie den letzten Act aus Bellini's „I Montecchi ed i Capuleti" folgen ließ, um den Engländern auch ein Pröbchen ihres Romeo zu zeigen, erlebte sie aber gar noch die arge Täuschung, daß Bunn sich bankrott erklärte und sie so um ihre sauer erworbene Gage betrog.

Am 19. Juli wirkte sie noch in einem Concert für das bonner Beethoven-Denkmal mit, welches auf Anlaß August Wilhelm Schlegel's durch den in der Musikwelt bekannten Lord Burghersh (spätern englischen Gesandten in Berlin, Grafen von Westmorland), im Drury Lane-Theater veranstaltet worden war. Sie sang darin mit Mrs. Kuyvett und den Herren Bennett und Seguin das kanonische

---

*) Claire von Glümer sagt umgekehrt: „Fidelio und den zweiten Act der Nachtwandlerin", was entschieden unrichtig ist, da eine so zusammengestellte Vorstellung 1837 in London mit der Devrient nicht stattgefunden hat. Der Vorfall kann sich überhaupt nur am 15. Juli bei dem Benefiz unserer Künstlerin zugetragen haben, da „Sonnambula" vorher mit ihr nicht gegeben worden war, und die Sängerin allerdings vom 10. bis 15. Juli pausirt hatte.

Quartett („Mir ist so wunderbar") und die große Arie aus „Fidelio", nachdem der berühmte Tenorist Mr. Braham und die treffliche Sopranistin Miß Birch zuvor in Beethoven's Oratorium „Christus am Oelberg" geglänzt und im zweiten Theil des Concerts Moscheles die neunte Symphonie aufgeführt hatte. Auch aus der Provinz erhielt sie während ihres damaligen Aufenthalts in England Aufforderungen zur Theilnahme an den großen Musikfesten. Für ihre Mitwirkung in Birmingham soll sie 1000 Pfund Sterling verlangt haben, was ihr sehr übel gedeutet wurde, da selbst Madame Catalani 1823 in York bei ähnlicher Gelegenheit nur 600 Pfund Sterling erhalten hatte.

Am 29. Juli sang sie bereits wieder in Hamburg die Norma, der am 1. August Donna Anna, am 4. Fidelio und am 7. nochmals die Norma folgte. Während dieses Gastspiels brach sie jedoch vollständig zusammen und fürchtete längere Zeit, daß England ihr, wie einst dem vielbetrauerten Karl Maria von Weber, den Todesstoß gegeben, daß sie an der Schwindsucht sterben würde. Dennoch raffte sich ihre kräftige Natur schneller, als man erwarten konnte, wieder auf, und schon am 25. October stand sie als Norma wieder auf den dresdener Bretern. Kurze Zeit darauf vermehrte sie ihr Repertoire abermals durch eine Rolle, welche sie in London von keiner Geringern als von Giulia Grisi gehört hatte, die aber unter allen von ihr gewagten italienischen Partien für ihre speciellen Eigenschaften und Mängel die schlecht gewählteste war; wir meinen die Elvira in Bellini's letzter, 1834 für Paris geschriebener Oper: „I Puritani", welche, 1835 bereits nach London importirt, dort sofort ungeheueres Furore machte. Freilich hatte das luftschäumende Brautlied der Polacca im ersten und die

Wahnsinnsscene im zweiten Act, von der Grisi vorgetragen, etwas Hinreißendes; freilich sang Rubini seinen Eintritts= gesang im ersten Act mit honigsüßer Eleganz, und freilich erhob er im dritten durch die Gewalt seines gesanglichen Ausdrucks, welche jede Trivialität der Composition vergessen ließ, alle seine Zuhörer bis in den siebenten Himmel des Entzückens*); freilich ist das bekannte Baß=Duett „Il rival salvar tu dei" nie wieder in solcher Vollkommenheit gehört worden, als da Tamburini und Lablache sich vereinigten, ein wahres Cabinetsstück wirkungsvollster Gesangskunst daraus zu machen: allein auf der deutschen Opernbühne — wie sollte das Werk stehen und gehen können? Und wie sollte die Schröder=Devrient mit der superfeinen Filigranarbeit jener Polacca fertig werden können, sie, die immer gescheitert war, wo sie sich auf die anmuthige petite causerie italienischer Rouladen eingelassen hatte? Es war eine ziemliche Zeit vergangen, ehe sie überhaupt den Muth gewann, sich auch auf diesem schlüpfrigen Hofparquet zu versuchen, und vor ihrer ersten pariser Reise hatte sie sogar, in der richtigen Einsicht, daß ihrer Stimme die Biegsamkeit für Passagen sehr schwer wurde, entschieden selbst den Glauben gehegt, sie werde auf dieses Gebiet für immer verzichten müssen. Allein die Erfolge einer Malibran und eines Rubini, deren sie nun Zeuge geworden, hatten sie geblendet; sie wähnte, mit einigem Fleiß, woran es ihr ja nie gefehlt hat, das früher Versäumte nachholen zu können, und so stürzte sie sich denn, ganz unzureichend vorbereitet, aber deshalb nur mit um so größerer Passion in Romeo, Norma, Amina und nun gar auch noch in die über alles heikelige Elvira und war zu-

---

*) Chorley, „Thirty years' musical recollections", I, 93.

frieden, daß ihre Landsleute, die vom Gesange so ungemein wenig verstehen, ihr wenigstens den Beifall nicht vorenthielten, den ihr die gewiegtern und verwöhntern Connaisseurs der britischen Metropole soeben noch hartnäckig verweigert hatten. Ihrem echten, vor der ganzen Welt bestehenden Ruhm hat sie dadurch ebenso viel geschadet, als durch ihr gleichfalls in dieser Zeit zuerst überhandnehmendes Outriren in Darstellung und Gesang, wodurch sie, nicht unähnlich der Rachel, einen monopolistischen Druck gegen alle Mitspielenden ausübte und das Ensemble jeder scenischen Aufführung nicht selten auf die empfindlichste Weise störte.

Auch ließ sich die an den Stimmmitteln erlittene Einbuße nun nicht länger verbergen. Dennoch aber hatte die Künstlerin damals noch einen solchen Credit auf ihrer heimatlichen Bühne, daß Aeußerungen solcher Art zunächst noch als böswillige Verleumdungen mit Entrüstung zum Schweigen gebracht wurden. So lesen wir z. B. in einem Journal aus dieser Zeit folgende Vertheidigung der Angegriffenen: „Was einige Blätter, namentlich die jetzt erst zur Welt gekommene «Frauenzeitung» (von Luise Marezoll in Leipzig redigirt), böswillig über die Abnahme der Stimme verbreiten, ist nicht, wenigstens nicht in dem angegebenen Maße gegründet. Daß diese Dame den Culminationspunkt ihres Glanzes passirt ist, leidet keinen Zweifel. Sie ist aber immer noch eine der ersten Sängerinnen und wird dies, bei gehöriger Sorgfalt für ihre Gesundheit, noch Jahre lang sein." Bergab ging es hiernach freilich schon, allein daß man es nicht allzu schnell gewahr werde, dafür sorgten, wie billig, die guten Freunde, deren Entzücken sie so lange Zeit gewesen. Und dafür sorgte ferner auch sie selbst, indem sie im folgenden Jahre noch eine Rolle schuf, worauf sie ihre letzten Triumphzüge durch Deutschland zu gründen ver=

mochte: die **Valentine in Meyerbeer's „Hugenotten"**. Am 23. März 1838 erschien sie darin zum ersten mal auf der dresdener Bühne und erzielte einen ganz außerordentlichen Erfolg. Man rief am Schlusse der Vorstellung alle Darsteller mit dem persönlich anwesenden Componisten, und die Schröder=Devrient überreichte dem letztern, indem sie eine kurze Anrede hielt, einen Lorberkranz, worauf sie wieder von dem ausgezeichneten Tenoristen **Joseph Aloys Tichatscheck** bekränzt wurde, der seit diesem Jahre ihr ebenbürtiger Partner und ein recht tüchtiger Raoul war. Sie gab die Rolle bald darauf auch zu ihrem Benefiz, und des Beifalls war kein Ende. Und dennoch war auch diese Darstellung vom streng künstlerischen Standpunkt aus betrachtet ein fast ebenso großer Misgriff wie früher ihre Donna Anna. Wir müssen zugeben, daß die Duette mit Marcel und mit Raoul im dritten und vierten Aufzuge mit einer gleichen Gewalt plastischer Kunst und seelenvollen Gesanges auf der deutschen Bühne nicht wieder gehört worden sind, daß sie selbst im fünften Act, der sonst, nach den mächtig wirkenden Auftritten des vierten, ziemlich spurlos vorüberzugehen pflegt, nochmals alles zu elektrisiren wußte, wenn sie, das Musterbild einer Heldin, mit dem Ausruf „Hugenotten auch wir!" den von Saint=Bris geführten Mörderscharen entgegentrat und von ihren Kugeln getroffen zusammensank. Nichtsdestoweniger aber hat **Henry Chorley** vollkommen recht, wenn er in seiner Schrift „Modern german music", I, 345, sagt: „Ihre Valentine war nach meinem Dafürhalten viel zu sehr ein Mannweib, und nicht eine Spur von der Tochter des französischen Edelmanns in ihrer Haltung; sie stellte vielmehr blos das ungestüme, zum Zorn gereizte und bedrängte Weib dar, für welches die Stunde jungfräulicher Grazie und jungfräulicher Zurückhaltung schon längst vorüber war."

Dieses Urtheil entspricht der Wahrheit und sagt, wenn auch in etwas milderer Ausdrucksweise, nichts anderes, als Hector Berlioz' vernichtende Kritik, auf die wir schon früher aufmerksam gemacht haben. Es dürfte hier der Ort sein, dieselbe ausführlich mitzutheilen. Berlioz hat sich über unsere Künstlerin als Valentine in einem Brief an Habeneck, dem damaligen Orchesterchef der Großen Oper zu Paris, weitläufig ausgesprochen*), und wenn auch die berliner Vorstellung der „Hugenotten", von der Berlioz berichtet, erst in das Jahr 1843 fällt, und manche Mängel der Künstlerin damals noch schärfer hervortreten mochten, als da sie die neue Glanzrolle zuerst siegreich über die Scene trug, so kann doch immerhin die zermalmende Kritik des Franzosen als prägnantester Ausdruck für das Misfallen, welches ihre ganze letzte künstlerische Periode hier und da unleugbar erregt hat, jetzt schon eine chronologisch berechtigte Stelle finden.

„Wenn ich" — sagt Berlioz — „durch eine offene Misbilligung ihrer Darstellung bei mehreren denkenden und urtheilsfähigen Köpfen Staunen erregte, ja arg anstieß, so bin ich, da diese, ohne Zweifel aus Gewohnheit, als unbedingte Verehrer der berühmten Frau in die Schranken treten, hier die Erklärung schuldig, warum ich so weit entfernt bin, ihre Ansicht zu theilen. Es was bei mir weder Absicht noch vorgefaßte Meinung für oder gegen Madame Devrient. Dies Eine wußte ich, daß sie mir in Paris, es sind viele

---

*) „Musikalische Wanderungen durch Deutschland. In Briefen von Hector Berlioz. Aus dem Französischen von A. Gathy", S. 63—65.

Jahre her, als Fidelio bewundernswürdig erschienen, und jüngst in Dresden mir dagegen gar üble Gewohnheiten in ihrer Singweise, sowie in ihrem Spiel oft Uebertreibung und Manier aufgefallen waren. Solche Mängel mußten mich später in den «Hugenotten» um so widerwärtiger berühren, als die Situationen ergreifender sind, und die Musik mehr den Stempel der Größe und der Wahrheit an sich trägt. So ließ ich denn strengen Tadel aus über Sängerin und Schauspielerin zugleich, und zwar aus folgendem Grunde.

„In der Verschwörungsscene, in welcher Saint=Bris dem Nevers und seinen Freunden den Plan der Ermordung der Hugenotten vorlegt, hört Valentine mit Schaudern das blutige Vorhaben ihres Vaters mit an, sucht aber den Abscheu, womit solche Unthat sie erfüllt, zu verbergen, da Saint=Bris weit entfernt wäre, dergleichen Regungen bei seiner Tochter zu dulden. Der unwillkürliche Ausbruch ihrer Gefühle in dem Augenblick, da sie ihren Gatten, der alle Theilnahme an der Verschwörung von sich weist und sein zerbrochenes Schwert auf den Boden schleudert, in die Arme stürzt, ist um so schöner, als das schüchterne Weib so lange schweigend gelitten und ihre Angst mit peinlicher Fassung verhalten hat. Wie aber verfährt hier Madame Devrient? Statt ihre Aufregung zu verheimlichen und gewissermaßen passiv zu verharren, wie bei einem solchen Auftritt jede vernünftige Schauspielerin thun wird, packt sie Nevers, zwingt ihn in den Hintergrund der Bühne und scheint ihm, während beide mächtigen Schritts auf= und abgehen, sein Betragen und seine Antwort an Saint=Bris vorzuzeichnen. Daher denn auch Nevers mit seinem Ausruf:

Wenn sich Euer Blick hier umher auf die Ahnen, die meinigen, wendet,
Zähl' ich der Krieger viel, doch einen Mörder nicht!

höchst matt erscheint; denn der Werth einer plötzlichen, edeln Aufwallung verschwindet, und wir erblicken nur den gehorsamen Gatten, der die eingeschärfte Aufgabe hersagt. In dem Augenblick, da Saint=Bris das allbekannte Motiv

Geheiligt sei die Rache!

beginnt, vergißt sich Madame Devrient so weit, daß sie, er mag wollen oder nicht, sich in seine Arme wirft, obwol er noch immer nichts weiß von den Gefühlen seiner Tochter; sie bittet, fleht und beschwört ihn, kurzum sie plackt ihn durch heftiges Geberdenspiel dermaßen, daß Bötticher *), der das erste mal gar nicht auf solch unpassendes Behaben gefaßt war, nicht wußte, was er thun sollte, um frei athmen und agiren zu können, und durch die Bewegungen seines Kopfes und rechten Armes ihr zuzurufen schien: «Um alles in der Welt, Verehrte, lassen Sie mich doch in Ruhe und erlauben Sie, daß ich meine Rolle zu Ende führe!» Durch solche Misgriffe stellt sich heraus, in wie hohem Grade Madame Devrient vom Teufel der Selbstsucht besessen ist. Sie würde sich verloren glauben, wenn sie nicht, gleichviel ob mit Recht oder Unrecht, durch irgendwelches Bühnenmanöver in allen Scenen die Aufmerksamkeit des Publikums auf sich zöge. Sie betrachtet sich unbestritten als Mittelpunkt aller Handlung, als die einzige Person, die würdig ist, die Zuschauer zu beschäftigen. «Ihr hört auf jenen Sänger? Bewundert den Componisten? Betrachtet jenen Chor? — Ihr Thoren! Seht doch hierher! Seht mich an! Denn ich bin Gedicht, ich Poesie, ich Musik und alles; heut ist

---

*) Der damalige tüchtige Darsteller des Saint-Bris in Berlin, ein Sänger, der leider seine schönen Mittel nie ordentlich handhaben gelernt und seine Stimme früh verloren hat.

nichts interessanter als ich, und nur meinetwegen dürft ihr in die Oper gekommen sein!» In dem ungeheuern Duett, das auf diese unsterbliche Scene folgt, während Raoul den wilden Ausbrüchen der Verzweiflung preisgegeben ist, neigt Madame Devrient, an ein Sofa gelehnt, zierlich das Haupt zur Erde, um auf der linken Seite die schönen Locken des üppigen blonden Haares frei herabhängen zu lassen; sie spricht einige Worte und nimmt dann während Raoul's Entgegnung eine andere anmuthige Stellung ein, um den sanften Glanz ihres Haupthaars auch auf der rechten Seite der Bewunderung zuzuwenden. Ich sollte jedoch nicht glauben, daß solch kleinliches Spiel einer kindischen Koketterie gerade das wäre, was in einem so entscheidenden Moment Valentinens Seele füllt.*)

„Was Madame Devrient als Sängerin betrifft, so habe ich bereits ihren Mangel an Reinheit und Geschmack hervorgehoben.**) Ihre Fermaten und vielfältigen Veränderungen ihrer Partien gehören einem schlechten Stile an und sind ungeschickt angebracht. Ich wüßte aber nichts, womit sich ihre Interjectionen vergleichen ließen. Worte wie:

---

*) Das ist offenbar ein ungehöriger Vorwurf; die Schröder-Devrient hat wol hier und da einmal zu stark auf den Effect gespielt, aber gewiß nie in der armseligen koketten Absicht, die ihr hier untergeschoben wird.

**) Im siebenten Briefe an Fräulein Louise Bertin, der Schwester des Inhabers vom „Journal des Débats", hatte Berlioz geschrieben (S. 60, a. a. O.): „Ihre Sopranstimme ist in den höhern Regionen abgenutzt, auch wenig biegsam, jedoch glänzend und dramatisch. Madame Devrient intonirt jetzt, sobald sie den Ton nicht gewaltsam herausstoßen kann, immer zu tief; sie bringt höchst geschmacklose Verzierungen an" u. s. w.

v. Wolzogen.

Gott! o Gott! Ja! Nein! Ist es wahr? Wäre es möglich? u. dgl. m., werden von ihr nie gesungen, sondern gesprochen, oder aus vollem Halse geschrien. Ich kann gar nicht sagen, wie widerwärtig mir eine solche musikwidrige Art der Declamation ist. Nach meinem Gefühl ist es hundertmal ärger, Opernmusik zu sprechen, als Tragödiendeclamation zu singen.

„Die in gewissen Partituren vorkommenden, mit Canto parlato bezeichneten Noten sollen keineswegs auf solche Weise herausgestoßen werden; in der Gattung der ernsten Oper soll ihre Klangfarbe immer in einem gewissen Verhältniß mit der Tonart zusammenhängen; das bleibt also innerhalb der Grenzen der Musik. Wem ist nicht noch erinnerlich, wie Demoiselle Falcon die Schlußworte dieses Duetts: «Ach, Raoul! sie tödten dich!» singend zu sprechen wußte. Wahrlich, das war Natur und musikalisches Gefühl und machte einen unbeschreiblich tiefen Eindruck. Wie weit entfernt davon ist Madame Devrient, wenn sie dem flehenden Raoul mit gesteigerter Kraft ihr dreimaliges Nein! Nein! Nein! zuruft; man glaubt dann Madame Dorval oder Demoiselle George im Melodram zu hören und fragt sich, warum das Orchester fortspiele, da die Oper zu Ende. Es ist über alle Begriffe lächerlich. Den fünften Act habe ich gar nicht mit angehört, so wüthend war ich, das Prachtstück im vierten auf solche Weise verhunzt zu sehen. Ist es Verleumdung, lieber Habeneck, wenn ich behaupte, das Sie ein Gleiches gethan haben würden? Ich kann es nicht glauben. Ihre Gefühlsweise in der Kunst ist mir bekannt. Wenn die Ausführung eines schönen Kunstwerks recht herzlich schlecht ist, so wissen Sie sich tapfer darüber hinwegzusetzen, und sind sogar um so muthiger, je schauderhafter es geht. Geht hingegen alles nach Wunsch), und nur ein Verstoß tritt ein, ja, dann werden Sie zornig, grimmig, wüthend über diesen einzigen Fehler; in Ihrer Wuth könnten Sie den unglücklichen Harmonieverderber kaltblütig, ja freudig vernichten sehen; und während die Philister über Ihre Aufwallung stutzen, wird sie von den echten Künstlern mitempfunden, und ich knirsche, wie Sie, mit allen Zähnen.

„Gewiß besitzt Madame Devrient eminente Eigenschaften: Wärme und Begeisterung; aber diese Gaben, selbst angenommen, daß sie genügten, schienen mir nicht immer der Natur und dem Charakter gewisser Rollen angemessen. Der Valentine z. B., ganz abgesehen von den obigen Bemerkungen, der kaum eingesegneten, hochherzigen, aber doch schüchternen jungen Frau, der edeln Gattin des Nevers, der keuschen und zurückhaltenden Liebenden, die nur, um ihn vom Tode zu retten, dem Geliebten ihre Neigung offenbart, ihr stände eine schamhafte Leidenschaftlichkeit, ein anständiges Spiel und ausdrucksvolles Singen besser an, als alle Salven mit dreifacher Ladung, die Madame Devrient losläßt, in ihrer rasenden Eigenliebe." —

Wir wüßten auf diese allerdings starken Ausfälle gegen Deutschlands genialste dramatische Sängerin nur das zu erwidern: des incriminirten Verbrechens hat sie sich schuldig gemacht, allein die Motive dazu sind andere gewesen, als ihr hier imputirt werden. Nicht „rasende Eigenliebe" und „kindische Koketterie" haben die Künstlerin zu einer so fehlerhaften Auffassung und Darstellung der Rolle verführt, sondern allein der Umstand, daß die damals freilich kaum erst vierundreißigjährige Frau schon keine andere Wahl mehr hatte, als entweder mit vollen Segeln zu schwimmen oder unterzugehen. Darf man aber dem Löwen sein Gebrüll verargen,

weil man den Gesang der Nachtigall vorzieht? Er brüllt
eben, weil er nicht anders kann. Und so ist auch auf die
Individualität des Künstlers allezeit etwas Rücksicht zu neh=
men. Wer das nicht thut, läuft manchmal selbst Gefahr,
an künstlerischen Leistungen nur das schön zu finden, was
zufällig auch der eigenen Individualität entspricht. Persön=
liche Antipathien reichen weit, und niemand hat mehr Ursache,
sich ihres Einflusses zu erwehren, als wen sein Amt ver=
pflichtet, vom Thron der Kritik in die Arena des Partei=
wesens unter keinen Umständen je herabzusteigen. Nur wer
auf die Mittel Rücksicht nimmt, die ein Künstler zur Lösung
seiner Aufgabe mitzubringen vermag, wird ihm nie falsche
Motive für seine Thaten oder Unterlassungen andichten und
ihn so, in Lob und Tadel, immer gerecht richten. Wie viele
aber glauben dies zu thun und befreien sich in Wahrheit nur
das Herz oder die Leber! —

Wir haben uns über die Mängel und Verirrungen der
alternden Künstlerin gewiß nie getäuscht, dennoch aber selbst in
den „Hugenotten" noch einzelne wirkliche Gipfelpunkte ihrer
wunderbaren Darstellungsgabe erkennen müssen, für die Berlioz
eben gar kein Auge gehabt zu haben scheint. Auf diesen Gipfeln
aber verrieth, wie Rellstab mit Recht gesagt hat, nur die
größere Anstrengung die beginnende Abnahme ihrer Kraft.
„Das Sinken ihres künstlerischen Gestirns in dieser spätern
Periode wurde hauptsächlich durch das Zuviel in der An=
wendung mancher Mittel bemerkbar, eben dieses Sinken zu
verbergen. Sie verfiel in den Fehler, die Lichter zu scharf
aufzusetzen, die Schatten zu verdunkelt danebenzustellen;
die Contraste sollten erreichen, was sonst die milde, an=
muthvolle Verschmelzung, der leichtgeführte Zügel des
Maßes ihr gewann, selbst da, wo sie mit den vollsten stür=

menten Schwingen die glänzendsten Ziele der Wirkung erstrebte." *) — Das ist die einzig richtige Kritik.

Auf die Valentine folgte bald, schon am 8. April 1838, die Lösung einer sehr verschiedenen Aufgabe; unsere Künstlerin sang in dem zum Besten des Unterstützungsfonds für die Witwen und Waisen der königlichen Kapelle im Saale des Opernhauses zu Berlin aufgeführten Oratorium „Paulus" von Felix Mendelssohn=Bartholdy die Sopranpartie. Es thut uns leid, bekennen zu müssen, daß wir sie persönlich in dieser Musikgattung, die wieder so manches andere Rüstzeug voraussetzt, als der Bühnen= und profane Concertgesang, niemals gehört haben. Daß sie zu Händel nicht ganz ausreichend gewesen, läßt sich vermuthen, daß sie aber Mendelssohn im „Paulus" vollkommen befriedigt habe, muß nach dem Briefe angenommen werden, den Claire von Glümer auf S. 141 ihrer „Erinnerungen" von diesem liebenswürdigen letzten deutschen Musiker höhern Ranges mitgetheilt hat. Das Schreiben ist vom 2. März 1845 datirt und lautet wie folgt:

„Liebe Madame Devrient!

„Ich schreibe Ihnen diese Zeilen, um Sie zu bitten, am Palmsonntag in Dresden die Sopranpartie in meinem «Paulus» zu singen. Es liegt mir so viel daran, es thäte mir so leid, wenn Sie gerade dann abwesend wären und nicht mitwirkten, daß ich nicht unterlassen kann, Ihnen diese meine dringende Bitte auszusprechen, obwol ich von Herrn Kapellmeister Reissiger gehört habe, daß Sie Ende März Ihre Urlaubsreise antreten und Anfang April schon

---

*) „Gesammelte Schriften", IX, 413—414.

zu Gastvorstellungen verpflichtet sind. Aber könnten Sie denn für den Palmsonntag nicht zurückkehren, oder den ganzen Anfang der Reise aufschieben? Mit Einem Wort: ist es unmöglich, daß Sie mir meine Bitte erfüllen? Seien Sie mir über jene Zumuthung nicht böse, aber ich kann's mir und mag's mir gar nicht denken, daß Sie abwesend wären, wenn ich zum ersten mal irgendetwas von meiner Musik in Dresden aufführen soll. Wenn Sie meine Bitte erfüllten, so thäten Sie mir und meinem Werke einen Gefallen, für den wir beide Ihnen gewiß aufs herzlichste dankbar sein würden, freilich ich noch mehr als das Werk, das wol noch dankbarer sein könnte und sollte als es ist. Indessen ich habe mir's müssen von so mancherlei Leuten vorsingen lassen, gut und schlecht, ganz und getheilt (von einem dies Stück, von dem andern das), theatralisch und langweilig — nun möchte ich's mal so hören, wie ich mir's gedacht habe. Deshalb komme ich mit meinem Anliegen und deshalb bitte ich, erfüllen Sie mir's.

Immer Ihr ganz ergebener

Felix Mendelssohn-Bartholdy."

Für die sonstigen freundlichen Beziehungen, welche die Künstlerin zum Componisten unterhielt, zeugt der an derselben Stelle mitgetheilte Scherz. Im Februar 1841 hatte Mendelssohn einen Brief an sie adressirt: „An Madame Schröder-Devrient, berühmte Künstlerin in Dresden." Vermuthlich hatte sie in ihrer Antwort hierüber eine Glosse gemacht, denn in Mendelssohn's nächstem Schreiben heißt es zum Schluß: „Und die Adresse kann auch diesmal nicht geändert werden. Wenn einer von den hundert deutschen

Titeln mal mit der That geführt wird, da darf er nicht fehlen. An die Frau Hof= oder Kammersängerin adressire ich Ihre Briefe mein Lebtag nicht." —

Im Mai besuchte die Künstlerin wiederum das sie stets mit Enthusiasmus aufnehmende Leipzig und gab vom 2. bis 27. einen Cyklus von zehn Vorstellungen, den sie mit Romeo begann und schloß; außer dieser und ihren übrigen schon bekannten Partien, Norma, Fidelio, Euryanthe, Vestalin, Nachtwandlerin, kam auch noch dreimal die Valentine an die Reihe.

Am 11. September hörte sie der Verfasser selbst in Dresden neben Tichatscheck als Melanie in der Auber'schen Oper „Gustav oder der Maskenball", welche hier aus Hofrücksichten den Titel „Die Ballnacht" führte, wobei sich denn auch König Gustav von Schweden in einen Herzog Olaf verwandelt hatte. Die Stimme der Sängerin klang angegriffen, obschon sie in der Scene bei der Wahrsagerin Arvedson (Terzett II, 6), in der großen Arie: „O Gott erbarme dich!" (III, 10), dem darauffolgenden Duett mit Tichatscheck: „Es naht kein Fremder sich!" dem Terzett und Finale desselben Acts (Nr. 12 und 13), in dem Duett (IV, 14), da sie den erzürnten Gemahl um Vergebung anfleht:

> Laß' ab, sieh' meine Thränen,
> Darfst mich nicht schuldig wähnen;
> Die Gattin nichts verbrach!

einige schöne Momente hatte, und auch namentlich in den leidenschaftlichen Scenen des dritten, vierten und fünften Aufzugs mit großem Feuer spielte. Daß indessen der Gesammteindruck der an phrasenhafter Leere allzu sehr laborirenden Oper selbst durch sie nicht verbessert werden konnte, liegt auf der Hand und kann ihr nicht zum Vorwurf gemacht werden; was sie auch an dieser Aufgabe sündigte, lag wiederum in dem oft gerügten Zuviel.

Am 10. März 1839 sang sie die Armande von Grécourt in der Oper „Die Neuvermählte", wozu die Prinzessin Amalie von Sachsen nach Scribe's „La lune de miel" den Text geschrieben, und der dresdener Musikdirector Joseph Rastrelli die Musik gesetzt hatte. Im Sommer desselben Jahres wurde Breslau zum dritten mal besucht, wo sie am 22. und 27. August als Romeo, am 24. als Norma und am 28. als Fidelio auftrat. Als Honorar erhielt sie dabei den dritten Theil der Einnahme mit 30 Louisdor garantirt.

Bald darauf hörte Mr. Chorley unsere Künstlerin als Euryanthe in Dresden und wunderte sich nicht wenig darüber, ihre Stimme, die ihm 1837 in London schon sehr auf dem Rückzuge erschienen war, hier so frischtönend und wirkungsvoll zu finden. „Sie spielte noch" — also heißt es auf S. 298 des ersten Bandes von „Modern german music" — „mit all der Macht und all dem Pathos, welche ihr in England den Titel der Thränenkönigin eingebracht hatten, und sang die furchtbar schwere Musik ihrer Partie mit einer Kraft, die ich mir schlechterdings nicht zu erklären vermochte, wenn ich nicht zu der Hypothese meine Zuflucht nehmen wollte, daß ein Wunder ihre Stimme wiedergeboren, seit sie zuletzt in London gewesen. Im ersten Augenblick fiel es mir nicht ein, daß die Ursache dieser anscheinend erneuerten Klarheit und Reinheit in der niedrigen Stimmung des Orchesters liegen möchte. Und dennoch war dies der Fall, denn die dresdener Kapelle stand fast um einen halben Ton tiefer als irgendeine, die ich je gehört hatte." —

Das Wunder mag indessen durch den tiefern Kammerton allein nicht zu erklären sein, sondern vielmehr auch dadurch, daß die Sängerin sich eben damals in jener kritischen Periode befand, wo sie, wie die Franzosen sagen, „journalière" war, und ihr an einem Tage gelang, was am nächsten fehl schlug.

Am 10. Januar 1840 brachte sie Chelard's „Macbeth" zum ersten mal auf die heimatliche Bühne, und ihre Lady Macbeth wurde auch damals noch als eins ihrer großartigsten Tongebilde angestaunt. Zu ihrem Benefiz am 22. März 1840 sang sie die Ginevra von Medici in Halévy's fünfactiger crasser Oper „Guido und Ginevra", die am 5. März 1838 in der Großen Oper zu Paris das Lampenlicht erblickt hatte.*) Claire von Glümer erzählt in ihren „Erinnerungen", S. 95—97, von der künstlerischen Entrüstung, mit welcher die Sängerin an die Lösung dieser haarsträubenden Aufgabe gegangen sein soll, und setzt ausdrücklich hinzu, es sei dies eine Lieblingsgeschichte der Künstlerin gewesen. So amusant dieselbe auch ist, ganz so, wie sie hier zu lesen, kann sich dieselbe wol schwerlich zugetragen haben, denn es wird doch keine Sängerin ein Werk gerade zu ihrem Benefiz wählen, das ihr im Grund des Herzens zuwider ist. Nach Claire von Glümer hat sich nämlich unsere Künstlerin in Bitten und Vorstellungen gegen die Aufführung des häßlichen Werkes erschöpft und erst nachdem sie gesehen, daß alles umsonst sei, bei sich beschlossen, die Rolle zwar zu studiren, aber das Stück „todt zu spielen". Dies soll sie dann auf folgende Art

---

*) Eine weitläufige Beschreibung der Oper, deren Text von Scribe ist, findet sich in „Jacques Fromental Halévy. Eine Biographie" (Kassel 1855), S. 17—48.

fertig gebracht haben. Es fiel ihr die Aufgabe zu, im zweiten
Act an einem um ihr Haupt gewundenen pestvergifteten
Schleier aus der Levante scheinbar zu sterben, im dritten
Aufzug aber, da Ginevra in der Kathebrale zu Florenz in
einer finstern, durch Steinplatten verschlossenen Gruft bei=
gesetzt worden, wieder zu erwachen und nun voller Ver=
zweiflung über das Lebendigbegrabenwerden in dem öden
Gruftgewölbe umherzurasen. „Da starb ich denn" (im Finale
des zweiten Acts Nr. 13) „wirklich einmal wie eine Ver=
giftete" — so erzählt die Künstlerin selbst. „Ich machte
die Sache mit Zuckungen und Grausen so überzeugend, daß
nach Schluß des Acts der Intendant mit dem Arzt herbei=
gestürzt kam und angstvoll fragte: «Um des Himmels willen,
was ist Ihnen — sind Sie krank? Das wäre ja fürchter=
lich!» Nein, gab ich ruhig zur Antwort, krank bin ich
nicht, ich sterbe nur an Gift; das ist nicht meine Schuld.
— — Nach dem Erwachen im dritten Act (Nr. 17) begann
ich mit den Worten:

> O Qual sondergleichen,
> Mitten unter Leichen,
> Hier im ew'gen Schweigen
> Begraben zu sein!

wie rasend vor Entsetzen und Todesangst umherzujammern.
Ich kratzte mit den Händen an der Wand umher, zerraufte
mein Haar, zerschlug mir die Brust. Es war so entsetzlich,
daß der Hof mitten im Act aufbrach, und das Publikum in
die äußerste Bestürzung gerieth. Der Intendant bat und
fluchte, — ich blieb unerschütterlich. Warum gebt ihr mir
solche Dinge zu singen? Es ist euere Schuld, sagte ich.
Nun habt ihr, was ihr verdient, da ihr eine Künstlerin
zwingt, das Häßliche darzustellen." — Sie soll die Ginevra

nie wieder gespielt haben, die Rolle auf eine andere Sängerin übergegangen, und die Oper bald darauf vom Repertoire gestrichen worden sein.

Was an dieser so humoristisch gefaßten Erzählung auf verbürgter Wahrheit beruht, ist, daß die Schröder-Devrient die Rolle mit einer realistischen Craßheit dargestellt hat, die in ihren sonstigen Schöpfungen kein Analogon gefunden. Mochte auch der Intendant hierüber böse sein, eine Strafe von 300 Thalern, in die sie bald darauf genommen wurde, hat sie deshalb nicht verwirkt, sondern weil sie im April ohne Urlaub nach Leipzig reiste.

Ihr Gesundheitszustand war übrigens in diesem Jahre ganz besonders unregelmäßig, und sie sah sich infolge dessen genöthigt, mehrere Partien, namentlich colorirte, wie die Nachtwandlerin und die Elvira in den „Puritanern", an eine jüngere Sängerin, Pauline Marx, welche bei Bordogni in Paris ihre Studien gemacht, abzutreten.*) In der am 7. Februar 1841 zum ersten mal in Dresden aufgeführten „Lucrezia Borgia" von Donizetti wurde die Titelrolle nicht von der Schröder-Devrient, sondern von Henriette Wüst (jetzt Frau Kriete) gesungen, welche stimmbegabte und gut musikalische Sängerin, früher in Berlin engagirt und dann von Mikjch recht hübsch weiter gefördert, lange Jahre in Dresden neben unserer Künstlerin (namentlich als

---

*) Mit dieser übrigens als intriguant ausgegebenen Collegin scheint sich die Schröder-Devrient nicht gut vertragen zu haben; wenigstens verfiel sie nach den dresdener Theateracten um diese Zeit „wegen ungebührlichen Benehmens auf der Bühne gegen Fräulein Marx" in eine Strafe von einer Wochengage. Sonst aber war collegialische Unverträglichkeit nicht ihr Fehler, wie wir dies später noch genauer sehen werden.

Eglantine) Anerkennung gefunden. Zu ihrem Benefiz am 24. März 1841, das noch im alten Schauspielhause stattfand, griff sie wieder zu einer ihrer ältern Glanzrollen, der Marie im „Blaubart". Es war dies übrigens ihr letztes dresdener Benefiz: von 1832 waren dieselben auf 1000 Thaler fixirt worden und fielen von 1841 ab gegen 20 Thaler Spielhonorar für jede von ihr gesungene Rolle ganz fort. Am 12. April fand die Eröffnung des neuen schönen Theaters statt; es wurde Goethe's „Tasso" gespielt, dem am nächsten Tage „Euryanthe" mit der Schröder-Devrient folgte.

In diesem Jahre stand sie mit London wieder in Unterhandlungen, welche aber nicht zu Stande kamen. In einem Briefe aus Hamburg vom 17. Juni 1841 schrieb sie hierüber an einen breslauer Freund: „Auch mir sind durch den Abbruch meines londoner Engagements viel schöne Plane und Aussichten vereitelt, und noch viele Unannehmlichkeiten wird diese Angelegenheit nach sich ziehen, durch die ich mich werde durchschlagen müssen." Sie sprach von bedeutendem Unwohlsein und privatisirte zu dieser Zeit wahrscheinlich aus diesem Grunde längere Zeit in Hamburg. Erst am 4. Juli sang sie dort die Norma mit sehr angegriffener Stimme; dann trat sie noch zweimal, am 8. und 13., als Valentine auf. Die Presse fand, daß die Sängerin zu Gastrollen nicht mehr recht geeignet sei, aber im Engagement den Dresdenern noch manche schöne Stunde verschaffen könne. Während ihrer Anwesenheit in der Hansestadt wurde das dritte norddeutsche Musikfest daselbst gefeiert, und sie wirkte am 5. Juli bei der Aufführung des Händel'schen „Messias" in der großen Michaeliskirche mit, trug auch am 6. die Arie des Sextus aus Mozart's „Titus" (I, 9: „Parto") mit obligater Clarinette in der Festhalle vor.

Was in Hamburg nicht recht hatte gehen wollen, reuffirte in Braunschweig um so besser. Sie gastirte dort vom 19. Juli bis zum 3. August als **Romeo, Valentine** (zweimal), **Norma, Fidelio** und **Vestalin** und erregte den größten Enthusiasmus. Am 31. Juli sang sie überdies noch zum Benefiz der Hofkapelle im dritten Act von Rossini's „Othello" nicht die Desdemona, sondern wie weiland Madame Malibran 1831 in Paris, und sie selbst 1833 in London gethan, den **Othello**. Ein feiner, überdies mit ausgezeichnet treuem Gedächtniß ausgestatteter Musikkenner, Professor **Braniß** in Breslau, will sich genau erinnern, von ihr selbst erzählen gehört zu haben, daß sie dieses Kunststückchen in den dreißiger Jahren auch zu Brüssel einmal mit der Malibran als Desdemona, ausgeführt habe.

Unser Kapitel hat „den Anfang des Endes" schildern sollen und wird deshalb hier am besten geschlossen, denn die weitern Rückschritte der Künstlerin bis zum Schlusse ihrer Theaterlaufbahn stehen mit einer trüben Liebes- und Leidensgeschichte in allzu enger Verbindung, als daß nicht beide am besten in einen besondern Rahmen zusammengefaßt werden sollten. Sie endigte die Thaten des Jahres 1841 am 21. November mit der Bereicherung ihres dresdener Repertoires durch die **Adele** in der Reiffiger'schen Oper „Adele von Foix".

Elftes Kapitel.

Der Schmerzensroman und der Abschied von der Bühne.

Die Künstlerin im Umgang mit Menschen. Die alternde Frau. Selbstgeständnisse aus Tagebuchblättern von 1828—38. Das Herz wird ihr zum Fluche. Verhältniß zu Herrn von Döring. Briefliche Ergüsse darüber. Gastspiele in Altenburg, Leipzig, Dessau, Weimar, Berlin und Breslau. Ein Brief der Künstlerin. Rührende Ovation. „Rienzi", „Fliegender Holländer" und „Tanhäuser". Verhältniß der Künstlerin zu Richard Wagner. Gluck's „Armide", „Alceste" und „Iphigenia in Aulis". Dresdener Engagementsverhältnisse. Letzte berliner Gastspiele im Opern- und Schauspielhause. Fenella in der „Stummen von Portici". Huldigungen in Danzig und Königsberg. In Hannover, Zürich, Leipzig und Weimar. Bianca in „Bianca und Gualtiero" von Lwoff. „Lucrezia Borgia." Plastisch-mimische Darstellung in Danzig. Gastvorstellungen in Stettin, Neustrelitz, Koburg, Gotha, Nürnberg, Augsburg, Posen und Königsberg. Abschied von der dresdener Bühne. Heirath mit Herrn von Döring. Letzte Gastspiele in Kopenhagen und Riga. Bruch mit Herrn von Döring in Dorpat. Der Scheidungsproceß. Tiefstes Leiden und wohlthuende Theilnahme.

(1842—1848.)

Die Künstlerin hatte beim Beginn der vierziger Jahre ein ruhmreiches Leben bereits hinter sich, in welchem ihr heftiges und unbesonnenes Temperament ihr zwar auch schon Verdruß und Schmerzen die Hülle und Fülle bereitet, dessen

Grundton aber nichtsdestoweniger doch immer noch im ganzen gute Stimmung gehalten. Mit souveräner Gewalt hatte sie bis dahin durch ihre imponirende Erscheinung und die ihr im höchsten Grade innewohnende Fähigkeit, unwiderstehlich liebenswürdig sein zu können, alle Kreise beherrscht, denen sie nahe trat. Es dürfte hier der Ort sein, ein Wort über ihre Umgangsformen im allgemeinen einzuschalten, da gerade in dieser Beziehung die widersprechendsten Urtheile gefällt worden sind. Dies hat indessen seinen Grund lediglich darin, daß sie eine sehr gewandte Frau war, welche den in jeder Art von Gesellschaft herrschenden Ton rasch aufzufassen und sich demselben sogar bis zur gänzlichen Verleugnung ihrer eigenen Individualität, zu accommodiren sehr wohl verstand. Deshalb war sie unter Standesgenossen und Collegen meist ebenso frivol ausgelassen, als bescheiden und taktvoll in der guten Gesellschaft. Sie nahm diese höhern Kreise durch das entgegengesetzte Mittel für sich ein, welches ihr unter Näherstehenden eine dominirende Stellung verschaffte. So sehr ihr die Gabe des Erzählens auch zu Gebote stand, so suchte sie dieselbe doch Personen gegenüber, mit denen sie nicht eben intim war, oder bei denen sie sich nicht ganz zu Hause fühlte, niemals geltend zu machen; sie überließ ihnen vielmehr die Wahl des Unterhaltungsstoffs und die Leitung des Gesprächs, drängte sich in keiner Weise vor, zeigte sich ihnen gefällig, wo sie nur immer konnte, und obwol sie dabei nicht eigentlich mehr sie selbst blieb, wußte sie doch allezeit den Schein völliger Unbefangenheit zu wahren und nie eine Spur von Verlegenheit oder Affectation zu verrathen. Solche maßvolle und wohlberechnete Zurückhaltung schwand aber sogleich, wo sie es sicher empfand, daß man sie in ihrer Eigenthümlichkeit kannte und diese ohne Rückhalt gelten ließ. Da kam

erst die wirkliche Schröder-Devrient zum Vorschein, von der
wir gesagt, daß sie alle Kreise beherrscht habe, bis auch für
sie die Zeit erschien, wo mit der Schönheit des Weibes meist
auch seine Herrschaft dahinwelkt. Im Verkehr mit Frauen
ungezwungen und freundlich, aber nur in besondern Fällen
zu freierer Hingabe geneigt, war sie, gleich einer Königin,
mit der zu ihren Füßen liegenden Männerwelt aller Stände,
bis zu den gekrönten Häuptern hinauf, wie mit einem Spiel=
ball ihrer Launen umgegangen, hatte sie bald stolz heraus=
fordernd, bald kalt abstoßend, dann wieder unter verschwen=
derischer Entfaltung aller Zauber weiblicher Anziehungskraft,
hier und da wol auch mit der entschiedenen Absicht, um jeden
Preis zu gefallen, behandelt und dabei immer das Bewußt=
sein in sich tragen können, der Wirkung sicher zu sein, die
sie auszuüben wünschte. Nun aber wurde sie älter; der
frühlingsfrische Duft, der bisher auf ihrer ganzen Persön=
lichkeit wie auf ihrer Stimme gelegen, begann zu weichen;
sie mußte auf der Bühne wie im Leben die Effecte forciren.
Da das naiv=holdselige Lächeln, womit sie sonst alles im
Sturm zu erobern gewußt, ihr nicht mehr so zu Gebote
stand wie in frühern Tagen, so gefiel sie sich von dieser
Zeit an oft in einer gewissen elegisch=sentimentalen Stimmung,
in den Aeußerungen einer tiefen Sehnsucht nach idyllischer
Abgeschiedenheit von der Welt, die ihr häufig als Affectation
und eine neue Art von Koketterie ausgelegt worden ist, wäh=
rend sie sich hiermit doch nur selbst betrog und die Absicht,
andere zu täuschen, ihr dabei sehr fern lag. Denn die
Wahrheit ist, daß der mächtige Vulkan in ihrer Natur noch
lange nicht ausgetobt hatte; er warf nur jetzt öfters statt
der hellglühenden Lava poetischer Begeisterung die rohern
Schlacken sinnlicher Passion aus und wirkte verheerend, ja

sich selbst zertrümmernd, während er vormals mit reichströ=
mendem Feuerquell die edelsten Früchte gezeitigt hatte. In
dem Einen Punkt, worin das Weib eben trotz aller indivi=
duellen Größe immer Weib bleiben und der göttlichen Welt=
ordnung, die es zur opfervollen Hingabe an den Mann be=
stimmt hat, ihren Tribut zahlen muß, in diesem Punkt ist
auch die Schröder=Devrient in der vollsten Bedeutung des
Wortes Weib geblieben, und je näher die Zeit heranrückte,
die den polaren Unterschied der Geschlechter auszugleichen
und endlich fast ganz aufzuheben berufen ist, um so leiden=
schaftlicher opferte sie dem Bedürfniß nach urtheilsloser und
selbstvergessener Hingabe. Auf dieser Basis ruhte die fürch=
terlichste Katastrophe ihres Lebens, das zuerst im Jahre 1842
angeknüpfte und sieben unheilvolle Jahre dauernde Verhältniß
zu einem Herrn von Döring. Um es ganz begreifen zu
können, wie eine so eminent begabte, geistig so hoch stehende
Frau in ein solches Verhältniß zu treten und darin, mit
förmlicher Blindheit geschlagen, so lange Zeit auszuhalten
vermocht hat, ohne die Fessel gewaltsam zu sprengen, die sie
zum elendesten Geschöpf auf Erden machte, dazu muß man
die Folterqualen kennen, welche ihre Seele zernagt hatten,
ehe sie so tief sinken konnte, um in der völligen Wegwerfung
ihrer selbst an einen Mann, den niemand achtete, den retten=
den Strohhalm zu erblicken. Auf welche Weise ihr Herz zu
einer so niedrigen Rolle allmählich vorbereitet worden war,
ist aus verschiedenen Stellen ihrer in den Jahren 1828—38
geschriebenen Tagebücher deutlich herauszulesen. Wir wollen
das Bezeichnendste aus diesen Selbstgeständnissen hier zusam=
mentragen, wie sie uns die vermuthlich nur auszugsweisen
Mittheilungen von Claire von Glümer aus den Original=
manuscripten an die Hand geben, und sind sicher, daß man

diese beredten Zeugnisse einer Märtyrergeschichte sondergleichen nicht ohne Rührung und tiefschmerzlichen Antheil lesen wird. Wilhelmine schreibt:

„Wenn ich mit Beifall überschüttet, durchglüht von der Freude an meiner Kunst, nach Hause kam, war ich allein! Ich hatte keine Seele, die mich verstand, die sich mit mir freute!"

„Mir ist bang und unheimlich; — hätt' ich nur ein lebendes Wesen um mich, einen treuen Hund, irgendein Geschöpf, das mir ergeben wäre! Wie sehne ich mich nach einem innigen Austausch meiner Gedanken — aber so allein! — und das zu schreiben, was in meiner Brust wogt, ich kann es nicht. Hier fehlt das warme Leben des Wortes von Mund zu Mund, und wo das Wort nicht mehr ausreicht, der Blick in ein Auge, das bis in die Tiefe unserer Seele dringt. — Es ist ein hartes Entbehren, so unverstanden durchs Leben zu pilgern....."

„.... Heute habe ich beim Tagelöhner Lorenz Gevatter gestanden und habe das menschliche Elend in seiner bejammernswürdigsten Gestalt gesehen. Gott, wie ist es möglich, daß Menschen so leben können? Der schrecklichste Mangel an allem! Wie schwer versündigt man sich, wenn man klagt und sich unzufrieden fühlt — dorthin muß man schauen, um sich glücklich zu preisen. Und doch, wer weiß, ob das arme Weib auf dem Strohlager nicht glücklicher ist, als ich auf meinen seidenen Kissen! Sie hat ihren Mann, der sie pflegt, stützt und hütet; sie hat ihre Kinder — was ist mir geblieben?....."

„.... Warum kann ich mich nicht daran gewöhnen, allein in diesem Leben zu sein, wie es mir vom Geschick bestimmt ist? Grausames Geschick! Du hast mir ein Herz voll Innigkeit gegeben, eine Seele, die eben nur das Bedürfniß fühlt, verstanden, geliebt zu werden — und eben das muß ich entbehren. Ich habe niemand auf der weiten Erde und fühle mein Alleinsein immermehr und schmerzlicher, fühle, wie mein Herz blutet, wie es in banger Sehnsucht nach dem Unerreichbaren vergeht, und wie meine ganze innere Harmonie dadurch gestört wird. Ich bin zerstreut, gedankenlos, ungeduldig, verdrießlich. Ich möchte fort, hinaus in Wind und Wetter, so weit mich meine Kräfte tragen — sterben am liebsten, denn so vereinzelt in der Welt zu sein, ist ein traurig herbes Los!....."

"..... Wie drückend und peinigend ist es für ein krankhaft erregtes, unruhiges Gemüth, in einer unruhigen, ewig angeregten Umgebung zu leben! Jede Nerve erbebt fieberhaft, und eine namenlose Angst und Beklommenheit treibt uns unstet umher. Es wäre für mich der sicherste Weg ins Irrenhaus, wenn ich lange in solchem Trouble leben müßte. Ein so tief verletztes, todtkrankes Gemüth wie das meine bedarf in seiner nächsten Umgebung der größten Ruhe, der strengsten Gleichmäßigkeit und Ordnung in der gewöhnlichen Tageseintheilung, denn nur durch die Einförmigkeit der äußern Eindrücke kann in etwas das verlorene Gleichgewicht in der schmerzlich wogenden Brust wiederhergestellt werden. Ein sturmbewegtes Meer, ein brausendes Ungewitter beruhigen die kranke Seele zwar auch, denn die ganze Spannkraft im Menschen ist dann auf das Außerordentliche gerichtet; man vergißt über der Allmacht die Gewalt der eigenen Schmerzen. Musik, die frommen Klänge einer Orgel an geweihten Stätten, der gestirnte Himmel, die untergehende Sonne, eine schöne Gegend, eine Blume, ein guter Dichter — sie lösen den Schmerz in der bangen Brust und entlocken dem Auge, wenn auch schmerzliche, doch wohlthuende Thränen. All das wirkt zerstörend, nicht zu leugnen; man vergeht an einem langsamen, aber süßen Gift, während ein ungeregeltes, der Ordnung entbehrendes Leben das kranke Gemüth qualvoll zu Grunde richtet. So ist es mit mir — die Ruhe in meinem Herzen, die Ruhe in meinem Hause fehlt mir....."

".... Dieses Nachaußenkehren nicht gefühlter Gefühle, nicht empfundener Empfindungen, dies Verleugnen seiner eigensten Kraft, mit Einem Wort, dies fatale conventionelle Leben bricht alle moralische und physische Kraft, erzeugt Nervenleiden und preßt die Seele ganz zusammen. Könnte man doch immer wie man wollte, wie vielen Menschen würde man sagen: «Hol' dich der Teufel, du aus Langeweile gemachter Tropf mit einem Menschengesicht!».....''

".... Ich war erst 23 Jahre alt, als meine erste Ehe getrennt wurde; aber ich hatte schon damals allen Schmelz der Jugend verloren, alle Illusionen, die das Leben schmücken. Ich konnte schon damals mit voller Wahrheit singen: Ich bin ein Fremdling überall!....."

".... Warum kann ich den erhabenen Geist, der sich so oft in meiner Brust niederläßt, nicht festhalten? Alle Quellen meines Gemüths öffnen sich und strömen Gefühle voll warmen und unbeschreiblichen Entzückens aus. Könnte ich in solchen Augenblicken dichten, es müßte etwas ganz Gutes werden; könnte ich malen, wie wollte ich die weichen, lieblichen, kräftigen, blendenden Farben, in die sich meine Seele taucht, auf die Leinwand hauchen! Könnte ich componiren, wie sollten die Töne, die in tausendfachen Accorden, Harmonien und Liedern in meiner Brust erklingen, gegen den Himmel anstürmen! O Geist, Geist, der du so oft meine Brust zu deiner Ruhestätte machst, laß mich dich halten oder hebe mich empor und flöße mir Wissen und Gedanken ein, und komme nicht blos, um mir die Brust durch deine Last zu erdrücken und zu zermalmen, komme nicht blos, um mir die quälendste Sehnsucht zurückzulassen! Gib mir ein Wort, einen Ausdruck, und laß die Quellen alle, die sich dir öffneten, nicht wieder zu ihrem Urquell, ins Herz, zurückdrängen! Der Raum ist zu klein für solche Strömung — sie wird ihn zersprengen! Thränen und ein Fleck im Mittelpunkt des Herzens, wo es immer wühlt und hämmert, das ist mein Leben ....."

„.... Daß doch der Geist dem Körper so oft unterthan ist! — Das geistige Auge sehnt sich danach, sich zu öffnen und das unendliche Licht einzusaugen, das mit warmen Strahlen in der Seele aufgeht; — da schließt sich das physische Auge durch die Gewalt einer ermatteten Natur, und jeder klare Gedanke geht unter in wirren, undeutlichen Träumen ....."

„.... O, es ist qualvoll, mit einer Brust, angefüllt mit warmen, wahren, unendlichen Empfindungen, sich in der schalen, leeren, alltäglichen Welt herumtreiben zu müssen und dann nicht einmal in einsamen Stunden den Ersatz zu haben, durch Worte, Töne aussprechen zu können, was man denkt und fühlt! Ein brennend heißer Fleck glüht mir inmitten meines Herzens; von ihm aus theilt sich ein unaussprechliches Weh meinem ganzen Wesen mit. So wie mein Haupt matt auf meine Hand sinkt, so sinkt auch meine Seele kraftlos zusammen. Machtlos und ohnmächtig bleibt all mein Streben, durch irgendeine Aeußerung meinen Zustand zu erleichtern, ... und doch erklingen die Saiten in meinem Innern so gewaltig und lösen sich auf in mächtigen Accorden und schmiegen sich wieder sanft mit leisen Melodien an mein krankes Gemüth. Aber nur meiner innersten Seele ist dieser Zustand deutlich und fühlbar; sie strebt mächtig empor ans Licht, gleich einer verborgenen Quelle, die aber Widerstand findet an einem harten Felsen, der ihr den Ausgang weigert, sodaß sie in sich selbst versiegen und vergehen muß....."

„.... Kannst du dich nicht lösen, gewaltiger Schmerz? — Nicht einmal Thränen! — da wühlt und wogt es im tiefsten Herzen — wie Felsenmassen drückt es mir die Brust, und keine Erlösung! O mein Gott, kein Leben, das wäre das beste! Mir ist, als müßte mir leichter, wohler werden, wenn ich eine tiefe, tiefe Wunde in dies arme Herz bohren könnte, damit das Blut frei ausströmen, frei dahinrieseln könnte! Dann müßte diese Beklommenheit, diese Angst aufhören — Luft! Trost! Thränen!!....."

„.... Welcher Dämon wohnt oft im Menschen, der nicht zu bekämpfen, noch zu verscheuchen ist! — Schwache, elende Natur — und doch keine schwache, elende Seele, aller guten, edeln Regungen fähig!" —

Diesen schmerzlichen Ergüssen ihres Tagebuchs wollen wir endlich noch die wehmüthige Klage hier gleich hinzufügen, die sie ein Jahr vor ihrem Tode in das Herz ihrer jungen Freundin, Elise Polko, ausgeströmt hat. Diese jetzt beliebte Schriftstellerin, die ihr auch in Nr. 869 der „Illustrirten Zeitung" (Jahrgang 1860) einen empfindungsvollen Nachruf gewidmet, welchem wir die nachstehenden Zeilen der Schröder-Devrient entlehnen, hatte ihr das Werkchen „Musikalische Skizzen" dedicirt und erhielt darauf von der Künstlerin ein Dankschreiben, worin die Stelle vorkommt: „Ein Herz gehört eben zu einer echten und wahren Künstlerin; aber eine Segnung, wie Sie es nennen, ist es nicht! Wüßten Sie, theuere Frau, wie es mir in meinem Leben zum Fluch geworden! Man steht mit einem heißen Herzen so gar allein. Denn wer versteht es, sich an seiner Glut zu erwärmen, und scheut nicht vor der Gefahr zurück, daran zu verbrennen?" —

In diesen Worten liegt alles ausgesprochen, was zur Erklärung des im Grunde groß und edel angelegten und nur von allzu heftigen Leidenschaften heimgesuchten Wesens der Künstlerin dienen mag. Da ihre Verirrungen sämmtlich aus einem zu warmen, ungezügelten Herzen entsprangen, so vermochte sich eine gewisse Noblesse des Gefühls in ihren Handlungen nie ganz zu verleugnen; sie hat viel geliebt, aber sich gewiß niemals verkauft, und wer je mit ähnlichen Naturen in nähere Berührung gekommen, die selbst da noch allein nach den Impulsen ihres Herzens handeln, wo kleinliche Geister nichts als die abgefeimteste Berechnung des kalten Verstandes wittern, der wird es empfunden haben, daß es ihnen gegenüber blos die Wahl gibt, sie schlechthin zu verdammen und ihnen, als den wahren Quälgeistern der Menschheit, vorsichtig aus dem Wege zu gehen, oder aber mit ihrem überwältigenden Reiz zugleich auch ihre ganze Schwäche mit in den Kauf zu nehmen; denn wo wäre denn überhaupt auf Erden ein Reiz denkbar ohne Schwäche, und wer wüßte es nicht, daß namentlich der unendliche polare Reiz, den die Frau auf den Mann ausübt, vorzugsweise gerade in deren Schwäche liegt! — Die Lebenskunst freilich verstand die Schröder-Devrient nicht, aber wie viele, die mit einem überwiegend heißen Herzen ausgestattet waren, haben sie denn je verstanden? Den kühlen Seelen und ruhigen Verstandesmenschen gelingt die glückliche Lösung dieses schwierigsten aller menschlichen Probleme weit leichter, denn sie pflegen instinctmäßig der weisen Lebensregel zu folgen, daß man das, was man nicht besitzen kann, auch nicht wünschen soll; ihnen allein wird es nicht sauer, sich an Pope's Ausspruch zu halten: „Glücklich ist der, der nichts erwartet, denn er wird sich niemals getäuscht finden." Ein Mittel freilich gibt es, auch mit dem wärmsten Herzen glücklich und zufrieden zu leben, — die Religion; allein nach ihrem Trost zu fragen, dazu hat es dem wildbewegten Gemüth unserer Künstlerin wol stets an der rechten Sammlung gefehlt.

Dieses arme, unglückliche Herz nun, seit lange schon gewohnt, „von Begierde zu Genuß zu taumeln und im Genuß nach Begierde zu verschmachten", es hing sich jetzt wie im Fieberrausch des Wahnsinns an die Liebe eines Mannes, der nichts weniger zu bieten hatte als das Glück eines ruhigen Friedens, nach welchem die so tausendfach gefolterte Seele lechzte. Herr von Döring war königlich sächsischer Offizier und gewann, bald nachdem er im Anfang der vierziger Jahre mit der Künstlerin bekannt geworden, eine solche Gewalt über sie, daß sie, ganz nur von ihrer Leidenschaft verzehrt und jedes klaren Urtheils beraubt, ihm fortan alles, Vermögen, Gesundheit und sogar ihren künstlerischen Ruf opferte; denn von jetzt ab fing sie ganz entschieden an, nicht mehr blos auf artistische Erfolge auszugehen, sondern zu Gunsten des Mannes, an den sie sich wegwarf, und der nach nichts als nach Geld und immer neuem Gelde verlangte, mit der Ausübung ihrer Kunst die finanzielle Speculation zu verbinden. Unaufhörlich jagte er sie, oder sie sich selbst ihm zu Liebe, von einem Gastspiel zum andern, und umsonst beschworen sie Mutter, Geschwister und Freunde, empört über diese Abhetzerei zu so bedauerlichem Zwecke, doch wieder zu sich selbst zu kommen und von dem zu lassen, der sie — wol ohne es selbst zu wissen — verdarb. Alle An=

klagen, die man, um sie zu retten, auf Döring's Charakter häufte, schlug sie durch den blindesten Selbstbetrug und die wärmste Parteinahme für den Angegriffenen nieder. „Ich sollte meinen" — so schrieb sie aus Zürich vom 11. September 1843 an eine Freundin — „es wäre kein ganz verfehlter Lebenszweck, dem besten, liebenswürdigsten und liebenswerthesten Menschen sein durchaus nicht vom Glück begünstigtes Dasein erleichtern zu helfen, statt ihm die Hand zu entziehen, die er voll Zuversicht und Vertrauen ergriffen hat, und um so weniger werde ich mich jetzt aus ängstlicher Sorge für meine eigene Zukunft lossagen, da er unglücklich ist und keine Freundeshand als die meinige auf dieser Welt hat. Ich werde nur nach seinem Willen handeln, und nur sein Wille kann mich von ihm trennen. Bisjetzt habe ich zu allen meinen Handlungen mich bestimmen lassen und habe nicht selten Ursache gehabt zu bereuen, daß ich nicht meinem eigenen Willen gefolgt bin. Diesmal nun bin ich fest entschlossen, so selbständig zu handeln wie möglich und mich nur dem Willen des Einen unterzuordnen, dem ich aus voller Ueberzeugung mein Geschick in die Hand gegeben habe" u. s. w.

Je größer die Qualen waren, die ihr eingebildetes Liebesglück ihr bereitete, um so mehr suchte sie sich die Realität desselben gewaltsam einzureden; ihre Leidenschaft schien sich an dem Leidensquell, den sie erzeugte, nur doppelt zu nähren. Sie weiß es, daß Döring die sauer erworbenen Früchte ihres Fleißes am Spieltisch verpraßt, allein trotzdem vertheidigt sie ihn gegen seine Ankläger; er ist immer blos der „Unbesonnene", an dessen gutes Herz zu glauben sie nicht aufhören kann, während die letztern ihr für „schwarze Verleumder" gelten, „die ihre Lust nur am Bösen finden und sich nicht schämen, das Reinste und Heiligste zu betasten"! — „Nichts wird mich in meinem Entschlusse wankend machen" — so fährt sie in einem Briefe aus Nürnberg vom Juni 1846 fort — „mein ganzes Leben mit all seinen edelsten Kräften nur ihm zu widmen. Schelten Sie mich nicht exaltirt, theuerer Freund, es ist nun einmal so und kann nicht anders sein und werden. Ich bin dem Leben und der Kunst zurückgegeben und trete nun mit neuer Kraft, mit belebtem Muth allen Plagen entgegen, die meiner noch bis zum Spätherbst warten." —

Manchmal zwar scheint es, als ob sie den Abgrund sehe, der sich vor ihr aufthut; sie schreibt aus Danzig im Mai 1843: „Ich fühle es wohl, daß ich an einem Wendepunkt meines Lebens stehe, und wie mein Schicksal sich in der nächsten Zukunft noch gestalten wird, das muß noch zur Klarheit in mir werden. Nur predigt mir nicht von Ruhe vor; für mich gibt es hier keine. Ich muß fort, unaufhaltsam fort, und was mir in den Weg tritt, reiße ich mit mir. Ob nun der Strom meines Lebens zu einem Abgrunde führt oder sich noch ruhig in die Sandfläche der Alltäglichkeit verlaufen wird — wer kann es wissen? Jetzt eile ich mit meiner kranken Brust von Anstrengung zu Anstrengung, von Aufregung zu Aufregung, von Triumph zu Triumph, und jeder Schritt führt, Gott sei Dank! näher dem Grabe. Ich habe alles, und die Welt beneidet mich, und doch habe ich mir den Tod nie sehnlicher gewünscht als eben jetzt." —

Bald darauf strömt sie in einem aus Königsberg am 18. Juni 1843 geschriebenen Briefe neue tiefe Seelenschmerzen aus. Da heißt es: „Ihr Gebet zu Gott, daß er meinem Herzen endlich Ruhe schenken möge, wird wol nicht eher in Erfüllung gehen, als bis dies Herz ganz still steht; denn leider sehe ich immermehr ein, daß ich Phantomen nachjage, nie erreichen werde, wonach ich strebe, und so ewig unbefriedigt bleiben werde. Darum, liebe Freundin, je eher dies unruhige Herz aufhört zu schlagen, je früher geht mein **heißester** Wunsch in Erfüllung...... Wünschen Sie mir ja nicht mehr Prosa in mein Leben,... es ist davon so viel darin, daß sie mich fast erdrückt, und mache ich hier und da einen extravaganten Streich, so ist es nur, um nicht in der ewigen Prosa zu versumpfen. — Das Leben lastet **schwer, schwer** auf mir, und gewaltsam strebt meine Seele aus dem lästigen Kerker hinaus!" —

Allein was halfen alle diese Anwandelungen einer klarern Auffassung ihrer Lage, eines aufkeimenden Mistrauens, das ihr im nächsten Augenblick schon wieder wie ein kaum verzeihliches Unrecht gegen den Abgott ihres Herzens erschien!?

Wir halten hier in der Beschreibung des Schmerzensromans einen Augenblick inne, um erst noch die weitern Schicksale der Künstlerin in Beziehung zur Bühne, auf welche ihr damaliges Privatleben einen so beklagenswerthen Einfluß gehabt hat, bis zu diesem Zeitpunkte nachzuholen. Uns ist es immer so erschienen, als ob das ganze unselige Verhältniß nur als der äußerste Nothschrei einer Seele zu erklären sei, die immermehr zum Bewußtsein kam, daß der Dichter die schmerzliche Wahrheit:

Des Lebens Lenz blüht einmal und nicht wieder!

auch für sie gesprochen. Mit allem Ungestüm ihrer kräftigen Organisation suchte sie dem unerbittlichen Naturgesetz, dem ehernen Schritt des Schicksals Trotz zu bieten; **sie wollte jung bleiben,** ob ihr die Stimme auch versagte, und ob auch dunkle Schatten unter ihren Augen sich schon zu lagern anfingen; gerade weil die Abnahme ihrer künstlerischen Kräfte

verhältnißmäßig früh gekommen, weil sie in der That für den
Lebensgenuß jeder Art noch vollauf jung genug war, als man sie
auf den Bretern für viele Aufgaben schon zu alt fand —
gerade deshalb nahm auch ihre Lust an Dingen, die mit dem
Theater nichts zu thun hatten, in demselben Maße zu, wie
ihre Kunst verlor. In der Leidenschaft der Liebe suchte sie
sich für die schwindende Selbstbefriedigung als Bühnenheldin
zu entschädigen und kam sogar endlich dahin, daß sie ihre
Kunst zum Mittel entwürdigte, ihrer illusorischen Liebe das
Brot zu verdienen.

Von 1842 ab dehnte sie ihre Gastspieldomäne auch auf
das niedere Gebiet aus und sang zuerst im März dreimal
bei dem Director Weißenborn in Altenburg. Romeo, Em=
meline und Norma hatten hier denselben Erfolg wie früher
in den größern Städten. In Leipzig erregte sie vom
31. März an den gewohnten Enthusiasmus als Valentine,
Rebekka in „Templer und Jüdin“, Fidelio und ganz be=
sonders auch mit der, wie die Rebekka, zweimal gesungenen
Marie im „Blaubart“, die sie hier noch nicht dargestellt
hatte. Weiter ging es dann nach Dessau, wo sie am
12. April als Fidelio, am 14. als Romeo und am 17.
als Euryanthe ein Furore machte, wie es die Annalen des
dortigen Hoftheaterchen noch nie zu verzeichnen gehabt hatten.
Am 20. April betrat sie als Fidelio auch wieder einmal
die weimarische Bühne, welche Vorstellung jedoch zu der
Glosse Anlaß gab: „Sei es, daß ihre so schöne Stimme
durch zu große Leistungen, welche sie in der letzten Zeit sehr
angegriffen haben mögen, etwas gelitten hat, oder ist sie
wirklich im Entfliehen — kurz die Anstrengung im Gesange
wurde sehr fühlbar.“ Es folgte Rebekka im „Templer“
und Marie im „Blaubart“; am 2. Mai wiederholte sie

den Fidelio und schloß am 4. mit Romeo. Kränze, Blumen, Gedichte fehlten jetzt nicht; auch wurde sie von der Darstellerin der Giulietta (Frau Baum) mit dem wohlverdienten Lorber bekränzt. Am Tage vor der letzten Gastvorstellung brach in einem nahe bei Weimar liegenden Dorfe Feuer aus und zerstörte in kurzer Zeit an 60 Gebäude. Augenblicklich erklärte sich unsere hochherzige Künstlerin bereit, die Maria im „Blaubart" zum Besten der Abgebrannten noch einmal zu singen; da sie aber in Berlin bereits erwartet wurde, so mußte sie diesen edeln Vorsatz zwar aufgeben, schickte jedoch das ganze Honorar vom Romeo, 25 Louisdor, an die Nothleidenden. So feierte sie einen noch schönern Triumph als den, welchen sie am Abend zuvor errungen. In welchem Maße sie die Tugend der Barmherzigkeit allezeit geübt hat, werden wir später noch ausführlicher erzählen; allein schon hier, wo wir von so manchen traurigen Verirrungen ihrer Feuerseele zu berichten haben, erheischt es die Gerechtigkeit, den Antheilnehmenden durch solche Züge zu beweisen, daß sie doch eigentlich ein edles Herz besaß, und unter ihren vielen Leidenschaften die des Wohlthuns nicht die letzte war.

In Berlin sang sie die Valentine in den dort neuen „Hugenotten" neunmal*), am 31. Mai den Romeo, am 5. Juni die Konstanze im „Wasserträger" und am 10. die Norma.

Schon im vergangenen Jahre hatten neue Unterhandlungen von seiten der Theaterdirection in Breslau stattgefunden, welche aber theils wegen anderweitig von ihr eingegangener

---

*) Am 20., 22., 24., 27., 29. Mai und am 3., 8., 13., 16. Juni. Die Einnahme am 24. Mai war zum Besten der Abgebrannten in Hamburg bestimmt.

Verbindlichkeiten, theils wegen ihres angegriffenen Gesundheitszustandes zu keinem Resultat führten. Unterdessen war am 13. November 1841 das neue Stadttheater eröffnet worden, und der im vorigen Jahre noch für das alte Theater eingeleitete Gastspielsabschluß kam nun für das neue Haus zu Stande.

Außer den später von ihr gesungenen Partien ging sie auf die ihr vorgeschlagenen, Donna Anna, Lucrezia Borgia und Alice, nicht ein, nahm dagegen Iphigenia in Tauris und Norma an, wünschte aber vorzugsweise ihre Paraderolle neuesten Datums, die Valentine. Die „Hugenotten" waren jedoch in dem dazu ungeeigneten kleinen alten Hause noch nicht aufgeführt und als Novität für den kommenden Winter im neuen Theater reservirt worden, sodaß dieser Wunsch der Künstlerin nicht befriedigt werden konnte. Mit dem 16. Juni sollte sie in Breslau ihr Spiel beginnen; der Termin verzögerte sich indessen etwas, worüber sie am 11. aus Berlin an Herrn Richard Kießling schrieb: „Der Mensch denkt und — Ihr König lenkt! Denken Sie, die «Hugenotten» sollten morgen und den Dienstag zum letzten mal sein, wo ich dann gleich nach der Vorstellung mich in den Wagen werfen wollte, um pünktlich mein Wort zu lösen und den 16. bei Ihnen einzutreffen. Nun bekomme ich eben die Anzeige, daß der König befohlen hat, die «Hugenotten» sollten Montag sein, und zwar zu Ehren des Kronprinzen von Hannover. Auf diese Weise ist nun meine letzte Vorstellung auch bis Mittwoch verschoben, und so kann ich nun nicht früher als den 17. kommen. Geduld ist eine schöne Tugend, und darum üben Sie sie einmal bei dieser Gelegenheit. Ich bin gestern in der Aufführung der «Norma» plötzlich so unwohl geworden, daß ich die Partie nicht zu

Ende singen konnte. Die drückende unmäßige Hitze war mit
der Hauptgrund; Gott gebe, daß es zu meinem breslauer
Gastspiel kühler wird; es singt sich gar zu schwer bei solcher
Hitze, und ich fühle mich doch etwas angegriffen, da ich
über meine Kräfte arbeiten muß. Darf ich Sie denn auch
bitten, mir eine Wohnung zu bestellen? Ich war das letzte
mal in der «Gans» zufrieden; bestellen Sie mir dort das
Quartier. Nur vor allen Dingen die Zimmer so ruhig wie
möglich gelegen, denn ich bin von dem berliner Lärm wie
verrückt und will mich bei euch erholen."

Dieses vierte und letzte breslauer Gastspiel umfaßte nur
drei Partien: am 20. Juni sang sie den Romeo, am 22.
und 29. den Fidelio, am 24., 27. und 30. die Marie
im „Blaubart". Die Preise waren um die Hälfte erhöht,
und die Künstlerin erhielt 40 Friedrichsdor für jede Rolle.
Das Kassenresultat stellte sich nicht gerade ungünstig heraus,
die Vorstellungen hätten aber über den angegebenen Cyklus
hinaus nicht verlängert werden können; denn obwol die festen
Plätze für diese sechs Rollen größtentheils vorherbestellt wor=
den waren, so zeigte sich doch der Andrang zu den übrigen
Plätzen nur mäßig und ließ zuletzt ganz nach. Zur vor=
letzten Vorstellung fanden sich blos 758, zur letzten gar nur
721 Personen ein, die nicht über 496 und 445 Thaler
einbrachten. Am meisten Interesse erregte ihre Marie im
„Blaubart", und 1026 Personen waren bei der ersten Vor=
stellung, auch bei der zweiten 999 zugegen. Der erste Act
ließ freilich kalt, so schön und wahr sie auch alles darin
spielte, aber es fehlte — die Jugend. Im zweiten und
dritten Act riß sie jedoch alles hin, und die Schrecken der
Todesangst sind von einer Sängerin wol nie wieder in gleich
ergreifender Weise dargestellt worden.

Als am Schlusse der letzten Vorstellung dieser Oper der Vorhang fallen sollte, stimmte das Orchester einen Marsch an, und die ersten Mitglieder der Bühne erschienen in feierlichem Zuge und in ritterlichen Costümen, wie sie zum eben dargestellten Stück paßten, an der Spitze die brave Sängerin Fräulein Spatzer (später Frau Palm), welche der scheidenden Künstlerin einen Lorberkranz überreichte. Ein duftiger Blumenregen fiel aus der Höhe und von allen Seiten auf sie nieder. Kränze und Bouquets, in reicher Fülle aus den Logen und dem Parquet geworfen, gesellten sich dazu. Das Publikum, dem das Bühnenpersonal mit diesem ehrenwerthen Ausdruck seiner Hochachtung so überraschend zuvorgekommen, begleitete die wahrhaft rührende Scene mit donnerndem Applaus. Frau Schröder-Devrient, auf das tiefste ergriffen und nur leiser Worte fähig, schloß ihre Danksagung mit der wehmüthigen Bemerkung, daß sie wol für immer von Breslau Abschied nehmen müsse, weil das Ende ihrer künstlerischen Laufbahn ihr vielleicht schon bald bevorstehe.

Als ein kleiner Beweis ihrer sympathischen Kraft, welche die große Darstellerin auf ihre Kunstgenossen noch jetzt immer ausübte, mag hier angeführt werden, daß die erste tragische Schauspielerin am breslauer Theater, Frau Schreiber-Saint-George, nur um einmal mit ihr zusammenzuwirken, in der zweiten und dritten Aufführung des „Blaubart" die Rolle der Zofe Laura spielte, welche blos einigemal über das Theater zu gehen und ein paar Worte zu sprechen hat.*)

Zu den letzten neuen Rollen, welche die Künstlerin einstudirt hat, gehörten der Adriano Colonna, die Senta und die Venus in den drei Wagner'schen Opern: „Rienzi",

---

*) Aus Herrn Richard Kießling's „Collectaneen".

„Der fliegende Holländer" und „Tanhäuser". Die erste erschien am 20. Januar 1842, die zweite am 2. Januar 1843 und am 19. October 1845 die dritte zum ersten mal auf der dresdener Bühne.*) Der Componist war 1842 von Paris nach Dresden gekommen, und der durchgreifende Erfolg seines sehr prächtig in Scene gesetzten „Rienzi" erwirkte ihm nach langem unsteten Umherirren die Anstellung als königlich sächsischer Kapellmeister. Daß die Schröder=Devrient neben Tichatscheck, der die Heldentenorpartie des Rienzi sang, zu diesem Erfolg nicht wenig beigetragen, ist außer Zweifel, und obwol ihr, wie dies von einer Künstlerin nicht anders zu erwarten war, welche so lange als Donna Anna, Fidelio, Agathe, kurz in Werken der reinsten und herrlichsten Kunst geglänzt hatte, die geradezu unmusikalische und uncantable Richtung des neuen Propheten nicht sympathisch sein konnte, so hat doch ihre Meisterschaft im dramatischen Gesange auf Wagner's Productionskraft unleugbar sehr belebend einge=wirkt. Er hat dies selbst in dem Vorwort zu dem Werke „Drei Operndichtungen" (Leipzig 1852) unverhohlen ausge=sprochen. „Die Schröder=Devrient" — so heißt es hier — „war es, die in mir einen Enthusiasmus edlerer Bedeutung

---

*) Hector Berlioz sah unsere Künstlerin 1843 zu Dresden in den erstgedachten beiden Rollen und behauptet, sie sei als Senta weit mehr an ihrem Platze gewesen, wie als Adriano, welche Jünglingsrolle sich „mit ihren etwas mütterlichen Formen nach=gerade nicht sonderlich mehr vertrüge". Ueberdies tadelte er in seiner einmal nicht zu mildernden Antipathie gegen die Sängerin „einige erkünstelte Stellungen" und den Vortrag der „überall, an=statt gesungenen, nur gesprochenen Affectstellen". („Musikalische Wanderung durch Deutschland. Aus dem Französischen von A. Gathy", S. 38.)

v. Wolzogen.

anfachte. Die entfernteste Berührung mit dieser außerordent=
lichen Frau traf mich elektrisch; noch lange Zeit, bis selbst
auf den heutigen Tag, sah, hörte und fühlte ich sie,
wenn mich der Drang zu künstlerischem Gestalten belebte."
Ein ähnliches Geständniß findet sich auch noch in seiner
neuesten Schrift, „Zukunftsmusik", dem an einen französischen
Freund als Vorwort zu einer Prosaübersetzung seiner
„Operndichtungen" geschriebenen Briefe (Leipzig 1861), worin
man auf S. 14 liest: „Im höchsten Grade bestimmend
hatten aber schon in früherer Jugend die Kunstleistungen
einer dramatischen Sängerin von — für mich — ganz un=
übertroffenem Werth, der Schröder=Devrient, gewirkt.
Auch Paris, vielleicht Sie selbst, lernten diese große Künst=
lerin ihrer Zeit kennen. Das ganz unvergleichliche drama=
tische Talent dieser Frau, die ganz unnachahmliche Harmonie
und die individuelle Charakteristik ihrer Darstellungen, die
ich wirklich mit leibhaftigen Augen und Ohren wahrnahm,
erfüllten mich mit einem für meine ganze künstlerische Rich=
tung entscheidenden Zauber. Die Möglichkeit solcher Lei=
stungen hatte sich mir erschlossen, und, sie im Auge, bildete
sich in mir eine gesetzmäßige Anforderung nicht nur für die
musikalisch=dramatische Darstellung, sondern auch für die
dichterisch=musikalische Conception eines Kunstwerkes aus, dem
ich kaum noch den Namen „Oper" geben mochte. Ich war
betrübt, diese Künstlerin genöthigt zu sehen, um Stoff für
ihr Darstellungstalent zu gewinnen, sich die unbedeutendsten
Productionen auf dem Felde der Operncomposition anzueignen,
und war ich wiederum erstaunt darüber, welche Innigkeit
und welch hinreißende Schönheit sie in die Darstellung des
Romeo in Bellini's schwachem Werke zu legen wußte, so
sagte ich mir gleich, welch unvergleichliches Kunstwerk dasjenige

sein müßte, das in allen seinen Theilen des Darstellungs=
talents einer solchen Künstlerin und überhaupt eines Vereins
von ihr gleichen Künstlern würdig wäre." —

Wir bezweifeln es, daß die Schröder=Devrient sich —
wie man öfters gesagt hat — später zu Wagner's Musik
wirklich aus innerlicher Ueberzeugung hingezogen gefühlt
habe, halten uns vielmehr zu der Annahme berechtigt, daß
die thätige Unterstützung, welche sie dem revolutionären
Musiker der Neuzeit allerdings angedeihen ließ, hauptsächlich
in ihrer angeborenen Theilnahme für jede aufstrebende künst=
lerische Kraft und ganz besonders für jedes neue Phänomen, dem
sie die Ausübung eines fördernden und belebenden Einflusses
auf die deutsche Oper zutraute, vielleicht auch in politischer
Gesinnungsgenossenschaft, die sich in den Barrikadenstürmen
des Jahres 1849 öffentlich zu bethätigen Gelegenheit fand,
ihren Grund gehabt hat.[*] Uns ist nur so viel bekannt, daß
sie noch im Jahre 1845, da „Tanhäuser" auf der dres=
dener Bühne erschien, blos mit Widerstreben und lediglich
aus Gefälligkeit gegen den Componisten die Partie der
Venus übernahm und dabei sagte: „Ich weiß nichts aus der
Rolle zu machen." Freilich paßte dieselbe auch nicht mehr
ganz für die damals schon vierzigjährige Frau, und doch
müssen wir dem Urtheil ihrer Biographin in der „Gartenlaube" beistimmen, daß sie bisjetzt die einzige Sängerin gewesen ist, welche die zauberreiche Frau Venus der deutschen
Sage ergreifend darzustellen vermocht hat.

---

[*] Nach Herrn von Bock's gütiger Mittheilung hat sie überhaupt nur Wagner's geistiger Begabung und Strebsamkeit Gerechtigkeit widerfahren lassen, er ist ihr jedoch als Componist immer
äußerst wenig sympathisch gewesen.

Am 5. März 1843 sang sie zum ersten mal auf ihrer heimatlichen Bühne Gluck's Armide. Wie schade, daß das Studium dieser Rolle nicht zehn Jahre früher von ihr zum Abschluß gebracht worden war! Jetzt war sie, wie wir schon früher bemerkt haben, nicht mehr ganz in der reinen künstlerischen Stimmung, um so ungeheuere Werke im erhabenen Geiste des Componisten durchführen zu können, und dennoch fand sie noch außerordentliche Anerkennung bei diesem späten Versuch, früher Versäumtes mit versagender Kraft nachzuholen. Auch die Alceste beschäftigte sie damals schon lebhaft, obwol sie dieselbe erst am 15. Februar 1846 zum ersten mal in Dresden sang. Der Correspondent der „Signale für die musikalische Welt" schrieb über diese Leistung: „Frau Schröder-Devrient ist eine Erscheinung, die nur in ihrer Totalität betrachtet sein will, wenn sie dem geweihten Auge sich als vollendete Künstlerin enthüllen soll. Wenn sie singt, so ist es nicht der sinnliche Ton, der entzückt und rührt, denn diesen besitzen andere Sängerinnen gegenwärtig noch schöner; wenn sie spielt, ist es nicht der äußere Reiz schöner Körperformen, mit denen sie die freundliche Natur ausgestattet, nicht die ihr angeborene Grazie ausdrucksvoller Bewegungen, welche unwillkürlich fesselt, sondern es ist die Weihe des Talents, welches alle ihr zu Gebote stehenden Mittel der Kunst, über welche sie frei herrscht, gleichsam wie Lichtradien zu einem einzigen Focus zu concentriren weiß. Und in dieser Rücksicht ist sie eine vollendete Künstlerin. Was bleibt nun noch übrig, über ihre Darstellung der Alceste zu sagen, als daß sie heute zum ersten mal in dieser Rolle auftrat, und daß diese vielleicht die letzte ist, die sie einstudirt, da man allgemein versichert, sie werde zu Ostern die Bühne verlassen. So wandelt sich denn alles, und auch das Schöne unter der Sonne. —

Doch nein, das Schöne ist ewig, es tauscht nur die Form, unter der es sich offenbart."

Man merkt es dieser Kritik, die alles andere eher ist als eine Kritik, deutlich an, daß sie aus befreundeter Feder geflossen, daß der Verfasser das nicht gerade heraussagen wollte, was er in seinem Innern schmerzlich genug empfinden mußte, daß er, indem er das Gegenwärtige pries, schon als laudator temporis acti auftrat. Die Künstlerin ließ es indessen bei ihrer heftigen Begierde, den Abend ihrer Bühnenlaufbahn noch mit recht vielen classischen Monumenten zu schmücken, mit der Alceste nicht bewenden, sondern studirte ganz zuletzt auch noch die jugendliche Iphigenia in Aulis von Gluck ein, die am 24. Februar 1847 in Dresden zuerst erschien. Die Vorstudien zu diesen Schöpfungen mögen wol in solche Perioden ihres elenden Privatlebens gefallen sein, wo das geistige Element ihres Wesens gegen das körperliche zu reagiren einen Anfang nahm, wo ein dunkles Empfinden der Schmach, die über sie gekommen, ihre Seele durchzuckte, und wo sie wieder einmal ein echtes Heimweh nach ihrer Kunst überfiel, daß sie in ihr den erlösenden Engel anbeten zu können glaubte. An Gluck macht sich niemand, den die Netze der Sinnlichkeit völlig umstrickt haben.

Bereits mit dem 1. April 1843 war ihr letzter zehnjähriger Contract abgelaufen*), und die dresdener Hoftheaterintendanz, die unter den zunehmenden Extravaganzen und

---

*) Der Contract lief eigentlich vom 1. April 1832 bis 1. April 1842, war indessen für die dresdener Generaldirection nur auf sechs Jahre, also bis 1838, verbindlich. Da die Künstlerin nun aber 1835 einen fünfvierteljährlichen Urlaub erhalten, so war bestimmt worden, daß das Engagement erst mit dem 1. April 1839, resp. erst am 1. April 1843 enden sollte.

Eigenmächtigkeiten der Devrient schon manches zu erdulden und ihren gereizten Seelenzustand bisher mit großer Langmuth ertragen hatte, zeigte zu einer Verlängerung desselben wenig Lust. Das Verhältniß der Künstlerin zur dresdener Bühne löste sich also für jetzt; sie trat mit dem 1. April 1843 in Pension, und es verging fast ein ganzes Jahr, bis ein neuer Contract mit der nichtsdestoweniger für unentbehrlich Gehaltenen auf zwei Jahre, vom 1. April 1844 bis dahin 1846 unter freilich für sie sehr günstigen Bedingungen zu Stande kam. Sie erhielt demgemäß 4000 Thaler Gehalt neben ihrem Pensionsanspruch von 1000 Thalern, welcher sich für jedes neue Contractsjahr um 100 Thaler jährlich erhöhen sollte, ferner einen vier= bis sechswöchentlichen Urlaub, 20 Thaler Spielhonorar und 200 Thaler Garderobegeld. Eventuell sollte dieser Contract auch auf fünf Jahre gültig sein; er ward jedoch schon am 1. October 1846 durch einen andern, dreijährigen — den letzten, welchen die Künstlerin überhaupt abgeschlossen — ersetzt, kraft dessen sie von da ab mit 4000 Thalern Gehalt, 1200 Thalern fixirtem Pensionsanspruch, 20 Thalern Spielhonorar, bei Garantie von fünf Rollen monatlich, und dreimonatlichem Urlaub vom 1. October bis 31. December jeden Jahres abermals für Dresden engagirt wurde. Den Ablauf dieses Contracts hat sie jedoch nicht abgewartet, sondern verlangte schon 1847 ihre Entlassung.

Sobald sie 1843 von Dresden frei geworden, war es wiederum Berlin, welches sogleich die Hand nach ihr ausstreckte. Zunächst sang sie am 18. und 22. April abermals die Valentine und am 26. die Armide, und sollte bald darauf zu einem dreimonatlichen Gastspiel, für welches sie bereits gewonnen war, wieder erscheinen, um hauptsächlich

Armide und Alceste zu singen.*) Der in der Nacht vom 18. zum 19. August 1843 stattfindende Brand des königlichen Opernhauses vernichtete jedoch diese Hoffnungen, und ihr letztes berliner Gastspiel fand infolge dessen vom Januar bis März 1844 in den kleinern Räumen des Schauspielhauses statt, wo von den Gluck'schen Opern nur die taurische Iphigenia gegeben werden konnte. Außer dieser Rolle sang sie noch die Valentine dreimal, Desdemona zweimal, Fidelio dreimal, Alice im „Robert" dreimal, Agathe zweimal, Senta auch zweimal, Romeo viermal und die Marie im „Blaubart" einmal.

Im Mai 1843 gab sie in Danzig ein Gastspiel von zehn Partien, unter denen auch Lucrezia Borgia war, welche sie hier zum ersten mal sang. Vom 28. Mai an spielte sie in Königsberg innerhalb 20 Tagen sechzehnmal, und zwar neben Romeo, Norma, Fidelio, Lucrezia Borgia, Donna Anna, Desdemona, Emmeline und Rezia auch — die Fenella in der „Stummen von Portici".

Alles Enden im Beginnen mündet,

heißt es in dem schönen Gedicht „Radegast" von August Thieme, worin das althergebrachte nordische Volksfest der Radfeuer**) am längsten Tage als Symbol des ewigen Kreislaufs der Dinge so sinnig gedeutet wird. Auch unsere Künstlerin kehrte hier, fast am Ende ihrer Laufbahn, als stumme Fenella wieder zu ihrem pantomimistischen Ballet-

---

*) Rellstab's „Gesammelte Schriften" (neue Ausgabe), IX, 410.

**) In manchen Gegenden Deutschlands noch als Johannisfeuer fortlebend. („Gedichte" von A. Thieme, zweite Auflage, Naumburg, 1855, S. 167.)

anfang zurück. Sie hatte sich mit dieser Rolle übrigens
schon seit längerer Zeit beschäftigt und sie unter andern auch
1839 der jüngsten Tochter des wiener Altmeisters Anschütz,
Auguste Anschütz, die 1837 an das dresdener Hoftheater
gekommen war, einstudirt. Die Mutter der jungen Schau=
spielerin bedankte sich hierfür in einem hübschen Briefe,
den die Glümer'schen „Erinnerungen" S. 126 mittheilen,
und worin „dem poetischen Geiste der liebenswürdigen
Lehrerin" herzlichste Anerkennung gezollt wird. Für die
15 übrigen Rollen erhielt unsere Sängerin das sehr anstän=
dige Honorar von 3200 Thalern, die Fenella aber spielte
sie gratis für einen wohlthätigen Zweck. Königsberg und
Danzig bewunderten sie noch ganz mit demselben Enthusias=
mus, den sie in den Tagen ihres Glanzes allenthalben er=
regt hatte; sie empfing Huldigungen, welche alles bisher Da=
gewesene fast noch übertrafen. In Danzig begleitete man,
wie Richard Kießling's „Collectaneen" erzählen, ihren
Wagen nach der letzten Vorstellung mit einem Fackelzug in
ihr Hotel; 30 Fackelträger schritten voran, ein Musikchor
folgte, dann kam der Wagen der Königin des Festes, und
ein Fähnlein gewappneter Knechte, deren gefahrlose Waffen
aus bunten an Stangen befestigten Laternen bestanden, beschloß
den Zug. Vor dem Englischen Hause spielte das Musik=
chor, nachdem die Gefeierte wegen des Andrangs der Menge
kaum Platz zum Aussteigen gefunden, mehrere Nummern
aus den von ihr gesungenen Opern, welche durch fanatische
Lebehochs unter rauschendem Jubel der Versammelten häufig
unterbrochen wurden. — Bei ihrer Ankunft in Königsberg mit
dem Dampfboot Gazelle empfingen sie Tausende an dem
mit Ehrenpforten und Laubgängen gezierten Landungsplatze,
und eine Regimentskapelle begrüßte sie mit Musikvorträgen;

ja einige ganz besonders tolle Kunstenthusiasten waren ihr sogar bis Pillau, ihr alter Freund, der damalige Director des königsberger Theaters, Friedrich Tietz, sogar bis Danzig entgegengefahren. Er hatte auch dafür gesorgt, daß das Zelt auf dem Deck des Dampfschiffs, welches sie von Danzig nach Königsberg brachte, glänzend decorirt war, denn „so wie sie sollte noch keine Künstlerin über die Wellen des Frischen Haff geschwommen sein". *)

Sie wandte sich dann wieder westwärts, sang in Hannover die Norma, Desdemona und Valentine und besuchte darauf die Schweiz, wo sie vom 18. August bis 13. September 1843 auf dem Theater in Zürich unter der Direction von Frau Charlotte Birch-Pfeiffer als Romeo, Lucrezia Borgia, Fidelio, Desdemona, Norma, Valentine und Agathe auftrat. Dann ging es wieder nach Leipzig, welches sie stets als willkommensten Gast zu begrüßen pflegte, und dessen Publikum sie diesmal vom 12. bis 21. November mit Desdemona, Marie („Blaubart"), Fidelio, Valentine und Romeo beglückte. Endlich beschloß sie die rastlose Gastspielsreise dieses Jahres in Weimar, wo sie vom vorigen Jahr noch im besten Andenken stand und nun ihre Kunst in einem längern Cyklus von Vorstellungen leuchten ließ. Sie verweilte daselbst vom 29. November bis 30. December und sang Romeo, Lucrezia Borgia, Desdemona, Fidelio, Marie, Iphigenia in Tauris, Sextus im „Titus" und in einer sogenannten „Miscellanea"-Vorstellung Stücke aus den Opern „Schweizerfamilie", „Romeo" und „Lucrezia Borgia". Den Sextus, der am 30. December ihre letzte Rolle war,

---

*) „Voß'sche Zeitung" vom 5. Februar 1860, Beil. 1, S. 4.

hatte sie in Weimar erst studirt und trat in der Rolle überhaupt zum ersten mal auf, gewissermaßen zur Probe für Berlin, wo sie die Partie während ihres Gastspiels im ersten Quartal von 1844 zu geben beabsichtigte, was jedoch, vermuthlich weil es dort an einem geeigneten Titus fehlte, unterblieb. Die vor dem herrlichen ersten Finale vorhergehende große Scene des Recitativs Nr. 11: „Wehe mir, mächtig bestürmen Furcht und Schrecken mein Herz!" worin die Gewissensangst des schwachen Sextus, der um der rachsüchtigen Vitellia willen seinen Freund und Kaiser verräth, so lebendig geschildert wird, soll die Künstlerin, wie sich dies denken läßt, sehr ergreifend dargestellt haben.

Am 14. April 1844 trat sie, von ihrem letzten berliner Gastspiel heimkehrend, als Armide ihr neues dresdener Engagement an und sang am 13. October desselben Jahres dort auch wieder eine neue Rolle, die Bianca in der zum ersten mal gegebenen Oper „Bianca und Gualtiero" von dem russischen Componisten Alexis Lwoff. Nicht lange darauf, am 26. Januar 1845, gab sie auch den Dresdenern ihre dort noch nicht gehörte Lucrezia Borgia zum besten, und es wurde die Oper damals zuerst dort in deutscher Sprache gesungen, da sie mit Fräulein Wüst in der Titelrolle italienisch gegeben worden war.

Im März dieses Jahres gastirte die Künstlerin in Posen, aber nur in einer einzigen Rolle, nach welcher sie erklärte, daß sie nicht gewohnt sei, in einem so kalten Theater zu singen, und sofort abreiste. Dagegen trat sie in Danzig bis zum 10. Mai zwölfmal auf. Bei ihrem letzten, zum Besten der marienburger Ueberschwemmten veranstalteten Erscheinen sprach sie zuerst einen Prolog und ließ dann eine plastisch-mimische Darstellung in vier Bildern, „Niobe mit

ihren Kindern", von classischer Schönheit folgen. Diese Darstellung war ihrer Mutter, der großen Sophie Schrö=
der, nachgebildet, welche dieselbe am 3. November 1816 in einer zu ihrem Benefiz am Kärntnerthor=Theater zu Wien gegebenen Akademie zuerst vorgeführt hatte.*) Zuletzt spielte sie, wieder an Rabegast's Kreislauf aller Dinge oder Saturn mit dem Ringe erinnernd, in dem Liederspiel Holtei's: „Die Wiener in Berlin", die Luise von Schlingen, womit sie, wie unsere Leser sich erinnern, gerade 20 Jahre zuvor Königsberg in Entzücken versetzt hatte. Aber auch jetzt noch wurde der Humor allerliebst gefunden, mit dem sie ein aus den beliebtesten Glanzstellen ihrer verschiedenen Opernpartien zusammengestelltes Quodlibet vortrug. Der übliche Lorber=kranz blieb dafür nicht aus; er wurde ihr nebst einem Ge=dicht, welches der Director Genée vortrug, feierlichst überreicht.

Sie sang darauf sechsmal in Stettin, Romeo, Fidelio (je zweimal), Norma und Lucrezia Borgia, gab dann auch in Görlitz zwei Vorstellungen und besuchte endlich noch, nach=dem sie als Venus mit Tichatschek in der Titelrolle und mit Johanna Wagner als Elisabeth, den „Tannhäuser" in Dresden über die Taufe gehoben, im Spätherbst Neu=strelitz, wo sie Norma, Lucrezia Borgia und zwei=mal den Romeo gab. Im Mai 1846 gastirte sie in Det=mold, Koburg und Gotha, im Juni in Nürnberg, wo Ro=meo, Fidelio, Lucrezia und Valentine von ihr gesungen wurden, später in Augsburg und dann auch noch in Posen, um das dortige Publikum für das früher Versäumte um so reichlicher zu entschädigen.

---

*) Aus Herrn Richard Kießling's „Collectaneen".

Im September und October 1846 sehen wir sie abermals in dem ihr besonders werthen Königsberg; sie erschien zunächst als Romeo, Norma, Lucrezia, Fidelio und Rebekka mit dem ungetheiltesten Erfolg, wirkte dann noch in dem Benefiz des Chorpersonals durch den ausgezeichneten Vortrag einiger Lieder mit, erntete in einer aus dem ersten Act des „Don Juan", dem zweiten aus „Lucrezia" und dem vierten aus den „Hugenotten" zusammengesetzten Vorstellung großen Beifall und schloß endlich ihren Rollencyklus mit der plastischen Darstellung der Niobe.

Am 24. Februar 1847 wurde Gluck's „Iphigenia in Aulis" zum ersten mal in Dresden aufgeführt; sie sang darin die Titelrolle, und es ist dies die letzte, welche sie überhaupt für die öffentliche Production studirt hat. Am 16. Mai desselben Jahres nahm sie in derselben Partie*) von der heimatlichen Bühne für immer Abschied und wurde vom 1. Juni ab auf ihren Wunsch mit dem Prädicat einer „königlich sächsischen Kammersängerin" entlassen.

Kurze Zeit darauf — am 29. August 1847 — ließ sie sich zum größten Entsetzen aller ihrer Freunde mit Herrn von Döring zu Kleinzschocher bei Leipzig trauen. Noch an demselben Tage hatte ihr ein fürstlicher Freund — leider nun zu spät — die fürchterliche Warnung brieflich zugerufen: „— — Die Nachricht, daß Ihr Verhältniß mit Herrn von Döring nicht nur fortbesteht, sondern sogar zur Ehe führen soll, hat mich mit dem tiefsten Schrecken erfüllt. Von allen Seiten und schon lange ist dieser Döring nämlich als einer der allerverächtlichsten Menschen mir geschildert

---

*) Nicht in der „Iphigenia in Tauris", wie wir in „Unsere Zeit", VI, 97, irrthümlich angegeben.

worden, als ein Mensch, der nur darauf ausgeht, Sie auszubeuten, und der dabei mit dem Luxus großthut, den er mit dem Ihnen abgenommenen Gelde treibt. Das Letztere soll sogar seine Kameraden schon mehreremal zu Deliberationen darüber gebracht haben, ob es ihnen möglich bleibe, mit ihm fortzudienen. Ich wiederhole, wie wehe es mir thut, Ihnen so Schmerzliches sagen zu müssen; ich wiederhole aber zugleich nochmals, daß, wenn ich Ihr wahrer Freund bin, ich das Gesagte nicht verschweigen durfte." — Kurz vor dem Beginn der Trauungsceremonie unterschrieb sie den von Döring aufgesetzten Ehecontract, ohne ihn auch nur gelesen zu haben. Daß sie ihm damit alles, was sie besaß und je besitzen würde, ja selbst die Hälfte ihrer dresdener Pension verschrieben hatte, sollte sie indeß nur allzu bald erfahren, denn kaum war dieser letzte entscheidende Schritt gethan, so warf er — nach ihren eigenen Worten — „die Maske ab und stand vor ihr, ein vollkommener Teufel"!

Zunächst unternahm sie eine neue Gastspielstour; sie sang in Kopenhagen und wollte von da, in Begleitung ihres Gatten, nach Petersburg gehen. Allein das Schicksal hatte es anders beschlossen. In Riga spielte sie am 29. December 1847 zum letzten mal den Romeo und hat die Bühne nachher nie wieder betreten. Ihre Reise ging weiter nach Dorpat, wo sie wiederum zu gastiren gedachte; statt dessen erfolgte hier endlich ohne irgendwelche Dazwischenkunft im Februar 1848 ihr vollständiger Bruch mit Döring.

„Ich war vernichtet, zertreten, eine Bettlerin" — so schrieb sie damals — „an Leib und Seele todtkrank und ohne Hoffnung, mich jemals wieder aus meinem Elend erheben zu können!" — Döring eilte nach Sachsen zurück, um seine Ansprüche auf das Vermögen seiner Frau geltend zu machen;

Elftes Kapitel. Der Schmerzensroman und der Abschied 2c.

sie folgte ihm Ende Februar bis Berlin nach und versuchte von hier aus nun auch ihrerseits den Schutz der Gesetze anzurufen und womöglich die Scheidung durchzusetzen, ohne ihre ganze Habe dabei zu opfern.

Es kann nicht unsers Amtes sein, zu untersuchen, inwieweit Herr von Döring die geradezu vernichtende Beurtheilung, die er in den Mittheilungen Claire's von Glümer, woraus diese Details entlehnt sind, gefunden, vollauf verdient hat oder nicht. Auch mag dahingestellt bleiben, ob nicht die Biographin selbst gegen die abgeschiedene Freundin rücksichtsvoller gehandelt haben möchte, wenn sie ein von der letztern einst doch wirklich geliebtes Wesen nicht so durchaus schonungslos an den Pranger gestellt hätte, und ob es in der That Wilhelminens Wunsch gewesen, eine solche Strafe gegen den Unglücklichen verhängt zu sehen, der doch auch seinerseits um ihretwillen seine ganze Zukunft und seine ganze Reputation geopfert hat, und in dessen Macht es vielleicht gestanden haben würde, sich noch viel ungroßmüthiger gegen die zu benehmen, welche ihm freiwillig alles Recht über sich eingeräumt. Da so viel Skandalöses nun einmal gedruckt vor aller Welt daliegt, so konnten wir nicht umhin, davon Notiz zu nehmen, gestehen aber offen, daß wir zu Ehren der genialen Todten lieber an eine Uebertreibung von seiten derer, die ihre Papiere veröffentlicht hat, als an eine noch über das Grab hinausreichende unedle Rache der Vielgeprüften glauben wollen. — Wie es damals in ihrem Innern ausgesehen, das schildert ein von Claire von Glümer mitgetheilter Brief*), datirt aus Berlin vom 20. Juli 1848, aus dem wir folgende Stelle hervorheben:

---

*) „Erinnerungen", S. 191—193.

„— — Ich bin todt für diese Welt, und nur mit
sehr wenigen Ausnahmen fragt man nach mir. Indessen
bin ich damit ganz zufrieden, denn zum Glück brauche ich
die Welt nicht und vermisse sie daher auch nicht. — Was
Sie fürchten, muß ich Ihnen bestätigen, ich bin verstummt,
und zwar für immer — und was Sie hoffen, wird nicht
in Erfüllung gehen, denn ich werde weder als blutdürstige
Lady Macbeth, noch als racheschnaubende Medea auftreten;
und ständen mir selbst in Wirklichkeit die Zauberkräfte der
letztern zu Gebote, ich würde keinen Gebrauch davon machen,
denn mein Jason ist keiner Verfolgung werth! Ich war
und bin über allen Ausdruck unglücklich, und die
grausigen Geschicke, die in dem letzten halben Jahre gleich
schweren Gewittern sich über meinem Haupte entluden, haben
eine so vollständige Zerstörung sowol in meinem Innern als
Aeußern hervorgebracht, daß schon darum an ein vollkräftiges
neues Auftreten in der Welt für mich nicht mehr zu denken
ist. Meine Seele ist todeswund, und jede leise Berührung
macht ihr Schmerzen. Seit einem halben Jahre singe ich
nicht mehr, da ich kaum Musik hören kann. Diese Seelen=
zustände haben nur zu deutliche Spuren auf meine äußere
Erscheinung geprägt — ich bin elend und krank — aber
frei! Den Gnadenstoß hat mir der Tod meiner Tochter
gegeben, die am 22. Mai in Hannover in meinen Armen
verschieden ist.

„Seit drei Monaten lebe ich hier in dem bewegten Berlin
ganz allein, abgeschieden und vollständig verein=
samt; ich wollte hier die gerichtlichen Differenzen mit Herrn
von Döring abwarten, die sich aber leider so in die Länge
ziehen, daß ich ihr Ende wol nicht mehr erleben werde.
Von wenigen mir treu gebliebenen Freunden gedrängt, will

ich nun anfangen, etwas für meine tieferschütterte Gesundheit zu thun, und nachdem ich hier eine Molkencur beendigt haben werde, nach dem nahen Seebad Heringsdorf gehen und dann im Herbst am Rhein eine Traubencur gebrauchen. Für den Winter suche ich nach einem stillen, bescheidenen Ort, wo ich vielleicht mit einigen treu gesinnten Seelen zusammen leben könnte, die die Mühe nicht scheuen, mich etwas wieder aufzurichten und meinen ganz erstorbenen Muth neu zu beleben. Noch habe ich keine Wahl getroffen, da sie keine leichte Aufgabe ist. Berlin ist mir durch meinen jetzigen Aufenthalt unerträglicher als je; Dresden durch die Erinnerung auf immer verleibet; Weimar, Koburg, Gotha nur im Sommer erträglich. Wo also hin? In eine große Stadt mag ich nicht — kann ich nicht, denn meine pecuniären Verhältnisse gebieten mir die größte Einschränkung, da Herr von Döring alles, was ich mein nannte, für sein Eigenthum erklärt hat. Gott mag also wissen, wohin mich das Schicksal noch schleubern wird; doch was ist an mir gelegen?" —

Erst gegen Ende des Jahres 1848 kam ihr Proceß gegen Döring zur endgültigen Entscheidung; er soll sich schließlich seine Einwilligung in die Scheidung nochmals haben bezahlen lassen, und die von ihm verlangte Summe soll so beträchtlich gewesen sein, daß die Künstlerin sie nur durch den Beistand einiger treuen Freunde zusammenzubringen vermochte.

Als sie auf einige Zeit nach Dresden zurückgekehrt war, erlebte sie hier einen Beweis von Theilnahme, der sie auf das innigste rührte. Ein berliner Bürger, der von ihrer Bedrängniß gehört, schickte ihr eine Summe Geldes mit der in herzlichster Weise ausgesprochenen Bitte, dieselbe als einen kleinen Tribut seiner Verehrung nicht verschmähen zu wollen.

Sie antwortete nach den Glümer'schen Mittheilungen auf der Stelle unter dem 30. December 1848:

„Vergebens würde ich mich bemühen, Ihnen die freudige Ueberraschung zu schildern, welche mir der gestrige Empfang Ihres Schreibens bereitete. Nehmen Sie den tiefgefühltesten Dank und die Versicherung, daß ich den ganzen vollen Werth Ihrer Hingebung aus tiefster Seele anerkenne! Sie sind der einzige Mensch, der in unserm großen deutschen Vaterlande daran gedacht hat, daß eine deutsche Künstlerin in Noth sein könnte, und sicher machen Sie hier eine große Ausnahme; denn noch habe ich es nicht erlebt, daß der Deutsche es zur Nationalsache gemacht hätte, seine heimischen Künstler nicht untergehen zu lassen, ein Beispiel, welches uns alle andern Nationen so oft gegeben, was aber in Deutschland noch keine Nachahmung gefunden. — Mich hat schweres Unglück getroffen, doch bin ich davon mehr moralisch als materiell niedergebeugt; ich weiß mich einzuschränken und habe das Glück, die Entbehrung aller überflüssigen Bedürfnisse nicht zu fühlen. Wären meine Seelenleiden nicht so tief, so hätte ich mich vielleicht schon längst wieder aufgerafft und durch die Ausübung meiner Kunst meine äußere Lage verbessert. Indessen davon hält mich für den Augenblick mehr als ein Grund ab, und wahrscheinlich werde ich das bescheidene Los, welches mir gefallen, dem Rücktritt in die Kunstwelt vorziehen. Nehmen Sie Ihre Freundesgabe zurück — ich bedarf ihrer in diesem Augenblick nicht; gestatten Sie mir aber, mich im Fall der Noth offen und vertrauensvoll an Sie zu wenden, was ich mit voller Unbefangenheit thun werde, denn Sie sind mir seit gestern kein Fremder mehr! Mitte Januar bin ich in Berlin und werde den Winter dort zubringen. Ich

werde keine Fehlbitte thun, die dahin geht, daß mein erster
Gang zu Ihnen sein darf. Da ich nicht die Freude habe,
persönlich von Ihnen gekannt zu sein, so kann sich nur die
Künstlerin Ihr Wohlwollen erworben haben, und das macht
mich stolz! Ich habe ein aufrichtig redlich Herz, und mit
diesem Herzen dankt Ihnen und grüßt

Ihre achtungsvoll ergebene

Wilhelmine Schröder=Devrient."

Immer hatte sie ganz besondern Werth auf Huldigungen
gelegt, die ihr aus der Mitte des Volks dargebracht wurden;
es sei ihr Stolz, im Herzen desselben zu stecken, pflegte sie
zu sagen. So that es ihr ausnehmend wohl, wenn gewöhn=
liche Leute in Dresden auf der Straße vor ihr die Mütze
zogen und unter sich murmelten: „Das ist ja unsere Schröder=
Devrient!" — oder wenn ein als Maschinist im Theater
beschäftigter Zimmermann, da er hörte, daß die Künstlerin
von der Bühne zu scheiden gedächte, seine fünfjährige Tochter
mit in eine der letzten von Wilhelmine besuchten Proben nahm
und ihr die berühmte Frau mit den Worten wies: „Paß auf
und sieh dir diese Frau recht ordentlich an! Die andern
kannst du alle vergessen, aber diese nicht; — das ist die
Schröder=Devrient!" — oder wenn eine alte Leinwand=
verkäuferin, da sie zum letzten mal nach fast zehnjähriger
Abwesenheit nach Dresden kam, ihr auf offenem Marktplatz
mit dem Ausruf geradezu um den Hals fiel: „Ach, meine
beste Madame Devrient, sind Sie denn wieder da?!" Solche
Zeugnisse einer wahren Popularität galten ihr gleich den
schönsten Triumphen.

Zwölftes Kapitel.

Die letzten Lebensjahre.

Demokratische Sympathien. Der dresdener Maiaufstand. Flucht nach Berlin. Drangvolles Suchen nach neuer Thätigkeit. Reisen nach der Schweiz und Paris. Heirath mit Herrn von Bock. Gute Folgen. Schönes Verhältniß zu Kunstgenossen. Der Kapellmeister Morlacchi. Wohlthätigkeitssinn. Tiedge's Zuspruch. Ein Brief an Dr. Piutti zu Elgersburg. Verhaftung in Dresden und Ausweisung aus Rußland. Die Verbannte. Das Landleben in Livland. Briefe an Carus und von Donop. Unruhe und Reisen. Rückkehr in die Oeffentlichkeit. Theilnahme an Mozart's hundertjähriger Geburtstagsfeier zu Berlin. Die Künstlerin als Liedersängerin. Letztes Auftreten in Concerten. Project einer amerikanischen Kunstreise. Tödliches Erkranken in Dresden. Ihre Memoiren. Brief an Ernst Keil. Besuch von Karoline Ungher-Sabatier. Brief an Elise Polko. Tod und Beerdigung in Koburg. Das dresdener Grabmal. Trauerfeier in der berliner Singakademie. Büsten der Verewigten von Rietschel und Heidel. Schlußbetrachtung.

(1849—1860.)

Es versteht sich, daß eine Frau, die Zeit ihres Lebens für das Volk so warm gefühlt und, wie wir später noch sehen werden, in der That auch so viel für dasselbe gethan, die nie einem Fürsten geschmeichelt, nie um die Gunst der Großen gebuhlt, sondern stets einen Unabhängigkeitsenthusiasmus sondergleichen in ihrer stürmischen Seele genährt hatte, auch die politischen Wirren der Revolutionsjahre 1848 und 1849 nicht völlig theilnahmlos an sich vorübergehen lassen konnte, zumal die dadurch in ihr wach gerufenen Ideen ihr als ein erwünschter Ableiter für den sie innerlich verzehrenden Gram erscheinen mußten. Sobald die schlimmsten Leiden überstanden, und ihre Gesundheit einigermaßen wiederhergestellt war, vermochte ein so unaufhaltsam und ungestüm ringendes Gemüth die Stimmung still in sich verblutender Resignation nicht mehr zu bewahren; es trieb sie wieder hinein in den wilden Strudel des Lebens. Zunächst ging sie im März 1849 nach Paris, in der Absicht dort Anknüpfungspunkte für den Wiederbeginn eines künstlerischen Wirkens aufzusuchen. Da aber auch hier die politischen Interessen jedes andere todt schlugen, so kehrte sie unverrichteter Sache Anfang Mai nach Dresden zurück und wurde hier Zeuge der am 4. desselben Monats beginnenden Straßenkämpfe, welche die schöne Elbresidenz in einen Schutthaufen zu verwandeln drohten und zahlreiche Menschenleben gekostet haben. Es soll ununtersucht bleiben, wie weit ihr persönlicher Antheil an diesem wahnwitzigen Aufstande gegangen, ob sie, wie man ihr vorgeworfen, das Volk selbst zum Bau von Barrikaden haranguirt, oder, wie Claire von Glümer behauptet, an dem offenen Fenster eines Hauses am Altmarkt nur einen Schrei des Entsetzens über die soeben dort vorbeigetragenen ersten Leichen ausgestoßen hat; gewiß ist so viel, daß die trunkene Wuth gegen die geordneten Staatsgewalten, in der sie noch lange nach jener entsetzlichen Katastrophe schwelgte, ihr ebenso wie ihrem Genossen Richard Wagner, von der demokratischen Partei nur sehr mit Unrecht als ein Verdienst angerechnet worden sind.* Bei dem mächtigen Flügelschlage ihres Genius und vor dem freien stolzen Selbstgefühl, welches man selbst in der Verirrung an ihr noch bewundern durfte, läßt sich ihr grenzenloser Haß gegen das, die Revolution endlich niedertretende Königthum doch, unparteiisch betrachtet, nicht anders beurtheilen, als L. Rellstab es in seinem mehr citirten „Theater=Archiv"= Artikel („Deutsches Theater=Archiv" von 1860, Nr. 14, S. 137) mit den Worten gethan hat: „Es ist ein Unterschied zwischen einem selbständigen, freien Auftreten und einem Abfall von Pflichten, die jedem, der das Gute will, unzerreißbar erscheinen. Wenn wir es früher von der Sängerin hinnahmen, daß sie, von vielen Dingen im Leben angewidert, meist nur mit Verdruß und Verachtung von denjenigen Verhältnissen sprach, die ihr eine Stellung begründeten, so können wir doch nicht umhin, ihr Auftreten gegen das, was Dresden ihr gewähren mußte und gewährt hatte, als einen schweren Fehlgriff zu betrachten. Es war bei ihr, wie bei manchen kunstverwandten Personen, nur eine Umkehrung der Eitelkeit, die sich so leicht und so tief mit der künstlerischen Bedeutung verbindet, welche ihr räthselhaftes Benehmen erzeugte."

Am 5. Mai in der Frühe verließ die Künstlerin das noch von den Schrecken des Aufruhrs rauchende Dresden. Rührend sind die Worte, in denen sie diese traurige Abreise schildert: „Der Frühling hatte sich in voller Schönheit über die Erde ausgebreitet, und nie werde ich den erschütternden Eindruck vergessen, den es auf mich machte, als ich durch die üppig blühenden Fluren fuhr, über welche der Himmel seinen hellsten Glanz ergoß, während aus der im Thale liegenden Stadt die Sturmglocken des Aufruhrs herüberschallten. Tief habe ich da Schiller's Worte empfunden:

> Die Welt ist vollkommen überall,
> Wo der Mensch nicht hinkommt mit seiner Qual."

Wilhelmine flüchtete zunächst nach Berlin, wo sie in Kellner's Hotel wohnte. Hier verkehrte sie viel mit demokratischen Parteihäuptern, wie Dr. Johann Jacoby, und mit Fanny Lewald, die uns in der berliner „National-Zeitung" (1860, Nr. 83) manche interessante Details über die damalige Gemüthsverfassung der Künstlerin aufbewahrt hat. Neben dem Schmerze über das Scheitern ihrer revolutionären Illusionen drückte sie namentlich auch das Bewußtsein nieder, daß ihre schöpferische Kraft zwar immer noch die alte sei, sie aber die Fähigkeit verloren habe, das, was in ihr liege, wie sonst zur Erscheinung zu bringen. Man wollte ihr zureden, sich dem recitirenden Drama zuzuwenden, da die Stimme ihr zum Singen den Dienst zu versagen anfing. Allein belehrt durch eine frühere Erfahrung, wo sie sich zur Ausführung dieser Idee des Raths ihres Schwagers, Emil Devrient's, bedient hatte, wußte sie die Bedenken recht wohl zu würdigen, die sich gegen einen solchen Uebertritt von einer Kunstsphäre in die andere erheben lassen; namentlich verhehlte sie sich nicht, daß ein beim Singen untergegangenes Organ für die Anstrengungen der Recitation im Drama meist erst recht verdorben sei. Sie lehnte daher die hierauf bezüglichen Vorschläge Fanny Lewald's mit den Worten ab: „Ich kann nichts ohne Musik. Musik ist das Element, das meine Kräfte flüssig macht und in Bewegung setzt. Und wenn ich es versuchen wollte, wenn ich die Rollen meiner Mutter spielen wollte, so würde ich mir wie eine elende Nachahmerin vorkommen, denn die Rollen, welche die Mutter gespielt hat, sind nicht anders zu schaffen, als sie sie hingestellt hat, und ich muß schaffen! schaffen! selbst schaffen! — Auch vergessen Sie, liebe Seele, daß es Positionen gibt, in denen man absolut nicht Fiasco machen darf. Wo sollte ich probiren, was ich kann?! Und wenn es mir mißlänge? — Die Schröder-Devrient kann mit ihrem Leben Schiffbruch leiden, das geht nur sie allein an — auf der Bühne darf sie aber nicht scheitern!" — Auch andere Ideen, die damals in ihr angeregt wurden, kamen nur halb oder gar nicht zur Ausführung. Bald wollte sie ihre Memoiren schreiben (die Darstellung ihres Zusammentreffens mit Beethoven war ihr, wie man hört, bereits trefflich gelungen, und wir bedauern es aufrichtig, daß Claire von Glümer dieses Bruchstück aus dem schriftlichen Nachlaß der Künstlerin nicht wörtlich und vollständig mitgetheilt hat), dann wieder sich der Ausbildung von Schülern widmen, endlich eine Erklärung ihrer Rollenauffassungen zu Papier bringen; allein aus all' diesen Vorsätzen und Anläufen wurde nichts; den letzten Gedanken verwarf sie aus dem bezeichnenden Grunde, weil sie fürchtete, daß die Ausführung desselben ihr die Erinnerung an ihre dramatischen Leistungen nehmen würde. „Wenn ich die Rollen für andere analysire", so sagte sie zu Fanny Lewald, „so zerstöre ich sie für mich selbst, und die Erinnerung will ich wenigstens behalten! Mögen die andern selber sehen, was sie zu Stande bringen; es wird ihnen nicht leicht sein, mich vergessen zu machen!"

Von Berlin wandte sich Wilhelmine nach Gotha, dann nach Heidelberg, und als der badische Aufstand sie auch von dort vertrieb, nach der Schweiz, wo sie in der großartigen Natur des Brienzersees geistige und leibliche Genesung fand. Voll neuer Hoffnungen begab sie sich im Winter nach Paris und verlobte sich hier mit einem hochgebildeten livländischen Edelmann, Herrn von Bock, der jetzt zu Kersel bei Fellin lebt. Am 14. März 1850 reichte

sie ihm in Gotha ihre Hand. Schon einmal, kurz bevor
sie das unselige Verhältniß mit Döring angeknüpft, hatte
sie das Glück genossen, der Gegenstand einer reinen und
edeln Mannesliebe zu sein, und nur die gesellschaftliche
Stellung ihres damaligen Freundes, welche ihm die Ehe
mit einer Schauspielerin unmöglich machte, sowie der Um=
stand, daß beide zu wenig Vermögen besaßen, um ihren
verschiedenen Berufen entsagend, blos von ihren Renten zu
leben, war der Grund gewesen, weshalb es zu einer dauern=
den Verbindung nicht hatte kommen können. Nun aber, im
sechsundvierzigsten Jahre ihres Alters, wollte ihr das Schicksal
nochmals wohl genug, sie in den Hafen einer Ehe einlaufen zu
lassen, deren Solidität ihr in jeder Hinsicht den Segen des
Friedens versprach, nach dem ihre Seele so lange vergebens
geschmachtet. Und wirklich hatte es auch anfangs den An=
schein, als sollte sich diese Aussicht in vollem Maße an ihr
bewähren. Ihre Freunde fanden sie weit sanfter und ruhiger
geworden; sie schien sich behaglich zu fühlen und den Man=
gel eines öffentlichen Wirkens weniger drückend zu empfinden
als vorher. In Concerten sang sie damals gar nicht; nur
zu Hause, im kleinern Kreise, holte sie ihre alten Lieder
gern wieder hervor, die ihr sehr musikalischer Gemahl ihr
selbst auf dem Flügel begleitete. Dabei entfalteten sich alle
die edeln Züge ihres Wesens, die ihr schon früher in der
Zeit ihrer rauschendsten Triumphe zu so hoher Zierde ge=
reicht hatten, immer schöner und wohlthuender. Neidlos
blickte sie auf ihre Kunstgenossen, half ihnen, wie dies immer
geschehen, überall, wo sie nur konnte, und war stets die
erste, sich von wahrhaft tüchtigen Leistungen begeistern und
hinreißen zu lassen, indem nur die sich aufblähende Impotenz
ihren Zorn und ihre Verachtung erfuhr. Sie schwärmte

für die Rachel und für die Doche, über deren Marguerite Gautier, die Heldin der Dumas'schen „Dame aux Camélias" (zuerst aufgeführt am 2. Februar 1852 im Vaudevilletheater zu Paris) sie in Thränen zerfloß. Pepita's Schönheit, die vollendete Grazie der großen Marie Taglioni, der anmuthsvolle Zauber, den Madame Ungher-Sabatier über ihre italienischen Gesangsvorträge zu gießen wußte, Henselt's geistvolles Meisterspiel auf dem Piano — alle diese künstlerischen Erscheinungen verfolgte sie mit dem ungetheiltesten Enthusiasmus und konnte stundenlang in einem Strom der Begeisterung von den Leistungen ihrer Mutter erzählen, obwol sie persönlich mit derselben nicht immer in gutem Einvernehmen gestanden hatte. Nach ihrem Ausspruche war die Rachel in der Gewalt der Leidenschaften und in der Wahrheit des Ausdrucks ihrer Mutter gleich, übertraf indessen an plastischer Schönheit alle Künstlerinnen der Welt, — ein Urtheil, das wir nicht unterschreiben, namentlich soweit die letzte traurige Kunstperiode der geldgierigen französischen Tragödin in Betracht kommt. Wie sehr sie an allem Antheil nahm, was sich in der Kunstwelt Großes und Bewundernswürdiges zutrug, das beweisen namentlich auch ihre zahlreichen Correspondenzen mit fast allen bedeutenden Künstlern jeder Richtung, mit Felix Mendelssohn-Bartholdy, Meyerbeer, Ferdinand Hiller, Franz Liszt, Clara Schumann, geborenen Wieck, Karl Seydelmann, Eduard Genast, Karoline Ungher-Sabatier, mit der dänischen Tänzerin Lucile Grahn, Heinrich Laube, dem Bildhauer Rietschel u. s. w., ja selbst mit Gelehrten, wie Friedrich von Raumer in Berlin und Geheimrath Dr. Karl Gustav Carus in Dresden, aus deren Briefen an Wilhelmine Claire von Glümer einzelne werthvolle Blätter mitgetheilt hat. Noch möchten wir die Künstlerin hier gegen die Erzählung einer Differenz in Schutz nehmen, welche nach den Glümer'schen „Erinnerungen", S. 120, zwischen ihr und dem langjährigen dresdener Hofkapellmeister Francesco Morlacchi (gestorben 1841) bestanden haben soll. Es wird hier berichtet, daß der letztere, als eine seiner Compositionen in Dresden einstudirt worden, den von der Devrient stets lebhaft protegirten Choristinnen zornig zugerufen habe: „Sie haben gesungen, wie die deutschen Schweine!" Diese Schmach zu rächen, sei sie wie der Blitz auf ihn zugefahren und habe ihm die — jedenfalls sehr unpassenden — Worte ins Gesicht geschleudert: „Wenn Er doch einmal von Schweinen spricht, so will ich Ihm nur sagen, daß Er seine italienische Schweinemusik selber singen kann!" Darauf sei sie, ihr Notenblatt dem Kapellmeister vor die Füße werfend, sofort aus der Probe gegangen. Das Thatsächliche an dieser Anekdote erscheint uns schon aus dem Grunde bedenklich, weil die Schröder-Devrient, soviel bekannt, nie selbst in irgendeiner Oper Morlacchi's gesungen hat, also wol auch schwerlich einer Probe dazu als Mitwirkende beigewohnt haben kann. Was aber das an die Erzählung geknüpfte Urtheil Claire's von Glümer über den Componisten betrifft, als sei er ein „intriguanter, rachsüchtiger Mensch" gewesen, dem man also eine so plumpe Zurechtweisung wol hätte gönnen mögen, so erscheint dies schlechterdings aus der Luft gegriffen. Morlacchi war eine durchaus respectable, ja selbst eine edle und liebenswürdige Persönlichkeit, dem namentlich nichts ferner lag, als etwa dem musikalischen Genius seines Adoptivvaterlandes nicht die strengste Gerechtigkeit widerfahren zu lassen. Mag er als Italiener auch für seine Nation eine gewisse Vorliebe gehabt haben,

die deutschen Meisterwerke hat er darum doch gewiß nicht
verachtet, wie dies vorzugsweise seine rege Theilnahme an
den Aufführungen zum Besten des von ihm ins Leben ge=
rufenen dresdener Orchester=Pensionsfonds beweist. Hat er
doch in einem dieser Concerte selbst Bach's „Matthäus=Passion"
dirigirt, was gewiß nicht viele italienische Kapellmeister von
sich werden rühmen können! —

Mit besonderer Genugthuung sei hier nun noch des
wahrhaft grenzenlosen Wohlthätigkeitssinns unserer Künstlerin
speciell Erwähnung gethan. Ihm hatte sie Zeit ihres
Lebens große Opfer gebracht und benutzte von jetzt an zur
Befriedigung dieses edeln Triebes die Pension, welche sie vom
dresdener Theater bezog, fast ausschließlich. Wie sehr ihr
die Linderung jeder Noth, von der sie Kenntniß erhielt, ein
wahres Herzensbedürfniß gewesen, und wie tief sie den kal=
ten Egoismus verabscheute, der für die darbenden Mitmenschen
die gute, rettende That niemals übrig hat, das findet sich
in einem ihrer Tagebücher recht schön, wie folgt, ausgespro=
chen: „Warum sind wir nicht im Stande, ein prickelndes,
peinigendes Gefühl zu überwinden, das der abscheuliche Egois=
mus erzeugt? Wir haben mitunter die Mittel, die oft so
bescheidenen Wünsche eines Nebenmenschen zu erfüllen, ja
wir fühlen uns oft mächtig zu einer solchen That gedrängt —
und doch unterlassen wir sie, weil das fatale Ich sich her=
vordrängt und ängstlich ruft: das entziehst du mir! Wie
viel reine Freuden verscherzen wir um dieses nichtswürdigen
Egoismus willen! — Unverhoffte Freude in einer freudlosen
Brust zu entzünden, längst aufgegebene Hoffnungen zu er=
füllen, Thränen des Kummers und der Sorge in Thränen
der Freude und Wonne zu verwandeln, — gibt es eine
größere Seligkeit? O wir erbärmlichen Menschen, warum

thun wir nicht immer, nicht gleich, wozu uns das Herz drängt, wenn wir die Ueberzeugung haben, daß es eine gute, edle That ist?" — Während der ganzen Dauer ihres Engagements in Dresden pflegte sie alljährlich eine große Weihnachtsbescherung für die Armen in ihrem Hause zu veranstalten und hatte die Gewohnheit, die Gaben, die sie ihren Pfleglingen von ihrer eigenen Hand zudachte, zu stricken, während sie sich frisiren ließ, da sie sonst keine Zeit zu solchem Werke der Barmherzigkeit gefunden hätte. Oft hat sie bei armen Leuten Gevatter gestanden und sich nicht blos damit begnügt, ihnen etwa ein reichliches Geldgeschenk zu machen, sondern sie kam selbst, das Kind über die Taufe zu halten, um den Aeltern ihren persönlichen Antheil zu offenbaren. Ihren ältesten Sohn Wilhelm, der in einem dresdener Institut erzogen wurde, hielt sie aufs strengste zur Wohlthätigkeit an und nie bekam er am Weihnachtsabend bei der Mutter beschert, bevor er nicht einige arme Knaben auf der Straße aufgelesen und zur Theilnahme am Feste mitgebracht hatte. „Der Junge" — sagte sie — „soll sich von Jugend auf gewöhnen, an die Armen zu denken." Unablässig hat sie Künstler auf das großmüthigste unterstützt und junge Talente auf ihre Kosten ausbilden lassen, zahllose Concerte für Unbemittelte und für milde Stiftungen gegeben, arme Mädchen, die Sängerinnen werden wollten, selbst 1858, kurz vor ihrem Ende, noch mit dem hingebendsten Eifer unterrichtet, einem Tänzer, der das Bein gebrochen, eine Leihbibliothek gekauft und ihm so eine neue Existenz gegründet, — und doch von allen Dingen in der Welt mehr geredet, als von diesen ihren Samariterthaten. Dafür ehrte sie denn auch der fromme Dichter der „Urania", Tiedge, durch den hübschen dichterischen Zuspruch:

Hoch vom Ruhm emporgetragen,
Strahlt dein Nam' im Glanze dieser Welt;
Was du thust in stillern Tagen,
Das wird in ein Rechnungsbuch getragen,
Das ein Engel dort in jener hält.*)

Dieser Zug ihres Wesens erscheint in der That so menschlich schön und rührend, daß wir uns nicht enthalten können, hier auch noch einen bisher ungedruckten Brief, getreu nach dem Original, welches sich im Besitze des Autographensammlers und ausgezeichneten Photographen, Herrn Robert Weigelt zu Breslau, befindet, wenigstens auszugsweise hier mitzutheilen. Derselbe ist von Koburg aus unter dem 7. November 1853 an Dr. Piutti in Elgersburg (der thüringischen Wasserheilanstalt, welche die Künstlerin vorher besucht hatte) geschrieben und wirft auf die Art und Weise, wie sie die Werke der Barmherzigkeit auszuüben pflegte, das hellste Licht. Da heißt es denn: „— — — Sie finden hier fünf Thaler eingelegt, von denen ich, so viel wie nöthig, dazu bestimmt hatte, der armen Gänsehüterin — ihren Namen weiß ich nicht — einen warmen Mantel machen zu lassen, der, wie sie mir sagte, zwischen 3 und 4 Thaler kosten würde. Der Frau das Geld in die Hände zu geben, habe ich Bedenken getragen, da diese Leute selten damit umzugehen wissen. Wenn Sie nun die Güte hätten, die Frau kommen zu lassen und ihr zu sagen: sie sollte sich den Mantel besorgen und Ihnen die Rechnung dafür einhändigen, die Sie sodann entrichten würden, so wäre ich Ihnen sehr dankbar dafür. Die Frau soll zwar ein rohes und ungesittetes Geschöpf sein,

---

*) Noch mehrere andere Erzählungen, die ihren Wohlthätigkeitssinn deutlich beweisen, sind in den Glümer'schen „Erinnerungen", S. 148—162, nachzulesen.

aber à qui la faute, daß diese Menschen so sind?! Man kann sie darum nicht verhungern und nicht erfrieren lassen, und muß für sie thun, was man eben kann. Es gibt viele, die viel könnten, aber — nun über dieses Kapitel kennen Sie meine Ansichten. — —"

Noch im Laufe des Jahres 1850 begleitete sie ihren Gemahl nach Livland mit dem Vorsatze, in Trikaten, einem Ritterschaftsgute, welches der letztere in Pacht hatte und bewohnte, als tüchtige Hausfrau und Landwirthin ein still zurückgezogenes Dasein zu führen. Allein hier in der Monotonie des Landlebens und in Verhältnissen, die ihr in jeder Hinsicht fremd waren, sollte es sich nur allzu bald zeigen, daß die Ruhe ihr Element nicht war, und daß sie der Aufregung, des Schaffens in der Oeffentlichkeit bedurfte, um ihre Natur im Gleichgewicht zu erhalten. Nicht gar lange nachdem die neue Existenz begonnen, schreibt sie: „Mit der ganzen Energie meiner Seele warf ich mich auf die Thätigkeit in meinem Hausstande; ich hoffte dadurch die Lücke auszufüllen, die durch das Aufgeben meines künstlerischen Berufs in mein Leben gekommen war. Ich wollte reformiren, wollte die Menschen aus ihrer Verthierung herausziehen, wollte sie lehren und unterrichten — aber alle Mühe war vergebens! Umsonst habe ich ein volles Jahr mit Trägheit, Rohheit, Sklavensinn, mit Dummheit, Böswilligkeit und Unsauberkeit gekämpft, bis meine Kraft zusammenbrach, und meine ganz zerrüttete Gesundheit die Rückkehr nach Deutschland nothwendig machte." — Was half es nun, daß ihr Gemahl, wie sie selbst an ihren langjährigen, treuen Freund und ärztlichen Rathgeber Carus in Dresden berichtete, „ein edler, begabter Mensch, voll zarter Liebe und Sorgfalt für sie" war, daß er sich mit ihr in Beethoven's, Mozart's, Schubert's und Schumann's Werke vertiefte, ihr die „Psyche" von Carus vorlas, und daß sie selbst in der Lectüre Goethe's und der übrigen Classiker erneute „unendliche Befriedigung" fand? „Was mich sonst" — schreibt sie — „in meiner nächsten Nähe umgibt, ist häßlich und grauenhaft; die Menschen sind kaum Menschen zu nennen, und was sie thun, treiben und hervorbringen, zeugt von der niedern Culturstufe, auf welcher diese Unglücklichen noch stehen. Was ließe sich über hiesige Zustände nicht alles sagen — sie sind ent=setzlich."

Im Sommer 1851 reiste sie nach Ems, während ihr Gemahl Ostende besuchte; darauf begaben sich beide Ehe=gatten im Herbst nach Dresden, wo Wilhelmine wegen ihrer Betheiligung am Maiaufstande des Jahres 1849 und infolge des damals gegen sie ergangenen Rückkehrverbots so=fort verhaftet und zur Untersuchung gezogen wurde. Herr von Bock stellte zwar augenblicklich Caution und erreichte dadurch, daß seine Gemahlin sich nach Berlin zurückziehen durfte; die gegen sie eingeleitete Untersuchung wurde jedoch erst am Schluß des Jahres durch die Gnade des Königs von Sachsen niedergeschlagen. Die für sie niederschmetterndste Folge des dresdener Criminalprocesses sollte indessen noch nachkommen; sie wurde auf Grund desselben aus Rußland ausgewiesen, und dieses Decret nach vielen vergeblichen Be=mühungen und namhaften Opfern von seiten des Herrn von Bock erst im Winter 1853 zurückgenommen, sodaß sie sich bis dahin genöthigt sah, größtentheils getrennt von ihrem Gemahl, den die dringendsten Geschäfte im Frühjahr auf sein Gut zurückriefen, als Verbannte in Deutschland zu=zubringen. Den Sommer dieses für sie so traurigen Jahres verlebte sie in Koblenz, Ems und Schlangenbad; im

Herbst aber holte sie Herr von Bock nach Paris ab, wo sie, besonders viel in deutschen Künstlerkreisen verkehrend (zu ihren werthesten Freunden gehörte der damals auch dort lebende Ferdinand Hiller) und überdies an den Schätzen der Museen und am Theater regsten Antheil nehmend, zu neuer Lebensfreudigkeit erwachte, ja sogar am 10. Februar 1853 zum Besten des Deutschen Hülfsvereins zum ersten mal wieder in einem öffentlichen Concert auftrat. Wir selbst hatten sie kurze Zeit zuvor, am 20. Januar 1853, in einer Soirée bei dem Pianisten Jakob Rosenhain aus Frankfurt a. M. Franz Schubert'sche Lieder singen hören, ohne jedoch umhin zu können, über die fast völlig erloschene Stimme und den infolge dessen zum Theil schon recht unschön gewaltsamen Vortrag der Künstlerin tiefe Betrübniß zu empfinden, soviel seelischen Ausdruck sie auch immer noch in einzelne besonders herzergreifende Momente zu legen wußte.

Den Sommer 1853 brachte sie — wie wir bereits früher gesehen — längere Zeit in Manheim zu, ging dann mit ihrem Gemahl nach Elgersburg in Thüringen, wo sie, der schönen Natur sich wahrhaft erfreuend, bis Ende October verweilte, während Herr von Bock nach Rußland zurückkehrte, um dort die letzten Schritte zu ihrer Erlösung aus der Verbannung zu thun. Nachdem dies Ziel endlich erreicht war, trat sie in den ersten Frühlingstagen des Jahres 1854 die zweite Reise nach Trikaten an. Mit wie gemischten Gefühlen dies geschah, beweist ein von Claire von Glümer vollständig mitgetheilter, hier im Auszug stehender Brief an Carus.

„Berlin, 2. Januar 1854.

„Mein hoch und innig verehrter Freund! Die endliche glückliche Lösung unserer unseligen Angelegenheit

wird Ihnen wol schon bekannt geworden sein, und so
greife ich denn heute mit jubelvollem Herzen zur Feder, um
Ihnen meinen herzinnigsten Glückwunsch zu Ihrem wieder-
gekehrten Wiegenfest zu bringen. Mir ist so leicht und wohl
in der Seele, daß ich allen Menschen ein gleiches Gefühl
der Glückseligkeit wünschte, und vor allen Ihnen, mein
verehrter Freund, der Sie so vielen zu Freude und Trost
leben. — — —

„Ich werde nun in kurzer Zeit nach einem Lande zurückkehren, welchem ich meinem ganzen Wesen nach ewig
fremd bleiben werde, und in welches mich nichts zurück-
ruft, als eine heilige Pflicht, an welches mich nichts fesselt,
als die Liebe und Hochachtung für den besten und edelsten
Mann. Ich steige in ein offenes Grab, und mit dem
Niedersinken des russischen Schlagbaums versinkt auch für
mich alles, was sonst ein Leben wol schmückt. Kunst und
Poesie, der Verkehr mit Menschen, an deren reichem Wissen
man sich erlaben kann, Industrie und Weltgeschichte, alles
das bleibt jenseit jenes Schlagbaums zurück! Aber ich
werde dort eine Häuslichkeit, Ordnung und — Ruhe, wenigstens äußere Ruhe finden und an der Seite eines Mannes
leben, der mir ein treuer und liebevoller Freund ist. Ich
werde nicht allein sein in der Einöde, die mich erwartet,
ich habe den treuen Freund, den geliebten Mann und —
mich selbst." —

Allein die ersehnte Ruhe wurde ihr nicht zu Theil, und
immer weniger behagte ihr die russische Heimat. „Ich kann
nicht leben", klagte sie, „wo mein Flügel nicht Stimmung
hält; ich bin ja schon halb todt, wenn ich keinen Ton aus

der Kehle bringen kann, und dazu denkt euch einen acht Monate langen Winter!"

Ihr Leben war von nun an ein unstetes. Hielt sie sich in Rußland auf, so überfiel sie, unter zunehmenden körperlichen Leiden, eine unwiderstehliche Sehnsucht nach einem mildern Himmelsstrich; nach Deutschland zurückgekehrt, peinigten sie dagegen die Vorwürfe, ihren Gatten verlassen zu haben, und überdies litt sie dann auch noch unter dem Mangel einer bequemen häuslichen Einrichtung. Nirgends fand sie Ruhe und nirgends Befriedigung. Ein im Frühjahr 1855 an ihren Freund, den Kammerherrn von Donop in Detmold, geschriebener Brief*) drückt diese ihre Stimmung deutlich aus.

"Schloß Trikaten, 15. April.

"....Ihr Brief vom 22. Februar vorigen Jahres traf mich wenige Tage vor meiner Abreise und in der fürchterlichen Unruhe des Einpackens. Damals fand ich also keinen freien, ungestörten Moment mehr, um Ihnen auf heimischem Boden noch ein Wort des Dankes und ein Lebewohl zuzurufen. In meiner neuen Heimat angelangt, war die erste Zeit meines Hierseins dadurch in Anspruch genommen, das Chaos, welches mich umgab, zu lichten, Ordnung und Sauberkeit — soweit dies hier überhaupt möglich ist — herzustellen und wenigstens den Räumen, die ich bewohne, einen Anstrich von Poesie zu geben, ohne die es mir einmal nicht möglich ist zu leben, was aber mit den unendlichsten Schwierigkeiten verknüpft war, denn hier ist alles

---

*) "Erinnerungen", S. 225—227.

Prosa, nackte, kahle Prosa in ihrer unschönsten Gestalt. Sie rufen mir in einem Ihrer Briefe zu, den Sie mir nach C..... schrieben: «Was will die Muse unter den Abderiten?» — Was würden Sie sagen, wenn Sie mich hier sehen könnten? Schlagen Sie Goethe's «Iphigenie» auf und lesen Sie den ersten Monolog, lassen Sie nur den «rauhen Gatten» weg, so paßt das Uebrige meist auf mich und meine Stimmung, denn — es gewöhnt sich nicht mein Geist hierher! — Sind wir wirklich nur dazu geboren, von der Wiege bis zum Grab in ewigen Kämpfen durchs Leben zu gehen, so ist dies Los vor allem meines. Es könnte jetzt alles gut sein; das Schicksal hat mir für so manche harte Prüfung reichlich Rechnung getragen, denn es hat mir einen treuen, edeln Freund zur Seite gestellt; aber es ist schon dafür gesorgt, daß die Bäume nicht in den Himmel wachsen. Mich hat hier ein unüberwindliches Unbehagen erfaßt, welches die Folge vergeblichen Bemühens ist, Resultate erreichen zu wollen, die unter den hiesigen Verhältnissen zu den Unmöglichkeiten gehören, ein Unbehagen, das wie eine düstere Wolke auf meinem Gemüth lastet, das, niedergedrückt und betrübt, nicht einmal zu der Energie gelangen konnte, lieben Freunden zu sagen, daß ich noch lebe, und daß die Erinnerung an vergangene schöne Tage, mit ihnen verlebt, meinem abgeschiedenen und monotonen Dasein die einzige heitere Abwechselung gewährt. Nun kommt auch noch das peinliche Gefühl dazu, wenn ich am Schreibtisch sitze, daß ich nicht niederschreiben kann, wie ich empfinde, sondern mit ängstlicher Sorgfalt meine Gedanken umgehen muß, was mir alle Unbefangenheit raubt. Jeder Zwang ist lästig, besonders mir, aber der, ein übervolles Herz nicht ausschütten zu dürfen, ist gewiß der lästigste. Und wie viel

hätte ich Ihnen zu sagen, wie viel möchte ich Ihnen mit=
theilen! Doch, wie gesagt, einem Blatt Papier darf man
nicht immer anvertrauen, wozu man sich getrieben fühlt,
besonders wenn es einen so weiten Weg zu machen hat,
wie von hier nach Deutschland — man hat Beispiele, daß
Briefe verloren gehen. Sie verstehen mich. So will ich
denn für jetzt den heißen Wunsch unterdrücken, einem Mann
mein Herz rückhaltslos zu öffnen, den ich als einen lieben
Freund verehre, und dem ich daher so gern mit ganzem,
vollem Vertrauen entgegenkommen möchte, da ich weiß, daß
er mich und mein ganzes Wesen erkannt hat und richtig
zu beurtheilen versteht. Lassen Sie mich mein nächst=
künftiges Leben an der Hoffnung aufrichten, die mir von
weitem lächelt, daß ich bald einmal die liebe eigentliche
Heimat wiedersehen werde."

Zu diesem Unbehagen, das von den Einflüssen des
nordischen Klimas, vom Heimweh, vom Gefühl der Verein=
samung erzeugt wurde, gesellten sich nun bald auch noch die
viel schlimmern Qualen, welche sich der Seele eines von
der Oeffentlichkeit zurückgetretenen Bühnenkünstlers so leicht
bemeistern; sie fing an zu fürchten, daß sie trotz aller ihrer
Anstrengungen der Kunst doch ein dauerndes Vermächtniß
nicht hinterlassen, daß sie umsonst gelebt und gestrebt, daß
Undank und Vergessenheit ihr Los sei. Auch diese peinvolle
Stimmung klingt in einem Briefe an Herrn von Donop
vom Jahre 1855 herzergreifend wider, und wir heben dar=
aus nach den Mittheilungen Claire's von Glümer folgende
Stelle hervor: „... Ein junger, sehr talentvoller Bildhauer
in Gotha hat ein Medaillon in Marmor von mir gemacht,
welches in der gothaer Kunstausstellung den ersten Preis er=

hielt und vergangenes Jahr in Berlin den ganzen Winter in der permanenten Kunstausstellung aufgestellt war und dort die allgemeinste Anerkennung fand. Dieses Medaillon in Lebensgröße hatte ich als Geschenk für Dresden bestimmt, wo man es zu meinem Gedächtniß in den Hallen aufstellen sollte, wo ich so oft mit voller Begeisterung, mit dem ganzen Enthusiasmus meiner Seele vor ein Volk hingetreten bin, das nur zu schnell über neue Erscheinungen, wären sie auch noch so mittelmäßig, das früher Gebotene vergißt. Weil ich nun aber fühle, daß das, was ich gegeben, wol werth war, der Vergessenheit entrissen zu werden, so wollte ich als Mah= nung jenes Kunstwerk hinstellen, das außer meinen genial ausgeführten und ähnlichen Gesichtszügen auch noch die Namen von vier aus meiner innigsten Seele entsprungenen Schöpfun= gen trägt. Die schmachvolle Behandlung aber, die ich bei meinem letzten Aufenthalt in Dresden, im Herbst 1851, er= fahren mußte, hat mich bestimmt, das Geschenk nicht zu machen. Nun wünsche ich diesem Medaillon aber einen würdigen Platz zu geben, denn es in der Kiste verpackt ver= modern zu lassen, wäre wirklich zu schade. Da wollte ich Sie nun bitten, ihm in Ihrer Bibliothek ein Plätzchen zu gönnen und es zu meinem Andenken dort aufzustellen. Wer kümmert sich jetzt in Deutschland noch um die Schröder= Devrient? Darum will ich es keinem öffentlichen Kunst= institut aufdrängen, sondern bei Ihnen will ich es wissen, der Sie ja auch der Künstlerin Ihr ganzes Interesse zuge= wendet hatten. Gönnen Sie unter den hohen Geistern, die in ihren Werken Sie umgeben, dem Abbild einer Frau ein stilles Eckchen, in deren Brust ein Herz voll heiliger Be= geisterung schlug, die die Kunst um ihrer selbst willen geliebt und verehrt hat, und nicht um den schnöden Gewinn einzig und allein, wie es viele der jetzigen entarteten Priester und Priesterinnen der holden Musen thun, welche gewiß ob der Schmach, die ihnen angethan wird, oft ihr Antlitz erzürnt abwenden.

„Ich habe vorigen Winter oft mit blutendem Herzen im Theater gesessen.... Man hat es ihnen doch vorgemacht; wie kommt es denn, daß sich auch nicht eine leise Andeutung übertragen hat von dem, was ich vor dem ganzen Olymp verantworten konnte? Das Publikum, das mich doch auch gesehen und gehört hat, jubelte und schrie, mehr als es jemals bei mir gethan. Da rollte mir wol eine stille Thräne über die Wangen, und leise seufzend rief ich aus: Unsinn, du siegst und ich muß untergehen! Es gibt wol kein schmerzlicheres Gefühl, als das — umsonst gelebt zu haben. Aber ist nicht jetzt die ganze Welt ein großes Narrenhaus? Wohin man sieht, ist an die Stelle der göttlichen Vernunft ein Zerrbild getreten. Wahrheit und Natur sind verschwunden, vor allem aus der darstellenden Kunst, und das einzige Ziel, welchem nachgejagt wird, ist — ein voller Geldbeutel, gleichviel, durch welche Mittel er gefüllt wird. Zum größten Theil sind die Künstler der Jetztzeit Heuchler auf der Bühne, wie außer derselben — und wo im Leben keine Wahrheit ist, da ist sie auch nicht in der Kunst."

Längst schon war für die alternde Frau die Zeit dahin, wo sie im Hinblick auf sich selbst die Frage einer theilnehmenden Verehrerin, wie sie es mache, um immer bei Stimme zu sein, mit dem schönen, lebensfrischen Ausruf hatte beantworten können: „Was ist da viel zu machen!? Bei Stimme sein heißt gesund sein! Gesund wie ich bin, warum sollte mir die Stimme fehlen?" Jetzt war sie nicht mehr gesund, aber das brennende Verlangen, noch einmal durch die That zu beweisen, wie das ihrer Seele so klar vorschwebende Kunstideal zur Erscheinung gebracht werden müsse, ließ ihr nicht Rast noch Ruhe. Ohne zu erwägen, ob auch das Organ seinen Dienst dazu noch leihen würde, verfiel sie auf den unglücklichen Gedanken, durch Rückkehr in die Oeffentlichkeit dem immer peinigendern Gefühl innerer Oede Linderung zu verschaffen. Der erste Schritt dazu geschah indeß gewissermaßen unwillkürlich und unbeabsichtigt. Sie hatte sich bei der hundertjährigen Geburtstagsfeier Mozart's betheiligt, welche am 27. Januar 1856 im Mäder'schen Saal zu Berlin stattfand, und wobei namentlich die Mitglieder der Singakademie und der königlichen Oper mitwirkten, als auf einmal von allen Seiten der lebhafteste und herzlichste Wunsch laut wurde, sie möchte das Fest auch noch durch einen Solovortrag verherrlichen. Unschwer ließ sie sich bewegen und sang das schöne Lied des Meisters „Abendempfindung" so, daß sie damit, obwol ihre Intonation in den schwierigen modulatorischen Wendungen nicht mehr sicher war, dennoch einen unbeschreiblich rührenden Eindruck hervorbrachte.

Bald darauf kam der vortreffliche Baritonist Jules Stockhausen nach Berlin und wußte durch seine Kunst ihr Interesse in solchem Maße zu erregen, daß sie sich bestimmen ließ, ihn bei seinen Soiréen durch ihre Mitwirkung zu unterstützen. Diese Soiréen fanden am 5. und 12. April 1856 im Saal der Singakademie statt, und hier also war es, wo die Künstlerin nach langer Zeit zum ersten mal sich wieder ganz öffentlich producirte. In der ersten Soirée sang sie, vom Musikdirector J. Stern begleitet, Schubert's „Erlkönig" und „Rastlose Liebe", sowie „Ich grolle nicht" und „Frühlingsglaube" von Schumann, und es ist nicht zu leugnen, daß namentlich der „Erlkönig" und „Ich grolle nicht"

noch immer außerordentlichen Beifall fanden. Nun war die
Bahn gebrochen, und das Weitere folgte wie von selbst. Sie
sang seit dieser Zeit wieder öfters in Concerten, ließ sich
gern in Gesellschaften hören und verschmähte sogar an kleinern
Orten das Auftreten nicht, wo sie auf ein sie richtig würdigen=
des Publikum kaum rechnen konnte. So unbeschreiblich zehrte
jener Drang nach der Rückkehr in die Oeffentlichkeit an ihr. Daß
sie sich dabei fast ganz auf lyrische Vorträge beschränkte, lag in
der Natur der Sache; uns aber gibt dieser Umstand Gelegen=
heit, auch noch ein allgemeines Wort über die Künstlerin als
Liedersängerin zu sagen, wennschon wir den Werth ihres
Talents in dieser Richtung natürlich nicht nach dem beur=
theilen, was sie damals nur noch zu bieten vermochte. Es
ist oft gesagt worden, daß sie das Lied zu dramatisch behan=
delt habe, und in gewissem Sinne muß dieser Vorwurf aller=
dings für zutreffend erachtet werden. Auf der andern Seite
aber darf man auch nicht verschweigen und verkennen, daß
es vielleicht nie eine Sängerin gegeben hat, die, so wie sie,
das was dem Liede an dramatischem Leben wirklich innewohnt,
hervorzuheben und damit den Beweis zu liefern wußte, wie
das Dramatische auch da, wo die Action nicht zu Hülfe
kommt, durch das bloße Mittel des Vortrags zu überwäl=
tigender Wirkung gebracht werden kann. So ging denn z. B.
ihr Vortrag des echt dramatischen Franz Schubert'schen
„Erlkönig" durch Mark und Bein; nicht minder aber ver=
stand sie ihre Zuhörer zu elektrisiren, wenn sie ihnen die
„Müllerlieder" oder „Am Meere", „Ungeduld", „Gefrorene
Thränen", „Wasserflut", „Die Krähe", „Der Wanderer"
desselben Componisten, Robert Schumann's „Ich grolle
nicht", „O Sonnenschein", „Seit ich ihn gesehen", Karl
Maria von Weber's reizendes „Mein Mädchen ist so rein

und holb" mit dem schelmischen Refrain „Kind, thu' mir das nicht mehr!" aus den „Schottischen Nationalgesängen", Mendelssohn's „Es brechen im schallenden Reigen" und Beethoven's „Adelaide", zwar gewiß über das Maß des Lyrischen hinausgehend, aber doch mit einer Genialität vorsang, vor deren zündenden Blitzen man sich unwillkürlich beugen mußte.

Die angeführten Stücke gehörten zu den ausgezeichnetsten ihres auch auf diesem Gebiet reichen Repertoires, und ganz vorzugsweise von großer Schönheit war ihr Vortrag der „Adelaide". Für Franz Schubert's Lieder behielt sie bis an ihr Ende eine entschiedene Vorliebe, obwol sie in der letzten Zeit auch Schumann'sche Sachen besonders gern sang.

Noch im Jahre 1858 fanden die Concertleistungen der Künstlerin namentlich in Dresden, wo sie sich damals längere Zeit aufhielt, rauschenden Beifall, und obschon viel davon gewiß auf Rechnung der schönen Erinnerung an die glorreiche Vergangenheit zu setzen war, so verführten sie diese Triumphe doch zu allerlei extravaganten Illusionen, die den letzten Rest ihres Lebens zu trüben bestimmt waren. Zunächst wurden sie die Ursache, daß die nunmehr vierundfunfzigjährige Frau alles Ernstes sogar an ein Wiederauftreten auf der Bühne dachte, und dann auch noch den Plan entwarf, nach Amerika zu gehen, um dort in einer gewaltigen Concert- oder Theatertour neue Lorbern und Geld zu erringen. Ehe sie diese Idee ausführte, gedachte sie einem ihr von Dr. Franz Dingelstedt angebotenen Gastspielengagement für die weimarische Bühne Folge zu leisten. Allein alle diese hochfliegenden Projecte scheiterten an dem ehernen Tritt des Schicksals, das ihrem letzten wahnsinnigen Lebensrausche plötzlich ein niederschmetterndes Halt gebot.

346 **Zwölftes Kapitel. Die letzten Lebensjahre.**

Ein Engagementsantrag aus Amerika war, wie Claire von Glümer erzählt, von der rastlosen Frau als ein Zeichen bester Vorbedeutung mit Jubel begrüßt, an ihrem Geburtstage, den 6. December 1858, wirklich bei ihr angelangt; sie hatte den Winter von 1858 zu 1859 öfters in Leipzig und Dresden sich öffentlich hören lassen, am 6. März 1859 noch in dem Concert des Bassisten Pögner zu Leipzig, mit größter Anstrengung und fast schon ganz versagender Kraft zwar, aber immerhin doch noch unter lautem Beifall gesungen; da brach sie endlich in Dresden unter einem furchtbaren Leiden zusammen, das schon seit lange unheimlich heranschleichend und von ihr misachtet, am 2. April von den Aerzten für unheilbar erklärt wurde. Es war eine der furchtbarsten Krankheiten, die dieses bis zum letzten Schaumtropfen ausgekostete Leben zerstören sollte. Die Katastrophe setzte nicht nur der fernern Ausübung ihrer Kunst, sondern auch der Vollendung des mit allem Eifer wiederum aufgegriffenen Planes, ihre Memoiren zu schreiben, ein Ziel. Seit dem December 1858 hatte sie mit Ernst Keil, dem Herausgeber und Verleger der „Gartenlaube", wegen der Veröffentlichung derselben in Unterhandlungen gestanden und ihm am 5. Januar 1859 noch über dieses Thema Nachstehendes geschrieben*): „Glauben Sie mir, daß ich überhaupt nur mit schwerem Herzen daran gegangen bin, die Geschichte meines Lebens zu erzählen, denn es ist eben jene alte Geschichte, bei welcher einem das Herz im Leibe bricht. Die Welt hat nur die Rosen auf meinem Lebenspfade gesehen, aber nicht gewußt, wie wund ich mich an ihren Dornen geritzt habe. Indessen es ist mir daran gelegen, daß mein

---

*) „Gartenlaube", Jahrgang 1862, Nr. 35, S. 551.

deutsches Vaterland erfahre, aus welchen Schmerzen die Künstlerin sich entwickelt hat, die es so oft durch sein Zujauchzen die Dornen hat vergessen machen. Ich werde im Laufe dieses Monats nach Leipzig kommen, das Fertiggeschriebene mitbringen und Ihnen daraus vorlesen, damit Sie sich überzeugen, wie unmöglich es ist, damit jetzt schon an die Oeffentlichkeit zu treten. Aber ich werde fleißig fortfahren, an diesen Lebensskizzen zu schreiben, und wenn ich sterbe, so werde ich dieselben als ein Vermächtniß der deutschen Nation hinterlassen, und die »Gartenlaube« soll meine Testamentsvollstreckerin sein."

Nur den Anfang der hier mit so vieler und echt schauspielerisch drapirter Emphase angekündigten Memoiren hat sie zu Stande gebracht; es sind dies die Blätter, welche wir am Eingang unsers Buches mitgetheilt haben. Daß das Werk unvollendet geblieben, ist sicher kein Verlust für die Wahrheit, wol aber ist das lesende Publikum dadurch um eine Lectüre gebracht worden, die an anziehend gewandter Darstellung unter den von Frauenhand geschriebenen Büchern gewiß einen hervorragenden Platz eingenommen haben würde.

Unsäglich waren die Leiden, die sie zu dulden hatte, bis ihr die Stunde der Erlösung schlug. Solange ihre Kraft durch die gräßlichen Schmerzen noch nicht völlig erschöpft war, klammerte sie sich immer noch mit Leidenschaft an der Hoffnung des Genesens fest; später soll sie resignirter geworden sein.

Karoline Ungher-Sabatier, die sie auf ihrem Schmerzenslager zu Dresden zu besuchen kam, erzählte mit Rührung, daß sie in Verzweiflung, ihre Kraft gebrochen zu sehen und sich ohnmächtig zu finden gegen die starke Hand des Todes, ähnlich der sterbenden Elisabeth auf dem Steuben'-

schen Bilde dagelegen habe. Bis zuletzt aber peinigte sie vor
allem der Gedanke, daß auch sie das Los aller Mimen
treffen, daß sie nur allzu rasch werde vergessen werden.

In jenem schon oben erwähnten Briefe vom 9. Ja=
nuar 1859 an Elise Polko rang sich das nachfolgende
Geständniß aus ihrem Herzen los: „Vor allem, theuerste
Frau, meinen Herzensdank für das treue Gedächtniß, welches
Sie mir bewahrt! Sie glauben nicht, wie wohl es mir
thut, wenn ich einmal von einer Menschenseele höre, daß
meine Klänge in ihr festgehalten haben; oft will es mich be=
dünken, als hätte ich ganz umsonst gelebt. Wie traurig ist
des Mimen Los! Wir sollen, wir können ja hauptsächlich
nur auf die Masse wirken, vermögen aber keine tiefern Spuren
einzudrücken, als leichter Sand sie aufnimmt, — ein leichter
Windhauch kräuselt darüber hin, und alles ist verweht und
— vergessen. — — Mein Herzblut habe ich ihnen hinge=
sungen — und nun?! —

Ungefähr fünf Monate vor ihrem Tode wurde es mög=
lich, sie ihrem sehnenden Verlangen gemäß nach Koburg zu
transportiren, woselbst sie an ihrer Schwester, Frau Auguste
Schlönbach, eine treue, aufopfernde Pflegerin fand. Doch
konnte die liebende Schwester zu ihrem größten Schmerz nicht
bis zum Ende bei ihr ausharren, da sie ihre Dienstpflicht
als herzogliche Hofschauspielerin schon zu Neujahr nach Gotha
abrief. Eine intime Freundin Wilhelminens blieb zur Pflege
bei ihr zurück, und in deren Armen ist die Künstlerin am
26. Januar 1860 nach furchtbaren Qualen endlich sanft
entschlafen. Man wartete mit der Beerdigung noch bis zum
3. Februar nachmittags 2 Uhr, da ihr Gemahl, Herr von
Bock, von der Katastrophe telegraphisch benachrichtigt, erst
am 2. abends aus Livland eintraf. Die Betheiligung des

Publikums bei der Begräbnißfeier war eine außergewöhnliche, der Sarg mit Blumen, die von nah und fern dazu geschickt worden, namentlich mit den schönsten Camellien- und Lorberkränzen über und über geschmückt. Nach der vom Geistlichen gehaltenen Grabrede sprach der Oberregisseur des koburger Hoftheaters im Namen der Kunstgenossen, und der städtische Sängerkranz sang ihr zwei Lieder in die Gruft nach, die sie selbst bestimmt hatte, nämlich Mendelssohn's „Es ist bestimmt in Gottes Rath" und Luther's „Ein' feste Burg ist unser Gott". Da sich indessen, soviel wir wissen, in ihrem schriftlichen Nachlaß der Wunsch ausgesprochen fand, in Dresden bestattet zu werden, so ließ Herr von Bock die Leiche nach einigen Wochen wieder ausgraben und dorthin bringen, wo sie dann auf dem „weiten Trinitatiskirchhofe" vor dem Ziegelthor die letzte Ruhestätte fand. Ein einfacher, von einem Blumenviereck umgebener Granitwürfel ruht auf dem mit einem niedrigen Eisengitter umgebenen Grabe; darauf steht die Inschrift:

Wilhelmine von Bock.
Schröder-Devrient.

Die schönste, sinnigste Gedächtnißfeier für die Verstorbene wurde in Berlin von den Mitgliedern der Singakademie, dem Stern'schen Musikverein und den Solisten der königlichen Oper veranstaltet, eine musikalische Feierlichkeit, welche auf die gesammte zahlreiche Zuhörerschaft den ergreifendsten Eindruck ausübte. Die Büste der großen Künstlerin, von der Meisterhand Rietschel's gefertigt, war unter Palmen und Lebensbäumen in der Mitte vor den Sängern aufgestellt; das Programm bestand aus dem Vortrag des Chors aus dem Paulus: „Siehe, wir preisen selig", aus dem von den königlichen Opernsängern vierstimmig gesungenen Liebe „Es ist bestimmt in Gottes Rath", aus einer schönen von Dr. Hans Köster verfaßten und von der königlichen Hofschauspielerin Frau Hoppé mit rührender Innigkeit recitirten Gedächtnißrede und aus Mozart's „Requiem".

Im Jahre 1861 brachte das berliner Theater der Künstlerin noch eine andere Ovation dar, indem eine leider nicht gelungene Kolossalbüste derselben vom Bildhauer Heidel zu Berlin auf dem Corridor des ersten Ranges linker Hand aufgestellt wurde.

Mögen die fernen Nachkommen über den sittlichen Charakter der außerordentlichen Frau ein noch schärferes Gericht zu halten geneigt sein, als es die von ihrer Kunst entzückten Mitlebenden nur zu häufig schon gethan haben; mag die Welt es ihr auch in aller Ewigkeit nicht vergeben können, daß sie sich vor dem Urtheil derselben niemals gefürchtet, allezeit ohne die mindeste Schonung, Vorsicht und Zurückhaltung allein nur ihrer eigenen Eingebung gefolgt ist: dennoch wird sich nie in Abrede stellen lassen, daß sie zu den großen Frauennaturen gehört hat, von denen die Geschichte zu berichten weiß. Daß sie neben den vielen glänzenden Vorzügen ihrer hohen Begabung, neben ihrer gewaltigen schöpferischen Kraft, ihrem durchdringenden Verstande und warmen Herzen auch alle Fehler des Genies an sich tragen mußte, versteht sich von selbst; ihrer Kunst aber sind diese Fehler, Extravaganzen und beleidigenden Kühnheiten einer übermächtigen Natur in mehr als einem Fall sehr zu statten gekommen; denn wenn es vielleicht nie eine Künstlerin gegeben hat, die so rücksichtslos wie sie jede Schranke niederriß, welche sie als ein Hemmniß für die freie Entfaltung ihres künstlerischen Wollens und Schaffens ansehen zu müssen glaubte, so ist doch auch niemals eine Künstlerin gewesen, die so wie sie den ganzen Menschen an die Ausübung ihrer Kunst gesetzt und darum Wirkungen erzielt hat, die sich dem Gewaltigsten, was auf dem Gebiet des Opernbramas überhaupt jemals geleistet worden, völlig eben= bürtig zur Seite stellen ließen, und deren Andenken lebendig bleiben wird, solange noch ein Zeuge davon auf der Erde ist. Sie auch den nachkommenden Geschlechtern als lehrreiche historische Ueberlieferung gegenwärtig zu erhalten, dazu möge diese Schrift das Ihrige beitragen! —